청소년문제와 보호

윤명길

창지사

머 리 말

오늘날 한국사회는 사회적 배제의 심화와 계층 간 소득 불평등의 확대를 경험하면서 개인의 능력과 성과에 따른 보상을 특징으로 하는 자본주의 시장경제 체계에서의 소득의 불평등은 피할 수 없게 되었다. 1997년 경제위기 이후 한국사회에서 소득분배의 불균형과 함께 양극화 현상이 빠르게 진행되고 있다는 데 문제의 심각성이 있다.

그 가운데 건강한 성인으로 성장할 심리적 · 사회적으로 성장단계에 있는 청소년은 다양한 환경과의 상호작용에서 환경의 영향을 성인들보다 크게 받는다.

청소년기는 연령상 10대가 중심인데, 이 시기는 아동기에서 성인기에 이르는 과도기이며, 성장기에 중요한 특성을 지닌다. 신체적 · 정서적 · 도덕적 · 사회적 발달단계로, 감수성이 예민하여 개체적 · 사회적 환경의 영향을 받기 쉬우며, 환경조건 여하에 따라서는 인간형성에 나쁜 영향을 미칠 수도 있다. 오늘날 청소년은 현대사회에 있어서 부모의 이혼으로 인한 가정의 해체, 경제적 어려움으로 인한 가족의 위기, 맞벌이 부모의 증가로 인한 가족의 대화 단절, 부모의 통제가 없는 청소년들의 사회적 범죄, 사회체제의 모순과 결함의 심화, 사회의 급격한 변동 등으로 인하여 많은 장애에 부딪히고 있다.

특히 심각한 청소년을 위해하는 환경이 문제인데, 이에 대한 청소년 보호문제가 새롭게 제기되고 있다. 이에 저자는 청소년문제에 관심을 가지고 청소년교육과 생활지도, 청소년비행과 비행집단, 비행대책과 갱생보호, 요보호아동 문제들과 선정적 영화나 출판물 등의 불량문화, 환락시설, 결손가정의 증대 등에 주목하였다.

특히 심한 흡연, 음주, 환각제 사용, 학교의 장기결석, 중 · 고등학생의 폭력, 근로청소년의 비행 · 가출, 비행집단의 빈번한 출현 등의 문제를 인식하면서 오늘날의 청소년문제에 대한 논의와 활동, 청소년의 건전지도 · 육성 문제, 비행예방 문제, 보호문제 등에 중점을 두고 글을 써 나가고자 한다.

청소년문제가 발생하는 조건은 기본적으로 개체적인 것과 사회적인 것으로 나눌 수 있다. 개체적 조건이란, 청소년기 특유의 불안정한 심리적 · 생리적 특징 자체이지만, 특히 현대사회에 있어서는 생리적 성숙의 가속현상과 사회적 성숙의 지연현상이 나타남으로써 심신발달의 불균형이 현저해졌는데, 이것이 청소년의 사회적 적응을 어렵게 하고 있다. 사회적 조건이란, 청소년의 인간형성과 생활향수의 장(場)인 직접적인 집단적 · 사회적 · 문화적 환경, 특히 가정 · 학교 · 직장 · 대중문화 등의 해체와 이상(異常), 보다 근본적으로는 현대사회의 여러 상황, 즉 고도의 경제성장 · 기술혁신 및 고밀도의 도시사회 · 대중사회 등의 출현으로 산출된, 전체 사회에 있어서의 지속적인 사회해체 · 아노미 · 인간소외 등의 상황들이다.

마지막으로 저자는 본서를 통해 청소년문제를 연구하면서 우리사회의 빈곤의 사각지대에 있는 가정에 속한 청소년들에게 관심을 갖기 시작하면서 청소년문제의 기초지식을 이해하는 데 도움이 되고자 집필을 시작하게 되었다. 이 책에서는 청소년문제의 개념과 비행의 원인에 관한 다양한 이론적 설명에 대한 포괄적인 이해를 통해 청소년문제에 대한 전문적인 인식과 안목을 지니도록 하고, 다양한 영역의 청소년문제에 대해 이해하도록 하였다. 또한 청소년문제 대책과 관련하여 주요 정책과 실천 유형들의 내용과 특성에 대한 이해를 제고하는 데 목표를 두고자 한다.

이 책이 나오기까지 많은 분들의 도움이 있었다. 우선 무명인 필자의 원고를 선뜻 출간하도록 도와주신 창지사 김영식 상무님께 감사의 말씀을 드린다. 그리고 부족한 이 글들을 모아 한 권의 책으로 출판할 수 있도록 꼼꼼하게 편집해 주신 편집부와 김기섭 사장님께도 감사를 드린다.

2021. 8.

저자 윤명길

차 례

part 1

개념적 기초

제1장 청소년기의 이해

제2장 청소년문제의 개념과 보호의 이해

제3장 청소년비행(범죄)의 대두

청소년
문제
와
보호

제1장 청소년기의 이해

청소년기는 특징적 발달단계를 밟는 중요한 시기로, 사회의 다양한 계층 가운데 미래사회의 주역이 된다는 점에서 한 사회의 중요한 집단으로 인식되고 있다. 그러나 이들 청소년들 중에는 자아의식이 높아지고 독립에 대한 욕구가 생겨나면서 기성세대의 가르침을 부정하는 경향을 띠며 전통적인 가정이나 사회의 질서에 대해 거부감을 갖는 청소년들이 생겨난다. 이들 자신은 사회적인 경험이 미숙하고 적응력이 부족한 상태에서 자신들의 행동을 다소 충동적이고 돌발적으로 표출하기도 한다.

청소년이란 말은 원래 성장, 성숙으로서의 성장으로 라틴어인 'Adolescere'에서 유래하였는데(김정률, 1982) 일반적으로 청소년기의 시작은 언제부터이며 끝은 언제까지로 볼 것인가 하는 문제는 대단히 어렵다. 청소년기는 어린이 상태에서 어른 상태로의 이행을 의미하는 시기로서 심신의 모든 부위들이 아동에서 성인으로 옮겨지는 과도기로 이해되기 때문이다(라병술, 1982).

그리고 청소년기란 어른이 되어가는 과정에서 단순히 지나쳐야 할 과정이 아니라 하나의 시기로 볼 수 있으며(방현덕, 1985), 정신적 갈등이 심한 이러한 청소년기를 가리켜 스탠리 홀(Stanley Hall)은 질풍노도의 시대(the age of storm and stress)라고 부르기도 하고, 성적 성숙으로 이성에 관심이 많아지고 자아의식의 발달로 심리적 이유 현상이 나타나므로 '심리적 이유기' 또는 '제 2의 탄생기'라고 부르는 이도 있다(김용섭, 1988).

이와 같은 청소년기는 사춘기에서 시작되는데, 정도의 차이는 있으나 이 기간의 청소년은 아이도 아니고 어른도 아닌 중간적 존재가 된다. 이때 이들에게 심각한 정신적인 변화가 일어나는데, 이 변화에 잘 적응하는 아이는 성숙한 성인으로 성장하지만 잘 적응하지 못하는 아이는 미숙한 성인이 될 가능성이 높다.

청소년기는 생물학적으로 시작해서 문화적으로 종결된다는 말은 타당한 듯하다. 생득적인 성숙과정은 육체적 성장과 신체구조 변화의 가속화, 호르몬 변화와 성적 충동 등의 증가로 야기되는 1차 · 2차 성징의 형성, 인지발달의 차별화 등으로 이어진다.

사춘기 전의 소녀와 소년들은 그 힘에 있어서 비슷하지만 그 이후에는 소년들이 훨씬 더 강하다. 이런 강력한 힘은 주로 근육발달의 기능 때문이지만 부분적으로는 다른 많은 관련 발달요인들 때문이다. 소년들은 크기에 비례해서 심장과 폐가 더 크게 발달하여 혈액의 심장수축력이 더 높고 혈관이 산소를 운반하는 능력이 더 뛰어나며 심장의 운동이 더 활발하여 재미있게도 피곤을 느끼게 하는 젖산과 같은 근육운동의 화학적 부산물을 중화시키는 능력이 뛰어나다. 청소년기의 힘의 증가는 특히 소년에게서 이 시기에 나타날 수 있는 운동 활동 일반적인 육체의 계속적인 활동을 매우 잘 반영하고 있다(권이종, 2000).

이러한 상황에서 청소년들이 불량행위나 범죄를 저질러 사회문제를 일으키기도 한다. 이 시기는 개인의 생애 전체에 긍정적으로 기여하는 시기이기도 하지만, 자신과 현실을 직시하고 생의 바른 방향을 설정하여 역경을 극복하면서 자아를 실현해가는 시기이기도 하다(김형태, 1983).

이 글을 쓴 2021년 한 해는 청소년 폭력이 자주 언급되고 있다. 학우들의 집단폭행을 당한 학생이 자살을 하고 자신을 놀리는 친구를 칼로 찔러 숨지게 한 사건, 학교폭력이 우리 사회에 알려지기 시작한 이래 학생들이 학교주변의 대집단 청소년 폭력배들에게 금품을 빼앗기는 일이 일상적인 일로 취급될 만큼 청소년 폭력이 만연해 있다. 이러한 청소년들의 직·간접 폭력의 피해는 또 다른 폭력을 낳아 폭력의 연쇄 고리라는 악순환을 계속한다. 그러므로 청소년 피해를 미연에 방지하여 이러한 악순환의 확대·재순환을 막는 것이 필요하다. 또한 청소년문제는 청소년이 내적으로 갖는 고민이나 가치갈등 같은 '내적 문제'를 의미하기도 하고 비행이나 범죄 등 청소년 문제행동으로 규정할 수 있는 '일탈행동'이 있을 수 있다. 그러나 청소년 내적 문제도 아니고 일탈행동도 아니면서 청소년과 관련하여 문제화되는 사안들도 있다. 예를 들면 아동학대나 결식, 청소년노동, 청소년인권과 같은 경우이다. 이런 점에서 청소년문제에서 '문제'를 바람직하지 못한 상태로 보는 것은 한계가 있기 때문에 청소년문제라고 했을 때 '문제'를 어떻게 규정할 것인가를 먼저 검토해야 한다.

그 가운데 하나가 우리나라 청소년비행의 특징을 살펴보는 것이라 하겠다. 그 특징 중 하나는 음주, 흡연, 교권침해, 무단결석과 같은 지위비행과 더불어 폭행, 절도, 성폭력과 같은 강력 범죄가 매년 증가하고 있다는 것이다. 두 번째는 가출과 같은 지위비행의 일종이다.

가출한 청소년끼리 혼숙하며 가정형태를 이루어 가족처럼 지내는 가출팸이라는 신조어가 만들어지기도 하였다. 가출은 집단 혼숙이나 음주, 성 문제 등 탈선 및 비행과 같은 사회적 문제를 야기할 뿐 아니라 개인 내적 문제와 자살 증가율에 영향을 준다. 가출과 관련한 다른 사회적 문제는 특히 여자 청소년이 가출 후 금전적 어려움을 해결하기 위해 유흥업소에 취업하여 성행위를 하며 경제적 어려움을 해결하는 것이다.

이에 내 · 외적으로 심각한 변화를 경험하는 청소년들을 잘 이해하려는 노력이 필요하다. 특히 신체적인 성장으로 고민하는 그들에게 신체적인 발육은 당연한 것이며 오히려 기뻐해야 할 바람직한 상태라는 것을 인지시켜 주는 등 그들이 변화에 적극적으로 대처해 나갈 수 있도록 해야 할 것이다.

1. 청소년기의 특성

1) 신체적 특성

청소년기는 신체적으로 성인과 비슷하게 성숙하고 정신적으로도 아동의 티를 벗게 되는 전환기적인 시기를 말하며, 사춘기라는 개념과 혼용되는 경우가 많다. 사춘기에 신체가 성장하고 2차 성징이 나타나며 성인으로서의 생식 기능이 완성되어 스스로 생식 본능을 추구할 수 있게 되며 성장에 있어서 중대한 변화를 겪게 되고 신체의 성장 및 생식적 욕구와 더불어 감수성과 자아의식이 높아지는 시기이기에 청소년기와 사춘기의 개념이 혼용되는 것도 무리는 아니다.

청소년의 개념은 각 시대와 사회의 환경에 따라 다르게 정해져 왔기 때문에 한 가지로 명확히 정의하기는 어렵다. 또한 육체적 · 정신적 발달과정은 한 나라의 사회 · 문화수준에 따라 다르며, 생물학적 측면에서의 사춘기와 관련하여 다양하게 정의되므로 그 한계를 분명하게 규정하기가 매우 어렵다. 일반적으로 수용되고 있는 청소년에 대한 정의(定義)는 의존적인 아동기에서 자립적인 성인기로 옮겨가는 전환기(Transitional period) 또는 사회 속에서 아동의 행동과 성인의 행동을 구별하여 이들 사이에서 새로운 적응을 몸에 익혀야 하는 경계인(Marginal man)으로 표현되고 있다.

일반적으로 연령에 따라 청소년을 구분 짓게 되는데 심리학에서는 청소년을 14~15세경부터 22~23세까지로 규정하고 소년을 초등학교까지의 연령에 해당된다고 설명한다. 버기스(Bergius)와 로스(Roth)의 심리학적 견해에 따르면 사춘기와 청소년 개념은 서로 밀접한 의미를 내포하고 있으며, 이를 보면 12~20세까지의 급성장 기간이 청소년 시기임을 알 수 있다.

관련 법규를 살펴보면 「민법」에서는 20세 미만인 자를 미성년으로 분류하고 있고, 「청소년기본법」에서는 9세 이상 24세 이하의 자를 청소년이라 하는데, 다른 법률에서 청소년에 대한 적용을 달리할 필요가 있을 경우에는 따로 정할 수 있다고 한다. 「아동복지법」은 18세 미만을 요보호 대상으로, 「근로기준법」에서는 18세 미만을 근로 소년으로, 「소년법」에서는 20세 미만을 범죄소년으로 규정하고 있다.

또한 청소년기는 신장과 체중의 급격한 변화, 생식기의 성숙과 성적 상징의 발달 등 매우 급격한 신체 변화를 경험하게 되어, 남자는 남자다워지고 여자는 여자다워진다. 이 시기에는 성 호르몬의 분비와 초경 등 급격한 생리 변화를 경험하기 시작한다(조복희 외, 1996). 이러한 급격한 신체 변화는 이들의 지위와 역할에도 큰 변화를 가져오게 되며 성인들을 닮아가고 싶은 강한 성 충동으로 불안감이나 억압, 수치심, 열등감이 생기기도 한다(맹용길, 1982).

프로이트(Freud)에 의하면 사춘기의 생리 변화는 성 충동에 불이 붙는 기본에너지원인 리비도를 다시 일으킨다고 한다. 청소년들이 생식기로의 전환을 이루기 전에 어머니와 아버지에게로 향한 해결되지 않은 성적인 감정을 극복해야 하는데, 자신의 진짜 감정과 반대되는 감정을 표출하는 방어기제를 프로이트(Freud)는 '반동형성'으로 표현했고, 이에 따라 성 애착은 일시적인 증오심으로 대체된다고 보았다(Papalia, 1994).

청소년기의 청소년들은 성인남녀의 차이를 명확하게 구별할 수 있게 되는 2차 성징(性徵)이 나타나는 시기로 어떤 시기보다도 호르몬의 분비가 왕성해지는 시기이다. 남자 청소년들은 안드로겐(Androgen), 테스토스테론(Testosterone)과 같은 호르몬의 분비가, 여자 청소년들에게는 에스트로겐(Estrogen), 프로게스테론(Progesterone)과 같은 호르몬이 분비되기 시작한다. 이러한 호르몬들은 청소년들의 신체적, 생리적 발달에 중요한 역할을 하여 남자의 경우 외부 생식기, 신장의 증가, 음성의 변화 등을, 여자의 경우 가슴과 자궁의 발달, 뼈대의 변화 등 2차 성징을 나타내며, 나아가 얼굴, 피부, 뇌, 어깨 골격에 영향을 준다(김사랑, 2011).

2) 사고능력의 발달과 한계

청소년기는 신체와 정신이 성숙하며 성인으로서의 정체감이 형성되어 가는 시기이다. 신체적으로 급속히 성장하는 것은 물론 사고능력이 발달하여 논리적 사고와 조합적 사고가 가능하게 되는데 또 한편으로는 사고 능력에 한계를 보이기도 하는 불안한 시기이다. 청소년들의 사고능력의 발달과 한계를 살펴보면 다음과 같다.

(1) 사고능력의 발달

스위스의 심리학자 피아제(Piaget)는 인간이 태어나서 성인이 되기까지 거치는 주요 발달단계를 감각 운동기(0~2살), 전 조작기(2~7살), 구체적 조작기(7~11살), 형식적 조작기(11살 이후)의 4단계로 나누었다. 형식적 조작기 단계인 청소년의 특징은 추상적·가설적 사고가 가능하고, 논리적으로 추상적인 문제를 해결할 수 있고, 사고가 점차 과학적으로 되며, 복잡한 언어 과제나 가설적인 문제를 해결할 수 있게 된다(김윤화, 2005). 따라서 청소년들의 사고는 현실보다는 가상적 가능성에 중점을 둔 경우가 많다. 이러한 '가상적인 것에 대한 논리적 추론 능력이 가세하게 되면 청소년들은 쉽사리 자기 자신과 부모 및 가정, 그리고 주변 세상에 대하여 불만을 갖게 될 수 있다. 즉 그 이전까지는 아무 생각도 못하던 아이가 이제는 '누구네 집은 그렇지 않던데, 왜 우리 집은 이러냐?'라고 하든가, '만약 우리 부모가 이렇게 했더라면, 내가 지금 이렇지는 않았을 텐데.' 라는 식의 논리를 내세우면서 자신이 마치 갑자기 세상사를 다 깨닫기나 한 듯 과거사의 잘잘못을 부모에게 따지고 들거나 책임을 묻는 듯한 언행을 자주 하게 되는 것이다. 자녀의 이러한 언행은 부모를 당혹하게 하거나 불쾌하게 하기 십상이다.

부모가 보기에는 자신의 자녀가 갑자기 자기 책임을 다하지도 못하면서 부모나 세상에 대해 불평불만만 늘어놓는 개똥 철학자나 환상적 이상주의자가 된 듯이 보이기 쉽다. 사실 부모의 입장에서는 자기 용돈도 스스로 못 벌어 부모에게 완전히 의존하고 있는 주제에 왜 우리 아버지는 남들처럼 큰돈을 못 버는지 따지는 청소년 자녀는 괘씸하게 생각되기 쉬운 것이다. 그뿐만 아니라 그렇게 마련한 돈으로 부모가 보기에는 천박하기 짝이 없는 옷을 사 입고 우쭐거리고, 부모가 꾸중을 하면 '내 인생은 내 것이다.', '부모와는 세대 차가 나서 어쩔 수 없다.'고 대꾸하는 자녀가 결코 마음에 들 수만은 없다.

청소년들은 조합적 사고를 할 수 있어 둘 이상의 변인들을 동시에 고려할 수 있다. 즉 모든 가능성에 대하여 체계적으로 생각하여 조합할 수 있게 되는데, 예를 들면 여러 가지 색을 조합하여 특정 색을 만드는 능력이 여기에 해당된다. 이러한 조합적 사고 덕분에 가설 검증을 통해 복잡한 문제를 해결할 수 있다.

청소년의 이러한 사고는 과학자가 문제를 해결할 때 사용하는 사고 절차와 기본적으로 같으며, 이 사고능력을 바탕으로 청소년들의 사고는 점차 더 넓어지고 풍부해진다.

또한 청소년들은 아동과는 달리 자신과 타인의 사고를 객관화시켜서 그 내용과 논리를 깨닫고 평가할 수 있게 된다. 그 결과 현재의 인지적 한계에서 자유로워져서 이전에는 상상할 수 없었던 가능성을 생각할 수 있게 된다. 이러한 이유로 청소년들은 과거에 대해 불만을 갖기도 하고, 미래에 대해 계획하고 걱정하는 데 많은 시간을 보내게 되는 것이다.

(2) 사고능력의 한계

청소년의 사고능력에는 어느 정도 문제가 있다. 청소년들은 그들의 새로운 사고능력에 매료되어 모든 것을 그러한 방식으로만 생각하고 해결하려 하는데 그것이 오히려 문제를 야기시키는 것이다.

인헬더와 피아제(Inhelder & Piaget, 1958)는 청소년기의 자아 중심성은 '이상주의적 개혁자'로 나타난다고 하였다. 청소년들은 성인의 역할을 받아들이기 위해 노력하는 과정에서 자신의 욕구를 충족시키기 위해 세상을 개혁하려 한다는 것이다.

청소년은 세상에 자신의 생각을 펴기 위해 종종 이상주의적이고 참을성 없는 개혁가의 역할을 하는데, 사실 그 원인은 그가 아직은 세상에서 자신의 생각을 검증해 본 경험이 없기 때문인 것이다. 청소년의 이러한 개혁가적 생각은 사회 경험을 계속함으로써 점차 수정되며, 그러한 과정을 거쳐야만 그는 이상주의적 개혁가에서 현실적인 성취자가 될 수 있다.

또한 청소년은 추상적으로 추리할 수 있으며 자신이 지금 무엇을 사고하고 있는지도 의식할 수 있는데, 청소년은 이러한 능력을 종종 타인의 사고에도 그대로 적용한다. 즉 자기는 타인의 생각을 정확히 알고 있다고 믿는 것이다. 그러나 청소년들은 자신들의 발달단계상 자신의 용모와 행동에 대해서 많은 생각을 하지만 다른 어린이나 성인들은 그렇지 않다는 것을 이해하지 못한다.

엘킨드(Elkind,1967)는 청소년기 자아 중심성으로 나타나는 현상으로 '상상의 관중(Imaginary audience)과 '개인적 우화(Personal fable)를 제시했는데 상상의 관중이란 현실에서나 미래에 자신이 다른 사람의 초점이 된다고 믿는 것으로 모든 사람이 자신을 구경하는 관중이라 상상하고 자신이 주인공이 된 것처럼 행동한다.

청소년들은 매사에 자신이 타인들의 관심의 초점이 될 것이라고 믿으므로 연극적으로 행동하게 되고, 또 자주 지나친 자기 찬양이나 자기 비난을 하게 된다. 예를 들면 공주병이나 왕자병이 그 현상일 것이다(순낙용, 2007).

위에서 설명한 상상의 관중의 구체적인 특징을 정리하면 다음과 같다.

첫째, 자신은 모든 사람의 관심을 받는다고 여기며, 무대 위에 있는 것처럼 행동한다.

둘째, 외모에 대한 관심이 커지며 주의를 끌기 위한 행동이 나타나기도 한다.

셋째, 사소한 실수에도 크게 고민하며, 프라이버시에 대한 열망이 커진다.

청소년 시기에 들어서면 외모에 큰 관심을 보이기 시작한다. 대부분의 청소년들은 거울 앞에서 많은 시간을 보내는데, 그동안 소년은 자신의 근육과 체격에 매료되는 소녀들을 상상하고, 소녀는 자신의 맵시에 경탄하는 소년들을 상상하는 것이다. 만약 그 두 사람이 실제로 만난다면 각자 상대방을 보는 일보다는 자신이 관찰되는 데 더 신경을 써 막상 상대방에 대한 이해는 제대로 하지 못할 가능성이 높다.

개인적 우화란 상상의 관중을 보완하는 것으로 자신은 타인과 다른 존재이며 특별하다고 생각하는 것인데 청소년은 자신의 경험은 독특하여 비록 부모라 할지라도 타인은 자신을 이해할 수 없다고 여긴다. 또한 청소년은 자신의 정서와 상황 사이의 유사성을 지각하지 못한다.

개인적 우화의 구체적인 특징을 정리하면 다음과 같다.

첫째, 자신은 독특하고 특별한 존재라고 인식하기 때문에 아무도 자신의 감정을 이해하지 못할 것이라고 믿는다.

둘째, 자신을 불멸의 존재, 전능한 존재로 여기기도 한다.

이러한 자신의 독특성에 대한 신념은 타인들은 모두 죽어도 자신만은 죽지 않는다고 믿는다거나, 다른 여자들은 성관계를 가지면 임신을 해도 자신은 자신의 뜻에 따라 임신을 안 할 수 있다고 생각하는 것으로 나타난다. 따라서 이 나이의 많은 젊은이들이 무모한 행동을 하여 사고에 의한 부상과 사망률이 높으며, 성교육을 하여도 혼전 임신을 하는 경우가 많은 것이다.

다시 말하면 청소년들은 자신의 관심사와 타인의 관심사를 잘 구별하지 못하면서 동시에 자신의 감정은 지나치게 구별하는 것이다. 아마도 많은 사람들이 자신을 중요한 사람으로 본다고 믿기 때문에(상상의 관중), 자신의 감정은 특별한 것으로 보게 되는 것일 것이다. 그러나 사회적 상호작용을 해 나가면서 청소년은 점차 타인이 자신과 다른 관점을 가질 수도 있다는 것을 깨달아 상상의 관중을 버리고 타인의 반응에 보다 현실적으로 대응할 수 있게 된다. 또한 개인적 우화도 청소년이 특별한 사람과 개인적인 감정을 나누어 정서적으로 친밀한 관계를 맺음으로써 결국 극복하게 된다. 이러한 상호작용을 통하여 청소년은 자신의 경험이 타인의 경험과 별로 다르지 않다는 것을 알게 된다(해남교육청, 2004).

3) 정서적 특성

정서는 모든 행동의 기초로 행동의 표출방법과 방향을 규정하고 더 나아가서는 정신생활을 지배하게 된다. 따라서 정서는 가장 근본적인 자아체험이며 특히 청소년기에는 각종 생활 감정이 발달하므로 정서의 문제가 더욱 심각하게 대두된다(민영순, 1984). 청소년들은 쉽게 화내고 쉽게 마음에 상처를 입는다. 그들의 감정은 잠시 동안에도 모든 영역을 오르락내리락한다. 즉, 질풍노도의 시기라고 말할 수 있는 청소년기의 특징 중 가장 두드러지게 나타나는 것은 아마도 정서의 측면에서일 것이다(김용섭, 1988).

청소년기에 나타나는 정서적 특징을 다음과 같이 말하기도 한다.

첫째, 불안감이 높다. 급격한 심신의 변화로 인한 불안감은 말할 것도 없고 당장의 학업에 있어서의 성취 전망에 대한 불안, 장단기 미래를 향한 진로의 설계와 이상적 자아실현과 관련된 불안감 등이 청소년들을 떠나지 않는다.

둘째, 자극에 대해 민감하다. 특히 사춘기에 있어서는 사소한 외부자극에도 민감한 반응을 보인다. 자아의식에 충돌하는 간섭에 강한 반발을 나타내는 것이 청소년기의 감정이다.

셋째, 극단에서 극단으로 흐른다. 청소년의 정서는 유동적이어서 사물을 극히 희망적으로 보는가 하면 때로는 동일한 사물을 정반대로 보아 깊은 고뇌에 빠지기도 한다.

넷째, 정서가 내면화하고 영속한다. 정서표현의 빈도는 나이가 더해감에 따라 줄어들고 일단 일어난 정서는 오래도록 마음속에 간직하는 경향이 있다.

다섯째, 정서를 간접적으로 표현한다. 격렬한 신체동작 등으로 정서를 직접 표현하기보다 언어나 기호로 완만하게 표현하는 일이 더 많다.

여섯째, 정서를 일으키는 대상이 변한다. 불안에 따른 마음의 동요는 정서를 일으키는 대상을 변하게 한다.

일곱째, 정조가 발달한다. 지적으로 세련된 고상한 감정, 즉 지적 감정을 정조라고 한다. 청소년기의 정서는 그 본질적 속성에도 불구하고 단순히 충동적 욕구에만 좌우

되지 않고 세련된 지적 요인에 의해 영향을 받는다. 정조에는 인생이나 세계를 탐구하고 진리를 추구하는 지적 감정인 논리적 정조, 양심이나 의무의식, 심리학적 성을 지닌 도덕적 정조, 자연 · 인생 · 예술을 관조하는 경우에 일어나는 조화, 선율, 율동 형식 등에 대한 심미의식인 미적 정조, 절대 귀의의 감정으로 초자연적 · 초인간적 · 불가지적 존재에 대한 경외의식인 종교적 정조가 있다(김용섭, 1988).

이렇듯 청소년 시기는 감정표현의 양극화의 시기로 이 시기의 청소년의 감정은 쉽게 극과 극을 달리게 되는 경향을 보이고 양면성을 띠게 되며 감정의 변화에 따른 과격한 표현과 행동이 자주 나타난다. 하지만 청소년에 대한 이해가 결여된 성인들이 청소년 지도와 교육을 제대로 할 수 없게 되므로 청소년기의 긍정적인 측면에 대한 올바른 접근이 무엇보다 중요하다.

4) 사회적 특성

인간이라면 누구나 사회 속에서 타인과 관계를 맺으면서 살아간다. 이것은 인간에게 있어서 근본적인 특징이라고 할 수 있다. 특별히 청소년기는 사회적 · 역사적 변화에 민감하고, 정서적으로 불안한 시기이며 자신의 개인적 본성을 정의하는 데에 관한 긴장이 시작되고 급작스러운 생물학적 변화와 심리 사회적 변화를 경험하는 시기이다.

사회학에서는 청소년기를 의존적인 아동기로부터 자립적인 성인으로 가는 전환기로 본다. 즉 아동은 자기가 세운 것보다 남이 준 규범 속에서 생활하지만 청소년은 자기 스스로 결정하려는 자주성의 경향을 보인다. 또한 청소년의 사회성은 상대적으로 타인 중심적 도덕관으로 변화하면서 아동기의 절대적인 자기중심적 도덕관에서 벗어나게 되고 도덕 판단 기준도 부모에게서 벗어나 동료나 집단에서 구하게 된다(이재창,1982).

사회 심리적 자아의 발달은 급격한 신체 변화와 함께 사회적인 유기체로서의 자신을 느끼게 하며 타인 · 환경 · 자신에 대해 독자적인 사고와 태도를 갖게 하고 스스로 자아 정체의 발견을 위해 진력하게 한다. 이러한 시기에 독립심이나 성적 적응, 교육 및 직업 준비 등과 같은 사회적 요구에 직면하고 또한 이러한 요구에 대한 성취 압력을 받는다. 이런 뜻에서 청소년들은 현대사회에서 이들 스스로가 고민해야 하는 문제들을 사회 제도적으로 부여받고 있다고 말하기도 한다(김준호, 1994).

이상 언급한 내용을 토대로 청소년기의 사회적 발달의 특징을 정리하면 다음과 같다.

첫째, 집단을 형성한다. 둘째, 이성 앞에서 자기를 내세우는 것과 동시에 외모에 관심을 갖는다. 셋째, 권위에 반항한다. 넷째, 자아의식의 발달로 편견을 갖는다. 다섯째, 비정상적인 행동을 한다. 여섯째, 사회적 통찰력이 생긴다.

5) 청소년과 가족

(1) 현대사회와 가족생활의 변화

현대는 다양한 문화가 공존하고 있고 개인의 선택의 폭이 넓으며 다원성을 가지고 있기 때문에 개인의 개성과 자율성이 강조된다. 가족 내에서도 개인의 개성과 자율성을 최대한 확보하려는 개인주의가 발달하면서 세대 차이에 대한 인식이 커지고 부모와 청소년 자녀 간의 단절과 갈등이 가중된다.

청소년 자녀는 사회의 변화를 빠르게 수용하면서 미래지향적인 가치관을 바탕으로 생활하는 반면, 부모는 사회변화에 대한 대처보다 기존의 가족 중심적 사고를 고수함으로써 청소년 자녀와 부모 간에는 과거보다 더 큰 세대 차이가 생기게 되고 그로 인해 갈등이 증가하게 된다. 청소년 자녀들에게 가족은 더 이상 부모가 생각하는 것만큼 중요한 관심 대상이 아니며, 가족 전체보다 개인주의를 바탕으로 자신이 중심이 되어 생활하게 된다.

이러한 부모-자녀 관계는 부모-자녀 간의 유대감 약화와 부모세대의 권위 감소로 압축될 수 있다. 부모세대와 자녀세대 간의 세대 차이는 어느 시대에나 있어 왔다. 세대 차이란 가치나 규범의 차이가 아닌 동일한 행동이나 사건에 대해 각 집단이 정보를 선택하고 판단하는 유형이나 양식에서의 차이를 말한다.

이러한 세대 차이는 주로 연령 차이와 그에 따른 상이한 경험에서 기인한다. 그러나 오늘날 사회변화를 빠르게 수용하고 있는 자녀세대와 사회변화에 대한 대처보다 가족주의적 가치관을 고수하고 있는 부모세대의 차이는 과거보다 현격하게 나타나고 있다.

오늘날 청소년 자녀는 네트세대로 불린다. 이들의 모든 생활은 네트워크와 연결되어 있고 이들은 컴퓨터를 매개로 개방된 상태에서 다른 많은 사람들과 동시에 의사소통을 하면서 안정감을 느끼게 된다. 자신의 생각을 표현하는 방식이 면대면 방식에서 보이지 않는 일대 다수의 방식으로 변화함에 따라 자신의 생각을 이야기하는 것이 손쉬워진다. 청소년 자녀는 새로운 돌파구인 이곳에 더욱 집착하게 되며, 그로 인해 부모와의 대화 단절은 더욱 심해지게 된다[1].

이것은 대부분의 네트워크 이용자들이 고독함을 느끼고 대인관계 형성에 어려움을 겪는 등 사회 심리학적 문제 발생이 우려되는 점에 비추어 볼 때 자아정체성이 확립되지 않은 청소년 자녀의 사회성 발달을 저해하는 요인이 될 수 있다.

또한 정보화 시대에는 부모세대의 경험과 지식이 자녀세대에게 더 이상 유용한 것이 되지 못하게 됨에 따라 산업사회에서 부모세대가 누리던 권위는 급격히 저하될 수밖에 없다. 자녀세대는 이미 사회의 변화에 동참하고 있고, 가족보다는 또래집단에 더 관심이 많으며, 세대 간의 차이에 대해 별로 심각하게 느끼지 못하고 있다. 현대 정보화 사회에서 이러한 부모와 청소년 자녀세대 간의 인식 차이가 더욱 두드러지게 나타나고 있고 이것은 앞으로 계속 가족 간의 갈등, 청소년문제의 증가 등으로 이어져서 청소년 발달을 저해시키는 중요한 요인이 될 것이다.

---

1) 최근 네트세대에 대한 조사에 의하면 네트세대 3명 중 한 명 꼴인 32%가 '혼자 PC를 조작하는 시간이 가장 즐겁다'고 응답했다(중앙일보, 2000. 1. 3).

(2) 청소년 자녀와 가족의 심리적 환경

그동안 많은 학자들은 체계이론[2)]을 바탕으로 하여 가족 응집성과 가족 적응성 및 의사소통을 통해 가족의 기능성을 설명하였는데 가족 응집성(family cohesion)은 가족 상호간에 지니는 정서적 유대감이며, 가족 적응력(family adaptability)은 가족체계가 상황적·발달적 요구에 반응하여 권력, 역할구조, 관계성과 규칙을 변화시키는 능력으로 정의된다.

국내의 실증적 연구결과를 종합해 보면 응집성과 적응력이 높은 가족 유형에서 청소년 자녀를 비롯한 가족원의 심리적 복지수준이 높다는 결과가 대부분이다. 가족의 기능성을 평가할 때 문화적인 차이가 고려되어야 하며, 가족 간의 조화와 유대를 중시하는 가족주의에 바탕을 둔 우리나라에서는 병리적인 극단수준과 건강한 수준을 구분하여 해석할 필요가 있다.

국내의 한 연구에서는 부모와 청소년 자녀와의 개방적 의사소통이 잘 이루어질수록 가족 응집성 및 적응성이 높게 나타나고 부모와의 문제형 의사소통이 이루어질수록 가족 응집성 및 적응성이 낮게 나타났으며 성별, 연령, 가족 형태 등 사회 인구학적 변인보다 의사소통 변인이 더 중요한 관계가 있다고 하였다(정연호, 2004).

부모와 청소년 자녀의 관계를 측정할 수 있는 지표가 되는 의사소통은 가족의 응집성·적응력과 긴밀한 관계를 가지며, 역기능적 수준에서 기능적 수준으로의 변화를 돕는 중요한 촉매 역할을 담당한다. 개방적인 의사소통은 정서적 결속과 변화에

---

2) 갖가지 학문영역에서 취급되는 대상을 체계 즉 '상호작용하는 요소의 복합체'라 보고 그 체계 일반에 적용되는 모델, 원리를 말한다. 법칙을 확정 또는 적용해 가려는 의도에서 개발된 새로운 이론이다. 이것은 1947년 생물학자 베르탈란피에 의해 제창된 이래 특히 사이버네틱스나 정보이해의 성과를 흡수, 통합하면서 급속도로 진전되어 현재 모든 학문영역에서 기초이론으로 받아들여지기에 이르렀다. 사회복지의 영역에서 주목을 받게 된 것은 최근의 일이지만 일반체계이론으로 확정된 개념, 가령 조직화되어 있는 복잡성, 체계의 계층적 질서, 개방체계, 결과성 등은 사회복지 실천에 있어서 꼭 필요한 것으로 생각되고 있다. 그러나 그 적용을 위해서는 검토되어야 할 많은 과제가 남아 있다(이철수, 2009).

대한 적응능력을 향상시키며, 이러한 가족의 기능성 향상이 청소년의 적응을 촉진시킨다. 또한 가족의 응집성과 적응력에는 아버지와의 의사소통이 어머니와의 의사소통보다 더 큰 영향력을 미치는 것으로 나타났다.

현대 정보화 시대는 의사소통방식의 변화로 인하여 부모와 청소년 사이의 대화가 더욱 부족한 실정이다. 많은 청소년 관련 조사에서 청소년들은 고민 상담 대상으로 부모보다 친구를 선호한다는 결과가 나오고 있는데[3] 이는 부모가 청소년 자녀에게 마음을 터놓고 대화할 만한 대상이 되지 못하는 것을 입증한다. 이러한 원인으로 N세대로 대표되는 청소년들과 부모의 공감할 수 있는 대화 소재 부족을 들 수 있으며(중앙일보, 2000. 3. 18), 부모와 자녀 간의 심각한 대화 단절은 청소년의 우울증, 충동적 행위 등과 같은 정신이상 증세의 급격한 증가와 관련이 깊다(조선일보, 2000. 3. 21). 더구나 우리나라의 문화적 특성상 부모와 자녀 간의 갈등이 밖으로 잘 드러나지 않으며, 청소년 자녀는 부모와 갈등이 생기면 적극적인 방법보다는 수동적인 방법으로 문제를 해결하는 것으로 나타나 문제의 심각성이 더욱 커지고 있다.

이상과 같은 점을 종합해 볼 때, 부모와 청소년 자녀 모두 변화를 겪는 현실에서 부모와 자녀 간 신뢰성을 바탕으로 한 개방적인 대화가 무엇보다도 중요하다. 이러한 부모와 청소년 자녀의 개방적인 의사소통은 어느 한 사람만의 책임이 아니라 부모와 청소년 모두의 노력으로 이루어질 수 있다. 이는 두 세대 간의 이해가 개방적 의사소통을 가능하게 하는 중요한 바탕이 됨을 알 수 있다. 특히 정보화 시대에 부족하기 쉬운 자녀의 사회성 발달에도 긍정적인 영향을 미치게 되어 이를 통하여 청소년 자녀의 자아와 사회에 대한 가치관이 발달하고 건강한 사회화를 이루게 된다. 부모와 청소년 사이의 개방적이고 효과적인 의사소통은 연령과 가치관 차이에서 오는 세대 차이와 갈등을 해소시키는 방법이 될 수 있으며, 그 결과 바람직한 부모와 자녀 관계를 이루는 데 도움을 줄 수 있을 것이다.

---

3) 우리나라 고등학생의 대다수(98.1%)가 고민이 있고, 고민상담 대상으로 여전히 친구(57.2%)가 제일 큰 비중을 차지하는 반면, 부모는 오히려 점점 고민상담 대상으로서의 역할이 축소되고 있는 실정이다(여성 통계연보, 2002).

부모와 청소년 간의 의사소통에 대한 연구들에서 두 세대 간의 인식 차이를 지적하고 있으며, 아들보다 딸이 부모와 긍정적인 의사소통을 하였다. 전반적으로 자녀들은 어머니와는 대화를 잘 하고 있는 편이지만 아버지와는 대화를 잘 하지 않는 것으로 나타났다. 그러나 성별로 살펴보면 동성의 부모와 자녀 간에 의사소통의 빈도가 더 높은 것으로 나타났다. 이러한 동성 부모와 자녀 간의 개방적인 의사소통은 성별에 따른 자녀의 사회성 발달에도 긍정적인 영향을 줄 것으로 기대된다.

(3) 청소년 자녀에 대한 부모 및 청소년 자신의 견해

부모와 청소년 자녀의 견해 차이는 청소년 자녀가 부모보다 더욱 민감하게 느끼며, 이는 청소년 자녀의 적응에 부정적인 영향을 미치는 것으로 나타났다. 청소년은 그들의 부모가 실제로 그들을 평가한 것보다 부모가 그들을 부정적으로 평가할 것이라 추측했다. 이것은 부모가 자녀에 대한 그들의 태도를 자녀에게 잘 전달하지 못했거나 자녀가 부모의 태도를 오해한 데서 비롯된 것이다. 이는 부모와 자녀 간의 인식 차이가 의사소통에서 매우 중요한 문제임을 보여 준다.

청소년 자녀가 부모의 기대에 부응하지 못한 경우, 자녀는 자신감을 상실하게 되고 자아긍정성이 낮아지게 된다. 자녀에 대한 부모의 견해는 자녀의 성별에 따른 역할과 관련이 있는데, 특히 남아선호사상이 뿌리 깊은 한국가족의 경우 자녀의 성별에 따라 부모의 기대수준이 상이한 것으로 나타났다. 부모는 아들에게 자녀로서의 책임감이나 학업성취적인 면을 기대하는 반면, 딸에게는 가정 내 역할과 여성적 행동을 기대한다. 최근 들어 가족 내 아들과 딸에 대한 기대 차이가 좁혀졌다고 하지만 아직도 한국 가족 중 일부 조부모(祖父母)세대에는 성별에 따른 차이가 엄연히 존재하고 있다.

청소년 자녀는 사회화의 일차적 책임자인 부모의 태도에 따라 직 · 간접적으로 영향을 받게 되며, 특히 일상생활과 밀접한 관련이 있는 어머니의 태도에 많은 영향을 받게 된다. 아버지는 어머니보다 자녀의 성별을 구분하여 자녀를 대하는 것으로 나타났으며, 어머니는 아버지보다 자녀의 성역할관에 많은 영향을 미치는 것으로 나타났다. 청소년 자녀가 느끼는 어머니에 대한 견해는 아버지보다 더 긍정적이었으며, 어머니에 대해 부정적으로 인지할수록 청소년 자녀의 우울 성향이 높아졌다(강해구, 1987).

이상의 고찰을 통하여 자녀의 성별에 따른 부모의 고정화된 태도보다 사회변화에 따른 융통성 있는 태도와 상대방의 입장을 고려한 개방적인 의사소통이 부모와 청소년 자녀 간의 견해 차이를 줄이는 데 무엇보다도 중요하다고 할 수 있다(김진숙 · 유영주, 1985).

2. 위기가정 아동 · 청소년의 특성

빈곤과 가정해체라는 이중적인 고통으로 위기를 겪고 있는 가정을 위기가정이라고 보는 본 연구의 위기가정 개념정의에 근거하여 위기가정 아동 · 청소년의 특성, 즉 그 문제와 욕구를 빈곤가정, 한부모가정을 결합 형태에 따라 분류한 모자가정과 부자가정, 그리고 조손가정으로 유형화하여 분석하고자 한다.

1) 빈곤가정 아동 · 청소년의 특성

빈곤아동 · 청소년들은 출생 시 저체중, 부모의 낮은 교육수준, 실직, 모성의 우울, 사회적 지지의 결핍, 스트레스적 생활사건, 부적절한 양육행동과 태도 등과 같은 생물학적 · 환경적 위험요인에 노출되어 있고, 이러한 빈곤 관련 요인들은 아동 · 청소년 발달과 부정적인 상관관계를 갖는다(Brooks-Gunn, 1993).

정보처리이론(social information-processing theory)에 따르면 빈곤은 인지능력의 부족이나 학업성취의 실패를 가져오기 때문에 정보처리의 모든 단계에서 문제를 일으키게 된다. 빈곤가정에서 성장하는 아동 · 청소년들은 인지능력을 개발할 수 있도록 지원하는 자원이나 기회 획득의 가능성이 낮다. 즉 빈곤한 가족은 책, 장난감, 컴퓨터 등과 같은 물품을 구입할 수 있는 자원이 부족하기 때문에 빈곤가정에서 성장하는 아동 · 청소년은 인지적으로 자극받을 수 있는 환경에서 성장할 확률이 낮아진다(Gerard & Buehler, 1999).

또한, 또래집단으로부터 소외된 공격적 아동 · 청소년들은 일반 공격적 아동 · 청소년보다 훨씬 더 만성적 비행에 빠져들 위험이 높다. 청소년기가 되면 소외된 아동 · 청소년들끼리 비행 또래집단을 형성하게 되고, 이러한 또래집단은 심각한 비행의 좋은 훈련장소가 된다(Patterson & Bank, 1989).

빈곤아동 · 청소년의 발달을 설명하는 보호요인 관련 이론은 빈곤이라는 상황에서 적응의 개인차를 보다 적절히 설명하고 있다(박현선, 1998a, 1998b). 가족 중 적어도 한 사람과 밀접한 유대관계를 갖고, 어린 시절부터 양육자와 기본적인 신뢰를 통해 안정적인 애착관계를 형성했으며, 서로 가족 내 역할에 협조적이고, 통제와 애정이 적절하게 균형 잡힌 민주적인 양육 태도가 이루어질 때, 적응 유연성이 발달할 수 있는 가족 분위기가 된다. 또한 자녀와 부모가 가치를 공유하고, 부모가 자녀의 미래에 대한 낙관적인 견해를 가지며, 가족 내 의사소통이 적절하게 이루어져 가족 응집력이 높고, 부모 및 자녀의 역할이 잘 규정되어 있는 가정이 보호적인 기능을 하는 것으로 나타났다(Kirby & Fraser, 1997).

2) 모자가정 아동 · 청소년의 특성

모자가정의 아동 · 청소년들에게는 아버지가 제공하는 경제적 및 사회 정서적 자원이 결핍되어 있다는 것은 명백하다. 모자가정의 경우 아버지가 존재하는 일반가정에 비해 3~4배 정도 빈곤율이 높은 것으로 나타나고 있다. 아동과 공동의 활동에 참여한다든지 아동과 친밀한 관계를 형성한다든지 하는, 아버지의 긍정적인 관여가 높은 가정에서 비행, 약물 남용, 불안, 우울증 등과 같은 아동기 문제가 낮은 것으로 나타났다(Amato & Rivera, 1999; Harris, Furstenberg, & Marmer, 1998; Harris & Marmer, 1996; Zimmerman, Salem & Maton, 1995).

모자가정은 부의 상실로 인한 소득의 감소 문제뿐만 아니라 주택문제, 그리고 모의 취업문제 등을 갖게 된다. 특히 저소득층인 경우에는 부의 부재로 인한 소득의 감소로 모가 생계유지를 위해 직업전선에 나가게 된다. 하지만 이들이 종사하는 직종 대부분이 시간제거나 전형적인 저임금 직종이어서 취업만으로 그들의 가계를 빈곤선

위로 끌어올리기는 쉽지 않다.

모자가정은 절대 소득이 낮음에도 불구하고 외부 지원체계가 매우 부족하여 여성 한부모의 건강이나 생존전략에 따라 빈곤가족으로 전락할 가능성이 높다(이소희 외, 1997).

생계를 위한 직업에 전념하게 되면서 더욱 과중한 역할 수행으로 자신이 지칠 뿐 아니라 자녀에 대해 충분히 돌보아주지 못한다는 죄책감 때문에 자녀양육에 있어 감정적으로 흐르기 쉽고 일관성을 기대하기 힘들다. 특히 빈곤 모자가정의 경우에는 일반 여성 한 부모에 비해 더욱 복합적인 스트레스에 많이 노출되고 있다(민가영, 2004 재인용).

모자가정의 여성은 부양자로서의 역할을 해야 함은 물론 자녀에게 아버지의 역할까지 해야 한다는 점에서 긴장하거나 스트레스를 받고 있다. 또한 남편 상실에 대한 소외감, 비애감이 과잉행동으로 전개되기도 하고 타인에 대한 불분명한 분노와 적대감이 역기능으로 나타나기도 한다. 이러한 고립감이 심해질 경우, 무력감과 세상에 대한 자신감의 결여, 절망감, 사회로부터의 거부감, 부양자로서의 역할에 대한 부정적인 평가를 하게 되어 자신을 무능력하고 부적절한 존재로 간주하게 되는 등 우울과 불안, 소외감에 빠져들 수 있다(김영희, 1996 재인용).

이렇게 많은 스트레스를 경험하는 빈곤층 모자가정의 경우 거부적 양육 태도를 보이고 처벌적인 훈육을 하게 될 가능성이 높다. 또한 모자가정 아동은 남성다운 것을 배우는 데 있어 어려움이 있고, 사회생활에서도 더 복종적이고, 덜 공격적이며 임무를 수행하는 과정에서 의존적인 경향을 보였다(김순애, 1987). 반대로 자신의 이러한 경향을 감추기 위해 더 과격한 행동을 드러내는 경우도 나타난다고 하였다. 그러나 모자가정의 어머니가 어려움을 잘 견디어 내고 감정적으로 동요하지 않고 모친의 역할과 부친의 역할을 잘 조화시킨다면 자녀는 도리어 협력적이고 애정적이 되어 자제력도 갖출 수 있고, 아버지상에 접근할 대리적 모델이 있다면 발달과정에 별다른 부정적인 영향이 없는 것으로 나타났다(장병림, 1984).

부와 자녀관계에서 부는 경제적 담당자로서 생활비를 조달하고 자녀들의 사회적 지위의 표본이 된다. 그리고 부는 자녀들의 좋은 동료 역할을 하며, 이성적이고 공정한 판단자의 역할을 한다.

부의 결손으로 인한 감독관 및 동일시 대상의 상실, 그리고 사회적 통념과 편견에서 오는 압박감과 열등감이 자녀에게 영향을 주는 것으로 나타났다. 부의 자녀에 대한 통제와 감독이 하루아침에 사라짐으로써 자녀는 자기 자신에 대한 통제력을 상실할 수 있다. 그리고 이러한 자기 자신에 대한 통제력의 상실은 가정의 어려움 및 주변 사람의 편견과 함께 작용하여 자녀의 부적응이나 문제를 가져올 수 있다. 한 부모가정의 아동들은 한쪽 부모의 상실로 인해 부모역할의 질적 · 양적 부족으로 인하여 적절한 보살핌을 받지 못하는 경우, 일반가정에 비해 학교성적과 관련된 부분에서 부적응을 초래하기도 한다. 부의 결손은 여성 한부모가정의 자녀들의 학업성취와 지적능력의 저하를 초래한다는 연구결과(김정자, 1984)가 나타나 있는데, 이 연구에 따르면 부를 상실한 후 자녀의 성적이 나빠진 경우가 많았으며, 학업성적이 나빠진 이유로는 '모가 잘 보살펴주지 못해서'와 '공부에 전념할 환경이 못 되어서'로 나타났다. 이는 자녀의 학업성취에 대한 관심과 노력이 모의 역할 과중에 의해 소홀히 되고 있음을 나타내 준다고 할 수 있겠다. 부의 결손이 남아에게 미치는 영향으로 남성답기보다는 여성적이고 성숙하여 독립성이 강하고 사회생활의 적응에 있어서 복종적이며 헌신적인 면이 있으며 여성과의 관계에 있어서도 상당히 여성적인 것으로 나타났다(유경애, 1985). 또한 여아에게는 부의 결손이 남성과의 대인관계에 혼란을 주는 것으로 나타났다. 사춘기의 여자 청소년들은 남자 앞에서 억압을 느끼고 딱딱하고 회피적인 태도를 보이거나 반대로 남성의 주의를 끌려는 경향이 강하게 나타났다(유재선, 1989).

또한 모자가정의 원인이 부의 사망 혹은 이혼에 의한 것인지에 따라 자녀에게 미치는 영향이 다르다. 이혼이나 별거에 의한 가정일 경우 자녀들의 정서적 불안이나 열등감이 심하다. 이는 이혼 이전에 부모들 간의 갈등이나 불화를 경험에 왔고 이후에도 그 여파가 계속되기 때문이다. 그러나 한부모가정의 자녀양육 문제가 언제나 심각한 것은 아니다. 오히려 신뢰를 가진 한쪽 부(父) 또는 모(母)만 있음으로 인해 일관성 있게 양육할 수 있다고 보는 견해도 있다(안진희, 2005 재인용).

3) 부자가정 아동 · 청소년의 특성

이혼이나 가출, 유기와 같은 사회적 요인에 의한 부자(父子)가정이 늘어나면서 부자

(父子)가정의 아버지는 경제적인 문제, 자녀양육과 가사 역할에 대한 부담, 심리적인 불안감 등으로 인해 힘든 상황을 경험하고 있다.

부자가정에서의 문제는 직장생활과 부재한 모를 대신하여 가사와 자녀양육을 병행하는 데서 발생한다. 전통적으로 여성의 책임으로 되어 온 가사노동과 자녀양육을 갑자기 맡게 된 아버지의 경우, 직장에서 많은 시간을 보내는 만큼 가사를 돌볼 수 있는 시간이 줄어들게 되고, 반대로 직장에서 시간을 적게 보내고 가사에 더 많은 시간을 보내면 직장에 충실할 수 없게 되는 등 이중의 책임으로 갈등을 겪을 수 있다. 특히 저소득층 부자가정의 경우에는 저학력, 기술 부족 등의 이유로 대부분 단순노무나 일용직에 근무하고 있으며(신수자, 1995), 이러한 직업들은 임금수준이 낮을 뿐만 아니라 일하는 시간이 일정하지 않으므로 가정의 어려움을 더욱 가중시킬 수 있다. 또한 감정표현 측면에서 모자가정보다는 부자가정이 일반적으로 더 많은 어려움을 겪는 것으로 나타났다. 자녀들의 입장에서 아버지는 감성적인 표현과 애정표현 등이 어머니보다 못하다는 것이다. 어머니는 인성형성 과정, 심리적 문제해결, 건강문제 등 자녀의 제반사에 도움을 주며, 자녀가 독자적인 사고와 태도를 갖기 시작하는 아동후기부터의 자아형성 과정과 자기수용의 태도 및 사회적 적응에 많은 영향을 미친다. 자녀에게 있어서 어머니와의 이별은 절대적인 대상의 상실이라는 충격적인 경험이다. 이는 곧 모성 실조현상을 수반하여 유아에게 신체발달 지연현상을 보이거나 반응을 나타내지 않는 자기고립 상태와 같은 심리적 징후를 보이기도 한다. 자녀의 동일시대상 상실로 인한 역할수행상의 혼란, 심리적 고독감, 애정결핍, 사회적 위축감, 감정표현 및 수용의 좌절, 친구관계의 어려움 등 정서적 문제를 야기시킬 수 있다(안진희, 2005 재인용).

월러스타인(Wallerstein)와 켈리(Kelly)의 조사에 의하면, 어머니는 딸을 양육하고 아버지는 아들을 양육하기가 편하다는 것이다. 여성에게 필요한 상식을 주지 못하는 한계에 부딪힌 아버지가 양육하는 딸은 아버지가 양육하는 아들보다 사회적응에 어려움이 있으며, 일탈행위가 비교적 많이 나타난다고 하였다(오승환, 2001). 또한 그들은 가사처리에 대한 심리적 부담과 부모에 대한 원망 및 가족에 대한 수치심이 높은 것으로 보고되고 있다(고순생, 2001 재인용). 실제로 많은 연구(신수자, 1995; 전재일 외, 1999; 고순생, 2001)에서도 상당수의 부자가정이 가사책임을 아동과 함께 분담한다고 나타났으며, 정윤남(2002)의 연구에서는 가사(밥 짓기, 청소, 빨래 등)를 돕고 있는 청소년의 성 비율이 여자 71.9%, 남자 28.1%로 여자의 경우 남자보다 훨씬 많은 수가 가사를 분담하고 있었다. 또한 모가 안 계시기 때문에 겪는 어려움으로 가사처리가 첫 번째 어려움이라고 응답한 청소년이 41.2%로 나타났다. 부자가정에서는 반 이상의 아버지가 자녀를 구타한 것으로 조사되었고 자녀들에게 매 맞은 이유를 물었을 때 자신이 잘못한 것에 대해 야단을 맞았다는 생각보다 아버지의 주벽이나 화풀이로 인해 매를 맞는다고 응답한 경우가 상당수 나타났다(신수자, 1995).

부자가정의 아동은 가정생활과 학업생활에서 높은 스트레스를 경험하며, 모의 부재로 인해 가정, 학교 및 사회생활에서 방임되는 경우도 보고되고 있다(이영주, 1999). 부자가정의 경우, 양부모가정이나 모자가정에 비해 아동학대나 방임이 심한 것으로 나타났다.

국회 보건복지위원회가 보건복지부로부터 제공받은 '전국 39개소 아동보호전문기관 운영실적'에 근거하여 2001년부터 2005년까지 아동학대 현황에 대해 분석한 결과, 아동을 학대하는 가정의 유형은 부자가정(33.7%), 일반가정(25.3%), 모자가정(14.2%), 재혼가정(6.8%) 순으로 나타나, 부자가정에서의 아동학대 문제의 심각성을 입증하고 있다.

한편, 고생순(2001)의 연구 결과에 의하면, 부의 장기간 부재 시 자녀양육의 대처방안으로 67.8%가 '집에 그냥 둔다.'라고 응답한 것으로 나타나 부자가정 아동의 방임 실태를 나타내고 있다. 특히 모의 가출 혹은 이혼으로 부자가정이 된 경우에는 자녀에 대한 애착이 부족하기 때문에 아동의 방임과 학대는 더욱 심각한 양상을 보여 준다. 부자가정의 경우 부는 알코올 중독이나 도박 혹은 구직을 위해서 집을 비우는 시간이 많아 아동들은 건강하고 정상적인 생활을 하지 못하고 방치되거나 학대에 시달리게 된다. 또한 아동의 건강한 보건은 충분한 영향섭취와 쾌적한 주거환경을 조건으로 하지만 모의 부재는 불결, 결식, 영양실조 등과 연관되기 때문에 부자가정의 아동들은 모자가정의 아동들보다 질병에 보다 많이 노출되었다. 특히, 우리나라처럼 학업지도, 가사일 모두를 모가 전적으로 책임지는 사회문화적 상황에서 모의 부재는 아동에게 상대적인 열등감과 좌절감을 경험하게 한다(이채영, 2007 재인용). 물질적이고 외모를 중시하는 현대사회의 특성상 가정사정으로 인한 불결, 허약한 체질, 학업성적의 하락 등은 따돌림의 원인이 되고 있다.

4) 조손가정 아동 · 청소년의 특성

조손가정(족)이란 용어 사용과 함께 조손가정에 대한 연구가 본격화된 것은 1990년대 후반으로 IMF로 인한 사회경제적 변화로 가족해체 과정에서 새롭게 등장한 가족유형 중 하나이다. 그리고 1995년도에 인구주택 총조사에서 2세대 가구 가운데 조손가구를 분리하여 조사함으로써 조손가정에 대한 실체와 그 변화추이를 확인할 수 있게 되었다. 대체로 조부모가 그들의 성인자녀를 대신하여 손자녀를 양육하게 되는 주요한 계기는 사고나 질병, 실직, 이혼이나 사망 등의 이유로 기존의 가족관계가 해체되면서 성인자녀가 더 이상 부모역할을 수행할 수 없는 경우와 성인자녀의 취업과 사회참여로 인하여 조부모가 일시 혹은 특정 시기까지만 손자녀를 양육하는 경우로 대별된다(이혜연 외, 2009).

이 가운데 성인자녀의 사망이나 이혼 등으로 손자녀를 양육해야 하는 경우에는 정해진 시기까지 한정된 부모역할을 수행하는 것이 아니라는 점에서 과중한 역할과 책임이 부과되는데, 지금까지 진행된 대부분의 연구들이 이에 해당한다. 노년기에 조부모로서의 역할은 인생에 있어서 새로운 장을 제공하며, 부모로서의 책임을 맡지 않은 채 손자녀와 특별히 친밀한 관계를 가질 수 있는 기회를 제공한다(한국여성복지연구회, 2005). 그러나 이러한 긍정적인 측면에도 불구하고 대부분의 조손가정 조부모들은 자신이 손자녀를 양육해야 할 유일한 혈육이라는 절대적 상황에서 선택의 여지없이 손자녀 양육에 개입하고 있다. 따라서 이들은 노년기에 겪을 수 있는 외로움, 소외감, 경제적 어려움뿐만 아니라 손자녀를 돌봐야 하는 부담과 갈등, 신체적인 한계 등의 어려움을 겪게 되는 것이다. 이러한 조부모의 신체적, 정신적 스트레스는 양육 및 훈육행동의 질을 떨어뜨리고, 손자녀에게 심리적 · 정서적으로 부정적인 영향을 주어 성격적, 정서적 결함이나 비행과 같은 문제를 야기시킬 수도 있다(이화진, 2004).

실제로 조손가정의 손자녀에 대한 정효미(2006)의 연구를 살펴보면 조손가정 손자녀는 자아존중감이 낮고 우울, 불안 등의 부정적 정서를 경험하고 있고 가족기능에 대한 지각이 낮은 수준인 것으로 나타났다. 일반적으로 다양한 사회문제들 때문에 부모와 함께 살 수 없는 아동들은 우울, 불안, 철회 등의 심리 정서적 문제(Fordhand, Middleton & Longo, 1987)를 갖는다. 그리고 부모의 부재에 의해 남겨진 허탈감뿐만 아니라 두려움, 당혹감, 분노 또는 숨겨진 분노 등으로 인해 정서상의 문제들을 가지고 있었다(Brown, 2003). 그리고 아동들은 조손가정이라는 이유로 친구들에게 비웃음을 받아(Rogers & Henkin, 2000) 적응에 어려움을 느끼는 등 사회적응에 문제를 보이며, 인지적 · 사회적 능력(Fordhand et al., 1987)과 자아존중감이 낮았다. 또한 비행과 일탈, 그리고 반사회적 행동 등의 문제로 인해 높은 공격성 및 행동장애 등 행동적 문제를 경험하고 있고(Peterson & Zill, 1986), 학교생활에도 적응하지 못하고 있었다.

아울러 조부모와 손자녀의 관계는 생물학적으로나 시대적으로 다른 세대에 있는 관계이므로 이들 사이에는 적어도 40년 이상의 연령 간격이 있으며 이것은 양자의 사회적 지위, 권위뿐만 아니라 사상, 가치, 즐거움, 취미 등에 있어서도 넘어설 수 없는 차이를 보여줄 수 있기 때문에 부모-자녀 세대보다 가족 간의 벽이 높으며 의사소통 역시 원활하지 못하는 등 전반적으로 가족기능이 낮아진다(신은정, 2004). 이렇듯 조부모와 손자녀를 연결해 주는 중간세대의 부재는 서로에 대해 더욱 끈끈한 정을 느끼게도 하지만 조부모에게는 자신의 입장이나 생각을 이해해 주지 못하는 손자녀에게 서운한 마음과, 전적으로 손자녀의 양육을 책임져야 한다는 부담감으로 인해 양가감정을 경험하고 그러한 관계 속에서 갈등을 초래할 수 있다. 손자녀의 측면에서 살펴보는 심리 · 정서적 어려움 또한 중요한데, 양육자의 연령과 건강상의 문제 및 경제생활의 어려움으로 인하여 안정적인 가정 분위기 속에서 성장하기 어려운 손자녀들은 부모의 사망, 이혼, 별거, 가출 등 1차 양육자의 결손 경험과 조부모의 건강 악화로 인하여 2차 양육자마저도 사망할 수 있다는 불안감, 이에 더해지는 경제적 어려움, 지지체계의 부재로 인한 상실감 등 다양한 요인의 심리적인 불안정감을 경험하게 된다. 이러한 불안정감은 우울 및 불안, 공포에 대한 감정을 낳게 되고 이는 학업 부진, 공격, 도벽, 사회적 위축 등과 같은 여러 가지 부적절한 행동문제를 야기할 수 있다. 이러한 부적응의 징후는 결코 일시적인 것이 아니고 나중에 어른이 되어서까지 심각한 장애로 진전될 가능성이 높기 때문에 더욱 중요하고 간과할 수 없는 것이다(성지혜, 2001 재인용).

박창기(2002)의 농촌지역 조손가정에 대한 연구에 의하면, 조부모들이 손자녀 양육에 대한 스트레스와 부담을 많이 가지고 있으며, 가족기능에 유의미한 영향을 미치는 요인으로 조부모-손자녀 간 대화 정도와 조부모가 양육 보람을 느끼는 정도를 밝히고 있으며, 친밀형 의사소통을 많이 할 때 가족기능이 높은 것으로 파악되었다. 성지혜(2001)는 빈곤한 조손가정의 손자녀를 대상으로 우울 및 불안 수준을 파악하고, 특히 사회적 지지가 우울 및 불안에 미치는 영향에 대해서 연구하였는데, 이들의 불안 수준은 일반가정의 아동과 별로 차이가 없지만, 우울 수준은 더 높은 것으로 나타났다. 또한 이러한 우울 및 불안에 미치는 요인으로 성적과 사회적 지지 중 선생님의 지지가 가장 유의미한 변수로 제시되고 있다.

최은희(2006)의 연구에서 밝혀진 조손가정 손자녀의 특성으로는 스스로 공부하며 효행상을 받을 정도로 성실한 아동도 있지만, 내성적이고 애어른 같으며 말이 없고, 무뚝뚝하거나, 성격장애로 인해 소극적이고 소심한 경우, 불만이 많고 폭력적인 경우 등 다양한 특성이 나타나고 있다. 또한 조부모와의 의사소통에 있어 문제점을 지니고 있고, 성격이 소심해서 또래 친구들에게 구타당하여 힘들어하는 가정도 있었다.

위기가정들은 부성실조, 모성실조, 모성과 부성의 실조라는 각기 다른 결핍에 의해 다소 서로 다른 양상의 문제를 보이고는 있으나, 모든 유형의 가정에서 자아 존중감, 우울, 공격성, 불안, 자아정체성, 인지적 발달, 성 정체성, 학교부적응, 폭력, 아동학대와 방임 등의 문제가 두드러진 반면, 가정, 친구, 학교, 지역사회의 사회적 지지 기반이 약하다는 공통적인 문제를 지니고 있었다.

3. 위기가정 아동 · 청소년의 복지욕구

위기가정 아동 · 청소년의 문제를 파악하고 이를 위한 복지지원 방안은 무엇일까를 생각해 보고자 한다.

위기가정 아동 · 청소년의 문제를 해결할 수 있는 복지지원 방안을 모색하기 위해서는 우선 위기가정 아동청소년들의 복지욕구를 파악하여야 한다. 복지욕구란 어느 한 시점에서 개인이나 집단이 사회인으로서의 기능을 다하기 위해 경제적, 사회적, 심리적, 신체적 필요에 의해 구하는 것이라 할 수 있다. 즉 인간의 생존과 성장 발달을 위해 필요하여 구하는 것이라 할 수 있다. 따라서 주택, 영양, 보건, 직업, 소득, 지식, 사회참여, 정치활동, 개인의 자유 등이 욕구의 대상이 될 수 있다. 청소년의 복지욕구 역시 이러한 맥락에서 파악하여야 한다. 우리가 욕구조사를 하는 이유는 특정 집단이나 지역주민의 욕구가 무엇인가를 파악하여 이를 해결하기 위한 서비스를 개발하거나 기존의 서비스를 보완하기 위함이다. 청소년 복지욕구 조사 역시 청소년들의 복지 욕구를 위한 서비스를 개발하거나 기존의 서비스를 수정, 보완하기 위해 실시되어야 한다. 매슬로(Maslow)는 인간의 욕구를 다음과 같이 5단계로 설명하였다.

1) 매슬로(Maslow)의 욕구위계론

매슬로(Maslow)[4]는 인간이란 누구나 내면적인 욕구를 가지고 태어난다고 보았다.

---

4) 자기실현(self-actualization)이라는 개념을 앞세워서 인간의 잠재성에 집중하여 연구하고, 인간이 어떻게 하면 자신의 잠재성을 발현할 수 있는지를 탐색하였다. 인간에 대해서 전체적이고 역동적인 관점을 가지고 있었던 매슬로의 이론은 동기화 이론과 욕구위계이론이 가장 대표적이다. 매슬로에 따르면 인간의 행동은 기본적 욕구에 따라 동기화된다. 이러한 욕구들은 행동을 실행하게 하는 데 두 가지 원칙이 있는데, 첫째는 욕구가 충족되면 더 이상 행위하지 않는다이고 둘째는 욕구는 위계를 가지고 있다는 것이다. 동기화 이론에 따른 욕구위계이론은 인간의 동기를 다섯 단계로 나누고, 가장 기초적으로는 생리적 욕구, 그다음에는 안정의 욕구, 그다음에는 사랑 및 소속의 욕구, 그다음에는 존중의 욕구, 마지막으로는 자기실현의 욕구 순으로 되어 있다. 이 욕구위계는 순서대로 일어나며, 모든 사람이 이와 같은 발달과정을 거치면서 가장 높은 단계까지 가는 것은 아니다(김춘경 외, 2016).

이러한 욕구는 인간을 성장하고 발달하게 하며 인간 자신을 실현시키고 인간 모두를 성숙하게 하는 원동력이 된다고 하면서 심리적인 건강과 성숙을 향한 잠재능력은 인간이 태어날 때부터 갖추어져 있다고 하였다.

그는 인간의 욕구와 그것이 인간의 행동에 미치는 영향에 관한 인간 동기화 이론을 제시하였는데, 그 내용을 구체적으로 살펴보면 다음과 같다. 첫째, 인간은 욕구를 갖는 존재로서 항상 무엇인가를 원하고, 그것을 만족시키면 또 다른 것을 원한다. 둘째, 만족의 욕구는 더 이상 행위의 동기 요인이 되지 못한다. 셋째, 인간의 욕구는 일련의 욕구체계를 이룬다. 즉 인간은 여러 가지 선천적인 욕구에 의해서 움직이고 있으며 이 욕구들은 위계가 있어 하위단계의 욕구가 충족되어야 상위단계의 욕구가 나타나고, 더 높은 단계로 갈수록 보다 바람직하다는 욕구의 위계를 주장하였다(이혜연 외, 2009).

그 욕구를 낮은 단계부터 열거하면 생리적 욕구, 안전의 욕구, 소속과 사랑의 욕구, 존경의 욕구, 자아실현의 욕구 등 5단계로 나누어진다.

(1) 생리적 욕구(physiological needs)

생리적 욕구는 계층의 가장 낮은 데 놓여 있다. 이 욕구는 의 · 식 · 주 등을 포함한 본능적이고 생리적인 기본적 욕구이다. 이러한 기본적인 욕구가 충족되지 않는다면 이 단계의 욕구나 동기의 충족만을 추구하게 되어 보다 상위의 욕구는 나타나지 않을 것이다.

예를 들어 소년소녀 가장들에게는 공부도, 의식주 해결도 중요한데 무엇을 해 주는 게 먼저일까?

(2) 안전의 욕구(safety needs)

안전의 욕구는 확실성, 예측성, 질서, 안전을 보장받고 싶어 하는 욕구이다. 인간은 일단 생리적 욕구가 만족되면 안전의 욕구를 보장받고 싶어 하는 욕구가 생겨난다. 어린이가 낯선 사람을 피하려는 것이나 성인이 저축이나 보험에 가입하는 것 등에서 잘 나타난다.

아이들이 학교에 갔는데 괴롭히는 친구가 있다면 공부를 할 수 있을까?

(3) 소속 · 사랑의 욕구(belongingness and love needs)

생리적 욕구와 안전의 욕구가 충족되면 다음 단계로 나타나는 욕구로 인간은 사회적 존재이므로 여러 집단에 소속되거나 수용되고 싶어 하며, 우정을 나누고 사랑을 받고 싶어 하는 욕구를 갖게 된다는 것이다. 이 욕구가 강하면 다른 사람들과 의미 있는 관계를 맺으려는 행동이 나타나지만, 이 욕구가 결여되면 조직의 목표 달성은 외면당하게 된다.

아이가 사랑을 충분히 받고 싶은 욕구, 친구들 그룹에 소속되고 싶은 욕구가 있는데, 아이가 부모님의 사랑을 충분히 못 받으면 그 다음 단계로 성장할 수 있을까?

(4) 존경의 욕구(esteem needs)

존경의 욕구는 자기존중과 중요한 사람으로부터 존중을 받고자 하는 욕구로 전자는 자신의 능력, 적합성 등이 포함되며 후자는 다른 사람으로부터의 인식, 수용, 주목, 명성 등이 포함된다. 이 욕구가 충족되지 못하면 좌절감, 열등감, 무력감 등을 초래한다.

(5) 자아실현의 욕구(self-actualization needs)

자아실현의 욕구는 자아발전을 위해 자신의 잠재력을 최대한으로 실현하고자 하는 욕구로 음악가는 음악을 연주하는 데, 시인은 시를 쓰는 데, 교수는 교육하는 데 있어 그의 잠재력을 극대화하려는 욕구이다. 이 욕구는 전제한 모든 욕구들이 충족되어야만 나타나게 된다. 이들 이론의 특징은 각 욕구가 위계적 질서를 이루고 있어서 하위욕구가 충족되기 전에는 상위욕구가 나타나지 않으며 동기부여도 상위욕구가 충족되기 전의 하위수준의 욕구에서 이루어진다는 것이다. 매슬로(Maslow)의 이러한 주장은 많은 지지를 받은 한편 비판도 받았지만 대체로 인간의 욕구를 체계화하고 욕구수준을 구별했다는 점에서 그 가치와 유용성을 인정받고 있다. 특히 사회계획과 관련해 그의 주장은 계획가가 대상 집단의 어떤 욕구를 먼저 다루어야 할지를 시사해 주고 있는 것이다. 예를 들어 가장 기초적인 물질적 욕구 또는 안전 욕구가 해결되지 못한 주민들에게는 자기실현 등 정신적 서비스 대신 그 욕구들을 해결할 수 있는 프로그램을 먼저 마련해야 한다는 것이다. 그러나 이러한 위계적 욕구이론은 개인에 따라 다를 수 있고 문화에 따라 그 영향이 달라질 수 있으므로 고정된 것은 아니며 그 질서 순위가 반드시 하위에서 상위적인 것은 아니라는 주장도 있다. 그러나 매슬로(Maslow)가 제시한 인간의 5가지 기본적 욕구는 인간행동의 유인과의 관계연구 등에서 높은 평가를 받고 있다(이혜연 외, 2009).

청소년
문제
와
보호

제2장 청소년문제의 개념과 보호의 이해

청소년기는 아동기에서 성인으로 되어가는 과도기이자 신체와 정신이 급속히 성숙하는 시기이고, 사고능력의 발달을 보이면서도 사고능력의 한계를 보이는 시기이다. 다양한 문화가 공존하고 있는 현대사회를 사는 청소년들은 만연한 개인주의와 네트워크 문화 속에서 점점 부모와의 대화를 비롯한 가족의 기능으로부터 멀어져 가고 있다.

현대사회의 청소년들은 도처에 만연해 있는 유해 매체의 홍수 속에서 문제행동의 유혹을 받으며 살고 있다. TV의 성인 채널과 인터넷 음란 사이트가 청소년들에게 그대로 노출되고 그 가운데 청소년들의 성 관련 문제행동이 심각해지고 있다. 지나친 입시 위주의 교육 풍토와 사회 전반에 깔린 불확실한 미래에 대한 불안감은 청소년들로 하여금 자살을 시도하거나 자살을 생각해보게 만들고 있으며[5] 가정에서의 부모와의 갈등과 학교 공부에 대한 압박감으로 인해 가출 충동을 느끼는 청소년들이 증가하고 있는 등 청소년 문제행동은 중대한 사회문제가 되고 있다.

최근 들어서는 학교부적응, 학교폭력 등의 청소년문제가 양적으로 증가하고 있는 추세이다. 보다 심각한 것은 청소년문제가 사회적 문제를 제기하기에 충분하며 그 파급효과가 크다는 점이다. 그로 인해 청소년문제의 원인을 규명하여 이를 대처하며 예방하려는 교육적 시도들이 지속적으로 있어 왔다. 그럼에도 불구하고 청소년문제는 오히려 날로 그 심각성을 더해 가고 있을 뿐, 큰 교육적 실효를 얻지 못하고 있는 실정이다. 여기에는 여러 가지 이유가 있으나 일각에서는 청소년문제에 영향을 미치는 문화적 요인에 대한 설명을 배제하기 때문이라고 한다(김혜영, 2002; 배영미, 1998).

청소년문제는 청소년을 둘러싸고 있는 문화에 직접 혹은 간접적인 영향을 받는 것으로 예상되는데 그중 하나가 청소년은 학교라는 환경과 밀접한 관련성을 맺고 있으므로 준거문화와 같은 학교문화에 영향을 받으며, 학교문화의 일면을 공유하면서도 그들이 속해 있는 청소년집단의 독특한 문화적 특징을 가지는 것이다.

---

5) 서울 송파구 보건소가 2006년 9월 4,150명을 대상으로 청소년 욕구조사를 실시한 결과 63.8%가 '자살을 생각해 본 적이 있다.'고 응답했고 2005년 9월 한국청소년상담원이 청소년 3,117명을 대상으로 한 설문에서는 48.6%가 자살 충동을 경험했고 그중 13.7%는 자살 방법까지 구체적으로 생각했던 것으로 조사되었다(중앙일보, 2007. 2. 26).

여기서 청소년집단의 독특한 문화적 특징은 전체 사회문화 혹은 학교문화의 규범이나 기준에서 벗어나는 경우가 흔하다. 그로 인해 학교문화와 청소년문화 간에 격차가 발생할 수 있으며, 이 격차가 커지게 되면 갈등 이상의 대립관계를 형성하게 되는 것이다(임상록, 2002). 이런 관점에서 청소년문화는 학교문화와 병존하기 어려운 반문화적 경향을 보이는 것으로 인식되고(이건만, 1999), 이러한 반문화의 맥락에서 청소년문제가 비롯된다고 본다(Dewit, 2000). 이처럼 청소년문제의 근원을 청소년문화로 귀인시키는 것은 청소년문제를 이해하는 데 중요한 근간이 된다. 그러나 청소년집단의 독특한 문화적 특질은 단지 준거 문화, 학교 문화에 대한 반항 혹은 거부하는 측면으로 이해하는 것은 청소년문제의 심각성을 해소하기에 지나친 단순화가 아닐 수 없다(정유성, 1999).

특히, 한국사회에서는 대다수의 청소년들이 학교라는 조직에 소속된 신분을 가지고 있기 때문에 청소년의 문제는 학교문화와 무관하다고 볼 수 없다(정준교, 2001). 이와 더불어 학교문화는 교사와 학생 간의 관련성을 맺고 있다는 점에서 부가적으로 학교문화와 학생문화를 포함시킬 수 있다. 여기서 더 나아가 청소년은 학교를 떠나서 그들이 처한 삶의 조건 속에서 공유하는 독특한 생활방식과 그들의 삶에 부여하는 독특한 의미체계로서 청소년문화를 가지고 있다. 청소년문제와 관련 있는 하위문화들로는 학교문화, 교사문화, 학생문화, 청소년문화를 각각 생각해 볼 수 있다(조용환, 2000). 이러한 하위문화는 청소년문제와 정적 혹은 부적인 관련성이 있는 것으로 밝혀지고 있다(Sellman, 2002).

1. 청소년 문제행동의 개념

청소년 문제행동이란 인간발달 단계인 청소년기에 놓인 청소년이 개별적 혹은 집단적 행위를 통해 사회적 규범과 가치에 위배된 반사회적 일탈 및 범죄행위를 포함하는 것은 물론이고 타인보다는 자신에게 심각한 영향을 미치는 자살, 약물 오·남용, 유해미디어 중독, 유해시설 접촉 등과 같은 도피적·자해적 행동으로 비사회적 행동을 포함하며 청소년의 다양한 부적응행위의 결과로 자신은 물론이고 타인, 가정, 그리고 사회에 부정적인 영향을 끼치는 모든 유형의 행동을 말한다(김진화 외, 2002).

에벨(Ebel, 1969)은 청소년의 문제행동에 대해 사회의 주류적 규범을 인정하지 않는 행동으로, 개인이나 집단에게 실질적 또는 잠정적으로 신체적, 정신적, 사회적으로 상해를 주는 행위라고 하였고, 로스(Ross, 1974)는 아동의 행동이 사회규범으로부터 이탈되어 아동 주위의 어른들에 의해 그 행동의 발생 빈도나 정도가 너무 높거나 혹은 너무 낮다고 판단될 때 그 아동을 문제행동이 있는 것으로 판별하였으며 카우프만(Kauffman, 1993)은 아동의 정서 및 행동 문제는 학문적, 사회적, 직업적, 개인적 기술을 포함하는 교육적 수행에 있어 아동에게 적절한 나이, 문화, 인종적 규준에서 벗어나는 정서적, 행동적 부적응 반응을 의미한다고 하였다.

일반적으로 문제행동이란 인간이 생존하기 위해 행동한 것이 사회적으로 문제가 되는 것으로 법과 규범에 위배되는 일탈행동과 범죄, 가치 기준에서 탈락한 이상행동, 환경에 적응하지 못하는 부적응 행동 등을 지칭하는데 문제행동은 청소년기에만 발생되는 것이 아니라 전 생애에 걸쳐 누구에게나 일어날 수 있는 인간 행동의 일종이라고 할 수 있다.

1) 자아개념과 청소년 비행

청소년의 낮은 자아존중감이 청소년 문제행동의 원인으로 오랫동안 간주되어 왔으나, 청소년 비행과 자아개념의 관계에서 낮은 자아존중감을 가진 청소년들이 문제행동을 더 많이 일으킨다고 단정할 수는 없다.

사람들은 자신에 대한 타인의 반응을 관찰하고 자신을 타인과 비교하여 자신의 행동을 관찰하면서 자아개념을 형성하게 된다. 자아개념이 형성되면 이것은 경험에 의미를 부여하고 그 경험에 반응하는 방식에 영향을 미치게 된다. 자아의 반영된 평가가 자아개념의 형성과 발달의 기초라는 점에는 이론의 여지가 없어 보인다(jaret 외, 2005).

이처럼 자아개념은 주어진 사회환경 속에서 자신을 자기 자신으로 설명하고 자신에 대한 인상이나 감정 그리고 태도를 조직하는 하나의 도식(schema)이라고 할 수 있다. 이러한 자기에 대한 도식은 자신과 그가 속한 사회집단과의 상호적 관계로부터 생긴다(Burke, 2006 ; Stryker & Serpe, 1994).

즉, 자아개념이란 자기 자신에 대해 가지는 감정과 인지의 총체라고 볼 수 있다. 비교적 장기간에 걸친 성공과 실패의 축적은 학생으로 하여금 자기 자신에 대한 관점을 형성하도록 하는데, 이는 타인이 자신을 어떻게 평가하느냐의 자각과 자신에 대한 자기평가의 상호작용에 의해 형성된다(권건일, 2000). 이때, 부정적인 자아개념은 청소년으로 하여금 자신을 보잘 것 없는 존재로 보고 환경을 부정적으로 보게 한다(김희수, 2005).

비행행동을 경험한 청소년의 자아개념을 연구한 (김준호, 김선애, 2000)의 연구 결과, 자아개념이 부정적인 청소년이 그렇지 않은 청소년들보다 정신건강, 학교적응, 학업성취, 진로 의식 등에 있어서 어려움을 가질 수 있으며, 이로 인해 비행이나 일탈 등의 문제를 일으킬 수 있음을 지적하였다. 특히, 부모나 교사와의 애착 정도가 낮은 청소년일수록 자아개념이 낮아 자기 자신을 가치 있게 보지 않는 경향이 있어 쉽게 비행청소년과 어울리는 개입요인이 된다고 하였다.

신체적, 정신적 성숙을 이루어 가는 청소년들은 주변인들이 자신을 어떻게 판단하는가 하는 부분에 대하여 많은 신경을 쓰며 살아가는 특징이 있다. 즉, 청소년들은 중요한 타인의 반응을 살피고, 타인의 반응에 대한 느낌을 갖게 되고, 타인의 반응과 상호작용하면서 자아개념을 형성하게 된다(Chubb 외, 1997).

하지만 많은 선행연구에서 청소년들의 비행과 자아개념과의 연관성을 검증하였지만 그 결과는 매우 다양하게 나타나고 있다. 이에 (이은주, 정익중, 2009)의 연구를 인용하여 학자들의 연구결과를 정리 및 재구성하면 다음 〈표 2-1〉 과 같다.

〈표 2-1〉 학자들의 비행과 자아개념 연관성 연구

학자	개념
이동원 (2004)	자아개념과 비행의 관계에 대해 부정적 자아개념이나 낮은 자아존중감을 비행행동의 원인으로만 간주함으로써 비행 경험으로 인해 개인의 자아개념이 변화할 수도 있다는 점은 논외로 한 제한점을 안고 있다.

학자	개념
이은주 (2000)	자아개념을 성취자아와 사회자아로 구분하여 비행과의 관계를 살펴본 결과, 성취자아가 높을수록 비행 수준이 낮은 반면, 사회자아가 높을수록 비행 수준은 오히려 높은 것으로 나타났다.
김희화, 김경연 (2000)	비행과 가정적 자아는 상호적 관계에 있었지만, 외모 및 신체적 능력과 관련된 가정적 자아는 비행과 무관한 것으로 나타났다.
Swann 등 (2007)	특정 행동을 예측하기 위해서는 특정 예측요인이 사용되어야 하며, 일반적 행동을 예측하기 위해서는 일반적 예측요인이 사용되어야 한다고 주장하였다. 예컨대 영어 능력을 예측하는 데 관심이 있다면 전반적으로 자아개념보다는 영어 유능감과 같은 구체적 자아개념을 적용해야 한다는 것이다.
Owens (1994)	자아존중감을 긍정적인 측면(self-worth)과 부정적인 측면(self-deprecation)으로 구분해서 적용하였는데, 이때 긍정적 자아존중감의 비행감소 효과보다는 부정적 자아 존중감의 비행 증가 효과가 더 강력한 것으로 나타난 바 있다. 결국, 낮은 자아존중감은 비행 증가 효과가 있었지만, 비행의 자아존중감 증진 효과는 유의미하지 않았다.
Mason (2001)	자아존중감이 이후 비행과 유의미한 부적 관계가 있었으며, 비행 역시 이후 자아존중감의 증가와 유의미한 관계가 있다는 결과를 통해 자아 강화 가설을 지지하였다.
Jang, Thomberry (1998)	낮은 자아존중감은 이후 비행 증가에 영향을 미치지 않았을 뿐만 아니라 비행 행동은 존중감의 증진 효과가 없었으며, 오히려 가설과 정반대로 자아손상 효과가 있는 것으로 나타났다.

출처 : 이은주, 정익중(2009).

이와 같은 맥락에서 청소년비행을 예측하기 위해서는 비행에 한정된 자아개념이 이용되어야 할 것이다. 자아개념과 청소년비행의 관계에 대해 명확히 정의하기 위해서는 자아개념의 다차원성과 청소년비행의 상호적 인과관계에 대한 이론적 근거가 고려되어야 한다고 본다.

청소년비행 이후, 부정적인 측면에서 일탈적 자아개념으로 인해 이후 비행행동이 증가할 뿐만 아니라 일탈적 자아개념도 높아질 수 있기 때문이다. 개인의 자아개념은 안정적인 성향이 있지만, 변화의 요인이 발생하면 조금씩 천천히 변화하게 된다(Burke, 2006).

자아개념은 반영된 평가의 영향을 받게 되므로, 비행행동으로 인해 주위에서 암묵적으로든 명시적으로든 문제아나 비행청소년이라는 평가를 받게 되면 일탈적 자아개념이 높아질 것으로 예상할 수 있다.

그 이유는 비행행동을 한 청소년들이 자신의 행동이 문제행동 또는 일탈행동이라는 인식을 갖고 있지 못할 때 문제가 커진다는 것이다.

그것은 어떤 행동이 비행인가에 대한 개념이 모든 청소년에게 동일하게 수용되는 것은 아닐 것이기 때문이다, 예컨대 음주나 흡연을 하는 청소년들이 주위에서 그것을 비행이라고 하니까 자신을 비행청소년이라고 인식할 수도 있지만, 자신은 그런 행동을 문제행동이라고 보지 않기 때문에 자신을 비행청소년이라고 인식하지 않을 수도 있는 것이다.

이에 앞으로 청소년문제를 다루는 사회복지 측면에서는 청소년들의 비행행동에 대해 일탈적 자아개념의 원인 또는 동기, 개인에게 미치는 영향과 가정과 사회의 환경적 측면의 관계를 동시에 살펴보는 연구가 필요하다고 본다.

2. 청소년 문제행동의 원인

청소년 문제행동의 원인을 살펴보면 첫째, 개인적 요인으로 자아존중감이 낮고, 공격성 및 충동성이 높으며, 실패를 추구하는 동기가 높다는 데 있다. 둘째, 가족적 요인으로 가족의 사회경제적 지위, 결손 여부 등의 구조적 측면과 부모-자녀간의 심리적 거리, 양육 태도, 의사소통 등의 기능적 측면이 있다. 셋째, 또래집단의 수용과 배척 요인이다.

넷째, 학교 환경요인으로는 학업성적, 학교규범, 교사와의 관계 등이며 다섯째, 지역사회의 유해환경 요소와 여섯째, 사이버 환경은 각종 사이버 공간을 매개로 한 범죄와 폭력 등이 청소년 문제행동에 영향을 미친다(김진화 외, 2002).

일곱번째, 청소년들의 충동과 학교폭력 문제는 가족제도의 붕괴, 개인주의, 물질주의, 성취위주의 가치관, 정신력 약화 등이 문제가 되는데, 여기서 비행이라 하면,

잘못된 행동(misbehavior)을 뜻한다. 이때 기준은 법률적 기준뿐만 아니라 도덕적 기준, 교육적 기준, 사회적 기준을 근거로 일탈행위를 규정한다. 예컨대 물건을 훔치거나 타인에게 상해를 입히는 것과 같이 실정법을 위반하는 행위(법률적 기준), 상습적인 거짓말 등 도덕규범을 위반하는 행위(도덕적 기준), 학교를 무단결석하는 것과 같이 중요한 학칙을 위반하는 행위(교육적 기준), 부모에게 욕설을 하거나 가출 등 사회적으로 중시되는 윤리적 규칙을 위반(사회적 기준)한 것이 있다(오만록, 2012).

또 다른 측면에서 청소년 문제행동의 원인을 생물학적, 심리학적, 사회학적 이론으로 나눌 수 있다.

첫째, 생물학적 접근은 청소년문제의 원인을 사람의 유전인자나 신체적 모습과 관련시켜 설명하는 것이다. 롬브로소(Lombroso)는 범죄가 출생 시 가지고 태어나는 생물학적인 특징에서 비롯되는 것이라 주장하였으며 쉘던(Sheldon)도 근육이 강하고 활동적인 사람들이 그들의 왕성한 활동 때문에 비행자가 되기 쉽다고 한다(차경수 외, 1997).

둘째, 심리학적 접근은 청소년문제의 원인을 개인의 심리적 특징에 두고 있다. 대표적인 이론으로는 불만이 축적되면 생리적, 심리적 갈등과 긴장이 일어나 이것을 완화하고 제거하기 위한 반응을 하게 된다는 좌절–공격(frustration-aggression)이론과 어렸을 때의 성장과정에서 본능을 통제할 수 있는 자아나 초자아가 적절하게 발달하지 못했기 때문에 비행이 발생한다고 설명하는 프로이트(Freud)의 정신분석 이론을 들 수 있다.

셋째, 사회학적 접근은 인간생활에 있어서 환경의 중요성을 인식하고 그 병리현상이나 사회조직 간의 관계에서 발생하는 현상을 분석한다. 사회학적 접근으로 청소년 비행을 설명한 이론으로는 주거지역에서 점차 상업지역으로 변화되는 전이지역(transition zone)이 사회경제적으로 낮은 수준이기 때문에 높은 비행 수준을 보인다는 생태학적 비행이론, 문화적 목적과 수단 간의 관계가 불일치할 때 개인은 사회 · 심리적인 긴장상태에 놓이게 되고 구조적 긴장상태에서 벗어나기 위하여 개개인은 혁신(innovation), 의례(ritualism), 도피(retreatism), 반항(rebellion)을 시도한다는 아노미이론, 별로 중요하지 않은 비행에 대해 사회나 집단이 한 번 비행이라고 낙인 찍어버리면 그러한 낙인을 받은 개인은 정말로 비행자나 일탈자로 발전한다는 낙인이론, 하류층의 일탈행위는 일반문화에 대한 거부나 저항의 결과가 아니라 자신의 하류층 문화를 수용한 결과로 여기는 하위문화이론, 비행이나 범죄를 사회통제력의 약화 현상으로 설명하는 사회통제이론, 청소년비행을 사회적 긴장이나 잘못된 사회화의 결과가 아니라 정상적으로 학습된 행위 유형으로 규정하는 학습이론, 비행으로 인한 보상이 손실보다 클 때 비행이 발생한다는 합리적 선택이론 등을 들 수 있다(김경식 외, 2002).

특히 이들은 거절, 학대, 상실의 경험이 있어서 대상관계가 원활하지 못하며, 지속적인 좌절 경험으로 인해 변형적 내재화로 가지 못한다. 그리고 거의 심적으로 치명적 손상을 입어 대체로 부정적인 자아개념을 가지며 자아존중감이 낮은 편이다. 그리고 초자아, 즉 도덕성 발달에 장애가 있어서 대물에 대한 충동이 올라올 때 즉시 충족이 안 되면 분노와 우울증으로 비행과 상관된 관계로 간다.

1) 청소년비행의 정신분석학적 원인

인간의 정신을 연구하는 학자들은 저마다 다른 관점을 갖고 있다. 프로이트(Freud)는 자극을 받았을 때 반응하는 역동으로서, 본능과 충동의 폭발이라는 관점에서 인간의 마음을 보았고, 대상관계학파는 환상의 폭발이라는 관점에서 인간의 정신을 관찰했다.

청소년은 미성년에서 성년의 단계로 가는 과도기이다. 질풍노도와 같은 시기에 있는 그들은 정체성의 혼란을 겪고, 욕망 앞에 자신을 던져버리는 본능적인 삶을 사는 미성숙한 존재이다. 특히, 비행 청소년들은 낮은 만족 및 열등감 때문에 그에 대한 반동으로 자신을 우월한 존재로 표현하며 감정을 다스리지 못하고 행동화하는데, 이는 가치관의 혼란이 원인이다.

프로이트(Freud)는 자아 속의 분화된 어떤 것이 존재하는데 이것을 '자아이상' 또는 '초자아'라고 불렀다. 이것은 어린아이의 첫 번째 동일시는 자아이상의 근원으로 끌고 간다고 했다(Freud, 1995).

어머니는 아이들에게 세상과 같다. 엄마와 마음껏 터놓을 수 있는, 충분히 좋은 어머니가 될 때 그 자녀들은 세상을 향해 마음껏 호령할 수 있는 자신감이 생긴다. 저자도 어머니를 회상하면 따뜻한 그 품이 그립기만 하다. 세상의 모든 어머니, 그 어머니를 생각하면 눈물이 흐르는 것은 왜일까?

이러한 어머니의 따스한 숨결, 사랑의 보금자리, 헌신, 희생과는 달리 때로 일부 가정에서는 아버지가 자녀를 억압하고 폭력이나 학대로 힘들게 할 때 자녀들은 대부분 탈선으로 가거나, 아니면 자신감을 잃은 열등한 아이가 된다. 청소년 폭력 또한 개인보다는 집단화 경향이 많으며, 최근에는 특히 여학생들의 폭력이 증가하고 있다.

또 다른 원인으로 부모들의 일관성 없는 교육이 있으며, 부모가 감정 컨트롤이 안 되면 폭력을 유발시키게 된다. 그리고 부모나 가족이 폭력적이고, 방임적일 때 사회규범을 준수해야 하는 동기가 결여되고 초자아 형성이 되지 않아 죄책감도 경험하지 못하며, 가족에 대한 결속력을 갖지 못하게 된다. 그러므로 더 이상 가정이 안식처로서의 구실을 하지 못하는 가족은 청소년 자녀를 비행의 거리로 내모는 결과를 초래하게 되어 공격성을 부추길 수 있다. 이에 자아심리학 입장에서, 정신구조 안에 자리 잡은 비행을 일으키는 충동의 원인이 되는 무력한 자아에 대해 살펴보고자 한다.

(1) 적응의 실패

프로이트(Freud)의 말에 따르면 자아는 이드(id)에 의해 만들어지는 것이다. 프로이트(Freud)는 고전적인 현실원리가 욕동을 방출하려는 쾌락원리를 억압하는 것에 초점을 두며, 환상은 현실의 철수만이 아닌 현실적인 이차 과정 사고를 포기하고 퇴행하는 병리로 본다.

사례로 게임중독에 빠진 비행청소년이 상담자와의 좋은 관계 속에서 엄마의 전이가 일어났고, 대상관계를 통해 내재화하여 점차 환상으로 가지 않고, 현실에서 긍정적으로 적응할 수 있는 능력이 생기므로 환경을 이길 수 있는 능력이 생기면서 게임중독에서 빠져나올 수 있게 된 것이다. 이런 자아형성 과정이 구조화(structuralization)이다. 비행 청소년을 치료하는 데는 구조화가 가장 중요하다. 이 때문에 청소년비행의 개념을 논하려면 프로이트(Freud)의 이론을 언급하지 않을 수 없기에 프로이트(Freud)

이론을 접목하고자 한다.

① 본능

비행의 원인을 자아심리학 입장에서 볼 때, 비행은 이드(id)의 충동에 따르고자 하는 욕망에 집중된 자들의 행위이다. 그러나 프로이트(Freud)가 말하는 쾌락원칙에 따르면, 청소년들은 불쾌한 자극을 견디기 힘들어하고 그 자극을 피하고 싶어하기 때문에 자신들의 욕망을 쉽게 조절하지 못한다.

사람의 인격을 만드는 데 사용되는 모든 에너지는 '본능'에서 얻는다. 본능은 심리적 과정에 방향을 부여하는 타고난 조건이다. 예를 들면 성적 본능은 성적 만족을 목표로 하는 지각, 기억, 사고 등의 심리적 과정을 지배한다. 본능은 특수한 물질을 따라 흐르는 강과 같다.

본능은 원천, 목표, 대상, 기동력을 갖고 있다. 욕구 또는 충동은 신체에 저장된 에너지를 방출하는 신체의 조직이나 기관에 일어나는 흥분 과정이다. 예를 들면 배가 고프다는 신체적 상태는 에너지를 공급하고자 하는 식욕 본능을 일깨운다. 그 다음에 이러한 본능적 에너지는 지각, 기억, 사고 등 심리적 과정에 목표를 부여한다. 그러므로 본능의 목표가 무엇인지에 따라 그 본능을 파악할 수 있다. 그래서 식욕 본능은 음식을 찾게 만들거나 지난번에 어디서 음식을 찾아냈는가를 기억하고 음식을 얻을 수 있는 행동 과정을 계획하게 하는 것이다. 이렇듯 본능은 경험된 소원이 본능 안에 들어오면 소원이 표상과 만나 충동으로 가서 소원성취하게 되는 욕구, 즉 충동이 해소된다. 본능의 과정은 이처럼 언제나 긴장상태에서 긴장해소의 상태로 되돌아 가고자 하며, 이것은 '쾌락원칙'에 의해 조절된다. 즉 "우리의 정신기관은 가능한 한 자극에서 자유로워지기 위해 노력한다."고 했다(최영민, 2011).

즉 본능의 목적은 본능의 원천을 제거하는 것이며 이것은 보수적이고 퇴행적이고 반복적이며, 본능의 대상은 목적을 달성하게 하는 것이다. 성적 본능의 대상은 성교이다. 공격 본능의 대상은 파괴이다. 본능의 기동력은 그 힘을 말하며, 이 힘은 본능이 가진 에너지의 양에 의해 결정된다. 강한 식욕은 약한 식욕보다 심리적 과정에 더 강한 충동을 일으키며 이러한 본능이 자리 잡고 있는 곳은 이드(id)이다.

정신분석을 창시한 프로이트(Freud)는 이러한 본능을 '욕구들'의 표출로 간주했으며, 그가 말하는 이드는 본능적 에너지인 리비도(libido)[6]의 저장고이며, 쾌락을 추구하고 불쾌함을 피하는 쾌락원리만을 따른다. 여기서는 도덕도 선악도 없으며 논리적인 사고도 작용하지 않는다. 시간관념도 없고 무의식적이다. 어린 아기의 정신은 거의 전부 이드(id)로 이루어졌는데, 뒤에 이 이드의 일부가 외계와 접촉, 변화하여 자아가 형성되어 간다.

본능은 정상적 에너지의 총량이므로 이드(id)는 정신적 에너지의 최초의 저장소라 할 수 있다. 따라서 이드(id)는 끊임없이 역동하며, 정신 현상의 발생에 숨겨진 동기로 작용한다. 이드(id)는 모든 정신 조직의 발생모태이며 자아의 싹을 내포한 '원초적 자아'인 것이다. 이 원초적 정신작용은 1차 과정이며, 이 과정은 축척된 긴장이 없거나 최소화된 일정한 상태를 늘 지향한다. 이것이 '항상성의 원리'이다(박진숙, 2003 재인용). 이 원리는 긴장이 외부로 분출되는 과정에서 쾌락을 추구하는 쾌락원칙과 연관 된다. 그곳은 쾌락원칙에 따른 본능적 욕구 충족을 위한 충동만이 있는 무의식이다. 이와 같이 인간의 가장 원초적이고 원시적인 이드(id)는 무의식을 구성하고 있는 본능적 충

---

6) 이 말은 보통 말하는 성욕, 다시 말해 성기(性器)와 성기의 접합을 바라는 욕망과는 다른, 넓은 개념이다. 프로이트(Freud)는 리비도가 사춘기에 갑자기 나타나는 것이 아니라 태어나면서부터 서서히 발달하는 것이라고 생각하였다.
성본능은 구순기(口脣期)·항문기(肛門期)를 통해 발달하다가 5세경 절정에 이른 후, 억압을 받아 잠재기에 이르고, 사춘기에 다시 성욕으로 나타난다고 한다. 그러나 리비도는, 중도에 발달이 중지되기도 하고[固着], 완전히 발달했다가 거꾸로 되돌아가는 경우도 있다[退行]. 이상성욕이나 신경증(神經症)이 이에 속한다.
또한 리비도는 대상에 주입(注入)되어 축적되는데, 이러한 리비도를 대상(對象) 리비도라고 한다. 우정, 부자간의 정, 연애 같은 것이 이에 속한다. 그리고 자아(自我)에게 주입된 리비도를 자아 리비도 또는 나르시시즘적 리비도라 한다. 자기의 건강상태를 이상스러울 정도로 걱정하는 상태, 말하자면 심기증(心氣症) 같은 것이 그것이다.
리비도가 충족되기를 바라다가 충족되지 않을 때는 불안으로 변한다. 또한 리비도는 승화되어 정신활동의 에너지가 되기도 한다. 프로이트는 처음에 리비도를 자기보존본능과 대립되는 것으로 보았으나, 나중에는 이 둘을 결합, 에로스(영원의 결합을구하는 본능)라고 하여 죽음의 본능, 즉 삶을 파괴하려는 본능과 대립시켰다(두산백과).

동으로 그 특징은 다음과 같다.

〈표 2-2〉 이드(id)의 특징

	내용
이드(id)의 특징	1. 어떤 조직체계도 없고, 단일화된 의지도 없을 뿐 아니라 서로 어떤 가치도 선악도 어떤 윤리와 도덕도 없다. 2. 이드(id)안에서 이루어지는 과정에서 사고와 법칙은 없다. 3. 모순의 법칙 같은 것도 지켜지지 않아 서로를 거부하거나 갈라서는 일 없이 서로 상반되는 흥분이 나란히 존재하고 있는데, 부득이할 경우에는 그 상황을 지배하고 있는 경제적 필요에 의해 에너지를 방출하기 위해 타협점에 이르기도 한다. 4. 이드(id)에는 시간적 개념이 없어 시간적 경과를 받아들이지도 않고 시간의 경과에 따른 정신 과정의 변화가 전혀 없다. 5. 본성 안에 내재한 원시적이며 본능적인 요구이다. 6. 즉각적이고 무조건적인 만족만을 요구하는 쾌락원칙에 지배되어 있다. 7. 무조건적인 만족만을 원하며 방출되기를 요구하고 있는 충동에너지는 모두 이드(id) 안에 있다고 말할 수 있다(이천영, 2009). 8. 지속적인 충격을 가하는 힘으로 “본능은 외부로부터 오는 단일한 자극에 의해 정해지는 ‘흥분’과 대조되는 것으로, 몸속에서 끊임없이 흐르는 자극의 근원인 생리 신체적인 것이 심리적으로 표현된 것이다. 9. 조직에 기인하고, 육체적 충동의 심리적 대표자가 아닌 비육체적인 요구인 것이다.

그렇다면 우리의 정신을 움직이게 하고 행동하게 하는 원동력은 무엇일까? 사람은 양육과정에서 부모형제를 비롯하여 많은 대상들로부터 기쁨과 사랑 못지않게 상처를 받게 된다. 이 상처는 자신도 모르는 사이에 의식, 전의식, 무의식에 자리 잡게 되고, 이것이 성격에 큰 영향을 미친다. 그리고 그 정서 속에 뿌리박혀 있는 상처가 특정한 행동이나 증상으로 나타난다.

특히 프로이트(Freud)는 성(性)본능에 의해 지배되는 무의식적 충동들이 정신을 움직인다고 보았다. 또한 남자들의 성욕에는 대체로 정복하려고 하는 욕망과 공격성이 요소가 된다고 하면서 이 공격성은 성적 본능이 성(性)적 대상의 저항을 극복하기 위해 전치된 것이라는 것이다. 이처럼 성적 본능에 포함된 충동의 좌절은 공격성을 불러일으키는데 프로이드의 발달단계에서 구강기 때는 본능이 충족되지 않으면 젖가슴을 깨물고 물어뜯는 공격성으로 나타나며 항문기 본능은 배변이고 본능의 대상이 대변이다. 그런데 배변으로도 본능이 충족되지 않으면 대변을 태우거나 배설물로 중독시키는 소망의 형태를 띠며 강압적인 배변훈련에 의해 본능을 억압당하면 그 대상에게 공격성을 분출한다. 그래서 항문기 때의 배변훈련 과정은 양육자에게도 중요하다. 만약에 양육자가 항문기 때 자녀의 공격성을 무조건 억압하고, 좌절시키거나 박탈하면 그 당시에는 자녀가 착하게 자랄지도 모른다. 하지만 결국 청소년기에 비행을 저지르거나 결혼하여 부모와 분리되었을 때, 양육자는 성장과정 탓인지도 모른 채 "어렸을 때 안 그랬는데 다른 여자 만나서 버렸다."는 식의 표현을 사용할 만큼 다른 공격적인 모습을 지닌다. 그러면서 항문기 때 겪어야 했던 공격성보다 훨씬 더 힘들고 복잡한 형태로 공격성을 전치시켜 버리기도 한다. 또한 성(性)본능의 가장 중요한 발달시기인 남근기에는 남근기적 공격성으로 찌르고, 자르고, 침투하는 소망의 형태를 띤다(이재훈, 1999). 그래서 무의식적으로 남근을 상징하는 창이나 총 등의 장난감을 사용하여 놀거나 공상을 펼친다.

이처럼 프로이트(Freud)는 처음에 공격성을 성적 본능의 좌절에서 찾았으나 다시 자아가 외부 현실에서 경험하는 불쾌감의 대상을 미워하고 혐오하며 나아가 그 미워하는 대상을 파괴하려는 의도에서 공격성을 찾았다. 이는 삶의 욕동인 에로스와 분리된 공격성이 내부에 고착되거나 자기 파괴적으로 혹은 가학적으로 외부로 방향을 전환한 것이다.

정신분석은 공격성에 중요한 의미를 부여한다. 공격성은 죽음 충동의 대변자이다. 공격성은 내면화되어 자아의 일부가 되며 자아의 일부인 초자아는 공격성을 가진 자아에 반항한다. 이때 초자아와 자아 사이의 긴장이 죄의식이며 이 죄의식을 이용해 공격적인 충동을 처벌하고 약화시킨다. 죄책감에 의한 충동 포기는 그 공격성을 자기 안으로 끌고 들어와 자기 파괴로 이행시키는데, 이것이 분노의 표현이다. 이처럼 공격성의 억압은 자기 파괴를 유발하므로 공격성의 건강한 방출은 반드시 필요하다. 그렇지 못하면 자기 파괴의 일부분은 개인을 죽이는 것에 성공하기까지 어떤 상황이든 내면에 머물러 있게 되고 개인의 리비도가 모두 소모되거나 유익하지 않게 고착될 때에야 비로소 이 부분이 내면에 머물러 있지 않는다. 프로이트(Freud)는 이렇게 자아와 리비도가 균형을 이루며, 자아가 적절하게 리비도의 주인이 되는 상태가 건강한 정신 상태라 하였다(박진숙, 2003 재인용).

이러한 관점을 가지고 계속해서 자아는 어떻게 형성되면서 어떤 기능을 하기에 무기력한 자아가 비행으로 가는지 설명해 보도록 하겠다.

② 자아(Ego)의 형성과 기능

자아는 어떤 사람의 전체적 자기를 다른 사람들과 구별하는 사용법이고, 특별한 속성과 기능에 의해서 특징지어지는 의식의 특정 부분을 지칭하는 말이다. 자아는 이드, 초자아의 요구를 중재하고, 통제하는 역할을 떠맡는다. 만약에 본능적 충동에만 나의 욕망을 맡기어도 된다면, 다른 심리 장치가 필요 없겠지만, 프로이트(Freud)는 정신과정을 일관성 있게 조직화하는 것이 필요하다고 인식해 이것을 '자아'라 불렀다.

그래서 이 자아에 의식이 부착되는 것이고, 자아는 흥분을 외부세계에 방출하는 운동성에의 접근을 통제한다. 즉 자신의 모든 구성 과정을 감독하는 정신기관이다(윤희기, 박찬부 역, 2003).

프로이트(Freud)는 사람은 태어날 때는 이드(id)만 있고 좌절을 경험하면 그 좌절을 통해서 점차 이드(id)가 분화되어 자아가 확장되어 간다고 보았다. 즉 자아도 이드(id)의 의지를 자신의 의지인 것처럼 행동으로 나타내는 습관, 즉 합리화하는 경향이 있다. 이렇듯 우리는 마음에 있는 '충동'을 타고서 인생을 살아간다고 할 수 있으며, 자아와 초자아를 형성하려면 에너지가 원본능(이드, id)이라는 장소에서 빠져나와야 된다(황문수 역, 1986). 자아는 이드(id)의 세계에서 분화된다. 이드(id)에서 분화된 자아는, 이드(id)와 외부세계 사이의 관계를 대립과 불일치에서 조화와 일치로 조정하는 기능을 한다.

자아는 외부에서 오는 자극과 정신의 내부적 자극을 수용하며, 그 자극을 받아들이고 그 자극으로부터 보호하는 기능을 위해 설치된 이드(id)의 한 부분이다. 자아는 이드(id)를 대신해서 충동과 쾌락 원리를 통제하기도 하고, 욕구와 사고를 지연시키는 동안 기억 속에 남아 있는 경험의 잔류물들을 처리하는 기관이다. 그 대신 보다 확실한 안전과 더욱 큰 성공을 보장하는 현실원리로 대체하는 것이다.

자아는 상당 부분 동일시를 통해 형성되는데, 이 동일시는 이드(id)에 대해서 버려진 리비도 집중을 대신한다. 그래서 리비도 대상을 포기해야 하는 상황이 발생하면 자아가 변하는데 그것은 자아 안에 대상을 들여오는 것이다. 나중에 프로이트(Freud)는 대상을 받아들여 외부대상을 쉽게 포기하게 만드는 것이 이드(id)가 그 대상을 포기하게 만드는 조건이라 말한다. 그리고 이러한 동일시 중 첫 번째 것은 항상 자아 속에서 특별한 실체로 행동하고 초자아의 형성과정에서는 자아와 떨어져 존재한다.

초자아는 자아나 자아와의 관계 속에서 그 자신의 특별한 위치를 두 가지 측면에서 고려할 수 있다. 첫째, 그것은 첫 번째 자아가 아직 연약할 때 생긴 동일시의 산물이다. 둘째, 그것은 오이디푸스 콤플렉스[7]의 후예이고 따라서 자아 속에 가장 중대한 대상을 도입했다는 것이다. 초자아는 일생을 통해 아버지 콤플렉스에서 유래된 데서 오는 특성 즉, 자아로부터 떨어지고 그것을 극복할 수 있는 능력을 보존한다.

그것은 자아가 전에 연약하고 의존적이었다는 사실을 기억나게 해 주는 것이다. 그리고 심지어 성숙한 자아도 초자아의 지배에 종속된다. 어린아이가 한때 그의 부모에게 복종해야 할 강박하에 있었던 것과 같이 자아도 초자아의 지상 명령에 복종한다.

---

7) 성별과 관계없이 본능적 욕동, 목표, 대상관계, 공포, 동일시 등으로 구성된 심리적 집합체를 가리키는 용어로서, 이것은 일반적으로 남근기(2세-6세 6개월) 동안에 나타났다가 해소된다. 그러나 이 오이디푸스 콤플렉스는 완전히 없어지는 것이 아니라 생애 전반에 걸쳐 무의식적 조직자로 계속 남는다. 남근기 동안 아동은 반대 성을 지닌 부모와 성적으로 결합하려고(아동의 인지능력에 따라 다양하게 상상된 환상과 함께) 애쓰며, 동성의 부모가 죽거나 사라지기를 바란다. 아동의 타고난 양가성과 보호받아야 할 필요성 때문에 아동의 긍정적인 오이디푸스적 분투는 소위 부정적 오이디푸스 콤플렉스와 공존하게 된다. 즉 아동은 반대 성을 지닌 부모와 성적으로 결합하기를 바라며, 동시에 같은 성을 지닌 부모와 경쟁하고자 한다. 전형적으로 긍정적인 오이디푸스 콤플렉스는 이성애 성향을 형성하고 잘 적응하는 성인과 동일시하는 과정을 통해서 부정적인 오이디푸스 콤플렉스를 능가하게 된다. 그러나 무의식적 수준에서, 여아가 어머니와의 유대감을 유지하려는 소망과 남아가 아버지에게 복종하려는 소망은 심리적 생활과 이후의 대상 선택에 지속적으로 깊은 영향을 미친다(미국정신분석학회, 2002).

그러나 초자아가 이드(id)의 첫 번째 대상 리비도 집중이나 엘렉트라 콤플렉스[8]와 반대되는 개념의 오이디푸스 콤플렉스에서 유래했기 때문에 초자아는 항상 이드와 가까이 있고 자아와 직면해서는 이드(id)의 대변자로 행동할 수 있다. 그것은 이드(id) 깊숙이 영향을 미치고 있다. 그런 까닭으로 볼 때, 자아는 의식에서 더 멀리 떨어져 있다. 즉 자아는 정신의 자극으로부터 온 긴장이며 이 긴장은 쾌를 추구하고 불쾌를 피하려 한다. 불쾌의 증가가 예상되는 경우 자아는 불안 신호로 응답한다. 그것이 외부에서 오든 내부에서 오든 모든 것을 '위험'이라고 한다. 자아는 이드(id)와 외부세계 사이의 중간 역할을 하는 심리적 과정이며, 자아의 특징은 다음과 같다.

〈표 2-3〉 자아의 특징

	내용
자아의 특징	1. 자아는 감각기관과 근육활동 간 미리 형성된 관계로 인해 자의적인 운동을 할 수 있다. 2. 자기 보존의 과제를 지니고 있다. 3. 외부세계에 대해서는 자극을 배우고, 그에 대한 경험을 기억 속에 저장하고, 과도한 자극을 피하고, 또 적당한 자극에 적응하여 대응하고, 마침내 외부세계를 합목적으로 자신에게 이익이 되도록 변화시키는 과제를 수행한다.

지금까지 이드(id)와 구별되는 자아의 특징을 살펴보았다. 다음으로는 비행의 원인이 되는 병리적으로 취약한 자아와 비행에 대해서 살펴보고자 한다.

8) 오이디푸스 콤플렉스와 대비되지만 그만큼 중요시되지는 않는데, 이는 최악의 상황이라도 어머니가 딸을 거세(去勢)할 수는 없으므로 남자아이들만큼 거세 콤플렉스를 느끼지 않는다고 보기 때문이다. 이런 관점에서 프로이트는 여성의 초자아가 남성보다 약하다고 믿었다. 명칭은 그리스신화에서 아가멤논의 딸 엘렉트라가 보여 준 아버지에 대한 집념과 어머니에 대한 증오에서 유래하였다. 미케네 왕 아가멤논은 10년 동안의 트로이전쟁을 마치고 귀국한 날 밤에 아내인 클리타임네스트라와 간부(姦夫) 아이기스토스에게 살해당하였다. 엘렉트라는 동생인 오레스테스와 힘을 합쳐 어머니와 간부를 죽이고 복수하였다(두산백과).

③ 취약한 자아와 비행

인간이 가지고 있는 본능적 충동이야말로 인간 행동의 동기가 될 수 있다. 행동은 부딪치는 자극들을 방출하는 행위이다. 자극을 가능한 한 제로 상태에 가깝게 유지하는 것이 프로이트(Freud)가 말한 정신기구의 목적이라면, 사람은 자극수준을 낮추기 위해 필요한 어떤 행동을 한다(이천영, 2009 재인용).

또한 그 행동들은 무의식 안에 있는 본능들의 움직임에 의해 방향이 결정되는데, 어떤 사고가 무의식 안에 들어 왔을 때 무의식 안에 있는 표상과 만나 자아의 결정에 의해 행동하게 되는 것이다.

자아가 건강하면 그들의 심리를 강건하게 붙잡아 줌으로써 건강한 청소년기를 보낼 수 있지만 청소년들이 비행을 저지르는 것은 취약한 자아가 일으키는 파괴적 충동에 의한 결과이다. 사람이 가진 본능의 목표는 만족이다. 그 만족은 긴장시키고 정신을 자극시키는 요인을 제거함으로써 목표를 이룰 수 있다. 그러나 이 목표를 이루는 길은 여러 길이 있는데, 사람이 가지고 있는 본성 중에서 건설적이고, 긍정적인 특성이 이에 해당하겠다. 반면에 삶의 목표를 포기하게 하는 파괴 본능으로 인간에게 실패와 좌절감을 갖게 만든다. 즉 파괴 충동은 반성이 가해지는 일 없이 무의식적으로 행동이 되어 나타나는 힘으로서, 이러한 힘의 표현이 충동적 행위이다.

이를테면 아무 이유나 목적 없이 그렇게 하지 않고는 견딜 수 없고, 충동적 행위를 했을 때 불완전할 때가 많다. 이런 현상은 충동조절장애 증후군이라는 정신 병리를 유발시키기도 한다.

이 장애의 공통점은 행위의 동기가 분명하지 않고, 자신과 타인에게 해를 끼칠 만한 행동을 하려는 충동을 억제하지 못하고 이를 반복한다. 충동적인 행동을 실행에 옮기기 전까지 긴장감이나 각성 상태가 고조된다.

충동을 억제하면 할수록 정신적 긴장이 더 커지고 일단 충동을 실행하고 나면 쾌감이나 만족감, 해방감을 느낀다. 충동적 행동은 자아 동조적이며, 실행한 뒤에는 자책감이나 후회, 죄책감 등을 느낄 수 있지만 그렇지 않을 수도 있다.

발생 원인으로는 여러 가지가 있지만 정신 역동적 요인의 하나로 초자아 및 자아의 약화를 들 수 있는데, 이는 '무의식이 자아를 뚫고 치솟아 초자아를 반복적으로 위반하게 만드는 것'으로 아동기 박탈로 인한 심리적 외상과 연관된다. 즉 청소년의 비행은 에너지가 자아와 초자아에 반 집중되어 있고, 그 외의 에너지는 본능적 충동에 의해 의식의 수면 위 언어, 행동, 신체로 가서 파괴 충동 즉 죽음 충동을 향해 가는 것이다(박진숙, 2013).

왜 어떤 사람은 자아가 강하지 못하고 부정적이고 연약한 모습을 보일까? 그것은 그 사람의 유년기 때 형성된 자아가 매우 취약하고 불완전하며 미성숙하여 유년기에 자신도 모르는 많은 정신적 상처를 입었거나 과도한 방어 기제를 반복해서 작동시켜 병리적 구조를 갖게 된 것이 아닌가 생각된다. 그렇다면 정신구조 안에 있는 자아의 역할은 무엇인가?

자아는 외부자극을 수용하고, 기억 속에 저장시키며, 과도한 자극을 피하고, 외부세계와 타협할 수 있게 한다. 또한 자기보존의 기능을 수행할 수 있도록 만들기도 한다. 무엇보다 정신기관들 사이의 대립 관계를 조화롭게 조정하는 역할을 하므로 사용 가능한 에너지의 양을 늘려 자아의 영역을 확장하는 것이 중요하다. 또한 유기체와 외부세계가 정신 내부의 작용들을 서로 조화롭게 조절하거나, 외부환경을 각 개체의 상황에 맞게 변형시키는 기능을 한다. 이처럼 외부세계와의 관계는 자아에 결정적인 영향을 준다. 그러나 외부의 힘을 전혀 고려하지 않고 충동의 만족을 얻기 위한 쾌락 원칙에 의거하여, 맹목적으로 전력투구하기 때문에 점멸된 위험에 처하게 되어 비행으로 간다. 이렇게 위험한 비행을 저지르는 것은 프로이트(Freud)의 발달과정으로 볼 때 남근기의 역할을 잘 수행하지 못하고 잠복기에 들어갔다가 성기기가 되면서 대상을 향한 사람 전체를 충동의 대상으로 보기 때문이다. 이 충동은 개인이 개체화되고 주체화되는 과정, 사회적으로 편입되는 양상에 따라 달라질 수 있는데, 이처럼 다양한 본능적 충동들이 활동하는 순서는 계통 발생적으로 결정되는 것처럼 보인다. 또 그 충동들이 새롭게 나타난 어떤 본능적 충동이나 정형적인 억압의 영향에 굴복하기 전까지 발현될 수 있는 기간도 그렇게 결정된다. 이렇게 시간적인 순서와 지속 기간에 모두 변화가 일어나고 이런 변화는 최종적인 결과에 결정적 영향을 미친다(Freud, 1973 재인용).

이때 억압된 충동은 자아 속에서 일어나는 일과 이드 속에서 일어나는 일 사이의 내밀한 대응이다. 억압된 본능적 충동은 자신의 리비도가 충전된 상태를 계속 유지할 수 있으며, 자아의 지속적인 압력 밑에서나 이드(id) 속에서 변함없이 지속적으로 남아 있을 수도 있다.

어떤 경우에는 리비도가 완전히 파괴되어 다른 궤도로 옮겨가는 일도 있다. 그것은 오이디푸스 콤플렉스의 극복 과정에서 일어나는데 이러한 경우 리비도가 간단하게 억압되는 것이 아니라 이드 안에서 파괴되어 버리고 만다는 사실이다. 이때 리비도를 억압한 결과 리비도가 힘을 상실하여 그 전 단계로 퇴행하기도 한다(Freud, 1973).

발생한 충동은 기호해독이 되어야 하는데 표상이 없을 때는 비행이 파괴적 충동으로 가기도 하고, 표상으로 직접 나오기도 하며, 감정으로 얽혀 나오기도 한다.

청소년들이 어떤 행동을 하고 싶은 욕망의 분출에 대한 심리적 자각, 그러한 욕망 또는 그 욕망과 연관된 사고는 마치 섬광 현상처럼 일시적인 것일 수도 있고 점차적으로 전개되는 것일 수도 있다. 이 중 어떤 경우에도 충동은 저지할 수 없고 강요적인 특성을 지니고 있으며, 행동이 억압되면 극도의 긴장 상태가 유발될 수 있다. 충동은 초자아로부터 오는 처벌에 대한 욕구로 구성되기도 하지만, 대체로 원본능에서 파생된 것들로 구성된다.

충동은 억압이 약화되거나 환상 내용이 의식적 사고, 관계, 그리고 상황에 적합할 때 의식적 내용으로 나타나기 쉽다. 이런 이유로 정신분석적 환경과 전이는 충동에 대한 지각을 촉진시킨다. 충동의 기본적인 성질은 성적이거나 공격적이다. 보통 사람의 일상적 삶에서 충동은 단순히 원하는 목표를 성취하기 위한 행동으로 이끈다. 억제되지 않은 극단적 형태의 충동적 행동은 충동 장애로 분류되는 반면, 대부분의 충동들은 보다 복잡한 경로를 따르는데, 그것은 방어기제와의 상호작용을 통해서 지연된 만족을 택하거나 신경적 증세와 같은 다양한 타협 형성을 택하는 것이다. 이에 비행을 대표하는 충동의 특징을 정리해 보면 다음과 같다.

〈표 2-4〉 충동의 특징

	내용
충동의 특징	1. 모험 추구적이고 주의가 산만하고 결정을 빨리 하는 편이다. 2. 보상이나 비 처벌에 민감하고 처벌에는 둔감하며 위험이나 손상, 불이익이 주어지더라도 자신이 시작한 행동을 중단하는 데 어려움이 있다. 3. 분노와 밀접한 관계가 있으며 이 분노는 공격과 함께 보복하고 저항하는 충동을 수반하므로, 이 분노가 충동적이거나 폭발적 행동을 일으켜 비행을 유도하기도 한다. 4. 청소년들의 비행 원인이 되는 분노만을 마음대로 발산한다고 해서 심리적, 신체적인 안정을 얻는 것이 아니다. 5. 반성이 가해지는 일 없이 무의식적으로 행동이 되어 나타나는 힘, 이러한 힘의 표현이 충동적 행위이다. 6. 개인의 감정, 생각, 충동의 반응은 철저히 개인적이다.
충동 시기	1. 아무 이유나 목적 없이 그렇게 하지 않고는 배길 수 없기 때문에 방화, 절도, 살인, 자살을 하는 경우, 2. 상대에게 모욕을 당했기 때문에 발작적으로 난폭한 행동을 하는 경우, 3. 월경 때처럼 의지의 억제가 약해졌을 때 절도를 하는 경우 등의 충동적 행위를 했을 때의 기억은 불명료하고 불완전할 때가 많다. 4. 감정이나 생각들은 개인의 충동에 지대한 영향을 미치며, 충동의 행동화가 개인의 반응 양식을 결정한다. 5. 충동을 억압하면 불안, 강박 즉 반동형성, 공포 등으로 온다.

분노에 대한 적절한 통제를 하는 것이 충동성을 줄일 수 있으며 공격적인 사회행동과 건강한 대인관계를 형성하는 기본이 되므로 충동을 조절할 수 있는 건강한 자아는 반드시 필요하다. 특히 자존감이 결여되어 열등감에 사로잡히면 분노로 다가오며 충동으로 나간다.

결국 비행은 외부로부터 온 자극 곧 즉각적인 쾌락을 요구하는 충동에너지를 다스리지 못하여 신체화 · 언어화 · 행동화로 나타난 것이다. 이것이 청소년 비행의 모습이다. 또한 이렇게 약하고 미성숙한 자아의 경우 외부로부터 오는 자극을 감당할 힘이 없기 때문에 상처를 받게 되고, 상처받았다는 외상의 부정적인 해석에 붙들려 피해 의식에 시달리게 된다.

사람의 정신활동은 지각된 자극에서 시작되는데, 청소년의 비행은 청소년 자아가 통제능력을 상실한 결과로 발생한다. 정신분석상담이라는 것은 자아를 강화시켜 견디기 힘든 상황과 환경 속에서도 버티고, 견딜 수 있는 능력을 강화할 수 있도록 돕는 것이다. 이것이 취약한 자아를 위한 치료방법이다.

(2) 환경의 박탈

① 양육환경

프로이트(Freud) 이후 정신분석가들은 양육환경이 자녀들에게 평생 동안 영향을 미친다고 했다(이재훈, 1997). 환경의 박탈 과정을 설명하기 위해 대상관계학자 위니컷(Winnicott)의 이론을 표로 정리해 보고자 한다.

〈표 2-5〉 위니컷(Winnicott)의 이론의 특징

내용
1. 아동 내부에 있는 관심에 대한 본래적 경향성을 발달시키는 데 인간환경 특히 어머니가 중요한 영향을 끼친다고 강조하였다.
2. 대략 생후 6개월에서 2세 사이에 관심의 능력이 발달하며, '일차적 모성몰두(primary maternal preocu-pation)'시기인 유아기에 어머니가 안아주는 환경이 부재하거나, 아이를 버려두면 박탈이나 상실을 경험하게 된다(이재훈, 1997).
3. 유아가 성장하면서 충분히 좋은 엄마(good enough mother)를 경험하면 참 자기가 형성된다. 반대로 완벽한 엄마를 경험하게 되면 거짓 자기를 만들며, 이렇게 만들어진 거짓 자기는 평생 변하지 않으며 그대로 유지된다(최영민, 2011).
4. 완벽한 엄마를 경험하게 되면 거짓 자기를 만들며, 이렇게 만들어진 거짓 자기는 계속해서 위선적인 삶을 살아가게 된다(이재훈, 1997).
5. 원본능의 욕구를 충족시켜 주는 어머니가 있을 때, 심리적 상처가 감소되며 전능감을 경험하는 '주관적 전능감'을 갖게 된다.
6. 의존시기에 모성적 돌봄을 통해 자아능력이 통합되고 변형되는데, 이 시기의 전능감에 좌절을 맛보게 되면 아이는 모험심과 대상에 대한 분화된 공격성을 사용하는 능력을 갖게 된다(Greenberg & Mitchell, 1983).
7. 박탈과 상실감으로 말미암아 어머니로부터 자신을 분리시키고 대처할 능력이 없는 유아는 정신과 신체 발달이 이루어짐에 따라, 전능감의 경험을 상실하게 되지만, 반면에 엄마 대상을 대신해서 처음으로 생명이 없지만 소중한 '내가 아닌' 어떤 것을 소유하게 된다.
8. 자신이 전능하다는 환각에서 객관적인 현실 인식으로 나아가는 중간적 성격으로 이것을 '중간 대상(transitional object, transitional phenomenon)'이라고 한다(Greenberg & Mitchell, 1983).

9. 중간 대상의 사례
   1) 일반적으로 작고 부드러운 담요나 포근함을 주는 곰돌이 인형, 각종 장난감 등 엄마를 대신할 수 있는 물건을 말한다.
   2) 아이는 이것을 스트레스 상황, 종종 잠자러 갈 때 일차적 사랑 대상으로부터의 감정적 분리 과정으로 사용하며, 어머니를 생각나게 하는 특징적 냄새와 느낌, 생각을 가진다. 이 중간 대상은 소리, 유아의 옹알이나 잠들게 하는 노래, 또는 외부 현실에 속하는 것으로 완전히 인식되지 않은 물질 대상들도 포함한다.
10. 청소년들이 놀이 양식, 음악, 의상, 영화에 대해 관심을 갖고 빠르게 변하는 '다양한', '중요한' 창조적 활동에 몰두하는 것은 중간 대상 현상을 구성한다. 이런 대상들이나 경험들은 자기와 대상 표상들이 오직 부분적으로만 분리되고 분화된 발달 시기에 어머니와 공생의 환영을 불러일으킨다.
11. 중간 대상이 종종 충분히 좋지 않은 보살핌의 결과로 필수적으로 일어날 때(obligatory), 그들은 물품음란증적(fetishistic) 특징을 보인다. 이때, 중간 대상은 더 이상 건강하지 않고, 발달을 촉진하지 않으며, 자아, 또는 신체 이미지에 상처를 남기게 된다.

이렇게 중간 대상은 초기발달에 대한 위니컷(Winnicott)의 견해에서 특별한 의미를 가지는 개념이다. 모든 놀이, 일, 그리고 예술의 배후에는 무의식적 환상과 갈망 속에서 행하여진 해악에 대한 무의식적 죄책감이 존재한다. 이 죄책감은 결핍이 존재할 때 관심을 가질 수 있는 능력에 장애가 되고, 아동은 청소년이 되면서 반사회적인 경향을 드러낸다. 사회적인 도덕성은 일종의 타협이다. 그러나 건강한 타협은 결코 자신을 배신하지 않는 유아기의 도덕성을 바탕으로 할 때만 가능하다. 지금까지 아동기 양육환경의 중요성을 살펴보았다. 다음으로는 대상 어머니가 부재할 때 어떤 현상이 나타나는지 살펴보고자 한다.

② 어머니 부재

긍정적인 환경은 충분히 좋은 경험, 충분히 좋은 엄마, 즉 모성적 돌봄이다. 이렇게 위니컷(Winnicott)은 관계 형성 과정과 욕동이 별개의 것임을 강조하면서 어머니와의 관계에 초점을 두었다.

"아기와 어머니 사이에 관계가 형성된다. 그것은 본능적 경험의 산물도 아니며, 본능 경험에서 발생한 대상관계의 산물도 아니다. 대상관계는 본능적 경험보다 앞서지만, 본능적 경험과 동시에 존재하고 본능적 경험과 뒤섞인다(박완선, 2009).

청소년비행의 원인을 고찰하기 위해서는 유아기 때부터 성장해 온 시기까지 부모, 특히 어머니의 영향을 고려해 볼 필요가 있는데, 이 부분에서 정신분석학에 영향을 끼친 클라인(Klein)[9]의 이론을 언급하지 않을 수 없다. 자료를 수집하던 중 이 부분을 잘 발제한 내용을 인터넷에서 찾을 수 있었다.

그것은 1999년 하나 시걸이 쓰고, 이재훈 씨가 번역한 클라인(Klein)의 「정신분석학」 내용을 토대로 이은숙 ICC 코치가 발제한 내용을 신현근 박사가 정리한 내용이다. 이에 본 저자는 발제 정리한 내용을 재정리하여 실어 보고자 한다.

우선, 클라인(Klein)은 본능 대상관계 안에 있는 사랑과 증오의 상호작용을 통해 그 자체를 표현한다고 보았다. 이러한 연구 초점의 변화 중 하나는 생후 2년이 갖는 중요성이고, 또 하나는 환상의 역할이 갖는 중요성이다. 우선 대상 추구를 가장 근본적

---

9) 1882년 오스트리아 빈에서 4남매 중 막내로 태어났다. 어려서 형제들 중 둘을 잃고 이후 만성적인 우울증세에 시달렸다. 의학을 공부하려던 꿈을 접고 1903년 화학자 아서 클라인과 결혼하여 세 자녀를 낳았다. 대학을 다닌 적이 없던 클라인은 헝가리에서 프로이트의 책을 읽은 후, 헝가리의 정신분석학자 산도르 페렌치에게서 정신분석을 받았다. 이후 남편과 이혼하고 베를린에서 정신분석학자 카를 아브라함에게 사사받은 후 영국으로 이주하여 늦은 출발을 만회하기 위해 열정적으로 연구하였다. 점차 그녀의 이론을 추종하는 열광적인 지지자들을 규합하여 '클라인 학파'(런던 학파)를 결성하였으며 1940년대에는 지그문트 프로이트의 막내딸인 안나 프로이트 진영을 비롯한 몇몇의 프로이트 학파와 지적 논쟁을 벌이기도 하였다.

클라인의 통찰은 프로이트의 '대상관계'이론과 깊은 연관성을 가지고 있으며 아동 정신분석 연구에 있어서 안나 프로이트와 줄곧 대립되는 관계에 놓여 있었다. 반대파들의 배척으로 항상 비주류에 머무르던 그녀의 연구 이론은 그녀의 연구에 대한 관심이 커지면서 아동심리학에서의 그녀의 영향을 높이 평가하게 되었다. 또한 멜라니 클라인은 어린이들의 정신치료에 놀이치료를 최초로 도입하기도 하였다.

시기심과 감사 《Envy and Gratitude》(1957)는 클라인 그녀가 15년간 집필한 글들을 한 권으로 엮어 낸 책으로 아동기의 '편집, 분열적 자리', '우울적 자리' 에 대한 내용, 놀이 중의 아이들에 대한 정신분석 기법, 유아기 때 형성되는 세상에 대한 감사, 시기의 기본적인 시각 등을 싣고 있다. 이밖에 그녀의 저서로는 《아동 정신분석 The Psychoanalysis》(1932), 《정신분석에 대한 공헌 Contributions to Psychoanalysis》(1948), 《아동 정신분석 설명 Narrative of a Child Analysis》(1961), 《사랑, 죄책감, 보상, 그밖의 연구 Love, Guilt, Reparation: And Other Works》 등이 있다. 이후 클라인의 딸 멜리타는 그녀의 대를 이어 정신분석학자가 되었으나 어머니의 이론을 가장 신랄하게 꼬집는 비판자였다고 한다. 평생을 우울증과 공포증에 시달렸으며 1960년 9월 22일 사망하였다(두산백과).

인 것으로 여겼으며, 자체-성애와 자기애를 대상관계의 변천 과정에 따른 결과로 보았다.

클라인은 초기 유아기부터 발생하는, 복잡한 내적 대상관계로 구성된 내적 환상에 대한 상세한 연구를 통해 내적 대상에 대한 이해를 확장시켰고, 어린이 분석을 통해 정신분석 기술에 영향을 끼쳤다. 그녀가 개발한 놀이치료 기법은 정신분석 놀이치료의 기초가 되었으며, 지금은 전 세계에서 보편적으로 사용되고 있다.

연구의 초점이 본능에서 대상관계로 옮겨가면서 성인의 정신분석에서는 전이의 역할을 크게 강조하였으며, 치료기법에서도 전이의 역할에 더 큰 비중을 두어, 정신분석 과정에서 나타나는 전이가 환자의 과거 사실을 재구성하는 것보다도 더 주요 관심사항이 되었다. 클라인(Klein)은 초기 대상관계와 무의식적 환상의 역할을 더욱 강조함으로써 전이가 원시적 환상 대상관계 안에 뿌리내리고 있다는 사실을 깨달았다. 프로이트(Freud)는 정신분석에서 깊이 내재된 성인의 아동기 감정이 분석가에게 전이된다는 사실을 깨달았다.

클라인(Klein)은 전이의 밑바닥에 아기의 감정, 환상, 정신기제들이 존재한다는 사실을 깨달았다. 그녀의 관점에서 볼 때, 전이는 투사와 내사에 기초한 것이었다.

그녀에 의하면, 내적 대상들과의 관계는 모든 활동에 반영되고, 영향을 끼친다고 하였다. 그러므로 이 내적 대상들을 대표하는 분석가와의 관계는 현실에서 환자의 모든 관계에 결정적인 영향을 끼친다. 따라서 전이의 요소는 모든 의사소통에 있어서 가장 중요한 요소라고 할 수 있다.

클라인(Klein)은 방어기제들에 새로운 접근방식을 이용한다. 고전적 정신분석에서는 방어기제들을 먼저 해석하고 그 후에 아주 조심스럽게 방어되고 있는 갈등과 불안을 다루는 것이 가장 좋다고 여겨졌다. 잠재적 정신병적 환자들의 분석에서 방어기제가 분석되고 나면 환자들은 원시적 충동과 환상에 휩쓸리게 되기 때문에 정신병이 발달하게 될 것이라고 주장했다.

계속된 그녀의 연구는 정신분석 치료가 가능한 환자의 범위를 확장시켰다. 오늘날 신경증과 정신병 사이의 경계형 상태에 속한 환자들을 비롯해 정신병, 비행, 정신신체질환, 성격장애 등을 지닌 환자들의 분석은 편집-분열적 기제들과 시기심의 역할에 대한 이해 없이는 불가능한 것이었다.

클라인(Klein)의 기법은 더욱 발달하여 임상적 정신분석의 영역 너머로 확장되고 있다. 현재 수많은 분석가들이 그 출처를 명료하게 인식하지 못한 채 클라인이 개발한 기법을 적용하여 분석에 임하고 있다.

예컨대, 자신을 이상화하고 나쁜 것을 외부로 전가하는 〈투사〉, 집단 내의 갈등을 양극으로 나누는 〈분열〉, 대집단 안에서 작용하는 〈조적 방어〉 등이 있다. 크고 작은 집단들이 이와 같은 방식으로 연구되었고, 이러한 연구로부터 도출된 결론은 보다 광범위한 사회 구조들을 이해하기 위한 수단으로 조심스럽게 적용되었다. 오늘날 우리가 고민하고 있는 청소녀들의 비행문제도 이와 무관하지 않다고 생각한다.

인간은 유아기 시절 누구나 개인적으로 왕성한 원본능 욕구 활동들을 보인다. 좋은 환경에서 유아는 복잡한 양가감정을 해결하기 위해 기술을 발달시키는데 때로는 자신의 눈에 어머니가 보이지 않게 되면, 자신이 어머니를 잃게 될 것이라는 불안을 경험한다.

아동은 어떤 충동을 느끼고 뭔가를 깨물거나 과자를 먹는 것처럼 어머니의 젖가슴이란 대상을 먹는 생각을 하고 나서 자신이 끔찍스런 존재라는 것에 죄책감을 느낀다. 그러나 이 끔찍한 죄책감에서, 건설적인 충동이 생겨난다. 만일 아동의 죄책감이 이러한 방식으로 형성되지 않는다면, 아동은 충동을 허용할 수 없게 된다. 그는 충동 대신 공포를 느끼며, 이 충동을 둘러싸고 자연스럽게 형성되는 아동은 모든 감정이 금지된다.

만일 신뢰할 만한 어머니가 없다면 아동의 건설적인 노력은 허사가 되며, 그때 죄책감은 감당할 수 없는 것이 되고 아동은 다시 금지에로 내몰리거나 원초적 사랑의 일부인 충동을 상실하게 되고, 더 나아가 아기의 초기 경험들은 이를 통합하고자 하는 하는 아동의 타고난 경향성이 발현되지 못하게 가로막는다. 이것을 죄책감의 부재라고 한다(박진숙, 2013).

이렇듯 죄책감은 인간 본성의 근본적인 속성을 이루며, 아기는 발달과정에서 이 죄책감으로 인해 심리적 죽음을 거친다. 그리고 만약 아기가 이런 죽음을 거치지 못하면, 그는 순응하는 자기나 거짓된 자기를 조직화한다. 이 거짓 자기는 겉보기에는 성공한 것처럼 보이기에 가치있는 것으로 여겨지기 쉽지만, 실은 참된 자기에 대한 배신이다(이재훈 외, 2001).

청소년들은 어떠한 외적인 비행의 형태보다, 자기 자신을 배반하지 않는 것에 더 많은 관심을 갖는다. 그들에게 있어서 거짓된 해결은 곧 전능 환상에 의한 보복이다. 이 전능감은 주관적인 경험뿐만 아니라 모든 것이 잘 진행되는 초기에는 실제적인 경험이다.

위니컷(Winnicott)[10]이 주장하기를 유아는 환경으로서의 어머니와 대상으로서의 어머니가 하나임을 깨달을 때 어머니에 대해 관심을 갖게 되며, 모성적 기능의 두 측면은 유아가 관심을 가질 수 있는 능력을 발달시키는 데 필수적이라고 본다. 그래서 어머니는 유아의 공격을 견디어 내고, 버티어 주고, 이겨내 주어야 한다. 어머니가 죽으면 유아가 죄책감을 느끼기 때문이다. 유아가 자신의 공격을 보상하고 어머니를 위로하고자 할 때 어머니가 위로를 받아줘야 파괴 충동에 대한 죄책감을 이겨서 타인에게 관심을 가질 능력이 생긴다. 이렇게 위니컷(Winnicott)은 흥분상태에서 유아가 탐욕스럽게 사용하는 환경으로서의 어머니와, 안아주는 대상으로서의 어머니가 통합되는 것으로 안아주기(Holding)를 설명한다(이재훈, 2000).

어머니를 설명하나, 어머니가 부재할 때 청소년들의 정서적 결핍은 비행 충동으로 갈 수도 있다. 그러므로 충분히 좋은 어머니가 필요하다. 그것은 또한 거울 역할(Mirroring)인데, 이것은 가족이 담당하는 거울 역할 놀이이며 이 놀이는 환상에서 놀이하지만 대상은 실제 대상으로 취급하므로 경험을 즐기는 것이다(최미영, 2006).

③ 반사회적인 공격성

프로이트(Freud)의 이중 본능 이론에서 공격성은 인간행동의 근본적인 동기 중의 하나이다. 클라인(Klein)은 이 개념을 확장하였으나 위니컷(Winnicott)은 공격성을 '자기와

---

10) 위니컷(Winnicott, 1896~1971)은 소아과 의사면서 아동 정신분석가이다. 위니컷(Winnicott)은 정신분석가로서 프로이트(Freud)의 영향을 많이 받은 학자이지만 프로이트(Freud)가 아동 발달상 오이디프스 시기(성기기)의 중요성에 집중했다면 위니컷(Winnicott)은 오이디프스 시기 이전 시기의 심리발달에 더 집중한 학자이다(kjhee0616, 2016).

부딪히는 외부세계의 사물과 싸울 것을 격려하는 요구'라고 표현했다(Winnicott, 1971 재인용).

먼저 공격성은 무엇일까? 공격을 정의하려는 방법은 많이 있지만 우리가 관찰할 행동에 대한 매우 사회적인 판단이며, 누군가를 해치려고 의도하는 행동을 공격이라 생각한다. 한 행위자의 가해 의도를 추론하는 근거는 지각자, 가해자, 피해자, 맥락, 상황에 따라 큰 차이가 있다. 그래서 어떤 행동을 보고 한 엄마는 매우 공격적이라고 느낄 수 있지만 다른 엄마는 이를 장난으로 볼 수도 있다. 이는 매우 사회적인 판단이기 때문이다.

이러한 공격성이 심해지면 반사회적 인격장애를 보이기도 한다. 반사회적 인격장애의 특징은 타인의 권리를 대수롭지 않게 여기고 침해하며, 반복적인 범법행위나 거짓말, 무책임한 행동, 사기성, 공격성, 무책임함을 보이는 인격장애이다.

반사회적 인격장애에 대한 미국정신의학회의 진단기준(DSM-IV-TR)은 다음과 같다. 이러한 특징은 15세 이후에 시작되며, 다음 중 세 가지 이상의 항목으로 나타난다.

- 반복적인 범법행위로 체포되는 등 법률적 사회규범을 따르지 않는다.
- 거짓말을 반복하고 가명을 사용하거나, 자신의 이익이나 쾌락을 위해 다른 사람을 속이는 사기성이 있다.
- 충동적이거나 미리 계획을 세우지 않고 행동한다.
- 쉽게 흥분하고 공격적이어서 신체적인 싸움이나 타인을 공격하는 일이 반복된다.
- 자신이나 타인의 안전을 무시한다.
- 시종일관 무책임하다. 예컨대 일정한 직업을 꾸준히 유지하지 못하거나 당연히 해야 할 재정적 책임을 다하지 못한다.
- 다른 사람에게 해를 입히거나 학대하는 것, 또는 다른 사람의 물건을 훔치는 것에 대해 아무렇지도 않게 느끼거나 합리화하는 등 양심의 가책을 느끼지 않는다.

그리고 진단 당시 최소한 만 18세 이상이어야 하며 만 15세 이전에 미국정신의학회의 진단기준에 따른 행실장애(품행장애)가 있었다는 증거가 있어야 한다.

또한 반사회적 행동이 정신분열병이나 조증 삽화 중에 일어난 것이 아니어야 한다.

증상으로는 다른 사람의 권리를 무시하는 무책임한 행동 양식을 반복적, 지속적으로 보인다. 많은 이들이 반복적인 범법행위에 참여하거나 연루되곤 한다. 다른 사람의 감정에 대한 관심이나 걱정이 전혀 없으며, 사기를 일삼고, 다른 사람에게 피해를 입히고도 양심의 가책을 느끼지 못한다. 사회적, 가정적으로 맡은 역할을 수행하지 못하기 때문에 성실, 정직, 신뢰와는 거리가 멀다. 반사회적인 사람들 중 일부는 달변의 매력을 갖추어 다른 사람을 매혹시키고 착취하기도 한다. 대개의 경우 다른 사람이 느끼는 감정에 관심이 없지만, 타인의 고통에서 즐거움을 얻는 가학적인 사람들도 있다. 반사회적 인격장애는 마약 등 물질 남용과 연관성이 높다.

그러면 이러한 반사회적 행동을 하는 원인은 무엇일까? 그 원인은 유전적인 요소가 많은 것으로 알려져 있다. 다만 반사회적 인격 자체가 유전되는 것인지, 혹은 충동성, 공격성 등의 기질이 유전되는 것인지에 대해서는 명확하지 않다. 반사회적 인격장애 환자들은 선천적으로 충동성과 감각 추구 성향이 높은 것으로 보인다.

또한 뇌의 세로토닌 전달기능에 문제가 있을 것으로 추정하고 있다. 뇌에서 감정 반응과 관련된 변연계-전전두엽 회로 기능이 떨어져 있다는 연구 결과도 있다. 인지기능 중 공간지각 및 기억능력에 이상이 있어 충동적으로 위험한 자극을 추구한다는 설명도 있다. 환경적으로는 어린 시절부터 부모의 비일관적인 양육이나 학대, 착취, 폭력, 유기를 지속적으로 경험한 경우가 많다.

공격성의 특징은 연령에 따라 공격성이 변화한다는 것인데 맥락과 상관없이 갑자기 공격적인 행동이 나타나는 것은 학령 전 시기에 점차 감소하고, 4세 이후에 거의 나타나지 않는다. 상대방의 공격이나 좌절에 대해 보복하는 행동은 3세 이후 크게 증가하게 되는 것이다.

공격을 유발하는 일차적 원인은 연령에 따라 다른데, 흔히 2~3세 된 아기는 부모에게 혼나거나 그로 인해 화날 때 가장 공격적이 되고, 큰 아동은 형제자매나 또래 아동과 있을 때 훨씬 공격적이 된다.

공격의 형태도 변하게 되는데 2~3세경은 상대방을 치거나 차기 쉽다. 보통 소유물에 대한 공격이므로 도구적 성격을 지니게 된다. 유치원생과 초등 저학년은 점차 신체적 공격을 적게 하는 한편 상대방을 애먹이고 비웃고 고자질하고 욕하는 행동을 더 많이 하게 되는데 적대적 공격의 비율이 더 증가한다고 볼 수 있다.

공격적 상호작용의 빈도는 연령에 따라 감소하며, 5세 아이들은 2~3세 아이보다 싸움을 더 적게 한다. 그 이유는 엄마와 교사가 공격행동을 참고 협동, 공유 행동을 많이 하도록 권장하며, 아이 스스로 경험을 통해 공격보다는 협상이 목적을 이루는 데 더 효과적인 방법임을 학습했기 때문이다.

성숙한 공격성은 치료해야 할 어떤 것이 아니다. 그것은 인정해 주고 허용해 줘야 할 것이다. 부인하지 않으면서 개인이 책임질 수 있는 모든 공격성은 회복과 보상의 작업을 위한 능력이 될 수 있다. 이 공격성은 전능감과 도덕성이 부재할 때 반사회적 행동을 하는데, 직접적이든 간접적이든 좌절에 대한 반응이며, 또한 개인이 갖고 있는 에너지의 두 가지의 근원 중 하나이다(이재훈 외, 2001).

하나는 거짓말과 훔치기이고 다른 하나는 파괴행동이다. 반사회적 행동의 기원은 유아기와 어린 아동기로, 그들이 성장하여 청소년 비행을 희망의 징조로 보고 있다. 오줌 싸기, 훔치기, 거짓말하기, 공격적인 행위, 파괴적 행동과 충동적 잔인성, 성도착 등과 같은 공격성은 박탈과 연결되어 있다. 또 반사회적인 경향을 드러내는 청소년들은 절대적 의존기에 자아통합을 잘 성취하였다가 상대적 의존기 이후에 환경의 결핍을 경험한 자들이다. 환경의 파괴로 인하여 부모가 울타리 역할을 해 주지 않을 때 그들은 박탈로 간다. 또한 반사회적 경향의 순서를 사례를 통해서 살펴보면 첫째, 아동에게 충분히 안아주는 촉진적 환경이 없다. 둘째, 아동의 발달과정에 무엇인가가 이 과정을 방해한다. 셋째, 아동이 견디어 낼 수 없는 부담으로 즉 자아 방어가 붕괴된다. 넷째, 어쩔 수 없이 아동은 새 자아 방어를 재조직한다. 다섯째, 아동은 다시 희망을 찾으며 그 희망과 함께 반사회적 행동을 시작한다. 그 희망은 곧 발생학적 근원으로 다시 들어가야 된다는 신호이다.

또한 공격성은 박해를 추구하는 형태로 나타날 수 있다. 이것은 박해적 망상 체계의 광증으로부터 벗어나기 위한 시도이다. 박해가 망상적으로 기대되는 곳에는 이 광증과 망상으로부터 벗어나기 위하여 쉽게 자극받을 수 있는 위험이 있다. 발달된 형태의 망상 체계를 가진, 정신의학적으로 병이 든 소년과 소녀는 한 집단의 사고체계를 자극할 수 있고 박해를 불러일으키는 사건들로 인도할 수 있다.

일단 박해적 자리의 특징인 편리한 단순화가 자리 잡으면 논리는 아무런 설득력을 갖지 못한다. 그러나 이 모든 것 중에 가장 어려운 것은 성에 대한 무의식적 환상과 성적 대상의 선택과 관련된 경쟁에 대한 무의식적 환상으로부터 느껴지는 스트레스이다(이재훈, 1997).

반사회적 아동은 자신에게 필요한 안정성을 가정이나 학교 대신에 약간 더 먼 곳, 즉 사회에서 찾고 있는 것이며, 이 안정성은 본래 그가 자신의 정서적 성장을 위한 필수적인 단계에서 찾지 못했던 바로 그것이다. 아동이 집 밖에서 무엇인가를 훔칠 때 그는 여전히 엄마를 찾고 있는 것이고, 그는 깊은 좌절감을 가진 채 어머니를 찾고 있는 것이다.

그리고 아동은 그의 충동적인 행동에 한계를 그어 주고, 그가 흥분했을 때 자신의 생각들을 행동으로 표출하는 것을 제한해 주는 아버지의 권위를 발견하고자 하는 욕구를 점점 강하게 느끼게 된다. 비행이 어느 수준에 도달하면 아동은 더 이상 어머니를 추구하는 것이 아니라 자신이 발견한 어머니를 보호할 엄격한 아버지를 추구하는 급박한 요구를 받게 된다. 엄격한 아버지는 동시에 자애로운 아버지일 수 있지만, 무엇보다 존경스러우면서 엄격하고 강해야 한다. 이러한 아버지상을 분명히 가지고 있을 때 그의 원시적 사랑의 충동과 죄책감, 회복하려는 소망을 되찾을 수 있다.

아동이 반사회적으로 행동할 때, 그것은 신뢰할 만한 사람들에 의해 통제받기를 원하는 일종의 조난신호(SOS)로 볼 수 있다. 많은 아동이 삶의 초기에 자신의 믿음 안에 통합시킬 수 있을 만큼의 충분한 안정감을 경험하지 못했다는 점에서 비행을 병이라 말할 수 있다. 반사회적 아동은 강한 관리를 받는 동안은 잘 지내는 것처럼 보이지만 자유가 주어지면 곧 광증의 위험을 느끼며 다시 한 번 외부의 통제를 불러들이기 위하여 말썽을 피운다.

정서발달 초기에 자신의 가정에서 잘 양육 받은 정상 아동은 자신을 통제하는 능력을 발달시킨다. 즉 프로이트(Freud)의 발달단계에 의하면 항문기 때 공격성을 마음껏 받아주었다면 그들이 반사회적인 공격성으로 청소년기를 맞이하지 않는다. 반사회적 아동은 내적 환경을 형성할 기회를 갖지 못한 아이들이다(박진숙, 2013).

(3) 자기구조의 취약성

① 자기대상의 공감 실패

자아심리학이 중화와 현실적응의 실패를 비행의 원인으로 본다면, 자기심리학에서의 비행의 원인은 무엇인가? 바로 자기대상의 공감 실패이다. 코헛(Kohut)[11)]은 정신역동적 관점에서 자기(self)의 발달과정과 성격장애의 관계를 정립한 '자기심리학(self psychology)'을 주장한 학자로, 특히 자기애에 관한 독창적 이론을 전개하고 있다.

유아가 성장하여서 성숙해지려면 분리가 아니라 분화되어야 한다. 그래야 독립적

---

11) 코헛은 비엔나의 귀화 유대인 가정에서 태어났다. 아버지는 교양과 음악적 소질을 갖춘 사람으로 피아니스트를 지망하기도 하였다. 코헛도 이 재능을 물려받아 피아노에 상당한 소질을 가지고 있었다. 비엔나대학교에서 신경의학 박사학위를 받은 그는 당시의 많은 유대인 지식인들과 마찬가지로 1939년 나치가 비엔나를 점령하자 망명을 하여 시카고에 정착하였다. 이후 코헛은 시카고정신분석연구소(Chicago Institute for Psychoanalysis)에서 중요한 인물로 부상하였다. 1953년부터 이 연구소의 교수로 근무하면서 사망할 때까지 영향을 미쳤다.
제2차 세계대전과 유대인 대학살의 여파로, 당시 프로이트학파의 정신분석은 개인의 죄의식에 초점을 두게 되면서 정서적 관심이나 정체성, 의미, 자기표현 등의 문제에 골몰하려는 욕구 등을 반영하는 새로운 시대정신을 반영하지 않는 추세로 흘러가고 있었다. 코헛은 초기에는 그러한 기존의 분석적 관점을 가지고 있었지만 나중에 프로이트의 원초자아(id), 자아(ego), 초자아(super ego) 등의 구조적 이론에 반기를 들면서 자신이 말하는 세 부분의 자기(tripartite self)라는 가설을 들고 나왔다. 이 세 부분의 자기는 개인의 자기상태(self states)가 타인과의 관계에 부합될 때 발달할 수 있다고 코헛은 주장하였다. 전통적인 정신분석과는 달리, 이는 역동, 내적 갈등, 판타지 등에 초점을 두기 때문에 코헛의 자기심리학은 관계변천을 매우 중시한다. 그는 나르시시즘을 한 모델로 사용해서 자기감(sense of self)이 어떻게 발달하는지 보여 주었다.
1970년대에 들어서면서 코헛은 자신의 이론을 넓혀 나가 공격적 특성, 탐닉, 탐욕, 쉬지 못함과 같은 것들이 공허함, 취약함, 분열됨 등으로 나아가게 된다는 것을 보여 주었다. 코헛의 이 같은 사상은 1980년대까지 이어졌다. 그는 마지막 순간을 가족 및 친구들과 함께 보내고, 1981년 숨을 거두었다. 코헛의 자기심리학은 역동이론(drive theory), 자아심리학(ego psychology), 대상관계(object relations) 등과 함께 현대 주요 역동이론에 관한 4대 심리학으로 인정되고 있다. 그는 또 아동들의 '자기대상 전이(self-object transference)'라 하는 반영(mirroring)과 이상화(idealization)를 소개하기도 하였다. 코헛의 자기심리학은 심리역동 및 정신분석 전반에서 가장 영향력 있는 이론으로 평가되면서 현대 분석 및 역동 치료 접근법에 지대한 도움을 주었다(김춘경 외, 2016).

인 개체로서 존재감이 변화되며 성숙해지고 공고해진다. 인간은 홀로 살 수 없고 평생 동안 대상 속에서 대상을 경험하며 살게 된다. 코헛(Kohut)은 정신적인 가치관을 가지고 목표를 이루며 살기 위해서는 '자기대상(self object)'이 필요하다고 말했다. 자기대상은 존경자기대상, 총애자기대상, 일체자기대상이 필요하며, 그 대상들이 주변에 얼마나 있는가에 따라 안정과 평화와 여유 있는 삶을 구가할 수 있다고 본다(김병훈, 2009).

자기대상은 무조건 좋은 대상이다. 사람은 누구나 다 자기대상 공감의 관계들을 필요로 하는 것이 사실이다. 그 자기대상은 우리의 일부분으로 경험되는 대상이다. 또한 사람은 태어나서 죽을 때까지 심리적 생존을 위해 자기대상과의 관계가 있어야 자기구조를 강화할 수 있다.

코헛(Kohut)에게 자기대상이란 다른 사람들을 반사하고, 이상화하며, 근사성을 갖기를 요구하는 자기의 필요에 반응하여 그러한 역할을 실행하는 다른 사람을 일컫는 개념이다. 자기의 성장과 발달이라는 관점에서 보면 타인은 독립된 개체가 아니라 자기의 이러한 욕구를 충족해 주기 위한 하나의 대상이다. 따라서 어떤 의미에서는 자기대상이 사람을 일컫는 개념이 아니라 오히려 감싸 주고 확인시켜 주는 하나의 기능으로 보아야 한다. 자기대상은 본래 유아가 필요로 하는 심리적 기능을 충족시켜 주는 양육자를 뜻하였다. 후일 성숙했을 때 자신의 심리구조가 스스로 담당해야 하는 기능을 지금 대신 제공해 주는 대상을 자기대상이라고 한다.

코헛은 자기대상이 자기와 분리되어 경험되지 않는다는 점에서 자기대상을 자기의 근원이라고 보았다. 자기가 응집적이고 조화롭게 발달하기 위해서는 세 가지 자기대상이 필요하다. 첫째, 과대자기의 자기애적 욕구를 충족시켜 주는 거울 자기대상이 필요하다. 둘째, 이상화 부모 이마고(어린 시절 다양한 경험으로 형성된 보호자에 대한 이미지)의 자기애적 욕구, 즉 강하면서도 자기를 진정시켜 주는 대상과 융합하고자 하는 욕구를 수용해 주는 이상화 자기대상이 필요하다. 셋째, 쌍둥이 자기애적 욕구, 즉 공통성과 연대감의 욕구에 대해 궁극적으로 우리는 하나라고 반응해 주는 쌍둥이 자기대상이 요구된다(김춘경 외, 2016).

그러나 자기대상이 부재할 때 '정신적 산소(psychological oxygen)'의 경험을 하기 어려우므로 심리적인 산소를 못 마시게 되고 그래서 정서적으로 영양실조에 걸려 죽음을 경험하게 되는 것이 비행이라는 증상으로 가는 것이다. 유아가 태어나면서부터 자기대상의 적절한 공감 반응을 얻지 못하면 공감의 실패로 인하여 응집적인 자기구조를 구축하는 데도 실패하게 된다. 그 결과 자기주장에 반응하기보다는 성적욕구과 공격적이고 파편화된 자기의 취약한 자기구조로서 일생을 힘들게 살아가는 존재가 된다는 것이다. 또한 자기대상의 기능이 결핍되면 유아는 취약한 병리적 현상을 보인다. 이들은 무의식적으로 이러한 충족되지 못한 욕구를 대상관계를 통해 보상받고자 하는 경향이 있으며 이것은 일차적 구조의 결함들이다(박진숙, 2013).

또한 정신의 산소인 자기대상이 부재하면 공허와 갈등으로 고통을 겪게 되고, 긍정적인 삶을 영위하지 못하며 심리구조의 취약성에 이르게 된다. 코헛(Kohut)은 정서적으로 편안한 관계에서 에너지가 활성화된다고 보았다. 현재 가용할 수 있는 모든 에너지를 찾아내어 활용하는 것을 중요시 하였으며, 이 활성화된 에너지로 무엇을 할 것인가, 즉 어떻게 구조화할 것인가를 문제의 핵심으로 보았다. 그러나 유념할 것은 자기대상은 타인에 의해 제공되는 기능이지 실제 인물은 아니라는 사실이다. 따라서 치료에 있어서도 내담자들은 치료라는 현실적인 인물과 관계하기보다는 치료자가 제공해 주는 자기대상 기능과 관계한다. 그래서 내담자들은 치료자에게 애착하거나, 저항하는 것은 유아시절 결핍된 대상이 보상해 주기를 바라는 보상구조의 복구이다. 이렇듯 자기대상의 부재는 청소년의 결핍과 공허에 대한 허기를 채우지 못하므로 비행충동으로 이어질 수 있다. 그러나 또 자기가 튼튼하다고 해서 자기대상이 필요 없는 것은 아니며, 자기 대상을 폭넓게 선택하고 자기대상을 활용하는 자기 능력을 키우는 것이 중요하다. 즉 정신분석 치료의 본질은 내담자가 현실에서 자기대상들을 발견하고 지지받을 수 있는 능력을 갖추는 데 있다.

② 심리구조의 취약성

심리구조의 취약성은 왜 비행의 원인이 될까? 코헛(Kohut)은 과대자기로 불리는 자기애적 자기와, 이상적 부모원상의 원초적 형성이라는 개념을 도입했는데, 자기애적 자기는 충동과 긴장들로 구성되어 있고, 이상적 부모원상은 전적으로 충동 조절과 관련되어 있다. 이 두 가지 구조물인 과대자기와 이상적 부모원상에서 전의식으로 파생된 것들, 즉 이상과 포부에 대해 코헛(Kohut)은 "인간은 이상에게 이끌림을 받고 포부에서 추진력을 얻는다."라고 말했다(이재훈, 2005). 비행 청소년들에게는 경계선 경향이 많이 있는데 그들은 혼란스럽고 격렬한 관계를 맺거나, 안정된 관계라 하더라도 밋밋하고 피상적인 양태를 보인다. 이들은 무의식이나 의식에서나 아무에게도 깊은 감정적 투자를 하지 않는다.

코헛(Kohut)은 온전하고 응집적인 자기의 형성을 성숙으로 보았다. 곧 성장과정 중에 유아 속에 형성되는 과대적이고 과시적인 요소와 전능하고 완전한 자기대상의 형성을 시도한다. 그리고 이 두 요소는 본래의 완전함을 보존하기 위해 원초적인 자기애적 구성물을 이루며 호의적인 상황에서는 과시적이며 과대적인 자기는 길들여지고 전체적인 성격 구조 속으로 통합되어 간다. 이와 마찬가지로 양호한 성장환경에서는 이상화 부모원상도 성격 안으로 통합된다. 그러나 아동이 자기애적 상처를 심각하게 경험한다면 과대자기와 이상화 부모원상은 심리구조로 변형되지 못하기 때문에 취약한 자기가 된다.

정신장애 진단의 통계편람(DSM-IV)181에서 보면, 자기애가 지나치면 자기애적 성격장애로 진단을 내리는데 진단의 근거로 자신에 관한 지속적인 과대성 인식, 무한한 성공, 권력과 이상적 사랑 등과 같은 공상에 대한 몰두, 과도한 찬사 요구, 특권의식, 착취적 대인관계, 공감 능력의 결여, 타인에 대한 강한 시기심, 또는 자신을 향한 타인의 질투에 대한 잘못된 신념, 오만방자한 태도를 말했다.

청소년기는 아동기에 의존했던 대상들에게서 철수하면서 자기에 대해 자기애적 과대평가를 하게 되면서 자기에게 몰두하고, 자기중심적이 되며, 자기에게 관심을 집중하게 된다. 이 청소년기에는 급속한 신체의 변화를 겪고 정서적 혼란에 빠지면서 또래집단과 환경에 의해 현실을 직시하는 능력이 파괴되는 상태에 이르기도 한다. 자기심리학에 의하면, 청소년기의 성적 행동은 사춘기적 충동 폭발의 일부이기보다는 일차적으로 자존감을 강화하려는 자기애적인 목표로 사용된다. 특히 자기애적인 병리가 있을 경우, 성적인 행위는 참을 수 없는 자기 고갈의 느낌과 무력감으로부터의 도피를 의미한다. 즉, 자기애적 성격장애자들은 좌절, 적대감, 분노 같은 부정적 감정을 쉽게 경험하게 되고, 이 감정들은 결국 자기애적 성격장애자들의 삶의 중심적 감정이며, 자기애적 행동은 긍정적인 자기 존중감을 보호하기 위한 방법으로 감정을 표현하는 것이다.

자기애적 성격장애자들은 자신에게 강제성이 가해졌을 때, 자아 위협을 많이 느끼고, 이러한 자아 위협에 대한 반응으로 절도, 파괴적 행동, 시간과 물질 낭비, 소문 유포 등과 같은 비생산적인 일을 많이 한다. 특히 자기애적인 사람들은 공격적이고 지배적이며 자기애적 성격장애와 비행과의 관련을 볼 때, 코헛(Kohut)은 1978년 이상적이고 전능한 자기상을 가지고 있는 사람일수록 그 욕구를 충족시키는 경향이 많은데, 현실이 이 욕구를 담아내지 못할 때 자기애적 격노가 일어나 파괴적이고 폭력적이며, 살인적인 공격성이 될 수 있다고 말했다(차타순, 2002). 그러므로 자기애적 성격장애를 가진 사람들은 약물 중독과 성도착, 비행행동에 몰두하는 경향이 많다.

코핫(Kohut)은 자기애적 성격장애와 비행 성향에 있어서, 자기애적 성격장애는 성격성향이 강할수록 적대감이 높고, 자기애가 자존감을 높이는 방어적 역할을 하며, 권력욕구가 높고 타인에 대한 지배성이 높을수록 적대감, 흥분감, 의심과 같은 공격 성향이 높다고 했다. 그러나 반대로 코헛(Kohut)은 이러한 자기애의 환자들이 문제를 너무 자기애적인 데에 있다고 보는 것은 지나치게 피상적이라고 생각하며 건강한 자기애가 정상적으로 발달하면 내적인 견고성과 생명력을 가질 수 있을 뿐 아니라 재능들을 연마하고 목표를 향하여 점진적으로 도달해 가는 능력을 지니며, 적절한 좌절을 만나게 되더라도, 지속적이고 견고하게 희망을 유지할 수 있을 뿐 아니라, 변형적 내면화(transmuting internalization)로 가서 내적 구조를 형성하며, 솔직한 긍지와 기쁨을 누릴 수 있는 자존감으로 나타난다고 했다(Stephen. Mitchell, Margaret Black, 1995).

그러나 발달과정에서 치명적 좌절을 경험하게 되면, 나는 언제라도 당할 수 있는 너무나 나약한 존재라는 두려움에 휩싸이게 되며, 현실을 외면하고 웅대한 자기한테 집착하게 되어 주변 사람들의 칭찬을 추구하고, 이러한 욕구를 만족시켜 줄 이상적인 대리인과 동일시하려고 노력한다. 그러면서 치명적 좌절은 유아적 웅대한 자기를 방어적으로 경직시켜 자기애적 성격장애의 소유자로 만들어가는 것이다.

이러한 자기애적 성격장애의 결과물은 특히 청소년들이 정체감의 형성이라는 중요한 과정을 시작하는 시기라는 관점에서, 중요한 의미를 갖는다. 청소년들은 자존감이 낮을수록, 그 자존감을 증가시키기 위한 보상적 행동으로 공격적인 행동을 표출한다. 즉 높은 자기애를 지닐수록 과대화된 자아개념을 가지며, 이를 위협하는 외부환경에 직면하게 되면 전략적으로 공격성을 표출하는 경향이 많다.

이때는 아동기에 의존했던 대상들에게서 철수하면서 자기에 대해 자기애적 과대평가를 하게 되어 자기에게 몰두하고, 자기중심적이 되며, 자기한테 관심을 집중하게 된다. 이 청소년기에는 급속한 신체의 변화와 정서적 혼란에 빠지면서 또래집단과 환경에 의해 현실을 직시하는 능력이 파괴되는 상태에 이르기도 한다.

자기심리학에 의하면, 청소년기의 성적 행동은 사춘기적 충동폭발의 일부이기보다는 일차적으로 자존감을 강화하려는 자기애적인 목표로 사용된다. 특히 자기애적인 병리가 있을 경우 성적인 행위는, 참을 수 없는 자기고갈의 느낌과 무력감으로부터의 도피를 의미한다(임말희, 2008 재인용).

청소년기에는 자아 정체감이 통합, 재편성해가는 과정으로 내적인 성장과 공동체가 통합되어야 한다는 과제를 수행해야 하는 혼란 속에 있다. 그러므로 이 시기는 자기(Self)의 생명곡선에서 중대한 과도기를 차지하며, 사춘기적 부조화와 오이디푸스적 갈등의 반복과 함께 시작된다. 그리고 진정한 자기가 되기 위한 잠재적 자유의 시기를 지나 후반기에는 이상화된 도덕과 가치관이 형성된다(이재훈, 2001 재인용).

이러한 과정은 청소년기 후반에 보이는 철학적 자기나 '진정한' 자기의 탐색과 더불어 나타나므로 코헛(Kohut)의 의미에서 보자면, 이러한 탐색은 비교적 견고하고 응집된 자기를 전제로 한 활동들이다. 청소년기에 서둘러서 '정체성'을 가지려 하는 태도는 자기를 마지막으로 강화시키고 또 일관성 있게 해 준다. 이것은 청소년기에 달성해야 할 중요한 과제이다. 그래서 이 시기를 핵심적 정신구조가 확립되는 '마지막 결정적인 단계'라고 불렀다(이재훈, 2001 재인용).

그러므로 자기애는 청소년기의 중요한 심리적 요소이며 대상과의 상호작용으로 형성되는 자아존중감과 관련이 깊다. 내가 '나'됨을 느끼는 정체성은 '하나의 자아'라는 느낌을 갖는 것이고 우리의 많은 자아들이 어느 정도 결합되어 있다고 느끼는 것이다

(문희경, 2001 재인용).

이것이 응집된 자아이고, 이런 응집된 자아는 나를 통합시킬 수 있는 잠재력을 갖고 있지만 적절한 좌절을 통해 차츰 응집되어 간다. 그러나 정체감 형성에 도달하지 못하게 되면 청소년들은 쉽게 우울에 빠지고 절망하게 되며 혼란 속에 헤매다가 무감각해진다. 또한 그와 동시에 자존감 상실과 열등감이 태풍처럼 휘몰아치면서 비행으로 발전할 수도 있다. 코헛(Kohut)은 비행 청소년이 자신이 전능하며 행동에 제한을 받지 않는다는 것을 과시하고 자신이 환경을 마음대로 조작할 수 있는 탁월한 능력을 가지고 있다고 자랑하듯이 울타리 밖으로 나간 것은, 한편으로는 존경 대상을 열망하고 있다는 사실의 방어이다. 코헛(Kohut)은 그것을 자신의 과대자기의 상실로 인한 공허함과 자존감 결핍에 대한 방어라고 말했다(이재훈, 2005).

2) 청소년 범죄 원인의 통합이론 모형

범죄는 그 자체의 심각성과 함께 제대로 통제하지 않으면 성인 범죄로 연결된다는 점에서 그동안 많은 범죄학자들의 집중적인 관심 영역이었다. 그로 인해 청소년 범죄의 원인을 설명하는 이론들은 매우 많으면서도 다양하다. 체격이론과 인성이론 등 생물학과 심리학의 관점에서 청소년 범죄를 다루고 있으며, 환경 생태학적인 측면에서 청소년들의 비행과 범죄를 분석한 사회해체이론을 비롯하여 자기통제의 중요성을 강조한 일반이론 등 다양한 이론들이 청소년들이 범죄를 왜 저지르는지를 설명하고 있다.

청소년 범죄 문제를 연구하는 측면에서 몇 가지 한계점을 언급하고자 한다.

첫째, 범죄를 저지를 수 있는 상황, 즉, 범죄 기회의 측면을 고려하지 않고 단순히 개인의 내적 성향을 고려하여 청소년 범죄를 분석하는 것은 청소년 범죄를 부분적으로만 설명할 수 있을 뿐이다.

둘째, 청소년 범죄의 원인을 환경의 차이에서 찾고자 한다면 유사한 환경에서 나타나는 개인의 범죄 성향 차이를 설명하기 곤란하다.

셋째, 범죄 기회와 같은 상황론적 측면만 강조하면 범죄 기회가 주어졌을 때 발생하는 개인의 차이를 설명하기 어렵다. 코끼리를 앞이나 뒤, 한 방향에서만 봤을 때 전체 모습을 제대로 볼 수 없는 것처럼 범죄 역시 전체를 파노라마식으로 조망할 수 있는 큰 틀에서 보고 분석해야 하는 것이다.

(1) 발달론적 관점

① 범죄생물학 이론

근대 범죄학의 시작은 범죄생물학과 함께 했다고 해도 과언이 아니다. 범죄생물학은 철저하게 결정론적이고 실증주의적인 시각과 관점을 갖고 있기 때문이다. 범죄 생물학은 이탈리아의 롬브로소(Lombroso)가 원조라 할 수 있다.

그는 베로나(Verona)의 부유한 유대인 집안에서 태어났다. 그의 집안은 랍비 전통을 면면히 이어 오고 있었고, 그러한 분위기 속에서 롬브로소(Lombroso)는 파도바, 비엔나, 파리 대학교 등에서 문학, 언어학, 고고학 등을 수학하였다. 여러 학문을 섭렵하다가 결국 토리노(Torino)대학교에서 의과대학을 졸업한 뒤 신경정신의학자가 되었다. 1859년 오스트리아-이탈리아 전쟁 당시에는 군의관으로 복무한 이후 1862년에 파비아에서 정신질환 전공 교수가 되었고, 나중에는 토리노대학의 의학 법률 및 정신과 교수가 되었다. 그는 시체를 사용해서 인체측정을 상세하게 연구하여 비정상성의 지표로서 두개골의 형태에 관한 연구에 집중하며 1876년에는 정신의학과 법의학을 강의하고, 1905년에는 범죄인류학 강좌를 신설하는 등 범죄에 관한 인류학적 연구에 몰두하였다. 1909년에 사망한 롬브로소(Lombroso)는 19세기에 범죄의 원인을 발견하기 위해 연구한 인물로, 1876년에 출간된 『범죄자(The Criminal Man)』는 그의 대표 저서이다.

자신의 책을 통하여 범죄자의 뇌를 해부한 연구결과에서 정상적인 삶을 산 사람들과는 다른 요소를 발견했음을 보여 주기도 하였다. 그에 따르면 범죄는 신호(stigmata)이며, 이러한 신호들은 두개골과 악구조의 비정상적인 면을 구성하고 있다. 또한 범죄를 저지른 사람들마다 범죄에 따라서 서로 다른 신체적 특징을 지녔다고도 주장하였다. 그는 범죄자의 두개골 383개를 해부하고, 5,907명의 체격을 조사한 결과 범죄자에게는 두개골이나 그 외 일정한 신체적 특징이 있음을 밝혀 범죄자의 인류학적 특징에 관한 이론을 착안하였다. 그러한 신체적 특징은 원시인에게서부터 있었던 것이 격세유전으로 나타나는 것인데, 그러한 특징을 지닌 사람은 선천적으로 범죄자가 될 수밖에 없다는 극단적인 주장을 하였다.

범죄자 중 약 3분의 1만이 소질로 말미암은 필연적 범죄를 저지른다 해도 이들은 사회적으로 위험한 존재이므로 국가가 이에 대한 대책을 강구해야 한다고 주장하기도 하였다. 롬브로소의 이 같은 실증주의적 범죄관은 근대학파의 형법이론 및 범죄의 자연과학적 연구, 범죄학 등이 성립할 수 있는 기반을 조성하였다. 롬브로소는 생물학적 결정론에 따라 '생래적 범죄자(anthropological criminology)'의 개념을 대중화하였다. 그의 관점에 따르면 대부분의 사람이 진화하는 반면, 폭력적 범죄는 그 반대 방향으로 발전하여 결국 사회 혹은 진화적 퇴행을 이룬다. 롬브로소는 범죄행동을 밝히기 위해서 과학적 방법론을 구사하여 인류학적, 사회학적, 경제학적 자료를 종합하고 측정을 활용하면서 통계적 방법을 사용하는 연구를 하였다. 형법학에 실증주의적 방법론을 도입한 그의 공적은 높이 살 만하다. 그의 이론은 실증적 범죄연구의 선두로서 범죄자의 생물학적, 유전학적 특이성을 찾아내고자 하는 현대의 자연과학적 범죄연구의 시발점이 되었다(김춘경 외, 2016).

그는 몇몇 신체적인 특징을 가지고 범죄자를 구분해낼 수 있다고 생각해 범죄자의 신체적 특징을 제시했는데, 그가 타고난 범죄자의 얼굴형으로 제시한 생김새는 큰 턱, 강한 턱선, 튀어나온 이마, 긴 팔, 날카로운 눈빛, 크고 앞쪽으로 기운 귀 등이었다. 아울러 그는 폭력범은 이마가 넓으나 강간범들은 좁고, 방화범은 얼굴이 길고 말랐으나 사기꾼은 광대뼈가 나오고 살쪘다는 식으로 범죄형 얼굴을 세분화했다(이창무, 2009).

그러나 실제로 그의 주장의 가장 큰 문제점은 조사대상에 국한된 결과를 전체 결과로 일반화시켰기 때문이다. 즉 그가 조사한 사형수들 대부분이 당시로서는 사회경제적으로 매우 열악한 이탈리아 남부출신들이었는데, 이러한 남부출신의 신체적 특징을 범죄자의 신체적 특징으로 지나치게 과대해석했던 것이다. 한편 롬브로소(Lombroso)의 초기 범죄생물학적 이론에서 발전한 것이 바로 범죄는 특정의 범죄행위에 민감하고 독특한 체형을 보여 준다고 주장하는 체형학파의 이론이다. 체형학파의 대표적 학자인 크레치머(Kretschmer)는 독일의 정신의학자로서 프로이트(Freud)의 영향을 받았고, 정신병이 체질, 성격, 환경, 경험 등 다원적 요인의 역동 관계에서 이해 가능하다는 것을 감각적 관계망상(1918)에서 밝혔다. 또한 체격과 성격(1921)에서 독자적인 성격유형을 설정하여 체질과 기질의 상관관계를 논하였으며 조현증(정신분열증)은 마른형과 근육형에 많고 조울증은 비만형에 많다는 그의 주장은 기질심리학의 발전을 촉구하였다(고영복, 2000).

그는 키가 크고 마른 쇠약형, 근육질이 잘 발달된 근육형, 그리고 키가 작고 뚱뚱한 비만형의 세 가지 유형으로 구분하였다. 크레치머(Kretschmer)는 4,414명의 체형을 조사하여 폭력범죄는 근육형에 많고, 절도나 횡령은 쇠약형에 많으며, 비만형은 횡령과 사기를 많이 저지른다고 주장했다(이윤호. 2007). 또 다른 학자, 셸던(Sheldon)과 스티븐(Stevens) 역시 신체 유형을 비만형, 세장형, 골격형 등 3가지로 나누어 범죄자를 분류했다. 그 특징을 정리해 보면 다음과 같다.

〈표 2-6〉 신체 유형의 특징

유형	내용
비만형	그들의 성격과 체형상 범죄를 저지를 가능성이 세 가지 신체적 유형 중 가장 작다고 주장했다.
세장형	1. 마르고 허약한 사람들로 쉽게 흥분하고 내성적인 성격을 갖고 있다. 2. 세장형이 자신감 결여로 인해 발전 가능성이 없고, 사람들과의 인간적 관계를 적절하게 유지하지 못하므로 범죄에 빠질 가능성이 존재한다고 강조했다.
투사형	투사형, 근육형으로도 불리는 골격형은 모험을 즐기며, 잔인하고 정신병적 성향을 갖고 있으며 타인의 고통에 무관심하기 때문에 범죄, 특히 강력범죄를 저지를 가능성이 높은 것으로 설명하고 있다(Vold, Benard & Snipes, 1998).

출처 : 이창무(2011).

이러한 체형의 연구는 글룩(Glueck)부부에 의해 검증되었다. 이 부부는 비행자와 비비행자를 비교하기 위해서 〈가족의 역사〉를 조사하였으며, 그 결과 비행소년들이 비행경력이 있는 부모로부터 나오는 확률이 월등하게 높다는 사실을 발견할 수 있었다.

글룩(Glueck)부부는 셸던(Sheldon)과 스티븐(Stevens)이 분류한 세 가지 체형에 속하지 않는 '특정할 수 없는 체형'이라는 체형을 새로 만들어 500명의 비행소년과 비행을 저지르지 않은 일반소년 500명을 비교, 체형과 비행의 관련성을 검증하였다. 글룩(Glueck)부부의 분석 결과 60.1%의 비행소년이 골격형으로 나타난 반면, 단지 30.7%의 일반 소년만이 골격형으로 밝혀졌다. 그러나 이들은 연구 결과를 인과적 견지에서 해석하기보다는 체형이 비행을 유발시킬 수 있는 요소로 해석하면서, 범죄유발 환경하에 사는 골격형의 비행 잠재성이 더욱 크다고 주장하였다. 즉 체형이 비행의 직접적인 원인이라기보다는 단순히 외형이 그 사람의 행위에 영향을 미치며, 비행을 유발시키는 많은 요인 가운데 체형은 그중 하나에 불과하다고 주장했다(이윤호, 2007).

한편 스웨덴의 범죄학자 메드닉(Mednick)은 덴마크 코펜하겐에서 1927년부터 1941년 사이 태어난 입양아들과 친아버지의 범죄 관련성을 분석한 결과, 범죄기록 없는 입양아의 31%가 범죄기록 있는 친아버지를 둔 반면, 범죄기록이 있는 입양아의 경우에는 48.8%가 범죄기록 있는 친아버지를 두었음을 밝혀냄으로써 범죄의 유전성을 주장했다(Void, Benard & Snipes, 1998).

② 범죄심리학 이론

범죄심리학은 범죄자의 의도, 생각, 목적, 반응 등 범죄자의 행동, 교정, 예방을 연구하는 학문이다. 범죄심리학을 연구하는 데 있어서 심리학적 이론 외에도 사회학적 이론, 생물학적 이론 등을 적용하여 범죄 현상과 범죄자의 원인과 행동을 이해한다. 왜 범죄를 저질렀는지, 범죄를 저지르고 난 후 도주 중 또는 법정에서의 반응 등을 연구한다. 범죄심리학자는 재판에서 배심원들에게 피고인(범죄자)의 마음을 이해시키기 위해 증언을 하기도 한다(한국심리학회, 2014).

범죄심리학은 범죄는 정신적, 심리적 결함에 기인한다는 전제에서 출발하며 프로이트(Freud)의 정신분석 이론을 시작으로 전개된다고 볼 수 있다. 정신분석학적 연구에 따르면 인간은 성적(性的) 발전과 함께 단계별로 성장과 발전을 거듭한다. 대개 청소년기 이전의 초기 단계에서 개인의 인성발달에 갈등을 초래하는 이상성(abnormality)이 발생한다. 이러한 갈등은 일반적으로 본능적 충동과 사회적 제재 사이의 상호작용으로 일어나며 개인을 고통스럽게 하고 무의식의 영역으로 압박하게 된다. 이러한 고통스러운 갈등을 다루기 위한 시도가 방어기제의 형태로 인성 내에 발전되며 이러한 기제가 이상 인성 유형으로 연결돼 결국 범죄로 표출된다는 것이다(Void, Benard & Snipes, 1998). 그러나 정신분석 이론이 지나치게 무의식과 검증할 수 없는 비과학적 방법에 의존하고 있다는 지적에 따라 개인의 성격장애에 초점을 맞추는 성격이론이 관심을 모으게 됐다. 성격(personality)이란 개인들 사이에 서로 구별될 수 있는 행동 양태로서 사고나 감정을 포함한다(곽대경 외, 2007).

이와 같이 성격장애를 갖고 있는 범죄자들에게 미래의 가치는 높지 않다. 때문에 범죄자들은 미래의 처벌에는 큰 관심이 없다. 형량을 늘려봤자 범죄가 줄어들지 않는 이유이다. 그나마 범죄를 줄이기 위해서는 체포될 가능성을 높이는 것이 효과적이다. 무거운 형량을 받고 고생을 하는 것은 일단 잡히고 난 뒤의 일이기 때문이다. 실제로 범죄자들이 가장 계산을 하는 부분이 잡힐 가능성이라 할 수 있다(이창무, 2009). 청소년들이 범죄를 저질러 형사처벌을 받는다면 향후 인생 진로에 있어서 큰 장애 요인이 될 수 있다. 그러나 이처럼 무모해 보이는 행위가 실제로 벌어지는 이유가 바로 성격장애를 갖고 있는 사람들에게는 미래의 결과가 큰 의미를 갖지 않기 때문이다(이창무, 2011).

③ 범죄사회학 이론

범죄의 원인을 사회환경에서 찾고자 하는 범죄사회학적 접근방법은 20세기 이후 범죄 이론의 중심을 이루고 있으며 범죄자 프로파일링의 주요한 이론적 토대가 되고 있다. 일찍이 1920년대와 1930년대 미국 시카고 지역을 중심으로 생겨난 '사회 해체 이론(social disorganization theory)' 혹은 '생태론적 이론(ecological theory)'을 비롯하여 범죄사회학적 이론은 매우 다양하다. 이를 구체적으로 설명하여 정리하면 다음과 같다.

〈표 2-7〉 사회학적 이론의 특징

유 형	내 용
사회구조이론	사회구조이론은 사회적 계층이나 살고 있는 지역과 같은 사회적 환경에 의해 범죄 행동이 일어난다고 설명하면서 경제적으로 어려운 하류 계층이 생계를 위해 절도를 하는 등 범죄자가 된다고 보았다.
사회과정이론	사회과정이론은 사회 구성원이 범죄자가 되는 과정에 초점을 맞추어 똑같은 사회구조 속에서도 모든 사람이 범죄자가 되는 것은 아니라고 주장했다.
사회학습이론	1. 사회학습이론은 보상은 행동의 빈도를 증가시키고, 처벌은 행동의 빈도를 감소시킨다는 행동주의이론에 기초한다. 2. 범죄행위를 통해 이득을 얻으면 범죄 행위가 강화되고, 처벌을 받으면 범죄행위가 감소한다는 것이다.
사회인지이론	1. 사회인지이론은 인간의 인지과정으로 범죄행동의 원인을 설명한다. 2. 범죄자들은 사회적 정보를 처리하는 과정에서 이를 왜곡해 폭력적이고 공격적인 행동을 보인다. 3. 예를 들어 길을 가다가 어깨가 부딪치면 일반인들은 길이 좁고 사람들이 많아서 부딪쳤을 것이라고 생각하지만, 폭력 성향이 높은 범죄자는 자신에게 시비를 건다고 생각해 싸움을 걸게 된다는 것이다.
생물학적이론	1. 생물학적 이론은 자신이 통제할 수 없는 신체적 특징, 뇌와 호르몬, 유전의 영향 등에 의해 범죄가 결정된다고 보았다. 2. 1800년대 이탈리아의 범죄학자인 롬브로소(Lombroso)는 범죄자의 두개골, 신체적 특징은 원시 시대의 야만인과 비슷하며, 범죄자는 태어날 때부터 범죄자로 타고난다는 '생래적 범죄인설'을 발표했다. 이러한 주장은 실증적인 방법론의 한계로 많은 비판을 받았으나, 범죄자의 유형을 분류한 최초의 연구로 범죄학의 시초가 되었다. 3. 생물학적 이론은 범죄행동이 유전의 결과라고 보고 20세기 초 쌍생아 연구를 실시해 범죄행동을 유전과 연결해 설명했지만, 인간의 환경적 요인을 배제하기 어렵고 연구된 표본의 수가 적다는 비판을 받았다.

출처 : 도서출판 다른(2020).

(2) 통합론적 관점

① 일반이론(general theory of crime)

어느 한 관점에서 청소년 범죄를 설명하는 것이 한계로 지적되자 1980년대 중반 이후 통합론적 관점에서 청소년 범죄를 설명하는 이론들이 제시되었다. 그중 대표적인 이론 가운데 하나가 고트프리슨(Gottfredsn)과 허쉬(Hirschi)의 일반이론이다. '일반이론(general theory)'이란 이름에서 나타나듯이 다른 이론들보다 광범위하고 통합론적 관점을 제공한다. 이전의 발달론적 이론이 주로 범죄 성향에 초점을 맞춰온 데 반해 일반이론은 범죄성향뿐만 아니라 범죄사건(crime incident)에도 주목하기 때문이다. 일반이론은 우선 고전주의(classical theory)와 실증주의(positivism)를 통합하고자 했다. 억제되지 않은 충동이 범죄로 연결된다는 점을 주장하고 있다는 점에서 고전주의적 영향을 받고 있으며 범죄자가 다른 사람과 구별되는 특징을 검증하고 있다는 점에서 실증주의적 입장을 취하고 있는 것이다. 범죄를 저지르게 되는 필수요건을 충동성을 조절하지 못하는 성향으로 분석하고 충동성 조절을 자기통제력(self-control)의 개념을 통해 설명하고자 했다. 자기 통제력은 찰나적인 만족을 위해 충동을 조절할 수 있는지, 그 극적인 것과 모험을 추구하지 않고 분별과 조심성을 갖고 있는지 당장 눈앞의 이익에 연연하지 않고 미래 수익을 고려하는지 등을 의미하며, 낮은 자기통제력이 청소년 범죄를 포함한 범죄로 연결된다고 주장했다.

일반이론에서는 어릴 때 양육과정을 통해 형성된 자기통제력(self-control)이 낮으면 청소년 범죄를 비롯한 각종 범죄를 저지르는 주요한 원인이 된다고 주장한다. 자기통제력은 일단 형성되면 지속적 영향을 주게 되며 낮은 자기통제력을 갖게 되는 청소년들은 다양한 범죄유혹과 충동을 억제할 수 없게 돼 범죄를 저지르는 것이다. 낮은 자기통제력(low self-control)의 특징은 다음과 같다.

첫째, 충동성이 높고 자제가 잘 되지 않는다.

둘째, 복잡한 일을 싫어하고 단순하고 쉬운 일을 선호한다.

셋째, 자기통제력이 낮은 사람은 흥분되고 위험한 행동을 선호한다.

넷째, 낮은 자기통제력을 갖고 있는 사람은 공부와 같은 정신적 활동보다는 신체적 활동을 선호하고 행동으로 표현하려는 경향이 있다.

다섯째, 자기통제력이 낮은 사람은 자기중심적이어서 다른 사람의 불편이나 고통에 무감각하다. 마지막으로 자기통제력이 낮은 사람은 인내력이 부족하고 쉽게 화를 내고 폭발하는 성격을 갖고 있다(Gottfredson & Hirschi, 1990). 반면 일반이론은 지나치게

'자기통제력'이란 개인 성향에 집중하여 다른 사회환경적 요인을 고려하지 않았다는 지적이 제기된다. 자기통제력이 자연스럽게 생겨나는 것이 아니라 부모의 양육을 비롯해 사회환경적 요인이 중요하게 작용할 수 있다는 점에서 일반이론이 사회환경적 요인을 전혀 고려하지 않았다고 할 수 없지만 어려서 형성된 자기통제력이 이후 청소년 범죄를 비롯해 성인 범죄에 이르기까지 지속적인 영향을 발휘한다고 주장한다는 점에서 논리의 비약을 강조하는 것이다. 이러한 측면에서 발달론적 이론, 특히 최근 각광을 받고 있는 생애과정(Hfe course)이론은 일반이론의 지속성과 불변성을 비판한다(Evans et al., 1997; Loeber and LeBlanc, 1990; Paternoster and Brame, 1997; Sampson and Laub, 1993). 어릴 때 형성된 자기통제력의 중요성도 인정하지만 성장 발달하면서 가정, 학교, 사회의 여러 환경변화가 청소년 범죄에 더 큰 영향을 미친다고 주장하는 것이다. 반면 일반이론에서는 어릴 때 형성된 자기통제력이라는 내적 성향이 청소년기를 지나 성인이 되어서도 쉽게 변하지 않는 지속적이고 안정된 성향이라고 주장한다. 또한 일반이론은 낮은 자기통제력을 청소년 범죄의 유일한 요인으로 제시하기 때문에 다른 사회적 요인, 이를테면 사회유대나 범죄 성향이 높은 사람과의 차별적 접촉 등에 의한 영향을 인정하지 않았다. 따라서 자기통제력을 통제변수로 선정하면 사회유대나 범죄 성향이 높은 사람과의 접촉 등은 청소년 범죄와 관련이 없는 허위 관계가 된다고 보았다. 또 사회유대의 약화나 범죄 성향이 높은 사람들과의 차별적 접촉, 청소년 범죄 등은 모두 낮은 자기통제력이라는 하나의 원인에서 비롯된 결과라고 주장했고 이러한 주장들은 이후 일련의 후속 연구에서 긍정적으로 검증된 바 있다(Nagin and Paternoster, 1993; Evans et al., 1997). 그럼에도 불구하고 '낮은 자기통제력'이 청소년 범죄의 유일한 설명요인이라는 주장에 대해서는 비판적인 연구 결과들이 계속 제시되고 있다. 사회유대뿐만 아니라 차별적 접촉 등 여러 요인들이 청소년 범죄에 직접 영향을 미치는 것으로 나타나는 것이다(Paternoster and Brame, 1997; Baron, 2003; Chappie, 2005). 어릴 때 형성된 내적 성향이 이후 동적인 변화와 환경 영향과 상관없이 사람의 인생을 완전하게 통제한다는 것에 대한 논란과 비판이 이어지는 것이다.

② 엘리엇(Elliott) 등의 통합이론

엘리엇(Elliott) 등(1985)은 긴장이론, 통제이론, 학습이론의 주장들을 기반으로 설명 변수들을 도출하고 이를 합쳐서 통합이론을 제시하고자 하였다. 엘리엇(Elliott) 등의 통합이론은 우선 긴장이론과 통제이론을 통합하고 이를 다시 학습이론과 통합한 뒤, 세 이론의 핵심 변수들을 포함하는 인과관계를 분석하여 새로운 이론 모형을 제시하였다. 우선 긴장이론과 통제이론의 통합에 있어서, 긴장이론의 핵심적 개념인 사회적 목표와 합법적 수단의 괴리와 통제이론의 핵심 개념인 사회유대 요소를 통합하였다. 목표와 수단 사이의 긴장이 커질수록 청소년 범죄 가능성은 높아지며 마찬가지로 사회유대가 적을수록 청소년 범죄 가능성은 높아지게 된다. 따라서 엘리엇(Elliott) 등은 청소년들이 강한 긴장과 약한 통제상황에서 범죄를 저지를 가능성이 가장 높다고 주장한다. 학습이론과의 통합에 있어서 엘리엇(Elliott) 등은 사회적 긴장 상황에서 범죄에 대해 호의적 태도를 갖고 있는 집단에 대해 강한 유대를 가지고 범죄에 비호의적인 집단에 약한 유대를 가질 경우 청소년 범죄가 발생할 가능성이 높다고 주장하고 있다. 이와 같이 개념을 통합한 뒤 각 핵심 개념들이 단선적인 인과관계를 갖도록 배열하고 있다. 엘리엇(Elliott) 등은 긴장, 사회해체, 차별적 접촉 등이 범죄에 비호의적인 집단과의 유대를 약화시키고 동시에 범죄에 우호적인 집단에 강한 유대를 형성하여 청소년 범죄를 낳는다고 주장한다. 그러나 이러한 통합이론에 대해 긴장이론, 통제이론, 학습이론이 기본적으로 서로 대립적인 성격을 갖고 있기 때문에 통합이 가능하지 않다는 비판이 제기된다. 각 이론의 근본 주장과 가설들을 수정하지 않으면 통합이 불가능하다는 비판인 것이다. 따라서 엘리엇(Elliott) 등의 통합이론은 체계적인 이론화를 통한 진정한 통합이론의 제시라기보다는 범죄이론의 통합논의를 활성화했다는 점에서 의의를 찾을 수 있다.

③ 통제균형(control balance)이론

티틀(Tittle, 1995)은 차별접촉이론, 아노미이론, 갈등이론, 통제이론, 낙인이론, 억제이론, 생활방식이론 등을 통합한 일탈의 일반이론(general theory of deviance)을 제시하고 있다. 각 이론들이 한 관점이나 각도에서 타당성이 있을 수 있지만 다른 각도나 관점에서 문제점이 제기될 수 있다는 점을 강조하면서 '통제균형(control balance)'이라는 개념을 이용하여 통합이론을 제시하고 있다. 통제균형이론은 자신이 행사할 수 있는 통제의 양과 자신이 복종하는 통제의 양의 상대적인 크기가 일탈의 발생 가능성과 유형을 결정한다고 주장한다. 통제를 핵심개념으로 하고 있다는 점에서 기존 통제이론과 유사한 측면이 있지만 통제가 균형을 이루지 못할 경우 일탈이 발생할 수 있다는 점을 강조하기 때문에 명백한 차이가 있다. 통제균형이론에서 일탈은 특정 집단의 대다수가 받아들일 수 없는 것으로 간주하거나 부정적 형태의 집단적 반응을 일으키는 행위로 정의된다. 통제균형이론에서는 일탈을 다양하게 분류하고 있는데, 강탈(depredation), 착취(exploitation), 저항(defiance), 침탈(plunder), 타락(decadence), 굴종(submission) 등 여섯 유형으로 구분한다.

④ 일반 패러다임(general paradigm) 이론

일반 패러다임 이론은 민크(1994)가 제시하는 통합이론으로, 통합이론은 일반성 확보를 위해 생태학적, 통합적, 발달론적이어야 하고 미시적 수준과 거시적 수준의 설명이 동시에 가능해야 한다고 주장한다. 생태학적이란 개인과 그를 둘러싼 물리적 환경과의 상호연관성을 검토할 수 있어야 하며, 발달론적이란 시간의 변화에 따라 범죄와 범죄 원인도 변하게 된다는 점을 인식하는 것이고, 통합적이란 다양한 이론이 제시하는 각종 요인들을 파악할 수 있어야 한다는 것이다. 즉 '일반 패러다임(general paradigm)'을 통해 생태학적, 통합적, 발달론적 시각과 미시적 및 거시적 측면의 요인들을 모두 검토하는 이론 모형이 제시되어야 한다고 주장하는 것이다. 아울러 각 요인들 간의 상호작용의 중요성을 강조한다.

이를테면 거시적 요인과 미시적 요인 사이의 상호작용 체계(예, 문화적 신념이 자녀양육 행위에 영향을 미침), 거시적 요인과 생태학적 요인 사이의 상호작용(예, 사회문화적 이질성이 범죄의 기회에 영향을 미침), 그리고 미시적 요인과 생태학적 요인 사이의 상호작용(예. 개인이 자신의 물리적 환경을 고치려는 시도) 등 각 요인 사이에 일어나는 상호작용을 모두 검토

해야 한다는 것이다. 일반 패러다임 이론의 또 다른 특징은 범죄를 자원 추구와 관련짓고 있다는 점이다. 빌라(Vila)는 기원 추구와 관련하여 범죄 유형을 네 가지로 분류한다. 첫째, 탈취범죄로 절도와 사기, 횡령 등 물질적 자원을 추구하는 것이다. 둘째, 표출범죄로 성폭력과 약물 남용 등 쾌락적 자원을 추구하는 것이고, 셋째, 경제범죄로서 불법도박과 마약 거래 등 금전적 자원을 추구하는 것이다. 마지막으로 정치범죄로서 테러리즘과 선거 부정 등 정치적 자원을 추구하는 것이다.

빌라(Vila, 1994)는 또한 고트프레드슨과 허쉬(Gottfredson & Hirschi, 1990)가 주장하는 것처럼 범죄수단으로 물리력(force), 잠행(stealth), 기망(fraud)을 제시하면서 범죄는 범행 성공을 위해 적절한 방법을 선택하여 사용한다고 주장하고 있다. 적절한 방법의 선택은 곧 전략적 선택이며 이러한 전략적 형태는 생물학적, 사회문화적, 발달론적 요인들 간의 상호작용에 의해 결정된다고 보았다. 또한 전략 선택 형태에 따라 범죄의 동기가 영향을 받는데 개인의 기원 보유 현황과 원하는 정도에 따라 범죄의 동기화와 정도가 결정되는 것이다. 일반 패러다임 이론은 생물학 등 다양한 분야를 포괄하고 있다는 점에서 의미를 갖고 있으나 검증이 어렵다는 점 등이 단점으로 지적된다.

⑤ 버나드(Bernard)와 스나이퍼(Snipes)의 통합모형

버나드(Bernard)와 스나이퍼(Snipes, 1996)는 기존 통합 이론 시도들의 문제점을 수정, 보완하는 형식의 중간적 통합 모형을 제시하고 있다. 즉 기존 통합이론들이 비판받은 문제점과 한계를 보완하면서 핵심 변수를 통합한 통합모형을 제시하고 있는 것이다. 무엇보다도 개념 자체의 통합이 갖는 무리한 적용의 문제점을 보완하기 위해 통합이론에 적용할 수 있는 공통된 변수 선정에 초점을 맞추었다. 한 이론에서 독점적으로 사용해야 하는 변수는 없다는 가정 아래 이미 다른 이론에서 사용하고 있는 변수라 할지라도 통합이론의 설명력을 높이기 위해 함께 사용할 수 있다는 것이다. 이에 따라 기존 이론에서 사용하는 변수들을 적절하게 재위치시켜 새로운 이론모형을 제시하고 있다. 즉 개인적 차이를 강조하는 변수부터 사회구조적 특성을 강조하는 변수까지 다양한 변수들을 연속선에 자리 잡게 하여 인과관계 분석을 통한 설명력 증대뿐만 아니라 핵심 개념의 포괄성을 높이는 시도를 하는 것이다. 버나드(Bernard)와 스나이퍼(Snipes)의 통합모형은 기존 범죄이론을 크게 구조/과정 이론과 개인 차이 이론으로 구분하여 이를 바탕으로 통합모형을 제시하고 있다. 구조/과정 이론은 범죄행동의 변화를 사회구조적 특성의 변화와 연결시킨다.

구조/과정이론은 세 가지 가설을 기반으로 한다.

첫째, 범죄는 자유롭게 선택하면서 동시에 직접적인 환경에 의해서 선택이 제한되는 개인의 반응이다.

둘째, 직접적인 환경은 사회조직의 구조적 특성과 인과적으로 연결된 제반 특성에 의하여 구조화되어 있다.

셋째, 직접적인 환경과 상호작용하는 과정이나 환경에 대한 반응을 이끌어 내는 동기 등에서 범죄자와 비범죄자는 유사하며 따라서 범죄자는 '정상적(nonml)'이다.

구조/과정 이론에는 긴장이론, 문화적 일탈이론 등이 포함된다고 볼 수 있는데 거시적 수준에서 통합 자료를 사용한다. 개인 차이 이론은 말 그대로 개인적 차이에 따라 범죄 발생 가능성이 달라진다는 것이다.

이러한 개인 차이 이론 역시 세 가지 가설에 의존한다.

첫째, 범죄를 저지를 가능성의 차이는 전적으로 개인 차이의 결과에서 비롯된다.

둘째, 개인적 특성은 같은 환경을 공유하는 타인과의 상호작용에 의해서 설명되며, 환경 그 자체는 사회구조적 특성이 아닌 사회를 구성하는 개인들의 특성에 의해서 설명된다.

셋째, 범죄가 개인적 특성에 의해서 설명되기 때문에 범죄자들도 비범죄자와는 차이가 있는 것으로 볼 수 있다. 생물학적 이론, 심리학적 이론, 일반 이론 등이 개인 차이 이론에 포함된다고 할 수 있다. 버나드(Bernard)와 스나이퍼(Snipes)는 이론의 차이가 이론의 대립을 나타내는 것이 아니라 적용하는 변수가 다르기 때문에 발생하는 것으로 설명한다.

3. 위험요인과 보호요인의 개념과 특성

1) 위험요인의 개념

위험요인(risk factor)은 개인, 가족, 지역사회 내의 체계에서 개인의 긍정적 발달 산물을 위협하거나 부정적 발달 산물을 발생시키는 개인적, 환경적 특징을 의미한다(김순규, 2009). 구체적으로 위험요인은 심리적, 행동적 결함을 발달시킬 가능성이 높은 생물학적, 상황적 요인들을 말한다(전학열, 최중진, 김청송, 2015). 위험요인에는 특정 장애에 대한 유전적 요인, 다루기 힘든 기질과 같은 개별적인 특성이 포함될 수 있고, 스트레스 정도가 큰 외상성의 생활사건이나 만성적인 빈곤, 역경과 같은 환경적 요인도 위험요인이 될 수 있다(이은진, 2006). 위험요인은 스트레스와 동일한 의미로 사용되기도 하지만 스트레스가 긍정과 부정 모두에 해당되는 중립적 개념과 주관적인 괴로움으로 측정되는 반면, 위험요인의 경우 부정적인 측면이 보다 확실하며 객관적인 상황을 지칭하는 개념으로서 그 차이가 있다고 볼 수 있다(박현선, 1998; 신현숙, 2003; 김순규, 2007).

위험요인에 대한 접근은 여러 갈래가 있으나, 브론펜브루너(Bronfenbrenner, 1979)가 제시한 생태체계모델의 접근이 사회복지실천에서 널리 활용된다. 생태체계모델에 기반을 둔 다수준분류접근(multilevel classification approach)에서 위험요인은 보호요인과 함께 개인, 가족, 또래, 지역사회 요인으로 분류된다(Bronfenbrenner, 1979; 민원홍, 2013). 생태체계모델의 전제는 개인이 복잡하고 상호 관련된 네트워크 내에서 기능하고, 그 맥락 안에서 위험요인이 작용한다는 점에서, 생태체계모델은 개인에게만 초점을 두기보다는 개인을 둘러싸고 있는 다양한 환경의 상호작용을 고려해야 한다(민원홍, 2013).

이 이론은 아동이나 청소년의 부적응 행동은 아동, 청소년이 생활하고 있는 환경의 행동무대가 비정상적이거나 병리적 특징을 지니고 있을 때 그러한 행동 무대에 맞추어서 행동하는 것이라 할 수 있다.

또한 생태이론의 의의는 '환경 속의 인간'이라는 기본관점을 중심으로 사회복지실천의 기본관점을 반영하고, 인간과 환경 간의 복잡한 상호보완성을 설명하면서 개인과 가족체계를 보다 강조하는 경향이 있다. 이러한 생태체계모델에서 개인은 개인, 가족, 지역사회 체계에 복합적으로 얽혀있다는 점에서, 환경 안에 속해 있는 개개인은 여러 체계의 위험요인에 노출될 가능성이 존재한다. 여러 위험요인에 동시다발적으로 노출될 때 개인은 과도한 스트레스로 인한 정신건강 문제를 겪게 될 가능성이 높아지며, 이는 잠재적으로 위험한 상황을 야기할 수 있다.

이 이론을 뒷받침하는 위험요인에 대한 연구는 종종 스트레스와 취약성 개념과 혼용되어 설명되기도 하지만, 스트레스 개념이 주관적으로 설명되는 개인의 어려움인데 반해 위험요인은 객관적으로 나타나는 위험 상황과 연관된다는 점에서 차이가 있으며(박현선, 1998), 취약성은 개인의 전체 위험요인 중 안정적으로 유지되는 것만을 뜻한다는 점에서 위험요인의 하위요소로 설명될 수 있다(전학열 외, 2015).

위험요인은 하나의 위험요인이 있는 곳에는 다수의 위험요인이 무리지어 공존하게 되며 하나의 위험요인이 다른 위험요인을 촉발하여 연쇄적으로 작용하게 되고, 이러한 위험요인들은 누적되면서 보다 치명적으로 작용한다(김성경, 2006).

위험요인은 개인 차원에서는 빈곤이라는 맥락 안에서 질 낮은 식사로 인한 생리적 건강의 저해, 부정적인 정서의 만성화로 인한 정신건강의 약화로 논의된다. 빈곤가구는 낮은 경제수준으로 건강보다는 경제적 상황을 고려하여 식료품을 구매하는 경향이 있으며, 이는 건강에 부정적인 영향을 미친다. 또한 빈곤가정의 아동에게는 나쁜 식습관과 생활습관, 부모 간의 불화가 신체 · 정서적 건강을 저해하는 주요 요인으로 작용하였다(신인순, 2012).

가족 차원에서 위험요인은 가족체계 교육수준의 미비, 시간 부족으로 인한 양육의 방치, 학대 등을 포함하며, 경제적 어려움이 부모의 심리적 스트레스를 높이고 스트레스가 부모의 우울감 등 정신건강에 부정적인 영향을, 양육환경에 악영향을 미쳐 학대와 방임으로 이어진다는 연구 결과를 보였다(김광혁, 김예성, 2008).

결국 빈곤은 청소년의 우울, 사회적 위축 등의 내재화 문제행동과 밀접하게 연관된다고 분석되며(구인회 외, 2009), 학대와 방임, 과도한 심리적 통제 등의 부적절한 양육행동이 공격성, 비행 등의 외현화 문제행동의 위험요인이 될 수 있다는 연구 결과를 보였다(박연재 외, 2018).

(1) 개인요인

위험요인의 개인요인은 흔히 개인의 심리 내적인 병리 현상과 개인 차원의 문제행동을 뜻한다. 청소년 발달에서 개인의 위험요인의 원인으로는 빈곤과 같은 경제적 문제로 야기되는 생리적 건강 약화와 함께 가족구조의 결손으로 인한 스트레스로 나타나는 정신건강 문제도 있으며, 보호자의 부적절한 양육으로 인해 나타나는 부적응 문제가 있다(최미혜, 2016).

① 우울·사회적 위축

적응 관점에서 우울을 설명하는 시도는 예전부터 있어 왔다. 데시와 라이언(Deci & Ryan, 2000)의 자기결정성 이론에서는 자율성, 유능감, 관계성 등의 개인의 심리적 욕구의 만족 여부에 따라 내재 동기가 촉진되거나 좌절된다고 설명하며(김아영, 이명희, 2008), 이 관점으로 보면 우울은 개인의 심리적 욕구가 저해되며 나타나는 현상으로 받아들일 수 있다.

우울은 개인의 슬픔, 좌절, 미래에 대한 비판, 활동력의 저하, 무능력한 느낌 때문에 사회성이 떨어져 사회적 적응 측면에서 위축된 모습을 보이기도 한다.

사회적 위축은 사회적 상황에서 홀로 있으려 하는 모든 종류의 행동 및 태도라고 개념적으로 정의되며, 수줍어하거나 억눌려 있는 듯하고 에너지 수준이 저하되어 있고, 사회적으로 관계를 잘 맺지 않으려 하는 특성을 보인다.

② 공격성

공격성은 대상 또는 상대에 대해 파괴적인 마음을 갖는 것으로 심리적인 특성이라고 할 수 있다(김숙향, 김형모, 2018). 청소년의 공격성은 타인에게 상해를 입히는 행동으로 발현될 위험이 있다는 점에서 위험요소로 거론된다.

공격성은 부모의 양육 태도와 밀접한 연관이 있는 것으로 강압적인 양육 태도하에 자란 청소년은 비속어 사용 횟수가 많고, 부모의 양육 태도가 비일관적이면서 간섭이 심할수록 자녀의 공격성이 높아진다는 결과를 보였다(박광원, 강현옥, 2016). 공격성 수준이 높은 청소년은 공격성을 표출하는 행위로 말미암아 대인관계에서 문제를 일으켜 비행이나 학교폭력으로 이어질 수도 있어서 학교적응에 악영향을 끼칠 수도 있다

③ 주의집중 문제

주의집중은 주어진 과제를 수행하기 위해 필요한 자극에 초점을 맞추고, 과제수행 도중 지루함을 느끼더라도 이를 관리하여 몰두할 수 있는 능력으로 정의된다(김정민, 송수지, 2014). 주의집중 문제는 낮은 학업성취와 연결되는 것으로 보고되는데, 집중력 부족이 학업성취에 부정적 영향을 미치며, 주의집중 결핍이 학습부진, 수업 반항 등의 문제를 야기하고, 대인관계의 형성에도 불리한 작용을 하는 것으로 알려지며, 이는 사회적으로 적절한 행동을 하는 데 기초가 되는 사회인지 기술의 학습을 어렵게 한다(신현숙, 2009).

(2) 가족요인

위험요인의 가족요인은 가족체계 안에서 발생할 수 있는 위험요인을 뜻한다. 보호자의 부적절한 양육행동에 의해 나타나며, 그 양상은 학대 · 방임, 비일관적인 양육, 통제적 양육행동으로 나타난다.

학대 개념은 지속적으로 의미가 확장되어 왔으며, 현재는 아동에 대한 신체적, 정서적 폭력과 함께 방임도 포괄하고 있다. 비일관적인 양육은 보호자의 자기애가 병리적으로 발현되어 나타나는 현상으로 받아들여지며, 통제적 양육 행동은 자녀에 대한 심리적 통제와 행동에 대한 과잉간섭의 형태로 나타난다.

학대는 아동의 건강한 성장과 발달을 위협하며 이후 성인기의 삶에도 부정적인 영향을 미치고 아동 자신은 물론 가족과 사회, 그리고 국가의 안녕에도 심각한 결과를 초래하기 때문에 우리나라는 물론 세계적으로도 심각한 사회문제로 간주되고 있다.

학대의 개념은 대상과 특별한 관계에 있는 자 등이 대상에 불필요한 고통을 주거나 가혹하게 대우하는 형태를 말한다. 종종 욕설(abuse)이나 방치(neglect)라는 일반적인 용

어로 사용되기도 한다. 대개의 경우 학대의 대상은 노약자나 어린이 등 심신이 연약한 사람이다. 학대의 형태로는 의도적으로 물리적인 힘으로 신체에 상해나 통증을 가하는 신체적 학대가 있고, 공갈 · 모욕 · 위압 등 언어 또는 비언어적 수단으로 정서적 · 심리적 고통을 의도적으로 유발하는 정서적 · 심리적 학대가 있다. 그리고 의도적 또는 결과적으로 양육이나 치료 제공자가 양육 및 치료 의무를 하지 않는 방임이 있으며, 허가 없이 대상의 금전, 재산, 기타 소지품을 빼앗는 금전적, 물리적 착취가 있다. 또한 본인과의 합의 없이 성적 접촉을 강요하는 성적 학대가 있다(네이버 백과사전).

1999년 세계보건기구는 아동학대를 "양육과 보호에 책임을 지고 있거나 신뢰관계, 권위를 가진 사람에 의한 모든 형태의 신체적, 정서적으로 가혹한 처사, 성적 학대, 방임 또는 비보호와 태만으로 상업적이거나 건강, 생존과 발달 및 존엄성에 해가 되는 것과 그러한 가능성을 초래하는 것"으로 아동 · 청소년 발달의 전 영역에 관련된다고 보고하였다.

우리나라는 2000년 「아동복지법」을 개정하고 전국에 아동보호전문기관을 설치하여 국가적으로 아동학대의 조기 발견과 개입에 노력해 왔으나 경제적인 어려움이나 가족해체 등으로 인해 아동학대 피해사례는 해마다 증가하는 추세로 아동보호전문기관에서 피해 아동을 보호한 사례는 2001년 2,015건에서 2012년 6,403건으로 지난 12년 동안 4,388건이 증가한 것으로 나타났다(보건복지부 중앙아동보호전문기관, 2013).

더 큰 문제는 재학대 문제로, 재학대 신고 사례는 2012년의 경우, 최초 사례가 종결된 이후 1년이 지난 시점에서 다시 학대가 발생한 사례가 전체 재학대 신고 사례의 67.7%를 차지하므로 재학대 발생의 예방을 위해서는 지속적인 지역사회의 관심과 지원이 필요할 것으로 보인다. 특히 아동에 대한 학대는 아동에게 신체적, 정신적 고통을 주기도 하지만 위축, 불안, 우울 등과 공격성, 과잉행동, 비행 등과 같은 문제행동을 포함하여 심리사회적 적응에 부정적인 영향을 미친다(김광혁, 2009).

2018년 아동보호전문기관에서 집계된 아동학대 전체 신고접수 건수는 총 36,417건으로 전년 대비 약 6.6% 증가했다. 이 중 응급 아동학대 의심 사례는 1,187건, 아동학대 의심 사례는 32,345건으로 총 아동학대 의심 사례는 전체 신고접수의 92.1%로 나타났으며 이외 동일 신고는 420건(1.2%), 일반상담은 2,464건(6.8%)이었다.

〈표 2-8〉 신고접수 건수

(단위 : 건, %)

아동학대 의심 사례			동일 신고	일반상담	해외발생 사례	계
응급 아동학대 의심 사례	아동학대 의심 사례	소계				
1,187	32,345	33,532	420	2,464	1	36,417
(3.3)	(88.8)	(92.1)	(1.2)	(6.8)	(0.0)	(100.0)

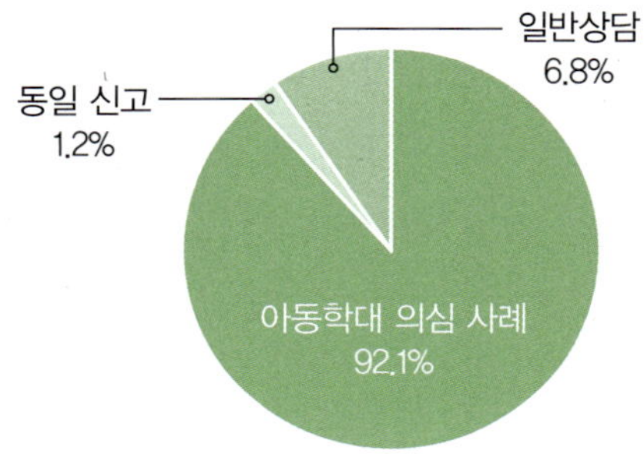

출처 : 보건복지부, 아동보호전문기관(2018).

- 광의의 개념

광의의 개념으로 자유를 박탈하는 행위, 아동 · 청소년 성장 발달을 저해하는 행위, 방임의 조건과 제도를 모두 포함하여, 가정 내에서뿐 아니라 사회제도, 환경에서 행해지는 모든 범위가 포함되었다(김혁돈, 손지아, 2018). 이는 건강 및 복지를 해치는 행위가 아동 · 청소년 발달상의 욕구 충족에 실패한 모든 환경을 학대로 보고 신체학대, 정서학대, 성 학대, 방임(유기)을 포함하여 현재 저해하고 있는 모든 영역상의 손상을 의미하고 있다(도미향 외, 2018).

- 협의의 개념

협의의 개념으로 학대는 비신체적 학대의 규정과 범위보다 용이하고 외관적 검증에 의존하여 법적 증거자료 제출 및 학대에 대한 사후처리 개입이 편리하나, 학대에 대한 판정과정에서의 행위자 처벌에 대해 모호한 점이 많아 보호체계의 운용이 단순화될 수 있으며, 비신체적 학대를 포괄하지 못하여 고의적인 것과 우발적인 것을 구분하는 데 문제를 가져올 수 있다(이세원, 2018).

「아동복지법」 제3조 제7호에서는 아동학대를 "보호자를 포함한 성인에 의하여 아동의 복지를 해치거나 정상적 발달을 저해할 수 있는 신체적, 정신적, 성적 폭력 혹은 가혹행위로 보호자에 의하여 이루어지는 방임 및 유기"라고 규정하였다. 즉 아동에 대한 신체적 가해행위뿐 아니라 정서적 학대, 언어적 폭력, 성적인 괴롭힘 등으로 아동의 발달을 저해하는 환경, 부모의 불화, 애정결핍, 가정폭력의 노출도 해당되며, 나아가 아동의 권리침해까지 포함하게 된다.

① 학대의 분류

「아동복지법」에서는 보호자를 포함한 성인이 건강과 복지를 해치거나 정상적 발달을 저해할 수 있는 행위를 학대라고 명시하고 있다. 유형을 살펴보면, 「아동복지법」 제3조 7호에서는 신체학대, 정서학대, 성 학대, 방임 및 유기의 네 가지 유형으로 분류하고 있다.

학대의 형태로는 물리적인 힘으로 의도적으로 신체에 상해나 통증을 가하는 신체적 학대가 있고, 공갈 · 모욕 · 위압 등 언어 또는 비언어적 수단으로 정서적 · 심리적 고통을 의도적으로 유발하는 정서적 · 심리적 학대가 있다. 그리고 의도적 또는 결과적으로 양육이나 치료 제공자가 양육 및 치료 의무를 하지 않는 방임이 있으며, 허가 없이 대상의 금전, 재산, 기타 소지품을 빼앗는 금전적, 물리적 착취가 있다. 또한 본인과의 합의 없이 성적 접촉을 강요하는 성적 학대가 있다(네이버 지식백과).

가. 신체학대

신체학대는 보호자뿐만 아니라 성인이 영유아 · 아동 · 청소년에게 고의적으로 신체적 손상을 입히거나 신체적 손상을 입도록 허용한 모든 행위를 말하며 생후 36개월 이하의 영아에 가해진 체벌은 이유를 막론하고 모두 신체적 학대에 해당된다.

박재연(2010)은 폭력으로부터 안전하게 보호받을 수 있는 권리와 보호로 부모의 역할에 대한 중요성을 강조하고 있으며, 자녀를 자신의 소유물로 생각하고 양육, 보호한다는 명목 아래 체벌을 가하거나 자녀의 전반적 발달에 무관심하고 거부적인 태도는 인권 침해로 학대에 해당됨을 강조하고 있다.

- 신체학대의 예

> – 구체적으로 설명하면 손, 발 등으로 때리거나 꼬집고 물어뜯거나 조르고 비틀어서 할퀴는 행위 등 직접적으로 신체에 가해지는 행위.
> – 도구로 때리거나 흉기 및 바늘이나 포크, 이쑤시개 같은 뾰족한 도구로 신체에 손상을 주는 행위.
> – 힘을 사용하여 강하게 흔들거나 신체 부위를 묶거나 벽에 밀어붙이는 행위, 약물이나 화학물질로 신체에 해를 입히거나 화상을 입히는 행위 등을 의미한다.

출처: 보건복지부, 중앙아동보호전문기관(2017).

나. 정서학대

정서학대란 보호자를 포함한 성인이 영유아 · 아동 · 청소년의 건강 또는 복지를 해치거나 정상적 발달을 저해할 수 있는 정신적 폭력 또는 가혹한 행위를 하는 것으로 부모를 포함한 성인이 아동에게 가한 언어적 모욕, 정서적 위협, 또는 감금이나 억제를 비롯한 가해적인 행동을 말하며 언어학대, 정신적인 학대, 심리적인 학대가 이에 포함 된다(보건복지부, 중앙아동보호전문기관, 2017).

윤혜미(1997)는 모든 측면에서 정상적 발달을 저해하는 실질적인 가혹 행위 및 폭력 행위를 포함하고, 눈에 보이는 좁은 의미의 학대뿐만 아니라 정서적, 방임과 같이 겉으로 드러나기 쉽지 않은 학대의 의미까지 포함한다. 또한 잠재적인 가능성을 가진 영유아 · 아동 · 청소년의 정상적인 성장을 방해하고 부정적인 상호작용으로 부당하고, 부적절한 발달 환경을 학대의 개념으로 설명하고 있다(보건복지부, 중앙아동보호전문기관, 2017).

즉 정서학대는 눈에 보이지 않고 그 결과가 당장 나타나지 않기 때문에 그 후유증을 모르는 채 지나칠 수도 있다는 점에서 문제의 심각성이 있으며 국가형벌권 행사의 대상이라기보다는 행위자와 아동과의 정서적 교감을 향상시킨다든가 심리적 치료를 우선해야 할 사안들이다(김혜경, 2001).

- 정서학대의 예

- 원망적, 거부적, 적대적, 경멸적인 내용이 있는 언어를 사용하는 행위,
- 일부러 잠을 재우지 않는 행위, 연령에 상관없이 벌거벗겨 내쫓는 행위, 형제나 친구 등과 비교하고 편애하며 차별을 하는 행위,
- 가족 안에서 감정 등을 무시하거나 모욕을 주는 행위를 말한다.
- 부부싸움을 하거나 배우자를 때리는 행위,
- 가정폭력을 자주 목격하도록 하는 행위,
- 버리겠다고 협박하거나 짐을 싸서 집 밖으로 쫓아내는 행위,
- 미성년자가 출입할 수 없는 업소에 데리고 다니거나 미성년자에게 또 다른 학대를 강요하는 행위,
- 보호자의 종교를 강요하는 행동, 연령에 부적절하고 과도한 일을 시키는 행위도 정서학대에 포함된다.

출처: 보건복지부, 중앙아동보호전문기관(2017).

다. 성 학대

마지막으로, 성 학대란 보호자를 포함한 성인이 자신의 성적인 만족을 위해서 영유아 · 아동 · 청소년의 정상적 발달을 저해할 수 있는 성적 폭력 등의 가혹 행위를 하는 것으로 정의하고 있다(보건복지부, 중앙아동보호전문기관, 2017). 또한 성인의 성적인 신체부위 접촉, 성관계 맺기 등 사회적인 금기에 위배되는 성적인 활동을 하는 것을 성 학대라고 한다.

- 성 학대의 예

- 관음적 행위나 성관계 장면을 노출시키는 행위, 옷을 다 벗거나 성기 노출 또는 자위행위, 음란물을 노출시키는 행위,
- 자신의 성적 만족을 위해서 영유아 · 아동 · 청소년을 살펴보거나 성적인 노출을 하는 행위,
- 구강성교, 항문성교, 성기삽입을 하는 행위, 성매매를 시키는 행위 등을 성 학대에 해당한다고 제시하고 있다.
- 성 학대는 보고가 잘 되지 않는 학대 유형에 속하는데, 그 이유로는 성 학대를 증명하기가 어렵고, 진술에 신빙성이 떨어지며, 친인척의 성학대의 경우에는 다른 가족구성원이 진술하지 않는 경우가 많아 사실을 알리지 못하게 하는 분위기가 팽배하기 때문이다.
- 결국 성 학대는 조기발견이 어려우며 발견이 늦어지는 관계로 대처 및 해결에 어려움이 따른다.

출처: 보건복지부, 중앙아동보호전문기관(2017).

이상과 같이 국내외 학대에 대한 경험적 연구의 개념에 대하여 〈표 2-9〉와 같이 정리하면 다음과 같다.

〈표 2-9〉 국내외 학대에 대한 경험적 연구의 개념

연구자	년도	학대의 개념
Gil	1975	개인, 가정, 제도, 사회에서 가해지는 부정적 행위로 아동의 평등과 권리를 박탈하거나 아동의 자유를 억압하므로 성장 발달을 저해하는 모든 행위를 의미함.
Lau 와 Wong	1999	신체적, 심리적, 물질적 학대 그리고 권리와 자유의 침해 등으로 구분하여 학대를 설명함.
Hildyard	2007	부모 또는 주 양육자가 일시적 혹은 지속적으로 아동을 보호하지 않는 행위로 신체적 학대, 정서적 학대, 성 학대로 구분하여 학대를 정의함.
Kazemian 외	2001	노동의 착취, 유해하거나 불건전한 환경에 노출 등과 정서적 학대, 성적인 학대, 신체적인 학대 등의 포괄적 개념으로 정리함.
주영희	1984	아동을 돌보는 부모나 양육자의 의도성 여부와 신체적 체벌을 포함하여 아동의 적절한 발달을 저해하는 모든 행위을 학대로 설명함.
신영희	1986	부모나 양육에 책임이 있는 성인이 아동의 적절한 발달을 저해하는 적극적인 행위로 가벼운 형태의 학대 행위부터 정도가 심한 행위까지 포함하는 연속체 모형으로 정의.
이소희	1988	운동 개인의 특성과 아동의 보호를 책임진 부모, 가족, 사회 등의 물리적 환경과의 관계에서 신체적, 인지적, 정서적 발달에 역기능적(부정적) 손상을 주는 것을 의미.
허남순	1993	아동을 보호할 책임이 있는 부모나 보호자, 사회나 제도가 성장 발달을 저해하는 부정적 행위를 가져오는 상황에 처하도록 방치하는 모든 행위를 의미.
이현순	2014	아동의 신체적, 정신적, 성적인 모든 측면에서 정상적 발달을 저해하는 실질적인 가혹, 폭력행위 등을 학대로 정의.
장휘숙	2014	미시체계에 속하는 가정은 아동의 발달에 직, 간접적인 영향으로 전인적 발달을 도모해야 하지만 발달을 해치는 모든 행위 의미.

허진아	2017	부모가 자녀에게 가한 폭력행위 등의 결과로 적극적 학대 행위인 신체적인 학대, 정서적인 학대뿐만 아니라 소극적 행위인 방치를 포함하는 의미.
정한나	2017	부모 또는 주 양육자가 아동·청소년을 해치고자 하는 의도를 갖고 행하는 공격적, 계획적, 적대적인 행동으로 금지된 언행을 아동, 청소년에게 가하는 행위.

출처 : 박은실(2019).

② 학대의 징후

학대는 적극적 가해 행위로 "행하지 말아야 할 것을 행하는 행위"이며 환경적 위협이나 부정적 반응이 "가해지는(acts of commission) 속성"을 의미한다(신민정, 최지영, 2015).

첫째, 신체적 학대로 인한 징후는 정신지체 및 언어장애와 발달지연과 관련된 중추신경계장애, 과잉충동성과 운동성, 자아기능의 손상, 신체적 위협으로 인한 심리적 충격을 느끼는 증상이다(윤혜진, 2008).

둘째, 정서적 학대로 인한 징후는 자아존중감에 대한 욕구의 결핍과 아동의 정서적 발달의 훼손이다. 특히 정서적 학대 경험이 있는 아동은 감정이 풍부하지 못하고 의욕과 자신감이 부족한 편이다(김광혁, 2009). 또한 모든 유형의 아동학대의 부정적 결과는 일반적으로는 시간이 경과된 이후에 정서적인 것으로 나타나기 때문에 정서적 학대는 다른 학대보다 본질적인 것이다(윤혜진, 2008).

마지막으로, 성적 학대로 인한 징후는 성장한 후에도 심각한 영향을 미친다. 특히 가장 신뢰하고 의지하는 사람에 대한 불신, 성 의식의 왜곡 및 성적 정체감 등은 정상생활이 힘들게 하며 가족 내 성 학대의 경우는 성적 학대 행위를 '자신의 잘못'이라 자책함으로써 후유증이 특히 심각하다.

성적 학대는 외부로 잘 노출이 되지 않는데, 이것은 가해자에 의한 협박과, 성적 문제에 대한 언급을 꺼리는 사회적인 분위기에 기인한다고 볼 수 있다(윤혜진, 2008; 이현순, 2014). 이와 같은 사실에 의거하여 신체적 학대로 인한 징후, 정서적 학대로 인한 징후, 성적 학대로 인한 징후에 대하여 정리하면 다음과 같다.

〈표 2-10〉 학대(신체적, 정서적, 성적)로 인한 징후

구분	학대
신체적 학대로 인한 징후	• 설명하기 어려운 신체적 상흔 – 눈두덩에 나타나는 멍 자국, 목에 난 상처. – 골격손상 및 관절의 부자연스러운 움직임. – 담뱃불 자국, 뜨거운 물에 데인 화상 자국. – 없어지거나 흔들리는 치아, 물린 자국. – 겨드랑이, 팔뚝 안쪽, 허벅지 안쪽 등 다치기 어려운 부위의 상처. – 스트레스에 의한 원형 탈모, 고막파열, 사지골절 및 안구출혈, 내부 장기 파열, 두뇌손상, 사망 등
정서적 학대로 인한 징후	• 행동장애(반사회적, 파괴적 행동장애) – 공격적 행동, 과잉행동, 퇴행행동, 과도하게 타인의 눈치를 봄, 주의가 산만하며 충동성과 인내심 부족으로 집중력이 결여된 상태. • 실수에 대한 과잉반응 – 미숙한 정서반응, 지나치게 수동적이거나 공격적인 성향, 불행이나 슬픔, 절망감 등에 의한 정서불안 등. – 위축이나 우울, 공포, 낮은 자존감, 새로운 상황에 대한 두려움 등. – 등교거부, 학습 · 학업부진, 식욕 및 섭식장애, 흥분으로 인한 호흡곤란, 자해행동, 언어장애, 대인관계 기피로 인한 사회성 결여 등을 의미.
성적 학대로 인한 징후	• 성적 학대로 인한 신체적 징후 – 복부통증 및 생식기 항문의 가려움, 소변 시 통증 등. – 항문의 좌상 및 출혈, 성기 팽창, 성기 및 요로감염. – 곰팡이 감염 및 성병 외, 처녀막 파열, 임신과 낙태. – 만성적인 원인불명의 목쉼, 후두염, 작은 심인성 질환. – 속옷이 찢어지고 외음부의 상처로 피가 묻는 경우, 외관적인 피부나 옷 등에 정액이 묻는 경우, 걷거나 앉는 데 어려움을 호소하는 경우 등
성적 학대로 인한 징후	• 성적 학대로 인한 행동적 징후 – 갑작스런 체중 감소 및 증가, 퇴행 및 자위행위의 증가, 성적 행동 표출, 부적절한 성적 행동. – 조숙한 성놀이, 성과 관련된 그림 그리기, 또래집단에 비해 해박한 성지식, 음란 용어사용 등. – 자기 파괴적 행동, 집중도 결여, 불안감, 공포, 불신감, 분노와 적대감, 우울감, 죄의식, 수치심 등

출처: 보건복지부, 아동보호전문기관(2017).

2) 보호요인

보호요인은 위험요인에 노출되었을 때 나타날 수 있는 부정적 영향력을 중재하거

나 완화시켜 결과적으로 문제행동이 나타날 확률을 낮추는 개념이다(박현선, 1998). 보호요인은 오직 위험의 맥락에서만 의미를 갖는다고 언급되며, 개인이 보유한 내적 특성과 외부적 관계로 구별되어 거론되며, 외부환경에 대한 인식도 보호요인의 영역에 포함되고 있다.

청소년의 발달단계에서 거론되는 대표적인 보호요인은 자아존중감, 탄력성, 목표의식 등의 내적 특성과 외부요인인 또래 관계도 보호요인 중 하나로 인식된다(박재연, 2009).

자아존중감은 개인이 자신을 긍정적으로, 가치 있는 사람으로 지각하는 것이라고 볼 수 있는데, 어떤 상황에서도 일정한 자아통제 수준을 유지하고 모두 삶의 긍정적으로 적응해 나갈 수 있는 힘이 된다.

또 다른 개념으로 적응 유연성이 있는데 이는 어려운 상황에도 불구하고 역경을 이겨내고 적응할 수 있는 것이라면 보호요인은 그러한 결과가 나오도록 영향을 미치는 과정요인이라고 할 수 있겠다.

그리고 청소년을 보호하는 중요한 요인 중에 하나로 지역사회를 들 수 있는데, 청소년의 지역사회 요인은 청소년 개인의 측면뿐만 아니라 청소년의 가족, 또래집단, 학교 등과 같은 다양한 미시체계에 영향을 미치는 특성을 갖는다.

(1) 긍정적인 자아개념

자아는 '객관화된 자기'이자 '일반화된 타자(generalizing other)'로 표현되고 자아개념은 한 개인이 스스로에 대해 인식하는 객관적이고 주관적인 평가로 정의되며(강현주, 노충래, 2012), 반영적 활동의 결과물로 언급된다. 자아개념은 인간행동을 결정짓고 사회현상을 바라보고, 인생 전반에 걸쳐 가치관에 영향을 미치는 심리구조로 기능하며 자아에 대해 갖는 인간의 사고와 감정의 총체로 여겨진다(Rosenberg, 1989; 이은아, 2008).

자아개념은 긍정적 자아평가, 자아존중감, 자아인정감, 자아수용 등의 긍정적 자아개념과 부정적 자아평가, 자아멸시, 열등감, 개인적 무가치, 자아거부 등의 부정적 자아개념으로 분류된다(이은아, 2008).

(2) 삶의 목표

삶의 목표는 개인이 자신의 삶을 살면서 성취하고자 하는 목표를 의미한다(정은경, 2012). 삶의 목표는 청소년의 발달단계에서 당면한 과제를 극복하고 건강한 사회구성원으로 성장하는 데 긍정적인 영향을 미친다(이의빈, 한창근, 2017). 삶의 목표를 가진 개인은 현재 자신의 상태와 바람직하다고 생각하는 상태 사이의 불일치를 감소시키기 위해 행동하며(Bandura, 1990), 바람직한 상태를 이루고자 하는 방향으로 삶을 설계한다(정은경, 2012).

삶의 목표는 살아가는 데 동기와 안녕에 영향을 미치며 그것은 개인의 성장, 기여, 대인관계, 건강, 자기수용, 소속감, 공동체 의식 등을 포함하며, 외재적 목표에는 경제적 성공, 사회적 인정, 명예, 외모 등이 포함된다. 이러한 내재적 목표가 내적 성장과 자아실현을 통해 인간의 기본심리 욕구를 충족시켜 정신건강을 증진한다면, 외재적 목표는 타인의 시선과 반응에 민감해지고 외적 성취를 중시하는 경향이 있다(이의빈, 한창근, 2017).

(3) 또래애착

또래란 나이, 성, 학년, 수준에서 비슷하거나 신체적 성숙 수준이 비슷하여 일상적으로 함께 상호작용할 수 있는 대상을 말하며 같이 느끼고 행동하는 동질감을 갖고 있어 그들 자신들만의 규칙과 성원들 간의 기대가 있다는 특징을 갖는다(구광현, 이희경, 2002).

그리고 또래는 서로에게 중요한 역할 모델로서, 사회적 비교대상으로 기능할 뿐 아니라 사회적 지지 역할을 하는 청소년의 중요한 발달과업 중 하나이다(강유선, 2013).

청소년의 발달 시기에 두드러지는 특성으로 이전에 비해 가족과 함께 지내는 시간이 줄어들고 또래들과 함께 보내는 시간이 늘어나 또래의 영향을 크게 받으며, 또래 관계가 잘 형성되고 친구 관계가 기능적일수록 대인관계에 대한 청소년의 유능감이 높아진다(강유선, 2013).

또래 관계는 인지적, 언어적, 사회·정서적 발달에 중요한 영향을 미치기 때문에 언어적 측면에서는 자신의 생각을 명료하게 표현하는 기회를 가지며, 서로의 감정, 정서를 표현하는 과정에서 타인의 정서를 이해하는 정서 인식과 정서조절 능력을 키울 수 있다고 하였다(장휘숙, 2001).

장기적으로 이 시기의 건전하고 친밀한 또래애착은 청소년의 삶의 만족에 긍정적인 영향을 미쳐 이후 성인기 사회생활을 성공적으로 이끄는 기반이 되며 청소년기의 안정된 애착 경험은 자아개념을 발달시키고 사회적 자신감을 높여 주며, 또래로부터 얻은 정서적 지지는 안정감과 자아발달에 도움이 된다(이현주, 권수정, 2013).

청소년
문제
와
보호

제3장 청소년비행(범죄)의 대두

학교에서 발생하는 다양한 비행의 형태는 과거부터 나타나던 현상이었으나, 최근 들어 청소년들이 학교에서 금품을 갈취당하거나 집단으로 폭행을 당해 사회적인 문제로 비화되어 그 방법과 횟수가 도를 넘어서고 있는 현실이다. 따라서 청소년 비행 행동의 심각성이 대두되면서 사회적인 대책 마련에 관한 관심이 고조되고 있는 바, 일선 학교의 교사나 학부모, 학생, 시민단체들뿐 아니라 교육학이나 심리학, 청소년학, 사회복지학, 정신의학 등 다양한 분야의 학자들이 청소년의 비행행동에 관심을 갖고 이에 대한 연구를 수행하고 있다.

1. 청소년비행(범죄)의 정의와 유형

1) 청소년비행(범죄)의 정의

청소년비행[12]은 시대와 사회학자에 따라 다양하게 정의되고 있지만 대체로 도리나 도덕 또는 법규에 어긋난 옳지 못한 청소년의 행동을 일컫는다. 또한 우발적이거나 의도적이건 혹은 지속적으로 나타나거나 일회적인 행위이건 간에 일정한 사회규범을

12) 소년비행이라 함은 범죄소년, 촉법소년, 우범소년으로 형벌 법령에 저촉된 행위를 하였거나 특별법 또는 환경에 비추어 장래 형벌 법령에 저촉되는 행위를 할 우려가 있는 10세 이상 19세 미만인 자의 비행을 말하며 소년경찰의 보도대상에는 불량행위소년도 포함하고 있다. 따라서 소년비행을 구분하는 법률상의 용어는 다음과 같다. ①범죄소년-14세 이상 19세 미만의 자로서 형벌 법령에 저촉되는 행위를 한 자(형사책임을 진다) ②촉법소년-10세 이상 14세 미만의 소년으로서 소년법에 저촉되는 행위를 한 자(형사책임은 없다) ③우범소년-10세 이상 19세 미만의 소년으로서, 보호자의 정당한 감독에 복종치 않는 성벽이 있거나 정당한 이유 없이 가정으로부터 이탈하거나, 범죄성이 있거나 부도덕한 자와 교제하는 등의 사유로 장래 범법할 우려가 있는 자(「소년법」 제4조) ④불량행위소년-20세 미만의 소년으로서 음주, 끽연, 흉기소지, 싸움, 부녀희롱 등으로 자기 또는 타인의 덕성을 해치는 풍기문란 행위자. 그러나 우범소년과 불량행위소년은 행위자체로는 구별되지 않고 장래 범죄를 범할 우려성의 여부에 따라 구체적으로 결정해야 한다. 특히 소년경찰직무요강에 의하면 소년의 성행, 환경, 기타 비행의 원인을 정확히 규명하기 위하여 비행소년의 사안 중 특이하고 중요한 사안은 간부가 이를 전담 처리해야 한다고 명시되어 있다(이철수, 2009).

어기는 행위는 모두 포함된다. 이러한 청소년비행은 원래 법적인 용어로 청소년들이 저지른 법률에 위배되는 행동을 성인의 범죄행위와 분리, 취급하기 위하여 설정한 개념이다(김제한 외, 1981).

「소년법」 제4조에 의하면 청소년비행이란 형벌 법령에 저촉되는 일체의 행위를 하였거나 또는 환경에 비추어 볼 때 이에 저촉되는 행위를 할 우려가 있는 10세 이상 14세 미만의 소년에 의한 범죄행위를 일컫는다. 이를테면 청소년비행은 각종 법령을 위반하는 범법적인 반사회적 행위를 비롯하여 현행법에는 저촉되지 않으나 사회, 도덕적 윤리규범에 어긋나는 비도덕인 행위, 미성년자에게 금지하고 있는 행위, 사회와 집단생활에 부적응 등을 총괄한다고 볼 수 있다(홍성흔, 김희수, 2007).

다음은 청소년비행의 다른 개념으로 청소년 범죄에 대해 설명해 보고자 한다.

청소년 범죄란 성년에 비하여 정신적, 신체적으로 특이한 기질을 가지고 있는 청소년에 의하여 행하여진 범죄를 말하며 통상 범죄소년이라 칭하는데, 각 국가마다 청소년의 연령 기준을 어디에 두느냐에 따라서 청소년 범죄가 결정된다. 우리나라의 경우는 20세 미만의 낮은 연령층, 이른바 10대의 범죄를 청소년 범죄라 하며, 특별히 청소년 범죄를 따로 규정하는 것은 청소년은 아직 인격형성기에 있고, 순화 가능성이 있어서 형벌을 갖는 처벌보다는 환경의 조정과 교정에 중점을 두고 보호처분을 실시한다. 형사처벌 절차에 있어서도 청소년 범죄를 세 가지로 분류하는데(김순자, 2008) 범죄소년으로 14세 이상 19세 미만인 자로서 소년의 형벌 법령에 위반되는 행위를 말한다. 이들은 보호처분과 형사처분 모두 가능하기 때문에 검사가 판단하여 형사법원으로 보낼지 소년법원으로 보낼지를 판단한다.

비행의 경우도 청소년의 일탈행위나 소년범죄 같은 유사개념이 있기 때문에 청소년문제의 개념을 정의하기 위해서는 이들 유사개념의 의미를 함께 고찰할 필요가 있다고 할 수 있으며 청소년문제의 유사개념에는 청소년 문제행동, 일탈, 지위비행, 청소년비행, 소년범죄 등이 있다.

먼저 청소년 문제행동이란 행위의 주체인 청소년이라는 점을 부각시키는 개념으로 범죄를 포함하는 반사회적 행동과 타인보다는 자신에게 심각한 영향을 미치는 비사회적 행동, 그 밖의 다양한 부적응 행동을 포함한다. 일탈은 일반적으로 모든 규칙과 규범 위반행위를 의미하지만, 좁은 의미에서는 법에 의해 구제되는 범죄를 제외한 규칙과 규범 위반행위만을 지칭하거나 넓은 의미에서 형법을 위반한 행위인 범죄를 포함한 개념으로 볼 수 있다. 성인이 했을 때는 문제가 되지 않지만 청소년이라는 사회 지위 때문에 일탈행동으로 간주되어 규제와 통제를 받게 되는 행위를 지위비행이라 하며, 청소년에게 기대되는 규범에서 벗어난 일탈행동을 가리켜 청소년비행이라 한다. 청소년비행의 개념에는 형법에 저촉되는 행위인 심각한 범죄를 포함하고 구성요건에는 해당하지 않더라도 그 사회에서 청소년에게 기대하는 규범으로부터 벗어난 일탈행동을 포함한다. 마지막으로 소년범죄는 「소년법」상의 개념으로 형벌 법령을 위반한 범죄행위를 저지른 14세 미만 연소자의 행위를 의미한다(한국청소년정책연구원 2007).

2) 청소년비행의 유형

오늘날 우리 사회에서 청소년비행이 날로 증가하고 있고 그 질에 있어서는 더욱 폭력적이고 조폭화되어 절도범과 폭력범의 많은 비율을 청소년 범죄가 차지하고 있다(손윤정, 2004). 특히 청소년 범죄는 갈수록 흉포화, 조직화 현상을 보여 성년 강력범과 별 차이가 없다. 청소년의 폭력 범죄는 대개 집단화를 이루어 발생하는데. 청소년 범죄의 집단화 경향은 청소년 스스로가 정신적, 육체적으로 미성숙한 상태이므로 사회적 약자라는 약점을 만회하기 위해 집단화함으로써 힘을 얻고 그 능력을 발휘하여 목적을 달성하고자 하는 심리작용으로 나타난다(윤근효. 2010).

(1) 비행행동의 유형

청소년비행의 유형은 일반적으로 두 가지로 분류되는데, 하나는 불량행위, 즉 비도덕적이거나 반사회적 행위로 다른 사람과 사회에 피해를 주는 음주, 흡연. 약물복용, 싸움, 흉기소지, 불량집단조직, 구타, 위협, 가출, 자살, 성행위, 도덕 문란행위가 있다. 다른 하나는 법률에 따라 형벌을 받아야 할 위법행위인 '범죄'로 폭행, 상해, 공갈, 협박. 감금, 유인 등의 폭력범죄, 강도, 강간, 방화, 살인 등의 강력범죄, 횡령, 배임, 장물, 사기 등의 재산범죄, 도로 교통위반이나 교통사고와 같은 교통사범이 있다(김제한 외, 1981).

이를 더 구체적으로, 학교에서 가장 많이 발생하는 비행행동의 유형(김선남, 1994)을 적용하여 정리하면 다음과 같다.

〈표 3-1〉 비행행동의 유형

유형	내용
지위비행	음주 · 가출 · 흡연 · 무단결석 · 늦은 귀가 등으로 청소년들이 해서는 안 되는 금지된 행위
학업비행	학업이나 시험 기간에 이루어지는 태만, 속임, 무기력, 부정행위 등
반항적 비행	다른 사람이나 대상에 맞서 대들거나 반대하는 성질로 행동을 이끌어가는 일체의 행위
폭력비행	물리적 힘이나 강압에 의하여 상대방에게 정신적, 육체적으로 고통을 가하는 일체의 행위를 말한다. 여기에는 언어폭력이나 왕따 등의 행위도 포함
성 비행	이성에 대한 강간, 강제추행, 심한 신체노출 등의 성(性)과 관련된 일체의 행위

출처 : 홍성흔, 김희수(2007).

(2) 범죄형태에 따른 유형

① 재산범죄

재산비행은 절도, 특수절도, 장물(절도범이 훔친 물건이라는 것을 알면서 산 경우), 사기, 횡령, 배임(타인의 사무를 처리하는 사람이 그 임무에 위반하는 행위로써 재산상의 이익을 취득하거나 제삼자로 하여금 이를 취득하게 하여 타인에게 손해를 가하는 죄), 손괴(타인의 재물이나 문서, 전자기록 등 특수매체기록을 부서지게 하거나 은닉, 기타 방법으로 효용을 해함으로써 성립하는 비행)에 해당되는 범죄행위를 말한다.

재산비행의 원인은 부분 심리인 원인에 의해서 출발되고 정신분석으로는 공격성과 성욕이 이에 관련되며 병적 도벽의 경우 뇌질환이나 정신지체 때문에 이유 없이 재산비행을 하는 경우도 있다. 이외에도 재산비행은 아동기의 사랑을 받지 못하고 상처받거나 무시된 경험에서 나왔다고 보기도 하지만 주로 욕구좌절, 이별, 부모와의 결별과 같은 일로 스트레스를 받았을 때 이 행동이 잘 유발된다고 한다.

청소년들의 재산범죄의 특징을 살펴보면 다음과 같다.

첫째, 재산범은 처음 재산범행을 할 때에는 2~5명 정도가 공동으로 범죄를 하다가 차츰 혼자서 하는 단독 범죄로 변화되어 간다.

둘째, 사회의 경제적인 상황 여건에 따라 비행 발생 건수가 다르다. 전략적인 서비스업에 영향을 많이 받으며 생계형보다는 유희형에 속하는 범죄가 많다.

셋째, 절도에 의한 재산범죄보다는 점차 인터넷을 통한 사기범죄가 늘어가고 있다.

넷째, 재산범죄 청소년들은 쉽게 돈을 얻으려는 비합리적 사고의 경향이 높으며 돈을 통해 자아존중감 회복의 방법으로 주변 사람들에게 과시적인 소비성향을 보인다.

② 폭력범죄

청소년 범죄는 예전의 단순한 일탈행위의 차원을 넘어 심각한 범죄로 변화하고 있으며 집단화되는 경향이 뚜렷하며 여학생의 폭력이나 심리적 폭력, 학교폭력이 더욱 심각해지고 있다.

청소년의 폭력행동은 학습을 통한 사회화 과정의 잘못에 기인한 것으로 기성세대가 만든 우리 사회의 물질만능주의와 비윤리적인 행동의 영향과 정체감 혼란에서 오는 개인 간 또는 집단 간의 대립이 청소년의 폭력범죄를 부추기고 있다. 이외에도 매체를 통한 폭력의 간접경험으로 인해 폭력에 대한 올바른 인식을 하지 못하고 학생들의 여가 프로그램과 문화시설의 부족으로 선후배 또는 다른 세대와의 소속감이나 연대가 생기지 못하는 것도 청소년 폭력범죄의 원인이 되고 있다.

이러한 청소년들의 폭력 현상을 이해하기 위해 이들의 경험을 중심으로 그 특성을 살펴보면 다음과 같다.

첫째, 힘이 있는 집단을 배경으로 한 폭력이 일반적이다.

둘째, 동료 청소년들을 자신의 뜻대로 조종해 실험으로 폭력을 행사한다.

셋째, 피해 청소년들은 피해 사실에 대해 누구에게도 알리기 싫어하고, 알려 보았자 아무 소용이 없다고 생각한다.

넷째, 가해학생들은 피해학생이 잘못을 했거나 못나서 맞는다고 생각하고 있으며, 자신의 행동에 대해서 죄책감이나 비판 없이 당연한 것으로 지각하게 된다. 피해 청소년들조차 자신을 부정적으로 생각하는 경향이 높다.

다섯째, 청소년 폭력은 가해자나 피해자 모두의 발달과 성장에 부정적인 결과를 초래하며, 특히 지속적으로 피해를 당하는 청소년들에게는 매우 치명적인 발달장애를 일으키기도 한다(원근효, 2010).

③ 성범죄

우리 사회의 성 규범에 대한 인식이 과거에 비해 크게 변하였는데 청소년의 성행동이 기존에는 폭력이나 절도와 같은 비행으로 분류되었지만 근래에 들어서는 성에 대한 행동들이 개인적인 일로 간주되어 점차 지위비행으로 분류되고 있으며 2001년 「아동 · 청소년의 성보호에 관한 법률」이 시행되면서, 우리 사회의 청소년 성매매에 대한 문제가 언론에 자주 오르내리고 있다(정병수, 2007 재인용).

과거에는 주로 강간, 강제추행 등과 같은 강압적인 성범죄가 대부분이었다면, 최근에는 성매매의 피해자인 청소년에 의하여 주도적으로 성매매가 이루어지거나 청소년이 원하여 원조를 조건으로 하게 되는 새로운 형태의 성범죄가 증가하고 있다(박석정, 2002 재인용).

새로운 형태의 청소년 성매매 유형으로는 청소년이 상대 남자를 협박하여 금품을 갈취하는 '공갈형', 직업으로 생계유지를 위해 성매매를 하는 '생계형' 등이 있다. 한 여자 청소년이 남자친구들과 공모하여 성매매를 하겠다고 성인 남성을 유인하여 이들을 대상으로 '강도' 범죄를 저지르거나, 성인 남성으로부터 돈만 받고 도망하는 방법으로 '사기' 범행을 저지른 사례, 여자 청소년들에게 숙식을 제공하여 주면서 이들로 하여금 성매매를 강요하고 숙식비는 보호비 명목으로 돈을 받는 방법으로 청소년 성매매를 '알선' 하는 사례 등이 청소년 성매매와 관련된 신종범죄로 나타나고 있다.

최근에는 성매매의 접촉 방법의 66.7%가 인터넷채팅으로 가장 많고 접촉을 시도한 장소 역시 PC방이 60.6%로 가장 높은 분포를 나타내고 있는 것에서도 볼 수 있듯이 컴퓨터의 일반화로 인하여 청소년의 성범죄가 인터넷을 중심으로 일어나고 있다(김종휘, 2001).

④ 약물 남용

약물이 국내에 유입된 역사는 해방, 한국전쟁 등이 중요한 계기로 작용하고 있는데 1945년 해방 이후 귀국 동포들 중에 아편 독자들이 섞여 있었던 것을 시작으로 하여 1950년에는 한국전쟁 당시 부상당한 군인들 사이에 모르핀 복용자가 생겨나게 되었으며 1970년에는 마리화나나 히로뽕이 미국과 일본을 통해 들어옴으로 인해 1980년에는 히로뽕 복용자가 급증하고 약물을 구입할 능력이 되지 않는 청소년들 사이에서는 시너나 본드 등의 유해 약물을 흡입하는 경우가 크게 증가했다.

일반적으로 성인 약물 독자들은 매우 어린 시기에 음주를 시작하는 경우가 많아 청소년들의 흡연과 음주가 향후 약물 남용을 초래할 수 있다. 다음은 김상희 외(1991)가 청소년 약물과정에 관한 연구 논문에서 밝힌 결과 중 청소년들이 약한 약물에서 강한 약물로 발전하는 이러한 단계를 거친다는 것을 그림을 통해 정리해 보고자 한다.

담배, 술 ⇨ 본드 가스 흡입 ⇨ 알약 형태 약물 남용 ⇨ 마와 같은 약한 마약 시작 ⇨ 히로뽕

이러한 과정은 약물의 내성으로 인해 투여량을 늘려야 한다는 것과 약물의 즐거움을 경험한 청소년들이 새롭고 강한 약물에 대한 호기심을 직접적으로 충족하려는 경향이 강하게 나타난다는 것을 보여 준다, 약물 남용이 중독, 질병, 처벌과 같은 개인 비용에 대한 평가와 또래들 사이에서의 인정 받음, 붕뜨는 기분, 성적으로 강해지는

즐거움, 예술에서의 창조성 증가, 현실로부터의 도피와 같은 이익에 대한 평가를 함께 고려한 다음에 결정된 선택이라고 한다. 그러나 이러한 유해 약물들은 청소년들의 뇌기능에 치명인 손상을 가져올 수 있는 것으로 알려져 있어 큰 사회문제가 되고 있다(윤근효, 2010).

(3) 범죄 동기에 따른 유형

① 생존형 비행

청소년들이 살기 위하여 불가피하게 저지르는 비행으로 이것은 절대적, 상대적 빈곤감의 인식에서 발생되며 정상적인 방법보다는 사회적으로 용납되지 않는 비정상적인 방법으로 해결하려는 데 문제가 있다.

② 장난형 비행

모험이나 전율을 느끼기 위해 실없이 저지르는 비행으로 자신이 속한 가정, 집단, 사회가 자기를 인정해 주지 않거나 수용해 주지 않을 때 생기는 소외의식이나 고립감을 공격적인 형태로 나타내는 유형이다.

③ 모방형 비행

타인의 비행행동을 모방하는 행위로 청소년기의 심리적 특성이 가장 잘 반영되는 비행유형이다. 폭력이나 유흥가 출입, 도박, 성인영화 관람 등 청소년에게 금지되는 성인의 행동을 모방하는 행위가 여기에 속한다.

④ 체념형 비행

청소년들이 위기나 곤경에 부딪혔을 때 이를 극복하려고 노력하지 않고 운명에 따르기로 마음먹고 자신을 방치하는 일종의 자기체념, 자기비하, 자기파괴 행위이다. 이는 명확한 가치관이 확립되지 않은 청소년들이 혼란과 갈등의 사회구조에서 도피하고자 하는 심리적 경향에서 주로 발생되는 현상이다(곽형식, 1999).

2. 청소년비행의 원인

1) 청소년 강력 사범 범행 원인 및 특징

박진숙(2013)은 비행을 유형별로 분류하여 부적응성 비행으로 사람은 긴장을 해소하기 위해 욕구 충족적인 행동을 하는데 욕구가 방해를 받아 저지되면 프로이트(Freud)가 말한 쾌락원칙에 의거해 만족을 요구하기 때문에 갈등과 상존하여 부적응 반응이 일어나 비행을 일으키게 된다는 것이다. 이에 그가 연구한 비행행위를 하는 청소년들의 행위 원인과 특징을 조사한 결과를 정리해 보고자 한다.

〈표 3-2〉 청소년 강력 사범 범행 원인 및 특징

유형	내용
약물 남용	비행 충동이 강한 청소년들의 일탈행위 중 알코올문제, 마약문제와 같은 환각제 사용의 문제이다.
범행 원인	술 취한 상태에서 범행한 것으로 드러나고 있고 음주에 의한 방화죄, 살인죄, 폭행죄, 성폭력죄
비행행위 청소년 및 피해자의 특징	
술 취한 상태에서 범행한 자, 음주에 의한 방화죄, 살인죄, 폭행죄, 성폭력한 청소년	1. 부모의 몰이해와 질책, 가족 간의 불화 등 주로 가족 내의 갈등과 긴장으로부터 소외감, 불만을 느낀다. 2. 정서가 불안정한 상태이다. 3. 욕구불만의 표현으로 비행적 상황에 익숙해지고 흡입 놀이를 하는 것이다.
흡입하는 자들	1. 정서장애를 갖고 있기 때문에 친구도 적다. 2. 교우 범위도 협소하여 집단에 대한 소속감을 갖고자 하는 영웅심이 많다. 3. 집단에 속해 있더라도 추종 행동을 취할 뿐 귀속의식은 약한 경우가 많다. 4. 부모에 대한 반발과 입시의 압력으로부터의 도피, 지나친 부모의 침범이나 억압, 친구로부터의 소외도 많다.

왕따	1. 수동적 혹은 복종적 피해자이다. 2. 대부분의 피해자들이 여기에 속하며, 신체적으로 약하고, 정서적으로 불안하고 우울하고 복종적이다. 또한 매사에 조심스럽고 민감하고 조용하고 자존감이 낮고 자신과 상황을 부정적으로 본다. 3. 자신을 실패자로 보며, 자신이 바보 같고 수줍음이 많고 매력적이지 않다고 지각한다.
왕따	4. 내가 잘할 수 있는 것은 아무 것도 없다고 단정하는 자존감이 낮은 부류이며, 언어폭력이나 정신적 피해 앞에서도 자기주장을 잘 못한다. 5. 또래로부터 호감을 얻지 못한다는 것이 특징이다. 6. 다른 아동의 공격을 받게 되면 위축되며 심리적 손상을 쉽게 받게 되는 것이다. 7. 심한 피해자는 도발성 피해자인데, 그들은 불안한 반응과 공격적인 반응을 동시에 보이는 집단으로 주의집중에 어려움이 있다.
가해자	1. 공격성이 강하고, 부모나 교사에게도 욕설은 물론이며, 심지어 폭력까지 행사하는 것을 마다하지 않을 정도로 공격적이며, 충동적이다. 2. 타인을 지배하려는 욕구가 누구보다 강하며, 피해자에 대한 동정심 또한 없는 것이 특징이다. 3. 신체적으로도 우월한 신체구조를 가지고 있으며, 공감능력이나, 타자에 대한 배려가 부족하며, 모든 것의 성취수단으로 거의 폭력을 사용한다. 4. 심리적으로 매우 불안하고, 정서적으로 불안정하다. 5. 존경, 총애, 일체의 경험이 부재하며, 자아영역도 확장되어 있지 않다. 6. 부모로부터의 애정결핍과 같은 욕구불만이 억압되어 무의식 속에 잠재되어 있다가 표출되는 잠재적 의도로 보인다. 7. 중학교 성적이 초등학교 성적보다 떨어질 때 부정적 태도가 심해지며, 나쁜 친구들과 어울리며, 어릴 때부터 도둑질, 강탈, 음주 등 반사회적 활동에 참가하며 분노하고 그 분노의 조절능력을 갖지 못하는 것이 있다. 8. 규칙을 지키지 못하고 다른 학생들을 힘과 위협으로 굴복시키거나 자기주장을 강요하고 권력과 지배에 대한 욕구가 강력하며 성장과정에 적대감을 품고 있는 청소년들이 주로 비행으로 간다.
도벽	1. 충동이 갑자기 일어나면서 긴장감과 불안감이 높아지고 충동에 따라 행동을 하고 나서야 긴장이 풀리는 10대들의 모습이 충동장애의 특징이라 말할 수 있다. 2. 훔치는 행동은 주로 청소년 시기에 시작되며 치료하지 않을 때 반사회적 성격장애 증상을 나타내는 경우가 많으며 점차 만성화되어 가기 때문에 구조화되지 않도록 하는 것이 중요하다. 3. 자신을 과도하게 높이 평가하는 자기애적 성격에서 나타나는 자존감을 이루고자 하는 시도로도 본다.

실제로 청소년 강력 사범을 조사해 본 결과 1순위가 술 취한 상태에서 범행한 것으로 드러나고 있고 음주에 의한 방화죄, 살인죄, 폭행죄, 성폭력죄가 보고되고 있다. 특히 그들은 부모의 몰이해와 질책, 가족 간의 불화 등 주로 가족 내의 갈등과 긴장으로부터 소외감, 불만을 느끼고 정서가 불안정한 상태이다. 이러한 욕구불만의 표현으로 비행적 상황에 익숙해지고 흡입 놀이를 하는 것이다. 그러므로 의식적 의도이든, 무의식적 의도이든 간에 외부로부터 강요를 받았든, 받지 않았든 간에 폭력은 넓게 보아 모두 상대에게 의도적인 것으로 보아야 한다. 이러한 의도적 폭력의 목적은 대상에게 직접적이거나 간접적으로 피해를 입히는 것이겠지만 '증오적 폭력'처럼 가해 그 자체에서 쾌감을 얻는 것과 같이, 그 자체가 목적일 수도 있다. 따라서 청소년 폭력의 목적은 가해의도나 결과보다는, 폭력을 통해 의식적이든, 무의식적이든 자기의 욕구불만에 대한 보상적 만족을 얻는 것이 목적이라 할 수 있다(한국청소년개발원, 1998).

사회에 적응 행동이 부적응으로 열등감에 대한 보상이 대부분인 상태에서 인격구조의 심층에 있어 반사회적 행동으로 나타나는 비행이 도벽이다. 이 도벽의 원인으로 정신분석에서는 아동기에 잃어버린 애정과 쾌락에 대한 대체물, 또는 어렸을 때 성적인 욕구를 드러내지 못한 것에 대해 성인이 되어서 성적 욕구를 분출하는 대체 수단으로 물건을 훔치는 행동이 나타나는 것으로 본다.

기벤스(Gibvens)는 훔치는 물건은 주로 쓸모없거나 사소한 것일 경우, 자신에게 뭔가 즐거움을 주는 사건을 만들어 내고자 하는 충동이 갑작스럽게 일어났기 때문으로 보았다. 마치 어린이가 사람들의 관심을 끌기 위해 물건을 훔치는 것이나 다른 사람을 괴롭게 만들기 위해 자기 자신을 해롭게 하는 것, 즉 부차적 이득과 비슷하다고 보았다(최윤진, 1992).

이러한 비행을 조작하는 충동이 난무한 청소년들은 초기 양육과정이나 비행 형성과정에서 성인들에게 거부되기 때문에 신뢰 회복이 급박하다. 그러므로 상담자의 무조건적 존중이 인정받지 못한 경험 치료에 반드시 필요하나, 그것조차도 다시 상처받을까봐 상담자를 시험해 보는 경우도 많다. 또한 비행행위를 할 수밖에 없었던 그들의 당위성에 대한 공감적 이해와 이미 학교와 사회제도 내에서 낙인되어 억압, 제지받은 경험이 많기 때문에 감정이나 욕구 및 생각을 자유롭게 인식할 수 있도록 안전한 분위기를 형성시켜 주어야 한다. 그렇게 긍정적 인정을 해 주며, 비행 뒤에 있는 부모와의 상담 또한 상담자가 해결해야 할 중요할 과제이다.

2) 청소년비행의 원인에 관한 이론적 논의

청소년비행을 설명하는 이론은 일반범죄를 설명하는 이론과 특별히 구분되는 것은 아니다. 그렇지만 특정 이론은 상대적으로 비행에 더 초점을 둔 경우도 있었으나 범죄를 설명하는 이론 모두가 비행과 관련된다고 볼 수 있다. 본 장에서는 비행의 동기화 요인을 아노미이론, 하위문화이론, 접촉차이이론, 사회결속이론, 낙인이론 등으로 구분해 각 이론의 개요를 간단히 살펴봄으로써 비행원인 분석의 배경으로 삼고자 한다.

(1) 아노미이론(Anomie Theory)

뒤르켐(Durkheim)에 의해 최초로 주장된 이론으로 긴장이론(strain theory)의 뿌리를 이룬다. 뒤르켐(Durkheim)에 따르면 아노미는 한 사회를 지배하는 강력한 가치관의 세력이 약화되고, 한 가지 이상의 서로 다른 가치관이 동등한 세력을 가지면서 한 사회 내에서 공존하는 현상을 의미한다.

이 이론은 미국사회의 높은 범죄율과 도시의 하층 주거지역 하층 소수집단의 범죄 집상을 설명하고 있으며 사회학 창시자인 뒤르켐(Durkheim)의 연구에 크게 의지하고 있으며, 뒤르켐(Durkheim)은 '아노미'라는 용어를 높은 자살률을 조장하는 한 요인으로 사회의 무규범 혹은 사회통제의 결핍 상태를 표현하기 위해 사용했다. 아노미는 가치 있는 문화목표와 그 목표에 이르는 사회 수단 사이에 괴리가 존재할 때 나타나는 사회 모순의 한 형태라고 할 수 있다(Akers and Sellers, 2005).

이와 같은 아노미 상태에서 살고 있는 개인들은 어떤 가치관을 따라야 할지와 같은 가치관의 혼란을 경험하게 된다. 따라서 그 사회에서 지배적인 가치 · 규범에서 벗어난 행동인 일탈행위를 할 가능성이 높아진다고 본다.

또한 일탈의 형태와 관련하여, 경제적 호황 및 공황이나 급속한 사회구조의 변동 속에서 옳고 그름을 판별할 수 없는 상황에 직면한 사람들이 행하는 자살을 아노미적 자살이라고 보고 일탈의 중요한 형태로 생각했다. 그뿐만 아니라 범죄와 관련해서는 어떠한 사회에서도 범죄 행위가 전무할 수 없다는 '범죄정상설'과 범죄가 오히려 사회를 건강하게 만들 수 있다는 '범죄 유용설' 등을 주장하기도 하였다.

한편 이후 흔히 '긴장이론'으로 대표되는 아노미이론을 주장한 머튼(Merton)은 1938년 「사회구조와 아노미(Social Structure and Anomie)」라는 논문에서 특정 사회에서 문화적 목표는 지나치게 강조하는 반면 제도적 수단으로 그 목표를 달성할 수 있는 기회가 제한되어 있기 때문에 사회적 '긴장'이 발생한다고 보았다. 그러나 머튼(Merton)은 아노미 상황에서 사람들이 내면화한 문화적 목표와 제도화된 수단에 따라 각기 다른 적응방식을 보인다고 보았다.

머튼(Merton)이 제시하는 개인의 적응방식을 크게 다섯 가지로 정리하여 표로 나타내면 다음과 같다.

〈표 3-3〉 머튼(Merton)이 제시하는 개인의 적응방식

유형	내용
동조형(conformity)	정상적인 기회 구조에 접근할 수는 없지만 그래도 문화적 목표와 제도화된 수단을 수용하는 적응방식이다.
혁신형(innovation)	문화적 목표는 수용하지만 제도화된 수단은 거부하는 적응방식으로 비합법적인 수단으로 사회적으로 가치 있는 목표를 달성하려 하는 대부분의 범죄가 이에 포함된다고 할 수 있다.
의례형(ritualism)	문화적 목표를 거부하고 제도화된 수단만을 수용하는 적응방식이다. 이 유형은 조직의 목표보다는 절차적 규범이나 규칙만을 준수하는 데 치중하는 무사안일한 관료에서 그 예를 찾을 수 있다.
도피형(retreatism)	문화적 목표와 제도화된 수단을 모두 거부하고 사회로부터 후퇴 내지는 도피해버리는 적응양식이다. 만성적 알코올중독자 또는 마약 상습자 등이 이러한 적응양식의 예라고 할 수 있다.
반역형(rebellion)	기존의 문화적 목표와 제도화된 수단을 모두 거부하면서 동시에 새로운 문화적 목표와 제도화된 수단으로 대치하려는 적응양식이다. 이러한 적응방식 가운데 머튼(Merton)이 가장 관심을 둔 것은 혁신형이었다. 이 유형은 합법적인 기회가 중상류층에 비하여 차단된 하류 계층의 높은 범죄율을 설명하는 논리적 근거로 생각되면서 이후 많은 조사연구의 이론적 근거가 되었다.

출처 : 신현기 외(2012).

이렇듯 본래의 긴장이론이 하층 청소년들이 겪는 긴장과 좌절에 주목했지만, 이후 연구들에서 계층과 비행의 관련성이 적다는 것이 밝혀졌고, 따라서 하층 이외에 중상층 청소년들의 비행을 설명할 필요성 때문에 애그뉴(Agnew)의 일반긴장이론이 등장했다. 그 이론에서는 계층과 상관없이 모든 청소년들이 경험할 수 있는 긴장을 비행의 원인으로 고려했으며 그러한 점에서 부모와의 갈등, 학업성적의 부진, 이성친구와의 헤어짐, 친구와의 다툼처럼 가정, 학교, 주변 사람들과의 관계 등 일상생활에서 경험할 수 있는 긴장을 비행의 원인으로 다루기 시작했다(이성식, 2004).

(2) 하위문화이론(delinquent subculture theory)

코헨(Cohen)이 1955년 『비행소년(Delinquent Boys)』에서 처음 언급한 이론이다. 이론의 주된 논점은 하류계층 청소년들의 비행행위는 중산층의 규범과 가치에 대한 반항이라는 것이다. 즉 하류 계층의 청소년들에게는 정당한 방법으로 성공할 수 없도록 사회적 조건이 제한되어 있는데, 그들에게는 항상 중산층의 측량 잣대가 강조되어 '지위좌절(status frustration)'을 경험하게 되고, 그 결과로 인해 그들이 폭력적 집단에 가입하거나 불법적 행위에 가담하게 된다고 본다.

한편, 코헨(Cohen)은 중산층의 의사결정자에 의해 거부를 겪는 하류계층 청소년들을 세 가지의 유형으로 분류하였다.

① 코너보이(corner boy)는 상습적인 비행은 아니지만 가벼운 비행에 가담하는 소년이다.

② 칼리지보이(college boy)는 중산층의 문화적 · 사회적 가치를 받아들이고 그 기준에 순응해 성공하려고 능동적으로 노력하는 유형이다.

③ 비행소년(delinquent Boy)은 중산층의 가치와 직접적으로 반대되는 하류계층만의 규범과 원칙을 선택하여 반동형성(reaction formation)을 경험하게 되고, 이로 인해 상습적 비행을 저지르게 되는 것이다. 그러나 이 이론은 하류계층 청소년에 대한 이론으로 중산층 청소년들의 비행행위를 설명하기 곤란하고, 하류계층 청소년 중

에서도 비범죄 청소년의 수가 더 많다는 점, 그리고 하류계층 청소년들의 범죄는 대부분 경제적 이유에서의 절도에 그친다는 점 때문에 비행하위문화는 큰 영향을 미치지 못한다는 비판도 제기된다(신현기 외, 2012).

하위문화이론에서는 청소년비행도 정상적인 동조행위와 마찬가지로 배워서 하는 행동이며, 이른바 비행을 부추기는 비행 하위문화가 사회 내에 생성, 유지되어 오기 때문이라고 본다. 그리고 비행 하위문화에 대해서는 견해가 다양하나 대체로 보아 하류층의 자녀들이 중산층 기준의 준거틀을 버리고 비행과 관련된 하위문화를 확립하게 된다고 보거나 또는 중산층의 문화틀 고의적으로 버리는 것이 아니고 하층계급 자체의 고유문화가 비행에 영향을 준다고 보는 견해, 비행 문화와 관습적인 문화가 상호 구분되는 것이 아니라 혼재되어 있어 사회통제의 약화에 따라 비행 문화에 의하여 중화시킬 수 있을 때 비행이 일어난다고 보는 견해 등으로 나누어진다(남재봉, 1990).

(3) 접촉차이이론 (Differential Association Theory)

사람들이 탈법행위를 하는 이유는 무엇이고, 무엇이 이러한 탈법행위에 대해 스스로를 무감각하게 만드는 것일까? 범죄행위를 저지르고 또 자신이 저지른 범죄행위에 대해 무감각하게 되는 이유를 설명한 이론이 있다. 바로 접촉차이이론이다. 사람들이 일탈유형과의 접촉을 통하여 일탈자로 되어 간다는 미국의 범죄학자 서덜랜드(Sutherland)의 범죄학 이론으로, 왜 특정한 사람이 일탈적 행위 유형을 학습하게 되는지를 설명한다. 범죄는 일반적인 행위와 마찬가지로 학습을 통해서 배우게 되고, 학습은 주로 친밀한 사람들과의 상호작용을 통해 일어난다는 것이 이 이론의 중심내용이다. 그러므로 이 이론은 '차별적 교제'에 범죄의 원인을 둔다. 즉 범죄행위의 사회화는 비범죄행위의 사회화와 비교하여 좋고 나쁨을 평가할 수 있는 것이 아니라, 단지 '다른 사회화'로 파악해야 한다는 것이다. 이에 구체적으로 개인이 범죄행위로 사회화하는 과정을 표로 정리하면 다음과 같다.

〈표 3-4〉 개인이 범죄행위로 사회화하는 과정

순서	내용
1	범죄행위는 학습되는 것이다.
2	범죄행위의 학습은 사람들 간의 의사소통 과정을 통해 일어난다.
3	범죄행위의 학습은 주로 친밀한 집단 속에서 잘 일어난다.
4	범죄행위가 학습될 때, 그 학습내용에는 범죄행위의 기술뿐 아니라 동기, 충동, 합리화 방법, 태도 등을 모두 포함한다
5	범죄 동기나 충동은 현행 법률을 긍정적으로 정의하느냐, 아니면 부정적으로 정의하느냐에 따라 학습된다. 즉 어떤 사람은 법률을 반드시 지켜져야 할 규칙으로 정의하는 사람들 속에 있을 수 있으며, 반면 다른 사람은 법률을 위반하는 것이 바람직하다고 정의하는 사람들 속에 있을 수 있기 때문이다.
6	법 위반에 대해 비우호적인 인식보다 우호적인 인식이 앞서도록 학습된 사람은 비행으로 나아간다.
7	차별적 교제는 만남의 빈도 · 기간 · 선호 · 강도 등에 따라 다양하게 나타난다.
8	범죄적 또는 비범죄적 유형과 접촉하면서 범죄행위를 학습하는 과정은 일상생활 속에서 다른 행위의 학습과정에서 작용하는 기제들과 동일하다.
9	범죄행위는 일반적인 욕구나 가치에 의해 일어나지만, 그러한 욕구와 가치가 범죄행위의 본질적 성격을 특징짓지는 않는다. 왜냐하면 비범죄적 행위도 그와 동일한 욕구 및 가치에 의해 이루어지기 때문이다.

출처 : 대구신문(2016. 12. 19).

정리하면, 하류계층의 청소년들에게는 정당한 방법으로 성공할 수 없도록 사회적 조건이 제한되어 있는데, 그들에게는 항상 중산층의 측량 잣대가 강조돼 '지위좌절'을 경험하게 되고, 그 결과로 인해 그들이 폭력적 집단에 가입하거나 불법적 행위에 가담하게 된다고 본다.

서덜랜드(Sutherland)에 의하여 제시된 접촉차이이론은 사회에는 일탈적인 행동 양식과 정상적인 행동 양식이 공존하고 있으며, 이 중 어느 쪽과 더 많은 접촉을 가지느냐에 따라 일탈행동에 대한 부정적인 또는 긍정적인 정의를 내리는가가 결정되고, 일탈행동은 바로 일탈행동에 대한 긍정적 정의의 표현이라는 것이다. 따라서 일탈행동은 다른 행동과 마찬가지로 타자들과 친밀한 접촉을 통하여 학습되는 행동이기 때문에 누구와 친밀한 관계를 맺어 어떤 내용을 배우는가가 중요시된다. 그러므로 접촉차이 이론에 따르면 청소년비행에 있어서 비행 친구와의 접촉을 비행의 주요한 원인변인으로 보게 된다.

(4) 사회결속(유대)이론(Social Bond Theory)

1969년 허쉬(Hirschi)가 『비행의 원인(Causes of Delinquency)』에서 제시한 사회통제이론 시각의 가장 지배적인 이론이다. 사람들은 보편적으로 일탈 경향이 있는 잠재적 범죄자라는 것을 전제로, 일탈은 관습적인 신념과 규범에 관한 사회의 일반적인 합의에 기초한 사회통제기제의 결함 또는 부재 때문에 발생한다는 이론이다. 따라서 사회유대이론은 범행 잠재력이 있는 일반인들이 범죄를 억제하는 것은 자신의 행위로 부모나 친구 등의 중요한 사람과의 유대관계나 학교와 직장 등 중요한 사회제도와의 유대관계에 치명적인 해를 받을 수 있다는 두려움 때문이라고 설명하고 비행 청소년을 기존의 범죄이론과 달리 비행을 야기하는 가치관을 가진 소년으로 보지 않고 비행을 저지하는 규범 내지 가치관이 결여된 소년으로 보았다. 또한 이 이론에서 설명하는 사회유대의 결정요소를 설명하면 다음과 같다.

〈표 3-5〉 사회유대의 결정요소

결정요소	내용
애착	애착이란 애정과 정서적 관심을 통하여 개인이 사회와 맺고 있는 유대관계를 의미하며 부모와의 사랑이나 학교 선생님에 대한 존경심 등에 의하여 형성된다. 허쉬(Hirschi)는 사회의 가치나 규범을 개인이 내면화하기 위해서는 다른 사람들에 대한 애착관계가 형성됨으로써 가능하다는 점에서 애착을 가장 강조하였다.
전념	전념이란 규범준수에 따른 사회적 보상에 얼마나 관심을 갖는가에 관한 것으로 충실한 학교생활은 이후에 안락한 생활을 보장해 줄 수 있다는 정서 등을 의미한다.
참여	참여는 행위적 측면에서 개인이 사회와 맺고 있는 유대의 한 형태로 관습적 목표에 얼마나 많은 시간을 투자하고 있는가 하는 것으로 평가될 수 있다.
신념	신념은 관습적인 규범의 내면화를 통하여 개인이 사회와 맺고 있는 유대의 형태로 사회규범을 준수해야 한다고 믿는 정도에 따라 비행의 발생 가능성이 다르다는 것 등으로 구성된다.

출처 : 신현기 외(2012).

한편 사회유대이론은 애착이 강할수록 비행률이 낮다고 주장하나 비행 친구에 대한 애착은 오히려 비행 가능성을 증대시킬 수도 있는 문제점이 있으며 사회유대 결속의 정도가 사람마다 다른 이유를 설명하지 못하고 나아가 사회유대가 약한 사람이 일탈하지 않는 이유를 설명하지 못한다는 비판도 제기된다.

또한 사회통제이론은 사람들이 높은 일탈 동기를 가졌다고 가정하고 왜 대부분의 사람들이 규범에 동조하는가를 문제 삼는다. 사회결속이론가의 한 사람인 허쉬(Hirschi)에 따르면 사람들이 일탈 동기에 따라 행동하는 것을 통제하는 것은 관례적 사회(Conventional Society)와의 결속이라고 본다. 그리고 허쉬(Hirschi)는 관례적 사회와의 결속을 애착, 전념, 참여, 신념이라는 4가지 요소로 나누어 각 요소의 정도가 높으면 결속의 정도가 높다고 본다. 따라서 관례적 사회와 결속의 정도가 높으면 청소년 비행의 정도는 낮다고 본다.

특히 허쉬(Hirschi)는 청소년의 경우 학교공부에 얼마나 집중하고 노력하는지의 정도를 관여로 규정하는데 학교성적이 좋은 경우 그렇지 않은 경우보다 관여의 정도가 상대적으로 높다고 보았다(허경미, 2006).

참여는 전통적인 활동에의 참여를 의미한다. 개인이 전적으로 전통적인 활동, 특별히 학교에서 이루어지는 활동들에 많이 참여하게 되면 비행으로부터 보호받을 수 있다고 본다(유순화, 2003).

청소년의 경우 참여란 학교공부를 포함한 안과 밖, 그리고 가정에서 자신을 둘러싸고 있는 활동에 몰두하는 것을 말하는데, 예를 들어 서클활동이나, 독서, 체육활동 등 건전한 여가생활을 말한다(허경미, 2006).

사회유대이론에서 신념이라는 개념은 가치와 규범에 관한 인정, 특히 법과 사회규칙이 도덕적으로 옳으며 지켜져야 한다는 믿음을 말한다. 이 개념이 반드시 특정 법이나 법률에 관한 믿음을 말하는 것은 아니며, 더욱이 사람들로 하여금 범죄를 저지르도록 이끄는 일탈 신념을 뜻하는 것도 아니다(Akers and Sellers, 2005).

(5) 낙인이론(Labelling Theory)

낙인이라는 용어는 일탈에 대해 가해지는 여러 가지 형태의 사회 반작용을 총칭하는 말이다. 그런데 낙인이 낙인 당사자를 교정하기보다는 오히려 나쁜 결과를 초래할 수도 있다는데 문제가 있다(조광환, 1997). 청소년의 경우, '버린 자식', '문제아', '범죄자'와 같은 낙인은 청소년들을 비행 문화 속으로 몰아내는 중대한 삶의 체험이 될 수 있다(강세현, 1994).

그리고 일탈행동이 행위자의 심리적 성향이나 환경적 조건 때문에 발생되기보다는 사회문화적 요인에 따른다고 보는 이론이다. 일탈행동에 관한 이론으로, 1960년대 시카고학파에 속하는 레머트(Lemert), 베커(Becker), 키추스(Kitsuse), 메차(Matza) 등이 제창하였다. 일탈행동을 단순한 사회병리현상으로 다루어 온 기존의 관점에서 탈피하여, 일탈이라는 것은 행위자의 내적 특성이 아니라 주위로부터의 낙인으로 만들어진다고 보았다. 미드(Mead)의 상징적 상호작용이론과 슈츠(Schutz)의 현상학적 사회이론에 근거한다.

낙인이론의 핵심을 이루는 상징적 상호작용의 기본 가정은 개인의 정체성이 그에 대한 타인의 정의에 반하여 형성된다는 점이다. 일탈자로 낙인찍히는 개인은 일탈자라는 자기정체성을 취하고 낙인찍히지 않았을 때보다 일탈로 나아갈 가능성이 높아진다고 한다. 그리고 원래 낙인은 일탈을 억제하려고 하는 것이지 촉진하려는 것은 아니다. 그러나 낙인의 역설적이고 의도되지 않은 결과는 제재과정에서 예방하려고 했던 일탈자를 양산한다는 것이다(Akers and Sellers, 2005).

상징적 상호작용이론은 사람들이 서로 의사소통하고 교류하는 가운데 의미를 교환하는 것을 중시하는데, 낙인이론에 따르면 일탈은 결국 행동하는 사람과 그 사람을 보고 판단하는 사람 간의 상호작용의 결과물이다. 개인이 정신병자 혹은 전과자로 낙인찍힐 때 그는 그러한 칭호에 걸맞은 행동을 반복적으로 하기 쉽다. 이러한 행위는 그 칭호를 정당화하는 순환적 과정으로 나타난다. 종래의 일탈 연구가 일탈행동이나 일탈행위자를 판정하는 객관적이고도 보편적인 기준을 전제하고 있음을 비판하는 낙인이론은 일탈개념이 한 사회의 문화적 구성물이며, 따라서 일탈행동을 규정하는 사회적 과정 자체를 문제시하는 데서 일탈 연구가 출발해야 한다고 주장하고 있다.

즉 기존의 일탈 연구는 '사람들이 왜 일탈행동을 하게 되는가'를 밝히기 위해 일탈행동의 심리적 동기, 동기를 유발하는 환경적 요인, 일탈행위자의 사회적 지위 등에 주된 관심을 가져 왔다. 이에 반해 낙인이론은 '어떤 사람의 어떤 행동이 왜 일탈로 규정되는가'를 밝히기 위해 개인의 행동에 대한 사회적 반응, 사회적 낙인이 행위자의 정체성 형성에 미치는 영향, 일탈의 증폭 과정 등에 관심을 둔다. 예를 들면 가난한 집안 형편으로 고등학교를 중퇴한 10대 청소년이 또래와 함께 절도를 하다가 경찰에 잡혀 실형을 선고받았다. 이때 낙인이론에 따르면, 그를 일탈행동을 행한 범죄자나 비행 청소년이라고 사회적으로 규정했기 때문에 그의 그러한 정체성이 더 강화되고 결국 범죄자로 살아가게 된다.

낙인이론에서는 왜 비행행위를 하는가에 대해서는 설명하지 않는다. 다만 어떤 과정을 거쳐서 일탈행위자나 범죄자로 살아가는가를 설명하는 데 초점을 둔다. 따라서 그가 도둑질한 것 자체가 문제가 아니라, 그것을 범죄라고 규정하면서 그를 일탈행위자로 만드는 것이 더 문제인 것이다. 한 번 일탈행위자로 규정되면 주변 사람들에게 영원히 범죄 가능성이 있는 사람으로 인식된다. 결국 이 같은 불이익 속에서 그는 다시 범죄를 저지를 가능성이 커진다.

낙인이론의 문제의식 이면에는 현대사회에 대한 다원적인 사회관이 내포되어 있다. 고도로 분화되고 복잡한 현대사회에는 다양한 집단과 상호 모순된 규칙이 대립적으로 존재하고 있으며, 따라서 일탈행동과 일탈행위자에 대한 판단은 맥락에 따라 달리 이루어져야 한다는 것이다. 특히 낙인이론은 일탈의 예방과 치유를 위해 설립된 교도소, 소년원, 정신병원, 복지갱생시설 등이 흔히 그 본래의 임무를 저버리고 일탈을 영속화하고 있음을 비판하고 있다. 학교 또한 학생의 생활과 진로를 지도하는 과정에서 일부 집단에게 부당한 낙인을 부여하는 경향이 있는 것으로 지적되고 있다(김춘경 외, 2016).

3) 청소년비행과 대인관계

청소년이 일상적으로 만나는 중요 대상자는 부모, 교사, 또래집단일 것이다. 이러한 대상자들, 그중 부모나 교사로부터 따뜻한 애정과 애착을 갖지 못하거나 민주적인 절차에 의한 의사소통이 잘 이루어지지 않은 청소년일수록 소외감을 갖게 되고 그로 인해 반항적 태도, 일탈, 비행행동을 일삼게 된다(Cohn, Patteson, & Christopoulos, 1991).

이러한 청소년비행은 대인관계의 중요성을 포함한다.

첫째, 학교에서 교사의 태도가 매우 중요하다. 교사와 청소년 간의 관계가 긍정적이고 우호적이며 친절할 경우 학교적응을 돕고 비행이나 일탈행위를 예방할 수 있지만(Birch & Ladd, 1997), 교사와의 관계가 적대적이고 부정적인 청소년은 학교부적응 문제를 일으킬 뿐만 아니라 빈번한 비행행동을 보인다(박영신, 김의철, 2001).

특히, 자아개념이 낮고 공격적인 청소년일수록 교사에 의해 더 부정적이고 반향적인 영향을 받기 때문에 교사와 청소년의 관계가 비행행동의 위험요인으로 작용한다(Park, 2006).

둘째, 가정에서 부모와의 관계도 중요하다. 부모와의 관계가 적대적이고 부모로부터 사랑을 받지 못한 청소년들은 가족구성원들 간의 갈등에 더 많이 노출되어 비행문제를 유발시키는 매개요인이 된다(신혜섭, 2005). 강압적이고 비민주적인 부모-자녀 간의 상호작용은 학교와 사회에서의 일탈과 비행을 촉발하게 하는데, 부모의 비일관적 엄격한 훈육, 감정적인 태도, 애정이나 보살핌의 부족, 자녀에 대한 부정적 언어, 일방적인 지시 등이 그 예이다(Baker & Siryk, 1984).

일반적으로 부모로부터 좋지 않은 경험을 많이 가진 청소년들은 자아개념을 상실하거나, 학습 집중력이 떨어지며, 대인관계 기피현상과 함께 폭력을 행사한다거나 비행 또는 일탈을 하기도 한다(Birch & Ladd, 1997). 또한 비행 청소년들은 또래로부터 배척받거나 피해를 경험하는 것도 무시할 수 없다. 또래 간의 갈등을 바람직한 방향으로 해결하지 못하는 청소년들은 분노 감정을 적절하게 통제하지 못하고 폭력을 가하거나 스스로 비행의 늪으로 빠진다. 이처럼 청소년비행과 대인관계는 밀접한 관련이 있으므로 자아개념과 연계하여 그 발생 가능성을 예측하고 대처하기 위한 노력이 요구된다(홍성훈 외, 2007).

3. 청소년비행과 사법체계

최근 5년간「아동 · 청소년의 성보호에 관한 법률」을 위반한 청소년이 1,000명에 달하는 것으로 확인되었다. 2020년 9월 27일 더불어민주당 박찬대 의원이 경찰청으로부터 제출받은 〈최근 5년간「아동 · 청소년의 성보호에 관한 법률」 위반 청소년 현황 자료〉에 따르면 따르면 992명의 청소년들이 아동, 청소년법을 위반했다.

아동, 청소년법 위반 청소년은 2016년 184명에서 2017년 229명으로 증가했다. 이후 2018년 185명, 지난해 174명으로 줄어드는 추세였으나 올해 상반기에만 220명으로 집계되면서 증가 추세로 나타났다.

국가인권위원회가 2016년 이화여대 젠더법학연구소에 의뢰해 실시한 〈아동 · 청소년 성매매 환경 및 인권실태 조사〉 결과에 의하면, 19살 미만 응답자의 61%가 "가출 후 주거, 일자리, 경제문제 등 절박한 상황에서 성매매를 했다"고 답했다. 또 청소년 성매매 피해자 중 59.2%는 채팅앱을 통해 처음 성매매를 접하고, 67%는 채팅앱을 가장 많이 이용한다고 답했다(세계일보, 2020. 9. 28).

이에 저자는 청소년비행과 사법체계 문제를 다루어 보고자 한다.

미성년자의 불법행위에 대처하는 방법을 결정지을 때, 고려하기 위한 사회지침과 확립된 절차를 포함하는 형사 사법정책(criminal justice policy)의 구성요소를 말한다. 미국의 현행 청소년 형사정책의 요소에는, 미성년자에게도 성인에게 주어지는 재판과 변호인에 대한 같은 법적 권리를 주고, 성인용 공공시설과 분리된 시설에 감금시키며, 더 짧은 형기, 지정한 기간 동안 선행을 하면 기록을 깨끗이 지우는 것, 징벌보다는 보다 더 치료적인 방법이 되는 방침 등이 있다(이철수, 2009).

소년사법체계에서 소년이란 「소년법[13]」 제2조에 따른 19세 미만인 사람을 말한다. 소년 사법이란 소년의 비행에 대하여 국가가 일정한 법적 처우를 부과하는 작용을 말하며, 소년 사법제도란 소년사법과 관련된 조직구성, 소년비행 성립요건, 소년사건 처리절차, 소년에 대한 처우 집행 등의 법규범으로 구성된다.

일반적으로 청소년은 합리적인 사고와 판단에 근거해서 의사결정을 하기에 미성숙하며, 주위의 자극에 쉽게 반응하는 미완성의 존재로 인식된다. 또한 청소년의 경우 사회적 관심과 환경의 변화를 통해 개선의 가능성이 크다고 할 수 있다. 그리고 다른 한편으로는 청소년의 경우에는 형벌에 의한 개선 효과를 기대하기 어려우며, 오히려 범죄적 성향을 심화시키고, 고착화시킬 수 있다는 특성도 함께 가지고 있다. 따라서 소년 범죄자를 처벌의 대상이 아닌 보호의 대상으로 이해하여 사회와 격리시키는 형벌보다는 사회 내에서 적절한 교육과 관리, 보호를 통해 건강한 사회구성원으로 성장할 수 있도록 지원하는 것이 보다 바람직할 것이다. 이와 같은 소년보호주의 이념을 제도화시킨 것이 소년사법체계이다(김상희 의원실, 2018).

「소년법」(이하 '법' 이라 하고, 「소년법」 외의 법률에 대해서는 법률명으로 명시함)은 일반 형사처벌도 가능하도록 하면서, 형사처벌이 적절한 수단이 되지 못한다고 판단될 때는 형사처벌 대신 교육과 교화, 육성을 목적으로 하는 사회복지적 성격을 띤 보호처분을 할 수 있는 2원적 제도를 택하고 있다. 소년형사범의 경우 형사사건으로 취급하여 처리하더라도 일반 성인 범죄자와 달리 취급할 필요성에 의하여 「소년법」 제3장에서는 소

13) 반사회성(反社會性)이 있는 소년에 대한 보호처분 등을 규정하고 있는 법률(일부개정 2007.12.21 법률 제8722호)에서 반사회성이 있는 소년에 대해 그 환경의 조정과 성행(性行)의 교정에 관한 보호처분을 하고 형사처분에 관한 특별조치를 함으로써 소년의 건전한 육성을 기하기 위해 제정된 법률이다. 1942년 2월의 조선소년령(朝鮮少年令)에 대치된 것으로서 1958년 7월 법률 제489호로 제정·공포된 후 1988년 전문 개정된 후 수차례 개정되었다.
이러한 소년범(少年犯)은 정신발육이 미숙하므로 성인범(成人犯)보다 교화 등이 용이하며, 또한 원대한 장래가 있고 범죄의 습성도 깊지 아니하다. 그러므로 소년사건을 소년보호사건과 소년형사사건으로 나누어 특별한 취급을 하고 있다. 19세 미만의 자를 소년으로 규정하고 있으며, 10세 이상 14세 미만의 소년을 소년보호사건의 대상으로 하였다(2·4조). 총칙, 보호사건, 형사사건, 비행예방, 벌칙 등 4장으로 나뉜 전문 71조와 부칙으로 되어 있다(네이버 지식백과).

년형사범에 대한 특별규정을 다루고 있다.

1) 조사

(1) 조사의 의의

소년사건에 있어 범죄사실에 대한 조사는 주로 소년의 비행 및 요보호성에 관한 사회적 자료를 수집·분석하는 것으로서 케이스·워크의 기능을 가지고 있음에 대하여, 심리는 조사된 자료를 기초로 하여 비행 및 요보호성의 존부를 판단하고 적절한 보호처분을 결정하는 것으로서 사법적 기능을 가진다. 넓은 의미에서 조사활동은 소년부 판사가 지배하는 것이지만 조사의 특성을 살리기 위해서 조사는 전문가인 조사관이 하는 것이 원칙이다. 그러므로 좁은 의미의 조사란 조사관이 판사의 명에 의하여 행하는 조사활동을 말한다. 조사관의 조사는 제과학의 전문적 지식을 이용하여 소년의 성행을 중심으로 한 사회적 자료를 조사하는 것으로 임의적인 방법에 의한다는 점에서 심리 중에 판사가 행하는 강제조사와 다르다.

(2) 조사명령

조사관의 조사는 소년부 판사의 조사명령에 의하여 개시된다(「소년법」 제11조 제1항).

조사는 소년 개인의 사적생활에 깊이 관여하는 것이므로 비행사실의 존부가 불명확한 상태에서 조사를 명하는 것은 적당하지 않다. 따라서 판사가 조사명령을 발함에 있어서는 적어도 비행사실의 존재에 대하여 개연적 심증을 갖는 것이 필요하다. 만일 비행사실에 대한 개연성이 없다면 조사절차를 거칠 필요 없이 바로 심리 불개시 결정을 하여야 한다.

소년부는 조사·심리를 함에 있어서 정신과의사, 심리학자, 사회사업가, 교육자 그 밖의 전문가의 진단 및 소년분류심사원의 분류심사 결과와 의견·보호관찰소의 조사결과와 의견 등을 고려하여야 한다(「소년법」 제12조).

특히 통고된 사건에서는 수집된 자료가 없기 때문에 조사를 명하는 것이 필요하다(동법 제11조 제2항). 또 송치 시 기록이 함께 송부되어 오지 않은 경우에는 판사는 절차의 촉진을 위하여 송치서의 내용을 참작하여 미리 조사를 명하는 것이 보통이다.

(3) 조사의 대상과 조사사항

소년보호의 대상은 비행 자체가 아니고 비행을 한 소년인 것이므로 조사관의 조사대상도 비행행위뿐 아니라 사건에서 나타난 소년의 반사회성, 그리고 그 반사회성을 교정하기 위한 요보호성 등이다.

반사회성이란 소년의 성행과 환경에 얽힌 반사회적인 속성으로서 그것이 행동으로 나타난 것이 곧 비행행위이다. 그러므로 조사관은 소년의 반사회성을 밝히기 위하여 소년이 반사회적 성격을 갖게 된 원인, 반사회성의 정도 등을 조사하여야 한다.

요보호성 조사란 소년의 성행과 환경에 비추어 재비행 가능성 및 교정 가능성의 존부, 그리고 이에 대한 적절한 보호처분의 내용 등을 밝히는 것이며 이러한 조사대상을 밝히기 위하여 소년의 비행사실, 그 동기와 비행의 정황 및 비행 전력, 소년과 보호자의 교육정도, 직업, 소년과 보호자의 관계, 소년의 교우관계 및 소년의 가정환경, 소년비행화의 경위 및 보호자의 소년에 대한 관계, 보호감독 상황과 향후의 보호능력, 피해자에 대한 관계 및 비행의 위험성과 정도, 소년의 심신상태, 기타 심리와 처분을 함에 필요한 사항 등을 조사하여야 할 것이다.

또한 성행조사는 소년의 반사회적인 인격에 관한 조사로서 소년의 성별, 연령, 신체, 지능, 성격, 성장과정 등에 중점을 두어 이를 위하여 필요한 경우에는 각종 조회의 방법을 사용하거나 소년분류심사원의 분류심사 결과통지서를 참조할 수 있으며, 환경조사에서는 소년의 가정환경, 사회환경(학교, 직장, 교우관계 등), 문화환경(문화시설의 접촉, 취미, 기초, 특기, 장래희망 등)을 조사하는 것이 바람직할 것이다.

2) 심 리

(1) 심리의 의의

심리란 심리 기일에 소년부 판사가 소년과 보호자, 참고인 등을 직접 조사하는 절차로서 소년보호절차의 핵심을 이루고 있다. 심리절차에서 소년과 보호자는 판사에게 직접 진술할 기회를 갖게 되고, 판사는 정확한 심증을 얻음과 동시에 소년과 보호자에게 처우의 방침을 이해시키고 협력을 구하여 교육적, 치료적인 역할을 하는 데 그 존재의의가 있는 것이다.

(2) 심리의 개시 결정

소년부 판사는 송치서와 조사관의 조사보고에 의하여 사건을 심리할 필요가 있다고 인정할 때에는 심리 개시 결정을 하여야 한다(「소년법」 제20조 제1항). 그러나 실제로는 소년이 비행사실을 부인하여 그 존부를 분명히 할 필요가 있는 경우 또는 보호처분을 할 가능성이 적지만 소년을 훈계하여 교육적 효과를 바라는 경우에도 심리를 개시하는 수가 있다.

판사는 심리 개시 결정 후에도 「소년법」 제23조에 의한 심리 개시 전까지는 결정으로써 이를 언제든지 취소할 수 있다.

그러나 일단 심리가 개시된 후에는 설사 보호처분이 필요없다고 인정되는 경우라도 원칙적으로는 심리 개시 결정을 취소할 것이 아니고 불처분 결정을 하여야 할 것이다.

다만 소년의 연령이 10세 미만임이 밝혀진 경우에는 심리 개시 결정을 취소하고 심리 불개시 결정을 하여야 한다. 소년부 판사는 심리 개시 결정을 한 때에는 심리 기일을 지정하여(「소년법」 제21조 제1항) 본인과 보호자를 소환하고 또 보조인이 선임되어 있는 경우에는 그 보조인에게 기일의 통지를 한다.

(3) 심리의 관계인 소환통지

소년부 판사는 심리 기일을 지정한 후 본인과 보호자를 소환하고 또 보조인이 선정된 경우에는 그 보조인에게 기일의 통지를 하여야 한다(「소년법」 제21조). 또 필요한 경우에는 참고인을 소환할 수 있다(동법 제13조). 그러나 필요가 없다고 인정할 때(예컨대 사안경비, 보호자 소재불명 등)에는 보호자를 소환하지 아니할 수 있다(동법 제21조 제1항 단서).

본인 또는 보호자가 정당한 이유 없이 소환에 응하지 아니할 때에는 소년부 판사는 동행영장을 발부할 수 있다(동법 제13조 제2항).

본인, 보호자 또는 참고인에 대한 소환은 소환장의 송달에 의하여야 하고 그 소환장에는 본인의 성명, 생년월일과 소환당하는 자의 성명, 소년보호사건에 관하여 소환하는 뜻, 출석할 일시와 장소, 본인이나 보호자가 정당한 이유 없이 소환에 응하지 아니할 때에는 동행영장을 발할 수 있다는 뜻을 기재하고 소년부 판사가 기명날인하여야 한다. 구금된 자에 대하여는 교도관리에게 통지하고 소환된 자가 교도관리로부터 소환통지를 받은 때에는 소환장의 송달과 동일한 효력이 있다.

(4) 심리의 개정

심리 기일에는 판사와 서기가 참석하여야 하고(「소년법」 제23조 제1항), 소년은 반드시 출석하여야 한다. 조사관, 보호자 및 보조인은 심리 기일에 출석할 수 있고 또 심리에 관하여 의견을 진술할 수 있으며, 이 경우 판사가 필요하다고 인정하는 때에는 본인의 퇴장을 명할 수 있다(동법 제23조 제2항, 제25조 제1항 · 제2항).

소년심판에서의 심리는 대립당사자를 전제로 하지 아니하고 오로지 판사가 직권으로 비행사실과 요보호성의 존부를 발견하고 어버이가 자식을 권고, 훈계하는 것과 같은 교육적, 치료적인 방법으로 보호처분을 행하는 절차이므로 형사소송에서와 같은 엄격성은 요구되지 않는다.

소년심판의 심리는 친절하고 온화하게 하여야 한다(동법 제24조 제1항). 또 심리를 공개하면 소년의 장래에 나쁜 영향을 미칠 것이므로 소년심판의 심리는 비공개를 원칙으로 하고, 다만 판사는 적당하다고 인정하는 자에게 참석을 허가할 수 있도록 하였다(동법 제24조 제2항).

(5) 진술거부권의 고지 및 비행사실 고지 및 변명의 기회부여

소년부 또는 조사관이 범죄사실에 관하여 소년을 조사할 때에는 미리 소년에게 불리한 진술을 거부할 수 있음을 알려야 한다(동법 제10조).

또한 소년부 판사가 심리를 함에는 비행사실의 내용을 고지하고 변명의 기회를 주어야 한다. 이것은 소년의 인권보장을 위한 적정절차의 요청일 뿐 아니라 진실발견과 치료교육을 위하여서도 필요한 것으로 심리의 중심 부분에 해당한다. 비행사실의 고지는 보통 사건 송치서에 기재된 행위개요를 읽어 주는 방법에 의하여 행한다. 소년의 변명은 판사의 면전에서 행한다. 소년이 만일 비행사실을 부인하는 경우에는 증거를 제시하고 그것에 대한 의견을 물을 필요가 있다. 변명은 소년은 물론 보호자도 할 수 있으며 보조인이 선임된 경우에는 보조인도 이를 할 수 있다.

(6) 항고권 및 증거의 조사

소년보호자와 그 법정대리인은 보호처분의 결정에 대하여 항고권, 재항고권이 있고 항고취하에 대한 동의권과 항고취하권이 있다.

증거의 조사는 소년보호사건에 있어서도 명문의 규정은 없으나 판사가 비행사실 및 요보호성의 존재를 인정함에 있어서는 논리법칙과 경험법칙에 따라 자유로운 심증에 의하여야 할 것이며 소년의 자백이 중요한 증거자료가 된다.

소년부 판사는 증인을 신문하고 감정, 통역, 번역을 명할 수 있으며 검증, 압수 또는 수색을 할 수 있다(「소년법」 제26조 제1항, 제27조 제1항). 이 경우 형사소송법 및 형사소송 규칙 중 법원의 증인신문, 감정, 통역 및 번역과 검증, 압수 또는 수색에 관한 규정은 보호사건의 성질에 위반하지 아니하는 한도에서 준용한다(동법 제26조 제2항, 제27

조 제2항).

또 증인, 감정인, 통역인 및 번역인에게 지급하는 비용, 숙박료 그 밖의 비용에 대하여는 형사소송법 중 비용에 관한 규정을 준용하며 이것은 참고인에게 지급하는 비용에 관하여도 동일하다(비즈폼 서식사전).

다음으로는 '2018년 부천시 청소년법률지원센터'에서 주관하고, 국회의원 김상희, 금태섭, 김병욱 의원에 의해 개최된「청소년비행 대응 과정 무엇이 문제인가?- 수사과정 및 학폭위 절차, 소년법 개정을 중심으로」세미나 자료를 인용하여 소년보호사건을 정리하면 다음과 같다.

3) 소년보호사건

보호처분은 사법적 처분임과 동시에 복지적 · 행정적 성격을 갖는 처분이다. 즉 반사회적 행위를 하거나 할 우려가 있는 소년에 대하여 비행사실을 기준으로 사법적 절차 및 판단에 의하여 행해지는 처분이라는 점에서 사법적 처분임이 분명하지만, 그 목적이 징벌에 있기보다는 소년을 육성함에 있어 교육적 · 복지적 성격을 동시에 갖는 처분이다.

(1) 보호처분의 대상

법 제4조(보호의 대상과 송치 및 통고)에 따르면 소년보호처분의 대상은 3종류이며, 통상 비행소년이라 한다. 첫째, 죄를 범한 19세 미만의 국민으로, '범죄소년'이라 칭한다. 둘째, 형벌 법령에 저촉되는 행위를 한 10세 이상 14세 미만의 소년으로, '촉법소년'이라 칭한다. 셋째, 집단적으로 몰려다니며 주위 사람들에게 불안감을 조성하는 성벽(性癖, 굳어진 성질이나 버릇)이 있거나 정당한 이유 없이 가출하거나, 술을 마시고 소란을 피우거나 유해환경에 접하는 성벽이 있는 경우 중의 하나로서 그의 성격이나 환경에 비추어 앞으로 형벌 법령에 저촉되는 행위를 할 우려가 있는 10세 이상의 소년으로, '우범소년'이라 칭한다.

(2) 절차의 개시

소년보호사건은 다음 4가지 경우에 개시된다.

첫째, 검사가 소년에 대한 피의사건을 수사한 결과 형사처벌이 아닌 보호처분에 해당하는 사유가 있다고 인정하여 가정법원소년부 또는 지방법원소년부(이하 "소년부"라 칭함)에 송치하는 경우이다(동법 제49조 제1항).

둘째, (형사) 법원이 소년에 대한 형사피고사건을 심리한 결과 형사처벌이 아닌 보호처분에 해당하는 사유가 있다고 인정하여 결정으로써 소년부에 송치하는 경우(동법 제50조)이다. 즉 검사가 소년부에 송치하지 않고 형사처벌을 해 줄 것을 요구하며 기소한 소년에 대해 법원이 보호처분에 해당하는 사정이 있다고 판단하여 소년부 송치를 결정하는 경우이다.

셋째, 촉법소년과 우범소년에 대해 검찰을 거치지 않고, 경찰서장이 직접 관할 소년부에 송치하는 경우(동법 제4조 제2항)이다. 특히 10세 이상 14세 미만 소년의 경우 형사처벌이 필요한 범죄를 저질렀다 해도 일반 형사법원이 아닌 소년부로 송치되어 적절한 수준의 보호처분을 받게 된다.

넷째, 보호자 또는 학교장, 사회복리시설의 장, 보호관찰소(보호관찰지소 포함)의 장이 범죄소년, 촉법소년, 우범소년을 소년부에 통고(通告)하는 경우(「소년법」 제4조 제4항)이다.

통고된 소년은 크게 세 가지 처리과정 중 하나의 과정을 밟게 된다.

먼저 소년법원에서 사건을 심리조사한 결과, 금고(禁錮) 이상의 형에 해당하는 범죄사실이 있어 형사처분이 필요하다고 인정되는 경우에는 검사에게 송치(送致)하여 일반 형사절차를 따르게 하는 경우이다. 물론 만 14세 미만 소년의 경우에는 형사미성년자로 이에 해당하지 않는다.

둘째, 불처분으로 결정하여 곧바로 일반사회로 복귀시킬 수 있다.

셋째, 소년보호사건으로 인정하여 통고된 소년에 대해 조사, 심리하는 등의 처리과정을 밟도록 할 수 있다.

(3) 신병확보를 위한 임시조치

소년부 판사는 보호처분을 결정하기에 앞서 사전 임시조치로서 사건을 조사 또는 심리하는 데 필요하다고 인정하면 「소년법」 제18조 제1항에 따라 보호자나 소년을 보호할 수 있는 적당한 사람 또는 시설, 병원이나 그 밖의 요양소, 소년분류심사원 등에 위탁할 수 있다. 위탁과 같은 임시조치의 필요성 여부는 사건의 경중과 소년의 비행전력, 가정환경, 보호자의 보호가능성 여부 등을 종합적으로 고려하여 결정된다. 소년분류심사원은 법원 소년부로부터 위탁한 소년을 임시 수용하여 성격, 소질, 환경, 학력 및 경력 등을 조사하고, 의학, 심리학, 교육학, 사회학 등 전문지식을 가진 사람에 의하여 소년의 자질을 심사하며, 분류심사 결과와 의견을 소년부에 송부하여 심리와 보호처분 결정에 활용할 수 있도록 하는 지원하는 법무부 소속 기관이다.

(4) 심리절차

① 자료조사 절차

소년부 판사는 법원 소속 조사관으로 하여금 본인, 보호자 또는 참고인의 심문이나 그 밖에 필요한 사항을 조사하도록 명할 수 있다(동법 제11조 제1항). 조사관은 보호자를 소환하여 신문(訊問)하거나 가정방문하는 등의 방법으로 소년의 성격, 가정환경, 학교, 교우관계, 생활 태도 등 보호처분 여부와 종류를 결정하기 위한 기초자료를 조사한다. 소년분류심사원에 위탁된 소년에 대해서는 소년분류심사원에서 신상조사, 환경조사, 심리검사, 행동관찰, 신체검사, 정신의학진단, 소년 상담, 보호자 상담 등 여러 항목에 대한 조사와 진단을 수행하고, 그 결과를 소년부 판사에게 송부한다.

② 심리 개시 결정

소년부 판사는 송치서와 조사관의 조사보고에 의하여 사건을 심리할 필요가 있다고 인정되면 심리 개시 결정을 하게 된다(동법 제20조 제1항). 이때, 사건을 심리할 필요가 있다고 하는 것은 범죄사실의 존재와 보호처분의 필요성에 대해 개연성이 있음을 의미한다. 그러나 실제로는 소년이 범죄사실을 부인하여 그 존부를 분명히 할 필요가 있는 경우 또는 보호처분을 할 필요성은 적지만 소년을 훈계하여 교육적 효과를 바라는 경우에도 심리를 개시할 수 있다.

③ 심리 기일에서의 절차

소년부 판사는 심리 개시를 결정한 경우 반드시 심리 기일을 지정하여, 본인과 보호자에게 알리고 소환해야 하지만, 필요없다고 인정하는 경우에는 보호자는 소환하지 않을 수 있다(동법 제20조 제1항, 제21조 제1항). 법에서는 소년보호사건에 대해 변호인 제도를 두지 않고, 소년의 정당한 이익을 옹호하고 적정한 심리와 처분을 받을 수 있도록 지원하기 위해 보조인제도를 두고 있다. 사건 본인이나 보호자는 소년부 판사의 허가를 얻어 보조인을 선임할 수 있다.

한편 소년에게 신체적 · 정신적 장애가 의심되는 경우, 빈곤이나 그 밖의 사유로 보조인을 선임할 수 없는 경우, 소년이 소년분류심사원에 위탁되어 있고 보조인이 없는 경우에는 소년부가 보조인을 선정하는 국선 보조인제도를 운용하고 있다(동법 제17조의 2). 심리 기일에는 소년이 출석해야 하고, 출석하지 않으면 심리를 할 수 없다(소년심판규칙 제24조 제1항). 보호자나 보조인의 경우에는 소환이나 기일통지가 되었다면 출석하지 않았더라도 심리할 수 있으나, 동법 제17조의2 규정에 따라 소년부에 의해 선정된 국선보조인이 출석하지 않으면 심리를 진행할 수 없다(소년심판규칙 제24조 제2항). 심리 기일에서 심리는 공개하지 않으며(동법 제24조 제2항), 비행사실과 보호가 필요한지 여부, 보호처분의 종류 선택에 필요한 자료를 확보하기 위해 진행되는 것이다. 따라서 대립당사자를 전제로 하지 않고 판사가 직권으로 진행하되, 진술거부권 고지, 인정신문, 소년 본인과 보호자 심문, 보조인 및 보호자의 의견진술 순으로 진행되고, 필요시 증인신문도 할 수 있다. 이때 대립당사자를 전제로 하지 않는다는 것은 심리 기일에 검사가 존재하지 않으며, 진실을 해명할 책임은 모두 소년부 판사에게 있다는 것을 의미한다. 다만 사건 피해자나 그 대리인 등이 의견진술을 신청한 때에는 심리기

일에 의견진술 기회를 주어야 한다(동법 제25조의2). 한편 소년의 품행을 교정하고 피해자를 보호하기 위해 필요하다고 인정되면 소년에게 피해 보상 등 피해자와의 화해를 권고할 수 있다(동법 제25조의3).

(5) 종국절차

① 심리 불개시 결정

심판권이 없는 경우, 소년이 이미 사망한 경우, 소년이 만 10세 미만인 경우, 이미 다른 사건으로 보호처분 또는 형사처분을 받고 있어 다시 보호처분을 할 필요가 없는 경우, 소년의 소재가 불분명하여 심리 진행이 불가능한 경우, 사안이 가벼워 심리를 개시할 필요가 없다고 인정되면 심리 불개시 결정을 하게 된다(동법 제19조 제1항).

② 불처분 결정

불처분 결정은 심리가 개시된 후에 보호처분을 할 수 없거나 사안이 가벼워 처분을 할 필요가 없는 경우에 처분을 하지 않는 것으로 결정하는 것을 말한다(동법 제29조 제1항). 즉 비행사실이 인정되지 않는 경우, 사안이 매우 경미하거나 이미 다른 사건으로 보호처분 또는 형사처분을 받고 있어 다시 보호처분을 할 필요가 없는 경우에는 불처분 결정을 내리는 것이다. 불처분 결정은 일단 심리 개시를 한 다음 불처분 결정을 할 사유가 밝혀진 경우에 한다는 점에서 심리 불개시 결정과는 구분된다.

③ 검찰청으로의 송치 결정

소년보호사건이 법원으로부터 송치되어온 경우를 제외하고는 소년부에서 사건을 조사 또는 심리한 결과, 그 사안이 금고(禁錮) 이상의 형에 해당하는 범죄사실로 형사처분을 할 필요가 있다고 인정할 때 또는 사건 본인이 소년부 심리 당시 19세 이상인 것으로 밝혀진 경우에는 사건을 검사에게 송치하는 결정을 해야 한다(동법 제7조). 소년부로부터 사건을 송치 받은 검사는 다시 소년부로 송치할 수 없으며, 일반 형사피의사건으로 처리하게 된다(동법 제49조).

④ 법원으로의 송치 결정

동법 제50조에 따라 법원으로부터 송치 받은 사건을 조사 또는 심리한 결과 사건 본인이 소년부 심리 당시 19세 이상인 것으로 밝혀지면 송치한 법원에 다시 이송하는 결정을 해야 한다(동법 제51조).

⑤ 보호처분 결정

소년부 심리에서 소년과 관련된 비행 또는 범죄사실이 실제로 존재하고 보호처분의 필요성이 인정되면 소년부 판사는 아래의 보호처분 종류 중에서 소년에게 가장 적절한 것으로 판단되는 보호처분을 내리게 된다(동법 제32조 제1항). 보호처분의 종류를 선택하거나 변경함에 있어서는 비행 또는 범죄 사실의 경중, 전력 횟수 및 내용, 소년의 연령, 인격, 성행, 직업, 가출경험 여부, 피해회복 여부, 보호자의 감호(監護)의지 및 능력, 교우관계 등 주변 환경을 종합적으로 고려하게 된다(Tokunaga, 2010).

part 2

유형별 문제와 보호

청소년
문제
와
보호

제4장 청소년 학교부적응

1. 학교부적응의 개념과 특성

1) 학교부적응의 개념

학교부적응이란 다양한 부적응적 행동 특성이 학교생활이라는 삶의 영역에서 나타나는 것을 의미한다. 즉 개인의 욕구가 학교 내 환경과의 관계, 가정과 사회적 환경에서 수용 또는 만족되지 못함으로써 갈등과 부적절한 행동을 보이는 것이라고 정의할 수 있다(정영화, 2003).

또한, 바우어(Bower)는 바람직한 대인관계를 이루는 데 친구나 교사와의 관계에서 억압된 기분, 불행, 자신감 결여, 의기소침함을 느끼는 현상을 학교생활 부적응으로 보았다. 즉 학교부적응이란 학교생활을 하는 데 있어서 원만한 관계를 형성하지 못하고 학교의 규범, 질서, 가치에 대하여 위배된 행동을 하는 것을 의미한다.

스펜서(Spencer)는 학교부적응이 학업동기, 학업성취, 학습참여, 학교출석, 학교졸업 등에서의 부적합으로 이어짐을 주장하였다. 교사와 학생과의 관계, 교우들과의 상호관계에서 생기는 갈등, 부적절한 행동으로 학교 내에서 생활이 원만하지 못하여 어려움을 갖게 되면서 문제행동이 나타나는 것으로 정의하기도 한다.

부적응은 본인이 처해 있는 상황과 환경에서 바람직하고 조화로운 관계를 이루지 못하는 것이다. 즉 인간이 사회생활을 하거나 학생들이 학교생활에 적응하는 과정에서 욕구불만과 갈등이 심하여 이를 해결하지 못하고 회피하는 행동으로 그 긴장을 해소하고자 학교를 이탈하거나 학교공포증, 무단결석, 등교거부, 공격적 과잉행동, 중도포기 등 부적응 행동을 많이 보이게 되는 것이다. 결국 학교부적응은 학교생활, 환경에 적응하지 못하는 일종의 적응장애를 말하고 부적응이 단순히 적응의 상반된 개념을 나타내는 것이 아니라 적응의 장애행동을 의미하며 이러한 부적응은 가정, 학교, 사회, 회사 등 우리가 속한 사회에서 누구에게나 일어날 수 있는 현상이므로 어떻게 대처하고 해결해 나가는지가 중요하다(박미영, 2007).

2) 학교부적응의 특성

신체적, 정서적, 사회적인 면에서 급격한 변화가 동시에 일어나는 청소년기에는 좌절된 개인의 욕구에 대처하는 능력이 부족할 뿐 아니라 자원도 뒷받침되지 못하기 때문에 가출, 등교거부, 흡연 및 음주, 폭력적 행동, 약물 남용 등 외현화된 행동으로 나타날 뿐 아니라 반항심리, 불안감, 초조, 의욕상실, 우울 등과 같은 심각한 정서적 문제를 초래할 수 있다(전미진, 2003).

또한 많은 청소년들이 가정 · 학교 · 개인문제 등 여러 이유로 학교 생활규범에 적응하지 못하고 교사와도 좋은 관계를 맺지 못하며, 교우관계가 원만하지 못하고, 학업에도 전념하지 못하는 등의 부적응 상태로 학업을 유지하게 된다. 그리고 학생들은 학교에 관련된 환경에서 생기는 갈등과 욕구불만이 심하면 부적절한 행동, 의기소침한 태도, 불안, 소외감 등이 나타난다. 이렇게 학생들이 학교 관련 환경에서 적응을 하지 못하거나 개인의 욕구와 문제에 대한 해결이 원만하게 이루어지지 못한다면 다양한 측면에서 부적응이 일어나게 된다(박미영, 2007).

다음은 학교부적응 청소년의 행동유형과 특성에 관한 여러 의견을 종합하여 학교부적응 청소년의 특성을 정리해 표로 나타내면 다음과 같다.

〈표 4-1〉 학교부적응 청소년의 특성

특성	내용
1	충분한 학습능력이 있는데도 불구하고 학습부진, 학습의욕의 저하, 학습 무능력을 보인다.
2	학교생활에서 친구나 교사와의 관계를 만족스럽게 형성하거나 유지하지 못하고 학교에 대해 소속감을 가지지 않거나 부정적인 태도를 취하고 의식적으로 기피하는 현상이 나타난다.
3	열등감이나 낮은 자존감, 지나친 도취감이나 자기 비하적인 행동을 보인다.
4	불안해하거나 불행해하며 무기력하고 우울한 현상을 보인다.
5	주위의 관심을 끌기 위해 고의로 교내 규범을 어기거나 퇴폐적인 행동을 한다.
6	조금만 어려운 상황에 부딪혀도 자신감을 상실하여 자포자기하거나 무관심한 태도를 보인다.
7	욕구가 좌절될 때 감정을 과격하게 표현하고 폭력적인 행동을 보이며 후회나 양심의 가책을 느끼지 않는다.
8	개인의 학교문제와 관련해서 신체적인 증상, 고통 혹은 공포감이 나타난다.

출처 : 이경은(1998).

이와 같은 특성처럼 미성숙한 단계인 청소년기에는 정신적, 신체적, 사회적인 면에서 오는 다양한 변화로 정신적, 심리적인 과도한 스트레스로 불안정한 생활이 이어지면 여러 문제에 대한 대처능력의 부족으로 고통을 겪는다.

2. 청소년 발달에서 학교적응에 영향을 미치는 원인

학교적응에 영향을 미치는 핵심적인 요인으로 부모의 양육방식, 개개인의 심리사회적 요인, 비행 등을 거론한다. 적응에 영향을 미치는 부정적 요인에는 우울 · 불안, 충동적인 행동, 공격성 등이 있으며 이는 사회적으로 위축되어 적절하게 기능하지 못하는 내재화된 방식으로 나타나기도 하며 문제행동과 비행 등의 외현화된 공격행동으로 발현되어 학교적응에 악영향을 미치기도 한다. 그리고 개개인의 내적인 특성은 가정에서의 양육행동에 의해 길러진다.

가정에서 학대를 당한 아동은 사회정서 발달에 손상을 입게 되어 학교적응에 장애를 겪게 된다고 보고된다(김소연, 전종설, 2015).

유년기의 학대 경험은 아동기에서 성인기에 이르기까지 공격성에 영향을 미치며 지속적으로 학대를 경험한 아동이 일시적으로 학대를 경험한 아동보다 우울 · 불안이 더 높은 것으로 조사되었다(김수정, 정익중, 2013).

우울 · 불안은 학교적응에 직접적으로 영향을 미치며, 학대 경험은 공격성, 우울, 사회적 위축과 다중 매개되어 학교적응에 부정적 영향을 미친다는 연구도 존재한다(이영애, 정현희, 2017).

애착이론[14]에서는 부모와의 관계에서 안정적으로 애착을 이룬 아동이 스스로를 가치 있는 존재로 여겨 또래 관계를 포함한 타인과의 관계에서도 긍정적 자아상이 반영되고, 부모와의 관계에서 애착을 이루지 못한 아동은 타인과의 관계에서 거부당할 것에 대한 두려움을 갖게 되어 적개심으로 발전해 충동적인 행동을 보인다고 언급한다(장신재, 양혜원, 2007).

또한 부모의 합리적인 양육방식이 삶의 목표와 또래 관계에 긍정적인 영향을 미치며 삶의 목표의 내재적 요인인 삶 지향 목표는 학업 노력과 학업 자기개념에 긍정적 영향을 주는 것으로 조사되었다(신종호, 진성조, 2013).

청소년의 발달은 가정 영역에서 양육행동에 의해 내적으로 큰 영향을 받으며, 이를

14) 볼비(Bowlby)는 영아와 어머니의 정서유대를 설명하는 애착이론을 제시하였다. 애착이란 개인의 애착상태와 질(質)을 포괄하는 용어이고, 애착행동은 특정한 변별이 일어나 좋아하는 인물에게 접근하거나 접근을 유지하려고 하는 일련의 행동 양식을 말한다. 애착행동은 애착대상으로부터의 분리 혹은 분리의 위험성에 따라 유발된다. 이러한 애착과 애착행동은 애착행동체계의 기반이 된다. 애착행동체계는 자신과 주요 타인, 그리고 상호관계를 표상화한 것이고 개인이 보는 청사진 혹은 모델을 의미한다.
크레이크(Craik)나 벡(Beck) 등의 인지심리학에 영향을 받은 볼비(Bowlby)는 내적 작업모델(internal working model)을 창안하였다. 즉 고등동물은 환경을 효과적으로 예측하고 통제하기 위해 뇌 속에 외부세계에 대한 인지도 혹은 모델을 갖는다는 것이다. 특히 인간은 두 가지 종류의 모델을 갖는다고 주장하였다. 첫째는 외부세계를 자신에게 알게 하는 환경적 모델이고, 둘째는 외부세계와의 관계에서 자기 자신의 것을 스스로 알게 하는 유기적 모델이다. 이 같은 모델을 통하여 인간은 자기, 타인, 자신과 타인의 상호관계에 관한 지도를 갖게 된다.
이는 인지적인 것이지만 감정 측면에도 적용할 수 있다. 인지도는 경험을 통하여 형성되고, 불쾌한 감정을 감지해야 하는 경우에 영향을 미친다. 예를 들면 불안정 애착을 보이는 아동은 다른 사람이 잠재적으로 위험하다는 모델을 가지고 있을 가능성이 크다. 이로 인해 아동은 필요 이상으로 경계심을 갖고 다른 사람과 접촉할 수 있다. 여기서 양육자와 아동의 관계는 내적 작업 모델을 기초로 일반화되며, 외부세계는 왜곡되고 일관성이 결핍된 모습으로 묘사된다.
볼비(Bowlby)는 이러한 왜곡된 묘사가 전이의 기본이 된다고 생각하였다. 이러한 점에서 왜곡이 적고 보다 현실에 맞는 내적 작업모델을 발달시키도록 내담자를 돕는 것이 치료목적이라고 주장하였다. 정신분석 이론에서 파생한 개념이지만, 실제는 벡(Beck)의 인지치료에 가깝다고 할 수 있다. 임상가로서의 볼비(Bowlby)는 타비스톡클리닉(Tavistock Clinic)에서 비온(Bion)의 집단치료 관점에 기반을 두고 가족치료에 포함되는 과정을 개인치료로 개념화하였다. 이처럼 볼비(Bowlby)는 가족을 함께 면접하는 방법을 도입한 점에서 좋은 평가를 받았고, 가족치료와 체제치료를 창안한 한 사람으로 간주되고 있다(김춘경 외, 2016).

통해 형성된 심리사회적 자원들이 또래와 학교환경과 상호작용하여 학교적응에 영향을 미치는 것으로 판단된다. 이 과정에서 경제수준은 양육 태도를 결정하는 요인으로 작용하고, 청소년이 보유하는 자원의 양질을 좌우하여 학교적응에 영향을 미치는 것으로 보인다.

청소년 발달에 영향을 미치는 일련의 변인들이 위험요인과 보호요인의 개념 안에서 학교적응에 어떻게 작용하는지는 경험적 연구가 필요하다.

이상에서 고찰한 연구를 통해 학교부적응의 원인은 개인의 기질적, 성격적 특성을 이루는 정서적, 신체적, 인지적 요인들이 가정과 학교환경, 사회환경과 같은 환경적 요인과의 복합적인 상호작용에 의해 발생하는 것이라고 할 수 있다. 이를 토대로 학교생활에 대한 부적응의 원인을 크게 개인적 요인, 가정환경적 요인, 학교환경적 요인, 사회환경적 요인으로 나누어 표로 정리해 보고자 한다(김정희, 2019).

〈표 4-2〉 학교 부적응적인 청소년의 요인

요인	내용
개인적 요인	• 불안 및 우울, 충동적 성향 등 타고난 성격과 성향으로 인하여 공동체 생활에서의 어려움을 겪는 요인 · 낮은 학습 성취도로 인한 자신감 및 동기부여의 부족 요인 · 신체적 장애로 인해 학교생활에 어려움을 겪는 요인
가정 환경적 요인	• 핵가족화로 인한 가족관의 좁은 관계의 폭 · 맞벌이 부모로 인해 혼자 있는 시간이 늘어남 · 부모의 가출, 별거, 이혼, 사망 등의 요인 · 리틀 맘의 준비되지 않은 양육환경 · 1가구 1자녀 추세와 과잉보호 · 학부모의 사회 경제적 위치에 따른 요인 · 부모의 비합리적 양육 태도로 인한 요인
학교 환경적 요인	• 부적절한 교육제도 및 교육내용 · 또래 관계나 교사와의 관계의 어려움으로 인한 요인 · 타 지역 학교에서 전학을 와서 적응의 어려움으로 인한 요인 · 입시위주의 학업지도로 인한 학업 스트레스 요인
사회 환경적 요인	• 청소년들의 건전한 놀이문화의 부족으로 인한 요인 • 대중매체를 통한 왜곡된 미래희망의 제시로 인한 요인

정리하면, 학교부적응은 한 가지 원인에 의해 발생하는 경우는 드물고 여러 원인이 복합적으로 작용하여 발생하는 경우가 많다. 왜냐하면 청소년기에는 개인적으로 신체적 · 정신적 변화와 동시에 학교라는 영역에서 교사 관계, 급우 관계, 학업 등의 여

러 가지 환경에 적응해야 하기 때문이다. 다음은 학교생활 부적응 요인인 개인적 요인, 가정적 요인, 학교 내 요인, 그리고 지역사회적 요인에 대해 구체적으로 설명하고자 한다.

1) 개인적 요인

개인적 요인으로 어느 한 변인만을 설정하여 학교부적응을 설명하기 어렵지만 각 변인들이 학교부적응과 밀접한 관계를 갖는다는 것은 사실이다. 그러므로 본 장에서는 개인적 요인의 하위요인을 다음과 같이 정리하고자 한다.

첫째, 학교부적응과 관련된 심리적 변인들이 학교생활에 부적응을 초래한다. 학교부적응 청소년은 일반 청소년에 비해 가정 및 학교생활에서 심한 정서적 갈등을 겪고 있으며 심리적으로 불안정하다(정기배,1996).

둘째, 자존감이 낮을 경우 불안이나 우울 등의 부정적인 정서를 경험하게 되며 자신과 타인의 관계를 포괄적으로 관망하지 못하고 왜곡하므로 학교 및 일상생활에서 또래나 교사와의 관계가 원만하지 않다.

2) 가정적 요인

학교부적응의 원인을 가정적 요인에서는 다음과 같이 설명하고 있다.

첫째, 결손가정은 부적응의 주요 원인으로 지적되고 있다(장인협, 오정수, 1997). 결손가정의 경우 가정불화, 부모-자녀 간의 대화 부족, 애정 및 가족 결속력 약화, 무관심한 가정교육으로 인한 미래에 대한 부정적인 태도, 잦은 부도덕 행위, 성 정체감 혼란 등을 경험할 수 있다. 이와 같이 가족의 구조적 결함은 청소년들의 성장에 부정적 영향을 미치며, 학교 및 일상생활에도 여러가지 문제를 야기시킨다.

둘째, 빈곤에 의한 부모의 무기력이나 생활의 무질서 등이 방임과 폭력을 파생시켜 학교부적응 행동을 야기시킨다(김인수,1993). 가정의 사회 · 경제적 지위는 자녀의 자기존중감에 영향을 미치게 된다. 자기존중감이 낮은 청소년의 경우 좌절감, 자신감 결여, 자기비하, 외로움 등을 경험하게 되고 비행이나 학교부적응 행동으로 나타날 수 있다.

셋째, 부모의 양육 태도, 가족구성원간의 애정문제는 청소년의 학교부적응에 중대한 영향을 미친다. 부모의 거부적이고 일관성 없는 부적절한 양육 태도는 자녀의 부정적 자아개념에 영향을 미치므로 학교부적응의 원인이 되며(이찬석, 1984) 가족구성원간의 대화 단절, 애정결핍, 무관심 등은 다양한 비교육적 환경을 조성하여 학교부적응 행동의 원인이 될 수 있다(김주홍, 1993).

3) 학교 내 요인

청소년 부적응에 미치는 학교 내 요인에 관한 선행연구는 크게 세 가지로 구분하여 제시되고 있다.

첫째, 입시위주의 현행 교육제도는 청소년의 개인적 욕구를 무시한 채, 과도한 경쟁을 유발함으로써 학교교육에서 패배하고 소외된 청소년을 양산하고 있다. 또한 학생들은 좋은 성적, 진학에 대한 기대가 높아 많은 스트레스를 느끼고 있으며 입시위주의 교육제도는 많은 청소년에게 실패감을 가져다 주어 학교생활에 많은 어려움을 갖게 한다.

둘째, 교사와의 관계는 학교생활에 대한 적응을 예측할 수 있는 중요한 요인으로 볼 수 있다. 교사와의 갈등을 경험하는 학생의 경우 학교 및 교사에 대해 부정적인 태도를 갖게 되며, 이로 인해 학업성취도가 낮고 수업태도가 좋지 않는 등 다양한 학교부적응 행동을 나타내게 된다.

셋째, 가치관이 형성되어 있지 않는 청소년기에 또래 관계는 모방과 모델링의 대상이 되므로 매우 중요하다고 볼 수 있다. 따라서 긍정적인 교우관계는 소속감과 동질감을 느끼게 하여 학교생활에 대한 만족감을 높이고 적응력을 향상시키지만 그렇지 못할 경우에는 소외감, 고립감 등의 부정적인 정서를 경험하게 됨으로써 학교부적응 행동을 야기시킨다. 이처럼 또래 관계는 학교부적응 행동을 설명하는 중요한 요인으로 볼 수 있다(박승희, 2007).

4) 지역사회적 요인

지역사회는 가정 · 학교와 더불어 청소년들의 중요한 생활의 장이라 볼 수 있다. 그러나 지역사회가 청소년들이 지켜야 할 법, 도덕, 규칙 등의 통제력을 확립시키지 못하고 다양한 모순이 존재할 경우, 청소년들은 자기의 행동을 정착시킬 준거들을 잃어버리게 되며 이는 생활상의 부적응을 초래하게 된다. 특히 불량한 주거환경 및 집단 규범, 산업화로 인한 지역사회의 해체, 비교육적 매스미디어의 영향, 가치체계의 혼란, 소비성향의 확대, 부족한 청소년 공간, 퇴폐풍조 등이 학생들의 부적응 행동을 일으키는 주된 원인이라고 주장하였다.

3. 학교부적응 청소년 문제행동 이해

1) 스트레스

스트레스의 사전적인 정의는 “현재 자신이 경험하고 있는 안정된 삶에 영향을 주는 원인으로부터 육체적, 심리적, 정신적 긴장상태”이다(신경희, 조상윤, 2013).

학자들마다 스트레스에 대하여 조금씩 다르게 표현하고 있지만 레저러스(Lazaruus)는 스트레스를 세 가지 범주로 설명하였다. 첫째는 물리적 환경요인과 심리적 사건 등의 자극에서 오는 자극으로서의 스트레스, 둘째는 스트레스를 받았을 때 일어나는 심리적, 신체적 반응으로 오는 반응으로서의 스트레스, 셋째는 사회과학에 기초를 준 것으로 개인과 주위 생활환경의 상호 역동에서 오는 역동적 상호작용으로서의 스트레스로 설명하였다(이상오, 2014).

삶은 스트레스의 연속이다. 게슈탈트 심리학의 전경과 배경의 원리에 접목을 한다면 하나의 문제가 해결되어 배경으로 물러나게 되면 또 하나의 전경이 다가오게 된다. 이처럼 하나의 스트레스를 해소하고 나면 또 하나의 스트레스가 수면 위로 떠오른다.

이러한 스트레스 요인들이 성인에게만 해당되는 것으로 취급되어 왔으나, 최근의 연구 결과들에 의하면, 아동과 청소년도 성인 못지않은 스트레스를 경험하고 있으며, 청소년들이 경험하는 스트레스가 신체적 건강상태나 그들의 정서적 부적응 등에 영향을 미치는 것으로 발표되고 있다. 학교는 인간의 발달과정에서 가장 중요한 아동기와 청소년 시기의 대부분을 보내는 곳이다. 단순히 지식습득의 장으로서의 학교 기능뿐만 아니라 많은 생활을 하는 생활의 장으로서 아동기와 청소년기에 절대적인 영향을 미치는 곳이다. 그러나 학교는 학생들에게 즐거운 곳이기도 하고 학습도 하지만 그와 반대로 우울한 곳이기도 하며, 배우는 것도 많지만 학생과 교사들 간의 갈등, 학생과 학생의 갈등이 연속적으로 발생하는 곳이기도 하다. 학생들이 겪고 있는 스트레스의 원인과 환경을 살펴보면 성, 연령에 따라 조금씩 차이가 나지만, 공통적인 원인은 친구문제, 교사와의 상호관계, 학업성취문제 등으로 학교 관련 문제들이 많음을 알 수 있다(신미옥, 2015).

2) 자기존중감

자기존중감이란 사람들이 자신에 대하여 관념적으로 가지고 있는 평가로서, 자신을 인정하는 태도나 불신의 태도를 나타내며 자신의 능력, 성공, 중요성, 가치 등을 믿는 정도를 나타낸다. 자기존중감은 다양한 사회적 상호작용을 통해 부모나 교사, 친구 등 중요한 타인들의 평가와 자기 행동으로 인해 나타나는 결과 등을 통해 형성되어 간다. 이는 자기 자신에게 있어서는 의미 있는 타인의 가치를 존중하는 바탕이 되며, 가정, 사회, 학교에서의 대인관계에 큰 영향을 미친다(한미라, 1997).

자신이 중요하다고 생각하는 분야에서 능력을 발휘할 때 대체로 높은 자아존중감을 갖게 되며 어떤 문제에 직면하여 그것을 능동적으로 해결하려는 의지를 통해 자기존중감이 향상된다고 보고 있다(송정화, 2004).

자기존중감의 형성, 변화, 발달은 인생의 전 과정에 걸쳐 진행되지만 다른 발달단계보다도 특히 청소년기가 자기존중감 형성의 중요한 시점이다. 자아에 대한 인식과 평가가 다른 발달단계보다도 청소년기에 활발하게 이루어지며, 청소년의 자기존중감이 낮을 때 학교부적응이나 비행, 낮은 학업성취 등 여러 문제들이 심각하게 대두되기 때문이다(윤미숙, 1999).

그동안 많은 학자들이 자아존중감에 대해 연구해 왔는데 인지-행동주의자들은 자기존중감의 개선을 위해 긍정적 자기 진술의 빈도를 높이는 것과 부정적, 자기 파괴적 자기 진술의 빈도를 줄이는 것에 주의를 기울여 왔다. 이에 대한 이들의 전략으로 인지연습, 사고중지 등을 소개하고 있다. 또 중요한 이론으로 개인의 내적 사고구조를 변화시킴으로써 자기존중감을 향상시킬 수 있다는 인지재구성법을 활용하여 그 효과를 검증하였다(Warren, Dick, Harlan 1988; Lindsay & Hastings, 2004).

3) 우울

(1) 우울의 개념

우울은 슬프고 불행한 기분으로 언급되기도 하고 일정 기간 이상 증상의 지속으로 장애범주에 포함되는 우울증을 의미하기도 한다. 우울은 단순한 슬픔이나 울적한 기분 상태로부터 지속적인 상실감이나 무력감을 포함하는 정서장애 현상에 이르기까지 인간의 광범위한 심리적 상태를 포함한다.

우울은 청소년기에 매우 보편적으로 경험되는 정서적 문제 중의 하나이며, 아동기 이후 청소년기로 갈수록 평균적으로 증가하는 경향을 보이는데(심혜원, 1999), 우울을 포함한 많은 심리적 문제들의 발생은 청소년기가 성인기로 향해 가는 변화와 격동의 시기이며, 성취해야 할 발달과업이 많은데 비해 인지적으로 미성숙하기 때문으로 보고 있다(한유진,1993).

이에 사춘기를 중심으로 극적으로 증가하게 되는 청소년기의 우울이 가정과 학교생활에서의 부적응 행동과 비행행동으로 발전될 수 있음을 볼 때 이러한 심리적인 문제가 부정적인 결과로 발전하기 전에 청소년의 우울에 대한 효과적인 예방활동과 조기 개입이 필요하며 적극적인 지도 활동이 마련되어야 할 것이다(정용철, 2001).

(2) 청소년 우울에 영향을 미치는 요인

청소년기에는 아동기에 비해 우울 수준이 증가되는 것으로 다른 정서 및 행동장애를 동반하고 성인기 정신건강을 언급하는 변수이며, 재발률 또한 높다(김붕년, 조수철, 2000).

그러나 무엇보다 청소년기의 심각한 우울 문제를 해결하기 위해서는 이 시기의 우울을 유발하는 원인을 파악하는 것이 중요하다. 이에 우울에 영향을 미치는 요인을 개인적 요인, 가정환경 요인, 학교환경 요인, 주거환경 요인으로 나누어 살펴보고자 한다.

① 개인적 요인

우울에 영향을 줄 수 있는 개인적 요인에는 유전, 기질, 성별 등이 있다. 의학계에서는 우울의 유인자를 규명하기 위한 노력들을 계속하고 있는데, 현재까지 강력하고 일관된 우울 유인자는 확인되고 있지 않다(이문수, 2010). 우울은 유전적 요인과 함께 환경적 요인이 복합적으로 작용한다고 보는 것이 의학계의 공통 의견이다(김시경 외, 2008).

한 연구에서는 청소년기에서부터 성인기에 이르기까지 여성은 남성에 비해 우울을 경험할 가능성이 두 배 이상 높다고 한다(Nolen-Hoekseman, 2001).

여자 청소년이 남자 청소년에 비해 우울 발생 빈도가 높은 원인에 대해 다양한 의견이 있는데 우울에 대한 성별 차이, 특히 여성이 우울증이 많은 원인에 대한 연구에서는 사춘기의 체중증가와 외모에 대한 불만족이 여자 청소년의 우울과 높은 상관이 있다고 보고하고 있다(Merten, Lewinsohn & Hops, 1990).

다음으로 사회적 지지 역시 우울과 관련이 높은데, 여자 청소년은 남자 청소년에 비해 부모 및 또래 관계 등 대인관계를 중요시하여(Cyranowsky, Frank, Young & Shear, 2000), 남자 청소년에 비해 대인관계 스트레스에 더 취약한 여자 청소년은 우울의 경험이 더 높은 것이다.

또한 여성이 부정적인 생활사건을 만났을 때 우울 증상으로 발전할 가능성이 높다고 주장하였다(Abela, J. R. Z., & Sullivan, C., 2003).

② 가정환경 요인

가정의 경제 상황은 청소년의 우울과 관련이 높아 가정 내 빈곤이 청소년의 우울에 영향이 있음을 경험적 연구에서 증명하고 있다(김진희, 2011). 또한 경제적 어려움으로 인한 우울의 경험은 일정 시간이 지나도 지속되는 경향과 빈곤의 지속기간, 경험시기, 빈곤의 정도는 우울의 정도와 영향이 있다(송예리아, 김진영, 2013).

또한 빈곤 청소년의 우울은 경제 요인으로 유발되기도 하지만, 경제적 압박으로 증폭되는 부부갈등, 부모자녀 간 부정적 의사소통, 역기능적인 양육 태도 등 스트레스 상황에 대한 가정 내 심리 반응에 의해 경험하기도 한다(송리아, 김진, 2013).

그리고 가족의 경제 상황뿐 아니라 가족관계는 청소년 우울에 영향을 미치며, 부모, 가족과의 갈등, 부모로부터 받는 스트레스는 청소년 우울을 증가시키는 것으로 알려져 있다(김영희, 안상미, 2008).

다음으로 청소년의 우울을 이해할 때 부모의 우울을 함께 고려해야 한다. 개인의 우울은 우울을 경험하는 자신뿐 아니라 사회환경을 공유하는 다른 사람에게 부정적 영향을 미치기도 하며, 가족은 서로 상호작용하며 살아가기 때문에 개별 가족구성원의 감정은 다른 가족에게 영향을 미칠 수 있다는 것이다(Compas & Wagner, 1991).

특히 부모의 우울은 아동과 청소년의 발달에 실질적인 위험을 초래할 수 있어 아동의 우울감과 부모의 우울감은 높은 상관성이 있는 것으로 나타났으며, 실제로 부모에게 우울증이 없는 경우보다 있는 경우에서 아동의 우울증 빈도가 더 높았고 발병도 이른 경향을 보였다(장은진, 서민정, 정철호, 2001).

③ 학교환경 요인

학교는 지식을 배우는 공간이자 가족이 아닌 타인과 인간관계를 통해 사회화를 형성하는 곳이다. 학교에서의 다양한 경험은 청소년의 정신건강에 영향을 미친다. 학업 성취 수준, 학업 스트레스, 또래 및 교사와의 관계 등이 청소년의 우울과 관련 있는 학교 관련 요인이다(손병덕, 2005).

우리나라 초 · 중 · 고 · 대학생의 성공의식을 탐구한 연구에서는 학업성취를 가장 자랑스러운 성공 경험으로 인식하고 있는 것으로 나타났으며(박영신, 김의철, 탁수연, 2002) 학업성취 수준이 낮은 경우, 부정적 자기인식과 좌책감이 확대되어 우울을 경험하게 된다고 한다(손병덕, 2005). 그러나 반대로 우울하기 때문에 낮은 성취수준을 보인다는 연구 결과도 있으며(조한익, 2011), 한편 또래 관계 역시 청소년 우울과 밀접한 관련이 있다. 청소년 시기는 발달단계상 심리적으로 부모로부터 독립을 시작하는 반면, 또래 관계에 대한 소속의 욕구가 증가한다(양돈규, 1998).

오경자 외(2005)의 연구에서는 또래의 사회적 지지가 빈곤이란 열악한 환경의 부정적 결과들을 완화시켜 주는 보호요인으로 작용할 수 있음을 보여주고 있고, 부모의 이혼으로 우울감이 증가한 청소년에게 있어 또래 애착은 부분적으로 부정적 영향이 미칠 수 있음을 확인하였다(김정민, 유안진, 2005).

이와 반대로 또래 관계의 부정적 경험은 청소년의 우울 수준을 높일 수 있으며 또래친구의 거부 경험이나 또래 친구로부터 인정을 적게 받는 것은 청소년의 우울을 높이는 요인이 될 수 있다.

④ 주거환경 요인

열악한 주거환경은 심리적 스트레스를 높여 우울에 영향을 미칠 수 있다. 최소한의 주거면적 기준을 충족하지 못하거나 상 · 하수도와 화장실, 목욕시설과 같은 필수 설비 시설을 충족하지 못하는 주거에 거주하고 있는 사람이 그렇지 않은 사람에 비해 우울감을 느낄 확률이 더 높은 것으로 확인되었다(김승연, 김세림, 이진석, 2013). 또한 주거가 불안정하거나 자가소유가 아닌 경우에도 우울에 부정적인 영향을 줄 수 있다(Gilman, Kawac, Fitzmaurice & Buka, 2003).

청소년의 경우 춥거나 습한 환경 자체가 우울을 높이는 요인으로 작용할 수 있으며, 과밀한 주거에서의 생활은 사적 공간의 부재를 가져와 우울감을 경험하는 것으로 나타났다(Evans, Saltzman & Cooperman, 2001).

또한 유년시절 과밀한 주거공간에서의 거주기간이 길수록 초기 성인기에 우울을 경험할 확률이 높은 것으로 조사되었으며, 단위주택의 질뿐 아니라 이웃 무질서, 유대, 상호신뢰 등의 이웃 환경 역시 청소년 우울에 영향을 미치는 요인이다(강희경, 김영미, 이은주, 2009).

이에 비하여 청소년들이 자신의 지역에 대하여 상호 신뢰감과 유대감을 높게 인지하는 경우 청소년의 우울 수준이 낮아지는 것으로 보고되고 있다(김영미, 2013).

이와 같이 살펴보았을 때, 단위주택의 물리적 환경과 주택이 위치한 곳의 이웃 환경은 청소년의 우울에 영향을 미칠 수 있는 요인이다. 주거환경은 청소년뿐 아니라 가족에게 공유된 환경이기 때문이다.

지금까지의 연구들을 살펴보았을 때 청소년 우울은 개인 고유의 특성뿐 아니라 환경 특성에도 영향을 받을 수 있음을 알 수 있다. 빈곤 청소년의 경우 불리한 환경 조건들로 인해 우울을 유발하는 노출 인자를 많이 갖고 있다. 이로써 빈곤 청소년은 빈곤의 영향이 가정과 주거환경의 불리함을 수반하여 복합 위험에 노출되어 있음을 알 수 있다.

4) 분노

데펜배처(Deffenbacher, 1996)는 분노를 하나의 일반적, 자연적으로 이해할 수 있는 감정적 요소라고 정의하였으며, 서수균(2004)은 분노가 자기방어 체계의 일부분으로 인간의 생존 가능성을 높여 주며, 이러한 관점에서 분노는 인간이 살아가는 데 없어서는 안 되는 아주 중요한 정서라고 언급하고 있다.

분노 표현은 주로 분노 표출, 분노 억제, 분노 조절의 세 가지 유형으로 분류된다.

〈표 4-3〉 분노 표현의 세 가지 유형

유 형	내 용
분노 표출	분노 상황에 부딪혔을 때 언어적·신체적으로 공격성을 나타내는 것
분노 억제	화난 감정을 억누르는 것
분노 조절	자신의 분노를 관리하고 이성적으로 감정을 표현하는 것

분노가 표출이나 억제 방식으로 표현될 경우에는 불안, 신경증이나 과긴장의 원인이 될 수 있고, 대부분 언어나 행동적인 공격성으로 표현되기 때문에 정신건강, 성격 형성, 대인관계에 부정적인 결과를 가져오게 된다(김은정, 2001).

청소년에 관한 한 분노는 이점보다는 불이익 쪽으로 더욱 더 편중되는 경향이 있는데, 이러한 분노의 부정적인 면들이 결국 청소년들에게 비행이나 문제행동을 부추기게 하는 요소를 제공한다.

청소년의 분노 표출에 영향을 미치는 변인으로는 여성보다 남성이, 성적이 좋지 않을수록, 연령이 낮을수록, 비합리적 신념이 높을수록, 부모의 양육 태도가 거부적, 통제적일수록, 교사의 지지가 낮을수록 분노 표출 수준이 높아지고, 이 가운데 분노 표출에 가장 영향을 미치는 요인은 비합리적인 신념이었다. 그리고 청소년들의 분노 조절에 영향을 미치는 변인들을 살펴본 결과 자기존중감, 부모의 양육 태도, 교사 지지의 변인들이 분노 조절과 상관관계가 있고, 분노 조절에 가장 유의미한 영향을 미치는 변수는 개인적 변인인 자기존중감으로 나타났다(윤수연, 2005).

이상 언급한 내용들을 종합해 보면 분노를 긍정적으로 표현해 본 경험이 부족한 청소년들에게 일상생활에서 분노를 긍정적으로 표현하고 적절히 조절할 수 있는 능력을 길러 줌으로써 정서적, 신체적으로 보다 건강한 삶을 유지하도록 하는 것이 중요함을 알 수 있다.

분노 경험은 정서적, 생리적, 인지적 요인으로 구성되어 있으며, 이 세 가지 요인들은 거의 동시에 경험된다. 이 중에서 특히 인지적 요인은 분노 경험을 일으키는 핵심적인 요인으로 여러 분노 이론들에서 중요하게 다루어져 왔다.

최근에는 국내에서도 분노 조절에 관해서 활발하게 연구되고 있는데 서수균(2004)이 적용한 분노 조절용 집단 인지행동 프로그램은 네 가지 요소로 구성된다.

첫 번째 요소는 자기 관찰이다. 분노가 일어날 때 먼저 자신의 상태를 객관적으로 관찰할 수 있어야 한다.

두 번째 요소는 행동적 기법이다. 분노 상황에서의 생리적 각성 수준을 낮추기 위한 근육 이완훈련과 호흡법, 그리고 분노나 공격 행동이 부적절하게 표현되는 것을 막기 위한 '타임아웃' 기법이 포함된다.

세 번째 요소는 프로그램의 핵심적 요소인 인지적 재구조화 작업이다. 여기서는 비합리적 신념, 일차적 분노 사고, 역기능적 이차적 분노 사고를 감소시키며, 동시에 적응적인 대처 사고와 합리적인 신념을 학습시키는 데 초점을 두고 있다.

네 번째 요소는 분노 표현 연습에 초점을 두었다. 타인과의 관계 속에서 자신의 감정과 욕구를 적절히 표현함으로써 자기 성취감을 증진시키고 나아가서 자신이 원하는 것을 얻을 수 있는 기회를 적극적으로 추구하도록 돕는 것이다.

청소년
문제
와
보호

제5장 청소년 성 문제

1. 청소년기의 성장과정

청소년기는 성숙한 성인으로 성장하는 마지막 단계로 인격의 완성기이며, 이 발달기간에 성의 발달과 성적 자아의 완성은 매우 중요한 청소년의 발달과제이다. 청소년기의 성에 관한 개념과 태도, 그리고 실제적인 성장 발달은 정신건강과 밀접한 관계를 가지며 서로 영향을 끼치게 된다. 즉 성의 원만한 발달은 정신건강을 촉진시키며 정신건강의 중요한 요소가 될 뿐만 아니라 정신건강의 문제성은 성의 발달을 저해할 수도 있고 또 성적 일탈 행동으로 나타날 수도 있다는 것이다.

성은 동서고금을 통하여 다른 어떤 인간의 욕구보다도 특히 가정적, 사회적, 인간관계적 속박이나 통제를 받아온 만큼 인간에게 있어서 갈등의 원인이 되어 왔다. 성은 청소년기에 갑자기 시작되는 것이 아닌 인간의 탄생 이후 성장 발달과 밀접한 관련을 가지고 있다. 다만 이를 청소년기에 어떻게 받아들이고, 어떻게 표현하며 충족하는가를 배워야 하는 것이다(홍강의, 1991).

청소년기의 성격발달과 성(性)의 성장이 올바르고 정상적으로 되기 위해서는 청소년기 이전의 성장 발달과 성격형성이 정상적이어야 하는데 그 전제조건으로 다음과 같은 면을 가지고 있어야 한다(홍강의, 1991).

- 대인관계에 있어서의 기본적 신뢰감이 형성되어 있어야 한다.
- 독립성과 자율성이 형성되어 있어야 한다.
- 남녀 간의 관계에 대한 긍정적인 태도와 성에 대해 기본적으로 긍정적인 태도가 형성되어 있어야 하고, 생을 살아가는데 있어서의 주도성이 있어야 한다.
- 생을 살아가는 데 있어서 나도 기여할 수 있고, 생산할 수 있고, 근면할 수 있다는 근면성이 있어야 하는데 이것들이 청소년기 이전에 이루어져야 된다는 것이다.

즉 아동기의 성장 발달에도 성의 개념이 매우 중요하며, 어떻게 보면 성의 발달의 시작은 엄마와의 피부접촉을 통한 관계, 신체적으로 밀접한 관계로부터 시작된다고 볼 수 있다. 엄마와 독립성과 자율성을 싸고 일어나는 드라마에서 엄마, 아빠와의 관계를 관찰함으로써 얻어지는 남녀관계에 대한 가치관의 형성 등이 앞으로 일어나는 일련의 변화를 잘 치러 나갈 수 있게 한다. 그러나 인간에게 있어서의 성은 인간 하위의 동물세계의 성과 비교하여 매우 다른 점이 있다.

첫째는 인간에게 있어서의 성은 단순히 생식과 종족보존의 본능적 요소만이 아니고, 이에 덧붙여서 인간관계에 있어서 특히 남녀 관계에 있어서 관계를 유지하며 의사소통의 의미가 있을 뿐만 아니라 사회적, 심리적으로 매우 중요한 위치를 차지함으로써 성에 대한 개념과 태도, 그리고 그 수용성이 적당히 조화를 이루고 있어야 정신적으로 건강한 사람으로 성장할 수 있다는 점이다. 즉 성에는 신체적인 성과 심리적인 성, 사회적인 성의 세 요소가 혼합되어 있고 이들이 적당한 평형의 관계를 이루어야 하는데 이것이 정신건강의 요건이기도 하다.

둘째로 동물의 성과 다른 점이라고 할 수 있는 것은 동물은 성관계가 발정기에만 가능한데 인간은 거의 어느 때고 가능하다는 점이다. 따라서 성에 관한 절제와 통제능력, 그리고 이를 인간관계와 남녀관계에 있어서 어떻게 허용하고 이용하느냐를 배우는 것이 매우 중요한 과제가 된다고 할 수 있다(홍강의, 1991).

청소년기는 예로부터 정서적 위기와 격동의 시기로 알려져 왔다. 게다가 우리 시대 또한 급변하고 있어서 청소년들은 더욱 극심한 혼란을 겪고 있다. 그렇다면 청소년기는 어떤 특징 때문에 다른 시기보다 훨씬 눈에 띄는 변화를 경험하는가?

1) 청소년기의 성적 특성

생물학적으로 보면 생식기관이 성숙하는 청소년 시기는 태아기의 초기 단계 이후 가장 큰 성적 분화가 이루어지는 시기이다. 이때가 되면 개인은 성적으로 성숙하게 되고 생식할 수 있는 능력을 갖게 된다.

여성의 경우에는 월경의 시작이 성적 성숙의 시작을 나타내는 것이고, 남자의 경우에는 정액의 형성이 성적인 성숙을 나타내게 된다. 이러한 신호들이 나타나는 시기는 개인에 따라 매우 다양하게 나타난다(우윤미, 1997).

이 시기 동안에는 일차적, 이차적 성 특징에 변화가 생기며, 나타나는 시기는 개인적인 차이가 있다. 일차적 성 특징은 여성의 난소, 자궁, 남성의 고환, 전립선, 정액 수분포 등이 점차적으로 증대되는 것과 같이 성 기관과 직접 관련이 있는 것이고, 이차적 성 특징은 여성의 경우 가슴이 발달하고, 남성의 경우 어깨가 넓어지는 것과 같은 성숙의 생리적 표식을 포함한 남녀의 변화, 그리고 신체의 일부에 털이 자라는 것 등이다(이돈희 외, 1996).

사춘기의 성적 특성과 함께 정신적인 변화도 수반되는데, 특히 정신의 발달과 남녀간의 성적 차이를 명확히 하는 2차 성징은 성의식을 발달시켜 강렬한 성적 욕구가 일어나게 하며, 운동 능력이나 작업 능력 등의 발달에도 현저한 차이가 생기기 시작하여 남녀 사이에 일에 대한 흥미나 선택을 달리하게 되는 것이다.

대체로 여자가 남자보다 약간 빠르나 유전, 호르몬 환경, 심리적 요인에 의해 개인적으로 큰 차이가 있다(부산광역시 교육청, 1993).

이 시기부터 이성에 대해 강렬한 호기심을 가지고 동경하게 되며, 성적인 충동 때문에 갈등과 고민에 빠지기도 한다. 이 시기의 남녀는 신체적인 것에 관심이 높아지고 성적인 사진이나 이미지에 대한 호기심이 높아진다. 성적인 상상과 백일몽이 많은데 비해 이성과 접촉할 기회가 없기 때문에 연예인, 운동선수, 선생님 등을 정서적인 대상으로 삼기도 한다.

그러다 차차 주위에 있는 동년배의 이성에 대하여 흥미를 가지게 되지만, 청소년들의 신체적 성숙과 이에 수반된 감정적 변화들은 청소년들의 변화에 대한 정서적 통합성에 문제를 가져오기도 한다(이은영, 1998).

이러한 변화들이 자신에게 있어 성장해 간다는 기쁨보다는 두려움이 앞설 것이고 그러한 자신을 바라볼 때 혐오스럽게도 느껴질 것이고 또한 빨리 성장하고 싶은 욕구가 있는 반면에 성인이 되어야 한다는 사실에 위협감도 느낄 것이다. 이러한 현상들이 자신에게 있어서 정상적인 것인지, 비정상적인 것인지 판단을 내리지 못하는 어려움도 갖게 된다.

저실드(Jersild)는 청소년의 성을 성적으로는 성숙되어 있지만, 사회적 통제와 미혼이라는 이유로 그 욕망을 충족시키지 못하는 이른바 성적 실업자로서의 관점에서 성인의 성과는 다른 특징을 제시한다.

첫째, 신체 · 생리적 변화가 일어남에 따라 청소년은 자신의 변화에 대해서 불안과 호기심으로 이해하려 한다.

둘째, 이것이 계기가 되어 성적 사상에 대한 탐구심이 왕성해진다고 한다.

셋째, 이성에 대한 관심이 싹트며, 이성에 대한 접근과 교제를 원하지만 교제라든가 연애 및 결혼에 대해서는 아직 충분한 판단이 서 있지 않으며, 막연히 자기에게 편리한 대로의 견해와 사고방식을 갖고 행동한다.

넷째, 이 시기는 성욕의 배출구 때문에 문제를 갖는 자가 적지 않으며, 사회적인 성 문화에 의한 자극이 강하여 이를 소화하지 못하는 데서 오는 문제가 크다.

다섯째, 특히 성인의 성 도덕관과 청소년의 성 도덕관의 자질 때문에 때로는 억압된 형태로, 때로는 방임적인 형태로 기울어져서 이 때문에 여러 가지 성적 악순환 문제를 만들게 된다는 것이다(이문희, 1993).

그러므로 청소년들에게 성적 발달에 맞는 성 지식과 성에 대한 올바른 가치관을 심어 주어 성적 욕구를 승화시키고 건전한 사회인으로 성장할 수 있도록 구체적이며 실질적으로 도움을 줄 수 있는 성교육이 실시되어야 한다.

2) 청소년기의 성 행동

청소년들은 음란 출판물, 인터넷, TV 등을 보면서 성에 대해 눈을 뜨게 된다. 길거리에서 쉽게 접하는 각종 음란 선전용의 문구나 사진들이 호기심 많은 청소년들의 눈길을 끄는 것은 당연한 일이다. 아무도 가르쳐 주지 않는 사실을 아이들은 주변에 널려 있는 성 관련 이미지들 보면서 알기 시작하는 것이다.

청소년들은 '성'이라는 말에서 가장 연상되는 것으로 성관계, 키스, 이성, 이성교제, 사랑, 순결을 꼽고 있다 학생들은 성을 성기나 육체를 중심으로 인식하고 있는 반면, 여학생은 성을 로맨스와 연결시키고 피해자의 입장에서 바라보는 성향이 있는 것으로 나타났다. 즉 남성은 유희적인 성향이 강하며 여성은 로맨스와 연결시키고 피해자의 입장에서 바라보는 성향으로 대개 여학생의 경우 성을 부정적으로 보는 성향이 많은 것으로 나타났다(김지혜, 1996).

청소년기의 성 행동은 청소년기에 많이 이루어지고 있는 이성교제부터 청소년기에 보편적으로 직면하게 되는 현상인 성 충동으로 발생하게 되는 성에 관련된 행동들, 즉 손잡기, 팔짱끼기, 키스, 애무, 성교, 자위행위 등을 모두 포함한다고 할 수 있다. 현대사회의 청소년들의 성을 올바로 이해하기 위해서는 청소년의 일반적인 신체적, 심리적 특징은 물론이고 이들의 성행위에 미치는 특수한 사회, 문화적 관점을 고려하여야 한다. 청소년의 성행동의 원인을 설명하는 관점에는 크게 신체, 심리적 관점과 사회 문화적 관점이 있다. 이를 구체적으로 살펴보면 다음과 같다.

〈표 5-1〉 청소년의 성 행동의 원인을 설명하는 관점

관점	내용
신체, 심리적 관점	1. 청소년기 성행위의 원인을 신체적 변화와 이에 따른 심리적 갈등에서 찾는 관점이다. 2. 청소년기에 자연스럽게 나타나는 성적 욕구와 관심은 이성교제에 대한 관심을 유발시키고 성에 대한 갈등과 스트레스를 유발한다. 3. 청소년들은 이러한 성적 갈등을 해소하기 위하여 비행적인 성행위를 모방하거나 정반대로 억압하고 금기시함으로써 성행위에 대한 부정적인 견해를 갖기도 한다.
사회, 문화적 관점	1. 청소년의 성행위가 사회, 문화적 환경에 의해서 발생한다고 설명하는 것이다. 2. 이러한 관점은 신체적 발달에 의하여 나타나는 성적 충동과 성적 관심은 자연스러운 현상이지만 사회, 문화적인 가치와 성 윤리에 이루어지는 성의 사회화 과정에 따라 성 행동이 결정된다는 것이다. 3. 성의 사회화 과정은 청소년기뿐만 아니라 인생의 전 과정을 거쳐 개인의 섹슈리얼리티를 결정하는 중요한 역할을 한다. 4. 청소년들의 성적인 행위가 갈등을 해소하기 위해 비행행동을 하는 일탈적 행위로만 바라볼 것이 아니라 사회화 과정으로서 사회구성원 전체와 관련되는 산물이라는 것이다.

출처 : 오유진(2007).

3) 청소년기의 성(性) 의식

성 의식이라 함은 육체적, 정신적, 사회적 성의 기능을 바탕으로 이성에 대한 접근 욕구을 충족시키려고 하는 마음의 상태를 말한다.

청소년들에게 유해한 영향을 줄 가능성이 있는 사회환경은 청소년의 건전한 인격 형성에 대한 부정적인 영향을 주게 된다(김영한, 이명진, 이승현 공저, 2005). 최근에 도시화, 산업화, 과학화로 인해 우리 사회의 급격한 변동은 가부장적 가족제도에 의해 유지되어 온 전통적인 성 규범을 해체시키고 있으며 서구문화의 유입으로 성 개방과 성 정보의 홍수 속에 성에 대한 태도가 급격히 변화하고 있다.

(1) 성(性) 지식

대부분의 부모들은 자녀들과 성에 관한 대화를 꺼린다. 그러나 자녀들이 사춘기를 거치고 성에 대해서 호기심을 갖게 되면 부모에게 여러 가지 질문을 하기 시작하는데 이때 부모로부터 만족스러운 해답을 얻지 못하면 자연적으로 친구, 영화, 잡지, TV를 통해서 성 지식을 습득하고 이로써 바람직하지 못한 성에 대한 가치관을 형성한다.

(2) 성(性) 태도

개인의 성 태도는 극히 다양하여 이를 어느 한 가지 성격의 것으로 쉽게 단정할 수 없으나, 크게 보아 세 가지로 분류해 볼 수 있다(권구영, 2007).

첫째, 전통적 도덕성(traditional morality)에 근거한 성(性) 태도로 성(性)에 대한 통제를 강조하고, 결혼을 기반으로 한 성(性)행위만을 인정하려는 태도이다. 즉 성(性)은 부끄러운 것, 드러내서는 안 되는 것으로 보고 결혼 관계 외의 일체의 성(性) 행동을 부도덕한 것으로 보아 거부하는 태도를 말한다.

둘째, 새로운 도덕성(new morality)에 근거한 성(性) 태도로 이 경우 가장 중요시되는 것은 당사자 간의 애정이다. 즉 비록 합법적으로 결혼하지 않았다 하더라도 서로 애정만 있으면 성(性)관계를 가질 수 있다고 보는 태도로 성(性)을 낭만적인 것으로 해석하는 경향을 내포한다.

이것은 기존의 관습이나 태도보다도 개인의 자유의사를 강조한다는 점에서 나름대로 도덕성을 가지며 그러한 의미에서 '새로운 도덕성'에 근거하고 있다고 볼 수 있다.

셋째, 반도덕성(amorality)에 근거한 성(性) 태도이다. 그 주된 신념으로 성(性) 충동이 자유롭게 허용될 때 개인의 행복과 만족이 증대되고, 긴장, 불안, 좌절이 줄어든다고 본다.

누구나 성(性) 태도나 행위에 대한 도덕적 기준을 가지고 있으며 순결을 지켜야 한다는 가르침을 부모로부터 받으면서, 처음에는 보수적인 기준을 지니나 결혼 전 사랑하는 상대가 생기거나, 부모의 가정을 떠나 독립적 생활을 하게 되는 등 특정한 상황에 처하게 되면서 새로운 기준을 갖게 된다.

바우맨(Bowman)과 스페니어(Spanier)는 모든 개인은 다음의 네 가지 성(性) 도덕 기준 중에 하나로 분류할 수 있다고 하였다(Bowman & Spanier, 1978).

첫째, 절대금지(abstinence): 혼전 성(性)행위는 어떠한 상황에서건 남녀 모두에게 바람직하지 못하며 혼전순결은 지켜야 한다고 본다.

둘째, 애정이 있는 한 허용(permissiveness with affection): 상호 정서적으로 깊은 유대감과 애정이 있는 한 혼전 성행위는 남녀 모두에게 정당한 일이며, 따라서 도덕성 여부는 혼전 성행위 자체보다는 그에 따른 책임감에 달려 있다.

셋째, 애정에 관계없이 허용(permissiveness without affection): 상호애정을 느끼는가의 여부에 관계없이 육체적 매력이 있는 한 혼전 성(性)행위는 남녀 모두에게 정당하다고 본다.

넷째, 이중 기준(double standard): 남녀 간에 차이가 있으며, 따라서 혼전 성(性)행위는 남성에게는 허용되나 여성에게는 허용할 수 없으며, 따라서 자신의 결혼 상대 여성은 순결해야 한다는 것이다.

(3) 성(性) 행동

인간의 성(性)은 쾌락의 도구, 출산의 도구, 인간관계의 도구로써의 종합적 의미를 가지고 있으며, 이것은 남자와 여자라는 인격체로서 각자 자신의 성별에 따른 역할과 의미, 자유와 권리에 긍정적인 자부심을 갖고 있는 가운데 성적 행동이 이루어질 때 그것을 성(性)이라고 말함이 타당할 것이다(진교훈, 2007).

대표적인 청소년의 성적 행동으로는 성적인 꿈을 꾸면서 사정을 하는 몽정 현상, 자신의 성기를 자극하거나 스스로 애무하여 성적 쾌감을 느끼는 자위행위, 미성년 남녀의 성(性)행위가 있다(Jean E. Dumas, 2006).

청소년기는 다른 어느 시기보다도 성(性) 행동 능력이 활발하다. 다만 청소년기는 성적 욕구의 해소는 독자적으로 조절, 억제하는 방법인 자위행위에 의하여, 결혼 후에는 부부관계의 성(性) 행동에 의하여 성적 욕구를 해소하는 방법의 차이가 있을 뿐이다. 청소년들의 성(性) 행동에 영향을 주는 요인으로는 학교에서의 성(性)교육, 매스 미디어, 선정적인 잡지, 영화, 비디오, 친구나 데이트 상대의 압력 등이 모두 고려될 수는 있으나, 그중 데이트 경험이 혼전 성(性) 행동에 가장 강력한 영향을 준다.

2. 청소년 성 문제의 유형

1) 성적 꿈과 몽정

성적 꿈을 경험하는 것은 청소년기에 흔한 일이다. 전혀 예기치 못한 대상과 성적 유희를 갖게 되거나 또는 환상적 상상 속에 그려보던 성적 내용이 꿈을 통해 실현되기도 한다(정태기, 1992).

성적 꿈은 몽정이라는 현상을 동반하게 될 때가 많은데, 몽정은 수면 중에 꿈을 통해 사정을 하게 되는 남자 특유의 현상으로 여자에게는 없는 것이다. 여자에게 성적 꿈이 없다는 것이 아니라, 생리적 이유에 따라 몽정이 없다는 것뿐이다. 그러나 몽정을 통해 성적 극치감을 경험하듯 여자에게 성적 극치감이 있을 수 있는 것은 물론이다. 다만 청소년기의 그와 같은 경험은 남자보다는 적다는 것이다(홍강의, 1993).

남자의 음경은 잠잘 때 자기도 모르는 사이에 발기가 되어 약간의 액체가 몸 밖으로 흘러나와 요나 잠옷에 끈끈한 물질이 묻게 되는데 이와 같은 일이 꿈과 함께 일어나므로 몽정[15]이라한다. 정상적인 성숙의 증거임에도 불구하고 대부분의 청소년들은 놀라움과 불안을 느끼며, 몽정으로 침구나 의복을 더럽힘으로써 부끄러움을 경험하기도 한다(박현동, 1997).

성적 꿈과 환상은 전적으로 정상적인 현상이다. 성 호르몬에 의해 준비된 성적 충동이 현실적으로 충족될 수 있는 길을 갖고 있지 못하여 상상과 꿈을 통해 해소된다는 것은 당연하다. 따라서 성적 꿈이나 환상 자체가 문제가 아니라 일상적 윤리관에 따른 성적 억압을 강박적인 해소책으로 성적 상상 내지는 환상을 통해 해결한다면 그런 태도가 문제시될 뿐이다(홍강의, 1993).

청소년기의 성적 환상은 애정에 대한 열망, 눈에 띄게 아름다운 대상에 대한 매혹적인 감정이 주가 된다. 따라서 이러한 환상은 자신의 성에 대한 반성으로 볼 수 있다. 청소년은 연애편지를 쓰거나 감미로운 사랑의 순간을 동경할 수가 있다. 그러나 부정적인 기능도 있다. 사람은 서로가 이해하고 정을 나누어야 하는데 과도한 성적 환상에의 집착은 따뜻한 교제를 피하고 성적인 사실에만 집착하고 탐닉하게 된다(홍강의, 1993).

이처럼 사춘기를 앞둔 청소년들에게 몽정이라는 성 현상을 가르치는 것은 여학생에게 초경에 대비하기 위한 생리 지도를 하는 것과 마찬가지로 중요한 일이다. 청소년의 2차 성징과 더불어 발기 및 사정 현상은 자라나는 자녀나 학생에게는 크나큰 축복 현상이 아닐 수 없다. 이제 앞으로 어른으로 자라나는 출발이므로 이에 축복과 아울러

---

15) 의학상으로는 야간유정(遺精)이라고 한다. 이것은 성욕의 생리조절현상이며, 미혼일 경우 한 달에 2~3회 정도는 걱정할 필요가 없다. 그러나 가벼운 성적 자극으로 쾌감이 따르지 않거나 또는 발기되지 않고 사정하는 것은 주간유정 또는 각성유정(覺醒遺精)이라 하는데, 이것은 병적인 것이다. 이것은 후부요도(後部尿道)·전립선(前立腺)·직장(直腸)·척수(脊髓) 등의 질환이나 과로에 따르는 경우도 있으나 지나친 자위(自慰)·성적 신경쇠약·공포 등에 의한 경우가 많다.
배뇨(排尿) 또는 배변(排便) 시의 누정(漏精)도 넓은 의미의 유정에 속한다. 병적인 경우는 치유가 어렵다. 횟수가 잦을 경우에는 성적 자극이 강한 잡지나 영화 같은 것을 멀리하는 등 원인요법을 쓰고, 술·담배·커피 등 자극물을 피하고 적당한 휴양을 한다. 생리적일 때는 적당한 운동도 좋으며 전지(轉地) 요양이 효과가 있는 경우도 있다. 한의학에서는 정충증(怔忡症)·불면증이 있는 경우는 황련청심환(黃連淸心丸)을 쓰고, 척수에 열이 나며 내분비 기능이 저하된 데는 고진단(固眞丹)을 쓴다(네이버 지식백과).

스스로에게 책임 의식을 불러일으킬 수 있도록 지도하여야 할 것이다. 아울러 이러한 사전 지도를 통하여 성을 긍정적으로 수용할 수 있도록 도와야 할 것이다(이화연, 1991).

2) 자위행위[16)]

(1) 자위행위의 개념

첫째, 자위행위는 몽정이나 유정의 경우와는 달리 자신의 의지에 의해서 자기 손으로 성기를 자극해서 행하는 사정이다. 몽정이나 유정에서와 같이 성적인 쾌감을 수반한다. 자위가 지속되면 습관화되기 때문에 신체적인 장애를 우려하거나 죄악감으로 고민하는 경우가 적지 않다.

둘째, 자위행위는 자신의 손으로 성기를 만지거나 문질러서 쾌감을 느끼는 행동을 말하는 것으로, 성장하는 남녀에게 일어날 수 있는 일이다. 남성은 사정하게 되며 여성은 오르가즘에 이르게 하여 성욕과 긴장을 일시적으로 발산하는 수단으로 육체적인 쾌락과 위안을 준다. 남자의 경우 유정이나 몽정에 의해 성 충동이 다소 발산되기는 하지만, 잠시도 쉬지 않고 고환에서 만들어지는 정자는 첫 몽정 경험 이후 3~4년 뒤에 최고도로 생산되기 때문에 자위를 통해 사정을 하게 된다. 이 행위는 모든 사람이 성장단계에서 행하는 지극히 정상적인 행위로 건강한 청소년의 90% 이상이 이러한 자기 흥분을 경험하고 있다(박현동, 1997).

셋째, 사춘기 시절의 자위행위는 물론 개인차는 있겠지만, 여성보다는 남성에게 훨씬 많은 것으로 나타나고 있는데, 이는 여성에 비해 남성의 사정 경험이 성적쾌감에 있어서 더 크고 자연스러운 생리적 현상이기 때문이다(박현동, 1997).

---

16) 스스로 성기를 자극함으로써 성적인 쾌감을 느끼는 행위. 청소년기에 호르몬 분비의 변화에 따른 긴장, 성적 욕구의 증가에 따라 나타나는 행위인데, 이는 정신적인 장애나 병적인 증상은 아니다. 문화적인 맥락에서 하나의 금기가 되면 개인의 심리적인 적응을 방해할 수 있는 죄의식이나 불안을 동반할 수 있다(서울대학교 교육연구소, 1995).

넷째, 자위행위는 자기 스스로 성적 흥분을 일으키기 위해 취하는 행동이다. 신체의 민감한 부분이나 성기 주변을 만지는 것부터 시작해서 기구를 이용하는 것을 포함하는 폭넓은 성적 자기 행동이다 청소년기에는 성적인 충동을 자위행위나 실제적인 성행위를 통해 해결하려는 욕구가 강해지게 된다. 자위행위는 생식기를 자극시켜 성적인 쾌감을 높인다. 남자들의 경우 발기와 사정이 가능하다. 또한 여자들과 달리 남자들의 경우 사정을 통해 쾌감을 느끼기 때문에 여성보다는 남성이 훨씬 자위행위에 대한 욕구가 강하다.

(2) 자위행위에 대한 청소년들의 궁금증

오늘날 많은 청소년들은 성적 쾌감을 주는 자위행위를 남몰래 하게 됨으로써 불안감이나 죄책감을 갖는 경우가 대부분이다. 또 여러 가지 궁금증이나 고민거리를 가지고 있다. 과연 자위행위는 나쁜 것일까? 자위에 대해서는 예로부터 여러 가지 견해가 있다.

상당수의 청소년들은 자위행위에 대해 궁금증을 가지고 있다. 예를 들면 '자위행위를 하면 성기가 작아진다는데 사실인가?', '자위행위를 하면 머리가 나빠지는가?', '결혼 후에 아기를 갖는 데 문제는 없는가?', '자위행위를 1주일에 몇 번 하는 것이 좋은가?' 등이다. 청소년기의 자위행위는 결혼 후의 생활에 거의 지장을 주지 않으며 청소년들이 생각하는 것처럼 큰 걱정거리나 문제가 되지도 않는다.

청소년들의 자위행위에 대한 견해를 정리해 보면 다음과 같다.

〈표 5-2〉 청소년들의 자위행위에 대한 견해

견해	내용
도덕적 견해	종교적인 관점에서 비롯된 것으로 자위는 부도덕적이고 부자연스러운 것이며, 자위행위 그 자체가 정신적으로 간음과 같은 죄악을 범하는 것이라고 보는 입장이다.
질병적 견해	자위행위로 인해 피로, 허약, 소화불량, 의지박약, 성기 암, 여드름, 불임증, 두통 등과 그 밖의 여러 가지 정신병을 일으킨다고 믿는 견해이다.
허용적 견해	자위행위는 해롭지도 않을 뿐만 아니라 신진대사의 하나로, 남에게 피해를 주지 않으면서 성 충동을 해결하는 하나의 방안이 된다는 주장이다. 즉 청소년들의 적절한 자위행위는 정신위생상 나쁘지만은 않다는 견해이다

오늘날에는 대체로 세 번째 견해를 받아들이고 있다. 자위행위 그 자체는 생리적으로 나오는 침이나 눈물처럼 어느 정도 자연스런 행위이지 더러운 것이나 부끄러운 것이 아니라는 점이며, 더구나 이에 대해 죄책감을 가질 필요는 없으며, 정신적으로나 신체적으로도 해로운 것이 아니다(박현동, 1997).

(3) 자위행위와 건전한 생활습관

청소년의 자위행위는 급격한 성적 성장과 생활환경의 자극이 정신적인 내적 가치의 성적 요구와의 상호작용에 의해서 발생되는 것이다. 청소년들의 성적 욕구가 발전하여 밤에 몽정을 경험하기 시작하면서 억제력이 부족하여 성 충동에 굴복하는 행위이다. 현실적으로 볼 때 청소년의 자위행위는 피하기 어려운 상황으로 이해하여야 한다. 그러나 여기에는 동기에 의한 도덕적 요소의 결정 여부가 중요하다. 자위행위를 하면서 불륜적이고 반인륜적 상상을 하게 되는 동기는 청소년의 성적 자극에 관한 직·간접적인 경험에 의한 것이다. 따라서 청소년의 자위행위와 동기는 육체적 성장의 자연적 현상으로 사랑하는 여인을 대상으로 정상적으로 유발되어야 한다.

더 중요한 문제는 과도한 자위행위는 결국 부정적인 결과를 초래할 수 있다는 것이다. 습관적으로 지나치게 자위행위를 하면 두 가지 장애를 경험하게 된다. 그것이 신체적 장애와 정신적 장애이다.

〈표 5-3〉 지나친 자위행위로 인한 장애 경험

명칭	내용
신체적 장애	1. 심장의 압박감, 심장질환이 일어나고 시력이 약해진다. 2. 성기도 변화가 일어나 남자는 음낭이 위축 또는 이완되고, 귀두염이나 섬호선염, 정액누출, 섬호선 분비물 액의 누설 등이 발생한다. 3. 여자는 음핵이 커지고 소음 순이 탄력을 잃고 이완되며, 질염, 대하증, 월경 이상 등이 유발된다. 또 조루증, 불임증, 성교불능 등의 원인이 된다는 점도 확인되었다.
정신적 장애	1. 과도한 자위는 신경 쇠약증과 복부 신경증, 방광 신경증 등을 일으키는 것으로 간주되고 있다. 2. 잦은 자위로 신경이 성적 자극에 흥분하기 쉽고 피로해지기 쉬운 상태에 놓여 몸이 쇠약해지면 성적 신경 쇠약증이라는 질환이 일어나는데, 일반적으로 이것을 신경 쇠약증이라고 한다.

출처 : 오세원(1997).

이렇듯 자신의 몸과 건강을 위해서 지나친 자위행위는 하지 않는 것이 좋을 듯 싶다. 또한 자위행위로 인한 고민과 갈등은 대부분의 청소년들이 공통적으로 겪는 일이나 성인이 되면서 횟수가 줄어들다가 결혼을 하면 자위행위는 거의 하지 않게 된다.

청소년기의 자위행위는 행위 그 자체보다 해서는 안 되는 행위라 생각하며 할 때 그에 따르는 죄책감이나 불안이 더욱 문제가 된다. 따라서 적절한 운동이나 취미 생활, 원만한 인간관계 등에 힘쓰면서 스스로 억제하려고 노력한다면 자연히 횟수가 줄어들게 되어 크게 문제가 되지 않을 것이다.

성적 자극을 주는 책, 동영상, 영화는 보지 않는 것이 좋고, 성에 대한 생각이 들지 않도록 잠자리에 들면 곧 자고 잠을 깨면 바로 일어나는 습관을 들이도록 하며, 너무 꼭 끼는 속옷이나 바지를 입지 말고, 너무 무거운 이불보다는 가벼운 이불을 덮는 것이 도움이 된다. 이 시기에는 보다 생산적이고 창조적인 활동에 성 에너지를 투입할 수 있도록 하며, 성 욕구에 대한 관리와 조절 능력을 갖추는 것이 중요하다(박재복, 김정옥, 2001).

자위행위 자체는 죄가 아니나 그것이 죄의식을 일으켜서는 안 된다(박현동, 1997). 자위행위에 수반되는 음탕한 성적 상상과는 달리 자위가 죄라고 불릴 수 없는 이유는, 거의 모든 사람이 인생의 어떤 시점에서 경험하는 과정이기 때문이다(최재락, 1996). 그러나 자위행위를 비도덕적, 반윤리적인 성적 상상의 결과로 한다면 그것은 정욕이므로 죄가 된다. 다만 자위행위는 충만된 성 욕망이나 훗날 결혼생활의 성생활을 충족시키기 위하여 일시적인 해소 방법으로 순수하게 사용되는 경우에만 수용되어야 할 것이다(박현동, 1997).

청소년의 자위행위는 정열과 시간을 소모하며 정상적인 정서의 성숙과 학습활동을 해칠 위험성이 있으므로 절제하는 것이 바람직하다. 그러나 성 충동 해소를 위하여 불가피하다면 죄의식을 갖지 말고 빨리 처리하도록 해야 한다. 자위행위의 습관화를 방지하고 극복하기 위해서는 첫째, 분별력과 자제력으로 단절하려는 태도와 의지를 가져야 하며, 둘째, 행위의 근원을 찾고 조속히 중단하기 위한 대안을 찾아 노력해야 한다. 셋째는 성 전문상담자와 상담하여 긍정적 사고를 갖고, 등산이나 운동 등의 육체적인 활동을 통해서 성적 열정과 욕구를 승화시키도록 한다(최재락, 1996).

마지막으로 자위행위가 이미 습관화된 사람은 밤에 잠자리에 들면 곧 잠들 수 있도록 낮에 활동을 많이 하는 것이 좋다. 또 내의가 척척하거나 더럽혀져 있으면 성기에 자극을 많이 주게 되므로 내의는 매일 갈아입도록 하고, 더러워진 것이나 땀에 젖은 것은 곧 갈아입도록 하는 것이 좋다. 동시에 아침에 눈을 뜨면 곧 자리에서 일어나도록 노력해야 한다. 눈을 뜨고도 언제까지나 자리에 누워 있으면 자위행위를 스스로 유발하는 일이 되므로 삼가도록 해야 한다(하타노 이소코, 1989).

3) 성폭력

(1) 성폭력의 정의

인류의 역사가 시작된 이래 여성들은 끊임없이 성폭력에 시달려 왔다.

그러나 성폭력은 가부장 제도하에서 통념으로 굳어진 남성의 시각으로만 보아 왔을 뿐, 성폭력의 본질에 관한 문제나 성폭력 희생자를 돌보아 주는 등의 일에는 별로 관심이 없었다(윤종모, 1993).

성관계를 성립시키는 가장 비열한 행위는 성폭행이다. 성폭행은 강간이라는 용어가 그 원천이었기 때문에 좁은 의미로는 강간을 의미한다. 즉 강제로 성행위가 이루어진 경우만을 의미한다.

그럼 성폭력이란 무엇인가? 많은 사람들이 성폭력을 사회, 문화적 현상으로 이해하기보다는 본능적, 생물학적 현상으로 보고 있다. 이것은 이 사회의 현실이 남성지배의 사회구조로 되어 있어서 성에 대한 남성의 편견이 그대로 사회통념으로 굳어 버렸고 또 대부분의 사람들이 그 통념을 별다른 비판 없이 그대로 받아들인 결과일 것이다(윤종모, 1993).

대체로 여성계에서는 성폭력[17]의 개념을 광범위한 개념으로 사용하고자 하는 추세

---

17) 성폭력은 성희롱이나 성추행, 성폭행 등을 모두 포괄하는 개념으로 '성을 매개로 상대방의 의사에 반해 이뤄지는 모든 가해행위'를 뜻한다. 폭행은 강간과 강간미수를 의미한다. 강간은 '폭행 또는 협박을 가해 사람과 교접행위를 하는 것'을 말한다. 형법 제297조에 따라 강간한 자는 3년 이상의 유기징역에 처한다.

국내에서 강간죄는 폭행이나 협박 등 물리력이 있어야 성립하는데, 이를 두고 성폭행 피해자를 충분히 보호하지 못한다는 비판이 있다. 이에 따라 피해자가 거부했음에도 성관계가 이뤄졌을 경우 이를 성폭행이라고 판단해야 한다는 비동의 간음죄 원칙이 쟁점화되고 있다.

1. 성희롱

성희롱은 성에 관계된 말과 행동으로 상대방에게 불쾌감, 굴욕감 등을 주거나 고용상에서 불이익을 주는 등의 피해를 입히는 행위를 말한다. 음란한 농담이나 언서, 외모에 대한 성적인 비유나 평가, 원하지 않는 신체접촉, 회식이나 야유회 자리에서 술을 따르도록 강요하는 행위 등이 성희롱에 포함된다.

성희롱은 「남녀고용평등법」과 「남녀차별금지법」에서 처음으로 명문화되었으며 「성발전기본법」, 「국가인권위원회법」 등에 성희롱 방지를 위한 조항이 규정돼 있다. 특히 「남녀고용평등과 일·가정 양립 지원에 관한 법률」 에서는 직장 내 성희롱을 "사업주·상급자 또는 근로자가 직장 내의 지위를 이용하거나 업무와 관련하여 다른 근로자에게 성적 언동 등으로 성적 굴욕감 또는 혐오감을 느끼게 하거나 성적 언동 또는 그 밖의 요구 등에 따르지 아니하였다는 이유로 근로조건 및 고용에서 불이익을 주는 것"으로 정의하고 있다.

한편 성희롱은 피해자가 사업주에게 가해자에 대한 부서전환과 징계 등의 조치를 요구할 수 있고 성희롱 가해자를 대상으로 손해배상을 청구할 수 있으나 형사처벌 대상은 아니다.

2. 성추행

성추행은 강제추행을 뜻하는 것으로, 성희롱과 다른 것은 폭행이나 협박을 수단으로 추행한다는 것이다. 즉 성희롱이 성적인 수치, 혐오의 감정을 느끼게 하는 일체의 행위라면 성추행은 이러한 추행 행위에 폭행, 협박 등 강제력이 가해지는 경우이다. 형법 제298조에 따라 강제추행한 자는 10년 이하의 징역 또는 1500만 원 이하의 벌금에 처한다.

3. 성폭력 예방을 위한 '경계존중교육'

성폭력 예방을 위해 실시되고 있는 교육으로, 여기서 경계는 눈에 보이지는 않지만, 누구나 존중받아야 하는 물리적·신체적·언어적·정서적·시각적 개인 영역을 가리킨다. 경계존중교육은 개인 간 경계를 인식하고 그것을 존중하고 배려하는 태도를 가르치는 교육을 뜻하는데, 이에는 다음과 같은 세 가지 원칙이 있다.

1) 자신의 경계를 존중받고 상대방의 경계도 존중해야 한다.
2) 상대방이 자신의 경계를 침범하려고 할 때는 '싫어' '안돼'라고 말해도 괜찮다. 말을 하지 못했다고 하더라도 자신의 잘못이 아니다.
3) 자신이 스킨십 등 상대방의 경계를 침해해야 할 경우에는 반드시 동의(허락)를 구해야 하며, 상대방이 거부할 경우 이를 존중해야 한다(pmg 지식엔진연구소, 시사상식사전).

이다. 국내에서 처음으로 성폭력의 개념 정의를 공식화했던 여성의 전화[18]는 성폭력을 아내 구타, 강간에 관련된 성폭행, 인신매매와 매매춘, 성적 희롱, 직장 내 여성 구타, 성 차별적 대우와 정신적 폭력 등 여성이기 때문에 겪게 되는 무형의 폭력까지 포괄하고 있다. 이는 성차별을 매개로 가해지는 '여성에 대한 폭력' 전반에 포괄되는 개념이다(여성의 전화, 1991). 여성에 대한 폭력은 매우 광범위하게 이루어지고 있으므로 성폭력의 개념을 성기 중심의 개념 정의로 협소화시켜서는 안 될 것이다(최명관, 1997).

(2) 성폭력에 대한 인식의 변화

근래 성에 대한 의식의 변화와 성폭력의 내용에는 다양한 성적 행동이 포함된다.

1994년 제정, 시행된 성폭력 특별법(「성폭력 범죄의 처벌 등에 관한 특례법」을 달리 이르는 말)에 의하면 "성폭력이란? 강제추행, 강간 미수, 위력, 혹은 위계에 의한 간음, 어린이에 대한 성추행, 친족에 의한 강간, 장애인에 대한 준강간, 통신 매체를 이용한 음란죄 등" 을 의미한다. 그뿐만 아니라 여성학이나 사회학에서는 이들 이외에 성기노출, 언어 등에 의한 성적 희롱, 가벼운 추행 등도 포함시키고 있다. 특히 성관계가 합법화되고, 성에 대한 상호책임을 지고 있는 부부 사이에도 '아내 강간'이라는 성폭력을 인정하고 있다(김경식 외, 2002).

한국성폭력상담소에 의하면 걸음마를 배우는 아기부터 60세 이상 할머니까지 모든 여성들을 대상으로 갖가지 다양한 수법들의 성폭력이 너무나 일상적으로 일어난다고 한다. 또한 성폭력이 피해 여성들의 삶 전반에 끼치는 폐해는 생각 이상으로 심각하다고 한다. 대인공포증, 불안, 정신장애, 자살, 때로는 가해자 살인으로까지 이

---

18) 1983년 한국기독교교회협의회가 운영하는 크리스천 아카데미를 수료한 여성운동가들이 남편으로부터 폭력행위를 당한 여성들을 위해 상담 활동을 하면서 시작되었다. 대한민국 최초의 가정폭력, 성폭력 전문상담기관이다. 2009년 '여성의전화'에서 '한국여성의전화'로 개편하였고, 전국에 25개 지부를 두었다. 여성폭력추방운동, 평등평화마을만들기, 지역여성 미디어운동, 결혼이주여성운동, 이혼여성운동, 여성의 경제적 권리 확보운동, 교육사업, 국제연대 등의 활동을 하였다.

어지기도 한다고 한다(최영애, 1993). 결국 성폭력은 여성의 삶과 생명을 위협하고 사회를 불안과 불신으로 몰아가는 사회적 범죄일 뿐 아니라 인간으로서의 존엄성을 말살시키는 중대한 인권의 문제임이 분명하다.

우리는 일반적으로 성폭력을 강간이나 심한 추행에만 해당하는 것으로 생각하지만 전 세계 여성 인권운동 단체나 여성학적인 개념 규정에 의하면, 성폭력은 언어 희롱이나 성기 노출, 가벼운 성적 접촉에서부터 강간에 이르기까지 성을 매개로 한 여성에게 신체적, 정신적 불쾌감이나 불안감, 공포를 주는 모든 행위를 성폭력으로 규정하고 있다. 그뿐 아니라 성폭력으로 인한 막연한 불안감과 그로 인한 행동 제약도 간접적인 성폭력으로 규정하고 있다(최영애, 1993).

현재 우리 사회의 성폭력 문제는 더 이상 방치할 수 없을 정도로 심각하다. 성폭력특별법[19]이 제정되고 성폭력에 대한 사회적 인식도 많이 변하였으나 여전히 성폭력은 줄어들지 않고 있다. 그뿐 아니라 성폭력 피해자의 절반이 19세 이하의 청소년기 여성과 어린이이며, 전체 가해자의 20%가 윤간이나 가족을 파괴하는 등 흉악 범죄자들이며, 특히 19세 이하 청소년이 그중 50% 이상을 차지함으로써 청소년 성폭력 문제가 심각한 사회문제로 대두되고 있다(최영애, 1996).

19) 성폭력범죄를 예방하고 그 피해자를 보호하며, 성폭력범죄의 처벌 및 절차에 관한 특례를 규정하기 위한 법으로 1994년 1월 제정되었다. 국민의 인권신장과 건강한 사회질서 확립을 목적으로 하는 법안으로, 정식 명칭은 「성폭력범죄의 처벌 및 피해자 보호 등에 관한 법률」이다.
이전까지는 여성문제나 가정문제를 사적인 영역으로 간주하여 많은 여성들이 법의 보호로부터 배제됐으나, 가정 내부의 성적 문제 또한 사회문제로 인식하고 법적 기반을 마련해야 한다는 필요성이 제기되었다. 이로 인해 부산성폭력상담소 등 12개 단체가 1991년 8월에 성폭력특별법 제정추진 특별위원회를 결성하여 3년간 활동한 결과, 해당 법안이 1993년 12월 17일 국회에서 통과되고 1994년 4월 1일부터 시행되었다. 그러다 2011년 1월부터 해당 법안은 폐지돼 여성가족부 관할의 「성폭력방지 및 피해자보호 등에 관한 법률」과 법무부 관할의 「성폭력범죄의 처벌 등에 관한 특례법」으로 분할·시행되고 있다(pmg 지식엔진연구소, 시사상식사전).

(3) 청소년 성폭력의 발생 원인

빈곤, 가족 간의 불화, 결손 가정, 맞벌이 가족 등의 개인적 환경요인과 입시 위주의 학교 교육제도, 성교육의 부재, 성 억압적이면서 또 한편으로 성 탐닉적인 이중적 성 문화, 무차별적으로 양산되는 성의 상품화 등의 사회 문화적 요인들을 들 수 있다. 이러한 요인으로 인해 청소년들은 성을 하나의 자극적인 놀이 형태로 인식하고 있으며, 따라서 성폭력 행위를 전혀 죄의식 없이 행하고 있다는 것은 큰 충격을 안겨다 준다(최영애, 1996).

우리 사회와 같이 금기와 탐닉적 성 문화가 공존하며 여성을 성적인 상품으로만 바라보게 만드는 남성 중심적 성의 상품화가 판치는 사회에서 청소년 성폭력 문제는 지극히 당연할 뿐만 아니라 필연적 결과라고 볼 수 있다. 아무리 현재 우리 사회 청소년들이 입시 위주의 교육제도와 이에 맞장구칠 수밖에 없는 부모들의 숨통을 죄는 교육방식, 현 가족들이 겪는 소외와 갈등구조 안에 처해 있다고 하더라도 우리 사회가 올바른 성문화를 갖고 있다면, 청소년 성폭력 문제가 이런 지경에까지 이르지는 않았을 것이다.

지금도 우리 사회의 기성세대인 일부 남자들은 도저히 용납할 수 없는 일을 빈번히 저지르고 있다. 2021년 2월 26일자 기사가 또 한 번 나를 분노하게 만든다. 기사 내용을 정리하면 다음과 같다.

> 10대 가출 청소년을 성폭행하고, 피해자 아버지에게 허위사실 유포를 빌미로 돈까지 요구한 20대에게 실형이 선고됐다. 제주지방법원 제2형사부(장찬수 부장판사)는 26일 「아동 · 청소년의 성 보호에 관한 법률」 위반 혐의로 재판에 넘겨진 최 모(23) 씨에게 징역 3년을 선고했다고 밝혔다.
> 또 40시간의 성폭력 치료프로그램 이수와 아동 · 청소년 관련 기관 등과 장애인 복지시설에 4년간 취업 제한을 명령했다. 전 남자친구를 통해 가출 청소년을 소개받아 성폭행한 공소사실을 보면, 최 씨는 2019년 7월 피해자(14)의 전 남자친구를 통해 피해자를 소개받았다. 당시 피해자는 집을 가출한 상태였다.

최 씨는 '자신의 집에 자게 해주겠다'며 피해자를 제주시 모 아파트 지하 공용화장실로 데려간 뒤 성폭행했다. 최 씨는 재판부에 피해자와 성관계한 사실 자체가 없다며 범행을 부인했다. 하지만 재판부는 피해자가 진술한 성관계 당시 경위와 언동이 구체적이고, 진술이 일관된 점 등을 근거로 최 씨의 주장을 받아들이지 않았다. 또 최 씨가 전 남자친구에게 연락해 경찰 조사에서 본인에게 유리하게 진술하도록 회유한 점 등도 근거로 들었다.

최 씨는 재판부에 '왼팔에 힘이 들어가지 않아 성관계를 맺기 쉽지 않고, 화장실도 매우 좁아 성관계도 불가능하다'고 주장하기도 했지만, 재판부는 "피고인은 장애의 정도가 심하지 않은 장애인으로 등록됐고, 화장실이 다소 좁지만, 충분히 성관계할 수 있는 면적이 된다"며 이 역시 받아들이지 않았다.

최 씨는 범행 이후 학원에 있는 피해자를 찾아가 허위사실을 유포하지 말라고 다그치고, 이를 빌미로 피해자 아버지에게 돈을 요구한 것으로도 드러났다. 재판부는 "미성숙한 청소년 피해자에게 악영향을 끼쳐 비난 가능성이 좋지 않다"며 "아무런 피해 회복이 이루어지지 않았고, 용서도 받지 못했다"고 선고 이유를 밝혔다.

출처 : KBS뉴스(2021. 2. 26).

4) 기타

(1) 미혼모[20)]

청소년들의 불건전한 이성교제와 혼전 성관계가 늘어나면서, 성에 무지한 여자 청소년들이 미혼모가 되는 문제가 있다. 미혼모의 임신의 원인을 살펴보면 다음과 같다. 첫째, 미혼모의 대부분을 차지하는 연령층인 청소년이 주로 우연히 만나거나, 직장에서 연결되어 피임방안 없이 순간적인 충동에 의하여 성관계를 맺고 임신하게 되는 것을 보여 준다.

둘째, 강제로 성교를 당한 비율도 적지 않다는 사실이다. 여자 근로 청소년 중 성교 경험자의 13.2%가 남자의 육체적 힘에 이기지 못해 성관계를 가졌다고 한다(대한 가족협회, 1991). 특히 여자 근로 청소년의 첫 성교 대상자가 직장 상사인 경우가 가장 많다는 연구 결과물에 의하면 여자 근로 청소년이 직장 상사와 동료의 경제적, 심리적 강제에 의해 당하는 자의반 타의반 성관계에 의한 임신과, 강간에 의한 임신의 가능성을 고려해야 한다.

문제는 오늘날 우리나라 청소년의 주저 없는 성 표현 추세를 고려할 때, 앞으로 미

---

20) 한부모의 하위 개념으로 혼인을 선택하지 않은 상태에서 아이를 갖거나 출산을 하여 아이를 키우는 여자를 말한다. 하지만 우리나라에서는 미혼모라는 용어 자체에 도덕적·사회적 편견이 들어가 친모가 양육을 포기하는 경우도 많다.
2000년 이후 저출산 문제가 심각하게 대두되면서 해외로 입양되던 많은 미혼모의 아이들에 대한 국내 입양이 추진되고, 이에 따라 미혼모에 관한 국내 사회적 인식도 조금씩 바뀌는 추세에 있다. 또한 결혼문화가 변화하고 시대상황이 바뀌면서 자발적 미혼모도 증가하고 있다. 국가에서도 「한부모가족지원법」 등을 마련하여 미혼모가 직접 아이를 양육할 수 있는 방법을 모색하고 있다.
현대사회 미혼모의 특성을 보면, 혼전 임신의 증가, 10대 미혼모의 증가 등의 현상이 보이지만, 동시에 고연령화, 고학력화, 다양한 직업, 미혼모와 미혼부와의 관계변화, 자녀 직접 양육의 증가 등의 변화를 보이고 있다. 이는 현대에 올수록 자발성 미혼모가 늘고 있다는 근거 자료가 된다. 미혼모는 성과 관련된 중요한 사회문제이며, 특히 10대가 미혼모가 되었을 때의 문제는 더욱 심각해진다. 성장과정 중에 있는 모체의 손실뿐만 아니라 정신적으로도 미숙한 10대는 자립 능력까지 부족하여 아이 양육문제도 야기하게 된다(김춘경 외, 2016).

혼모의 증가 현상은 심각한 사회문제가 될 것이다.

(2) 근친상간[21]

근친상간이란 말은 라틴어의 impure에서 왔으며 친척, 부모, 형제자매, 조부모 또는 숙부, 숙모와 같은 가까운 관계에 있는 사람간의 성적 관계를 말한다.

반문화적 성관계의 대표적 유형 중 하나가 근친상간이며, 성폭행이나 매매춘과 함께 근친상간은 거의 대부분 숨겨질 수밖에 없는 특성을 지니고 있기 때문에, 그 이면의 실상을 파악하기 힘들다. 성폭행에 의한 근친상간이나 임신으로 인한 근친상간의 노출을 제외하면, 거의 대부분의 경우 숨겨져 있다.

근친상간의 특징은 사회문화적 측면에서는 절대로 용납될 수 없다. 그래서 근친상간은 성적 비행일 수밖에 없으며, 생리적 관계가 전제된다는 것이고 근친간이기 때문에 신체적 성 접촉이 없으면 간음행위로 보기가 애매한 측면이 있기 때문이다.

(3) 성매매 및 원조교제

보통 매춘은 남성들의 육체적 성욕을 만족시키기 위해 여성을 이용하고 돈을 지불하는 행위를 의미한다. 오늘날 우리 사회에서도 많은 젊은 여성의 성이 매춘이라는 행위에 의해 상품화되고 있음을 부인할 수 없다(최재락, 1996).

---

21) 부부를 제외한 친족 간의 성관계로, 현대에는 법적으로 금지되어 있다. 현대에서 근친상간은 거의 모든 문화권에서 금기시되고 있지만, 그 범위는 문화마다 다르다. 혈연에 의한 관계만 근친상간으로 보는 문화권도 있고, 우리나라와 같이 입양이나 재혼에 따른 관계도 금지하는 경우가 있다. 고대 이집트 왕조, 고대 페르시아, 하와이 원주민의 상류 계층 등에서는 형제혼을 인정했고, 잉카제국에서는 황실의 순수 혈통을 지키기 위해 근친혼을 유지하기도 하였다.
하지만 근친상간으로 인한 유전적 질환과 같은 생물학적인 유전적 문제, 사회문화적·심리적 문제 등의 이유로 대부분의 문화권에서 금기시되고 있다. 과거 우리나라는 동성동본 혼인을 법으로 금하기도 하였다. 재혼으로 인한 의붓아버지와 딸 사이의 근친상간은 가정붕괴로 이어지기도 하며, 모자간, 부녀간의 근친상간은 아동학대로 규정된다(김춘경 외, 2016).

현재 성을 파는 직업 여성 중에서 여자 청소년들의 매춘 인구는 엄청난 숫자일 것으로 추정되며 오늘날에는 미성년자, 다시 말해서 10~18세의 소년, 소녀들의 매춘 행위가 부쩍 증가하는 추세이며 청소년들에게 있어서 매춘은 돈을 벌 수 있는 빠른 방법이며 성적 호기심을 만족시키고 자유와 자립의 욕망을 채울 수 있는 손쉬운 방법이 된다. 또한 부모와 사회, 권위에 대한 반항을 표시하는 방법이기도 하다(Guy Durand, 1989).

2021년 2월 23일 기사가 눈에 들어 왔다. 또래를 모텔에 감금한 채 뜨거운 물을 붓는 등 고문하면서 돈을 뜯어낸 10대들에게 징역형이 선고됐다는 기사였다.

> 법조계에 따르면 서울서부지법 형사9단독 박수현 판사는 폭력행위 등 처벌에 관한 법률 위반(공동감금 · 공동상해) 등의 혐의로 재판에 넘겨진 A(19)군에게 징역 8개월을, 공범으로 기소된 B(19)군에게는 징역 6개월에 집행유예 2년을 선고하고 보호관찰과 80시간의 사회봉사를 명령했으며 함께 기소된 C(17)군은 수원가정법원 소년부에 송치됐습니다.
> A군과 C군은 2020년 6월 20일 오전 3시 29분쯤 모텔비 등에 사용할 돈을 빼앗기 위해 C군과 약 1년 전부터 알고 지낸 16세 남학생 피해자를 불러냈습니다.
> 이들은 피해자를 협박해 10만 원을 계좌로 송금받고 같은 날 오전 4시쯤 모텔에 피해자를 데리고 들어가 옷을 벗게 한 뒤 약 15시간 30분 동안 감금한 채 폭행했습니다.
> A군과 B군은 주먹으로 피해자의 얼굴과 가슴 부위를 때리고 앉았다 일어나기를 반복적으로 시켰으며 C군은 커피포트에 있는 뜨거운 물을 피해자 가슴에 부었습니다.
> 이로 인해 피해자는 전치 2주의 상해와 함께 몸에 2도 화상을 입었습니다.
> A군은 피해자를 폭행하며 돈을 구해오라고 협박해 5만여 원을 뜯어내기도 했습니다.
> 재판부는 "별다른 이유 없이 피해자를 공동 폭행하고 감금했고, 돈을 갈취하기까지 했다"며 "피해자가 A군과 B군에 대해선 합의서를 작성해줬으나 법정 증언 내용을 보면 처벌을 원하지 않는 것으로 해석하긴 어렵다"고 양형 이유를 설명했다.
> 다만 C군에 대해선 "소년법에서 정한 소년으로서 보호처분에 해당하는 사유가 있다고 인정되므로 사건을 수원가정법원 소년부에 송치하기로 한다"고 밝혔다.

> 한편 이들은 지난해 6월 28일 오전 4시쯤 마사지샵에서 나오는 51세 남성에게 다가가 "성매매 했냐"고 묻고 피해자가 도망가자 뒤따라가 얼굴에 침을 뱉고 휴대전화를 빼앗은 뒤 돌려주는 대가로 2만 원을 빼앗기도 한 사건이 있었다.

출처 : SBS뉴스(2021. 2. 23).

'재력가 행세를 하며 큰돈을 주겠다는 거짓말로 미성년자 2명을 꾀어 여러 차례 성관계를 맺은 30대 남성이 징역 3년 6개월을 선고받았다'는 또 다른 기사는 원조교제 사건이었다. 원조교제라는 말이 세상에 처음 등장한 것은 1994년 9월 20일자 일본의 『아사히신문』을 통해서이다. 일본에서의 원조교제가 우리나라에 알려지게 된 것은 1995년 무렵이다. 우리나라에 들어오면서 나이 든 성인과의 만남이라는 일본에서의 의미가 '서로 도와 주면서 사귄다.'라는 매우 좋은 뜻을 지닌 말로 전환되어 우리나라 청소년들에게 급속도로 확산되었다.

> 창원지법 형사4부(이헌 부장판사)는 「아동 · 청소년의 성보호에 관한 법률」 위반 혐의로 재판에 넘겨진 A씨(35)에게 징역 3년 6개월을 선고했다고 3일 밝혔다. 또한 성매매 방지 프로그램 80시간 이수와 아동 · 청소년 관련 기관 및 장애인복지시설 5년 취업제한을 명령했다.
> 재판부는 "피고인은 두 번의 동종전과가 있으며 성적 자기 결정권을 온전히 행사할 능력이 미약한 청소년을 경제적 보상으로 유혹해 성을 팔도록 권유했다"면서 "피해자들이 상처를 치유하는 데 오랜 시간이 필요할 것으로 보인다"고 판시했다.
> A씨는 휴대전화 채팅 애플리케이션을 통해 '애인처럼 만나주면 1200만 원을 주겠다'며 당시 17세이던 B양을 꾀어냈다. A씨는 B양과 지난해 5월 18일부터 25일까지 총 8차례에 걸쳐 성관계를 맺었다.

출처 : 동아일보(2021. 2. 3).

본 기사처럼, 특히 원조교제는 어릴수록 좋다는 잘못된 성의식을 가진 성을 사는 성인들과 휴대폰 비용이나 고가의 의류와 액세서리 등을 선호하여 돈이 필요한 성을 파는 청소년들의 필요조건이 상호 적절히 충족되면서 빠른 속도로 확산되어 왔다고도 볼 수 있다. 원조교제의 문제점을 몇 가지 측면에서 살펴보면 다음과 같다.

〈표 5-4〉 원조교제의 문제점

번호	문제점
1	원조교제는 돈이면 다 된다는 물질만능주의, 황금만능주의에 의한 사회적 병리현상을 일으킨다.
2	원조교제는 이 사회의 성문란을 부추긴다.
3	원조교제는 미성년자를 대상으로 성적 매매춘과 성폭행을 유도한다.
4	원조교제는 1회성의 익명성이 보장되면서 이루어지는 교제라는 점이다.
5	원조교제는 이 사회에서 이중적인 성 윤리를 부추기게 된다.
6	무분별한 원조교제를 통하여 잘못된 임신과 낙태를 유발시키게 된다.
7	여성들의 성에 대한 관심과 욕구가 강해지면서 남성이 성을 파는 남성 매춘이 다양화되는 역 원조교제를 등장하게 만듦으로써 최근 들어 또 하나의 심각한 사회문제를 등장하게 했다. 이것은 나이 많은 여성이 어린 남성을 돈으로 사는 것이다.

이에 우리 사회는 물질적인 풍요도 중요하지만 한 사람 한 사람의 인격도 소중하다는 것을 깨닫고 서로 사랑하고 위로하고 섬겨 주며 아름다운 이 세상이 되었으면 한다. 다음은 섹스팅과 온라인 그루밍에 대해서 설명하고자 한다.

섹스팅과 온라인 그루밍은 여성이 피해자로 노출되기 쉬운 사이버불링의 유형이다. 사이버공간은 국경이 없기 때문에 한 번 유출된 문제의 동영상은 통제가 불가능해진다. 불법 음란사이트 소라넷은 지난 8년간 방송통신심의위원회로부터 200여 차례 접속차단 조치를 당했지만 수많은 회원을 거느리고 계속 주소를 바꿔 가며 사이버상에 살아남았다. 이제는 부지불식간의 피해를 막기 위해 사이버의 특성과 사이버불링의 이해가 필요하다.

(4) 섹스팅(Sexting)

첫째, 문자나 다른 전자적 수단으로 누드나 반누드의 사진이나 동영상을 올리거나 전송하는 것을 말한다. 섹스팅의 실태는 서베이의 규모, 참여자의 나이, 전송 방법(문자, 이메일, 웹페이지 등)을 얼마를 포함하느냐에 따라 달라지기 때문에 정확한 실태조사가 쉽지 않다.

우리나라의 경우 방송통신심의위원회 자료에 의하면 당사자 신고로 삭제한 인터넷 게시물 중 얼굴이 노출되어 초상권 침해에 해당되는 개인 성행위 동영상은 2013년 1,166건에서 2014년 1,404건으로 20.4% 증가했다. 2년 새 3배 넘게 늘어난 것이며, 하루 9.5건에 해당된다. 단순 성행위 동영상이 아니라 신상 노출이 우려될 만큼 얼굴이 고스란히 노출된 악의적인 성행위 동영상의 유출이 급격히 늘어나고 있는 것이다. 방송통신심의위원회에 접수된 권리침해(명예훼손, 초상권 침해 등) 전체 민원 건수에서 이런 영상이 차지하는 비중 역시 2013년 37.2%, 2014년 67.3%, 2015년 88.7%로 매년 큰 폭으로 증가하고 있다.

퓨 인터넷과 아메리칸 라이프 프로젝트(Pew Internet and American Life Project, 2010)의 조사에 의하면, 12~17세 800여 명 중 4%는 섹스트(sext)를 폰으로 보낸 적이 있고 15%는 받아 본 경험이 있는 것으로 나타났다(Willard, 2006).

둘째, 청소년의 나이가 많을수록 섹스팅 유포에 연루될 가능성은 더 커진다. 10대 미혼 임신 방지를 위한 전국 캠페인(National Campaign to Prevent Teen and Unplanned Pregnancy)에서 실시한 또 다른 조사에 의하면 10대의 39%, 성년 초기의 젊은이 59%가 부적절한 메시지를 보내거나 게재한 경험이 있다고 한다. 섹스팅에 연루되었던 10대들 중 여성의 71%, 남성의 67%는 연인 관계의 파트너에게 섹스트를 보내거나 게재했으며 여성의 21%, 남성의 39%는 사귀고 싶은 사람에게 메시지를 보냈다. 약 15%의 남녀 청소년들은 단지 온라인에서 만난 사람에게 섹스트를 한 것으로 나타났다(Lenhart, 2010).

(5) 그루밍(Grooming)

첫째, SNS 등 온라인에 접속하는 대부분의 청소년들은 새로운 친구를 만나기 위해 많은 시간을 보낸다. '새로운 친구'가 불순한 의도를 갖고 있다면 감쪽같이 속아 넘어갈 수 있다. 아이들의 14%가 온라인상에서 원하지 않는 성적 유혹을 받은 경험이 있는 것으로 조사되었다. 온라인 '그루밍(Grooming)'이란 성범죄자들이 성적 유혹의 불순한 의도를 갖고 접근하는 방식이다. 이는 소아애병자(pedophile)들이 온라인상의 표적이 된 어린 청소년들을 오프라인에서 만나기 위해 대상을 꾀고 조종하게 되는 과정을 말한다.

둘째, 이들의 목적은 성관계를 맺기 위함이지만 노골적인 성매매와는 접근의 양태가 다르다. 아부를 하거나 동정하기도 하고 필요하면 선물이나 돈, 일거리를 제공하기도 한다. 시간을 투자하기 때문에 가꾸고 준비한다는 의미의 '그루밍'이라는 단어를 쓴다. 이들의 단기 목표는 목표로 하는 청소년이 오프라인에서 만나기를 원할 정도로 편하게 느끼게 하거나 사랑을 느끼게 하는 것이다.

이 같은 성범죄자들은 참을성을 갖고 시간을 투자한다. 동시에 수많은 표적을 놓고 작업을 벌이면서 각 피해자에게는 "너만을 위한 사람"이라고 말한다. 온라인상에서 공감받기를 원하는 외로운 아이들은 쉽게 표적이 된다. 온라인 그루밍은 개인적으로 은밀하게 일어나기 때문에 다른 사람이 알아차리기가 쉽지 않다(Willard, 2006).

(6) 사이버불링(cyber bullying)의 성차

첫째, 미국의 5년 동안 주요 연구 결과의 메타분석을 통해 사이버불링 피해에 대한 선행연구를 검토한 결과 성별과 같은 인구사회 특성은 일관적이지 않으며 사이버불링에 직접적인 영향을 미치는 요인은 아니라고 결론을 내렸다(Tokunaga, 2010). 또한 남성이 여성보다 피해를 더 많이 당하는지, 혹은 여성이 남성보다 피해를 많이 당하는지에 대한 결과도 일관되지 않았다(Mishna et al., 2012:64).

둘째, 국내 연구에서 대상이나 규모에 따라 약간의 차이가 드러날 뿐 성의 차이가 일관적으로 나타나지는 않는다. 초·중·고 학생들을 대상으로 한 설문조사를 바탕으로 사이버불링의 유발 요인을 검증한 결과, 남학생일수록 사이버불링 피해를 더 당하는 것으로 나타났다(조윤오, 2013). 이러한 결과는 다른 연구에서도 비슷하게 나타나는데 남학생이 여학생보다 가해·피해 경험이 모두 더 많았다. 중학생을 대상으로 한 연구에서도 남학생이 여학생보다 가해 행동을 더 많이 하는 것으로 나타났다(남상인, 권남희, 2013).

셋째, 오은정(2010)은 사이버불링 가해자는 남자(62.5%)가 많고 피해자는 여자(61.9%)가 더 많다고 밝힌 반면, 이성대 외(2013)는 가해자나 피해자의 성별 차이는 없다고 보고했다. 또한 여학생의 사이버 폭력은 가족 관련 변인과 학교 관련 변인의 영향을 받는 한편, 남학생은 개인 관련 요인과 사이버 환경 관련 변인의 영향을 받는 것으로 확인되었다(김경은, 윤혜미, 2013).

넷째, 인터넷 사용 시간이 길어질수록 불특정인에 대한 가해 행동이 많아졌고 익명성 인식 수준이 높을수록 아는 사람에 대한 가해 행동이 영향을 받는 것으로 나타났다. 최근 만 15세 이상 50세 미만의 전국남녀 2043명에 대한 전국 규모의 온라인 인권 피해 실태조사(이수연, 김수아, 2014) 결과, 한 번이라도 온라인 인권 피해(성폭력, 스토킹, 명예훼손, 모욕, 영상 유포 등)를 당할 확률은 여성이 85.4%, 남성이 84. 4%로 여성이 남성보다 약간 높은 정도였다.

다섯째, SNS 사이버불링의 피해 · 가해 중첩 현상은 일부 유형에 따라 성별에 따른 차이가 드러났다. 남학생들은 재미를 추구하기 때문에 주로 '싫어하는 사진 올리기', '싫어하는 내용 올리기'와 같은 행위를 서로 주고받는 반면, 여학생들은 자신의 감성을 표출하기 위해 '비방하기', '저격 글에 대한 대응'과 같은 행위를 서로 주고받는 것으로 나타났다(박성훈, 심현정, 2015).

여섯째, 섹스팅, 그루밍, 사이버상의 성적 괴롭힘 등 여성이 피해자인 사이버불링의 유형 때문이기도 하지만 일반적으로 여성(여학생)이 사이버불링을 더 자주 경험하는 것으로 이해되는 이유는 다음과 같다. 첫째, 사이버불링은 문자 기반으로 이루어지는 경우가 많은데 여학생은 언어적 경향이 있기 때문이다. 둘째, 여학생이 좀 더 감정적이고 심리적인 유형의 불링에 연루되는 경향을 보인다.

일곱째, 오프라인에서 여학생은 문화적, 사회적으로 공격 성향을 보이기에 제한적이지만 사이버공간은 그런 제약에서 자유롭다. 여성은 다른 이를 공격할 때 집단적인 행동을 필요로 하는데 전자기기 이용이 친구들의 지원을 쉽게 받도록 한다는 것이다(Hinduja & Patchin, 2009/2012:94~95). 익명성과 가짜 정체성이 특성인 사이버공간에서도 여성은 오프라인의 젠더 효과와 차별을 그대로 지닌 채 살아가고 있음을 알 수 있다.

3. 청소년의 성 문화

우리나라는 인터넷을 이용하는 인구가 많다. 우리나라 인터넷 사용자들 중 청소년이 차지하는 비율이 압도적이다. 청소년 개발원이 실시한 한국, 미국, 일본, 프랑스 청소년 대상의 국제비교 조사 연구에서 우리나라 청소년의 컴퓨터 이용률은 93.3%로 조사 대상국 중 수위를 차지했으며 일주일에 10시간 이상 컴퓨터를 사용하는 장시간의 이용자 비율도 이들 국가 중 가장 높은 것으로 나타났다(전효관, 2000). 이미 많은 청소년들이 인터넷이 제공하는 갖가지 유해한 환경에 무방비로 노출되어 있다.

특히 사이버공간을 매개로 손쉽게, 그리고 대량으로 유통되는 성 관련 정보와 음란표현물들은 현실 공간에서는 금기시되고 있는, 다양하지만 때로는 왜곡된 성을 아무런 여과 없이 드러냄으로써 부모와 기성세대의 걱정과 우려를 증폭시키고 있다(손승영 외, 2002).

현재 우리 청소년들은 가정, 학교 및 사회의 모든 곳에서 올바른 자아의 형성과 보호를 위한 장소가 축소됨으로써 활동의 재창조를 위한 기회를 상실하고 있고, 성적 문란, 퇴폐, 향락문화, 물질만능주의, 청소년 비행과 일탈 등의 사회 병리로 인해 직·간접적으로 영향을 받고 있다. 그래서 청소년 성 문화에 많은 영향을 미치는 매스미디어와 음란물의 영향, 그리고 정보화의 영향에 대해 살펴보고자 한다.

1) 매스미디어 시대의 성

청소년들은 기성세대와는 달리 어릴 적부터 텔레비전과 비디오 전자게임, 뮤직 비디오, 비디오 등에 열광하면서 자라왔다. 청소년을 대상으로 한 시장의 규모는 점점 커지고 청소년들 자신의 뚜렷한 가치관과 이상을 표현할 수 있는 수단이 많이 생겨났다. 영상문화와 청소년 시장의 확대는 청소년들을 점점 더 다른 집단과 구별되도록 만들고 있다(김형곤, 1994). 이처럼 대중문화는 이제 청소년들 생활의 중요한 일부가 되어 있고 그들의 삶과 의식, 기호와 버릇에까지 깊은 영향을 미치고 있다.

(1) 대중가요 속의 성

청소년들에게 대중문화의 성 모델로 대중가요를 들 수 있다. 대중가요는 이 시대의 성 문화를 가장 잘 보여 주고 있는 분야들 중의 하나이며 대중문화 속에서 대중가요가 차지하는 부분 또한 상당히 크다. 청소년들은 자유로운 여가 시간을 대중음악을 통해 남에게 침해받지 않는 자신만의 세계를 갖고 혼자만의 세계로 상상의 공간을 만들어 간다. 음악은 인쇄매체나 영상매체에 비해 추상적이라는 특성을 가지고 있다. 따라서 음악을 들으며 '젖어 든다'거나 상상의 세계를 갖는다는 것은 영화나 드라마처럼 구체적인 대상이나 내용에 동일시하는 것과는 다른 성격을 갖는다(김창남, 1995).

노래 가사나 멜로디에 젖어 들면서 '내가 주인공이 되어' '영화를 한 편 찍는' 경험은 음악을 통해 일종의 환상이나 공상, 혹은 상상의 세계로 들어가는 것을 의미한다. 이는 청소년 자신에 의해 '도피'로 표현되기도 한다. 음악은 청소년들에게 휴식이며 도피의 의미를 가진다. 그것은 주로 나 혼자 듣는 행위를 통해 '나만의 상징적 세계'로 들어가는 경험이라 볼 수 있다. 학업에 매달려야 하는 일상의 세계는 청소년들에게 좌절을 안겨주는 장소이며 음악의 세계는 좌절을 위로하거나 잊게 해 주는 장소인데 가수들의 노래 가사가 어떤 면에서는 청소년들에게 일상생활에서의 무모한 탈출을 자극할 수도 있다는 것을 깊이 인식해야 한다. 그러므로 젊음을 발산하는 10대들의 놀이 정신과 호기심을 자아내는 대중문화는 더욱더 신중해야 한다.

(2) 대중스타의 성

대중문화 속의 스타들의 성에 대한 행동이 청소년들에게 어떠한 영향을 미치는가? TV 광고 중 연예인이 '금연'을 타이틀로 공익 광고를 찍는다면, 그의 말 한마디는 청소년의 반항심리까지도 잠재울 수 있는 큰 영향력을 가지고 있다. 학교 선생님이나 가정의 부모들보다 청소년들에게 더 큰 영향력을 행사하는 인기스타들의 행동은 청소년들로부터 모방하고자 하는, 또 동일시하고자 하는 우상 같은 존재로서 광고의 모델로 선정되는 것이다 .

청소년들의 우상이 되고 있는 연예인들 사생활 파문에 대한 보도가 시시때때로 나오고 있다. 요즘 청소년들은 대중 연예인을 보고 그들을 모방하고 동일시하려는 경향이 있으므로 청소년들에게 이같이 큰 영향력을 끼치는 인기스타들은 자신들의 행동이 얼마나 중요하고 조심스러워야 하는지를 알고 공인으로서 책무를 다해야 한다.

2) 정보화의 영향

현대의 기술과 정보화 시대의 주류인 인터넷, 즉 사이버공간의 문화는 정보통신 기술의 개발 및 이용과 관련하여 나타나는 다양한 문화적 현상이다. 사이버공간에 참여하는 작가와 참여자들의 자율적이고 개성적인 표현과 집단적 의사표현을 동시에 충족시키면서 감각적 즐거움과 윤리적 비판을 동시에 충족시키는 그런 예술 행위와 같은 형식이라고 할 수 있다.

그 밖에도 사이버공간은 물리적인 공간이 아니라 일종의 심리적 공간이다. 사이버공간에서 사람들은 다양한 역할을 추구하고 자신의 정체성을 끊임없이 시험해 보는 곳이기도 하다. 채팅이나 게임에서 많이 사용되고 있는 과정에서 자기 변신을 하는 것은 새로운 형태의 사회적 의사소통에 대한 욕구라고 할 수 있다(황상민, 2000).

어떤 경우에는 자아와 타인 사이의 중간지대로서 절반쯤은 자아에 속해 있고, 절반쯤은 타인에 속해 있는 공간으로 경험되기도 한다. 정보화 시대(사이버 시대)는 자신의 모습을 여러 가지로 변화시키기도 하고, 아이디를 바꾸고 대화명을 바꾸면서 자신의 성격과 신분, 외모, 심지어 성도 변화시키는 '복합 정체성'을 가지고 있었다. 이러한 사이버공간에서 생활하다 보면 점차 통합된 현실 자아의 모습과 멀어질 수도 있다는 우려가 생기는데, 그 이유는 욕구 만족을 지연시키는 능력을 감소시킬 수 있으며 성에 대한 왜곡된 지식을 습득할 수 있고 성에 대한 현실감각이 둔화되고 익명성이 낳는 정서 통제능력이 감소되며 불신감이 생기고 실제적인 만남으로 변화하는 과정에서 부작용 등이 생길 수 있기 때문이다.

컴퓨터를 부팅해서 클릭만 하면 사랑을 얻을 수 있는데, 굳이 상대방의 특성과 상황을 고려해 가면서 좌절을 무릅쓰고 떨리는 마음으로 한 발자국, 두 발자국 가까워지려는 노력을 들일 필요가 없게 되는 것이다. "컴퓨터를 통해서 성에 대한 왜곡된 지식을 습득할 수밖에 없으며 사이트 중에는 건전한 성교육을 목적으로 하는 사이트도 많이 개설되어 있지만, 문제는 건전 사이트 못지않게 얼마나 야해질 수 있는가를 목표로 삼고 있는 듯한 음란 사이트들도 많이 개설되어 있다는 데 있다. 특히 게임이나 광고를 빙자하여 성을 노출시키는 사이트를 이용하는 청소년들은 자신도 모르게 성에 대한 왜곡된 지식을 습득하게 되는 경우가 많이 있다. 게임에서 득점을 할 때마다 선정적인 표정을 한 여성이 옷을 하나씩 벗게 하는 게임은 이미 고전적인 내용이 되어 버렸을 정도이다. 청소년들이 자신의 몸을 아무리 쳐다봐도 화내는 법이 없다.

건전한 이성교제에 대한 지침이나 본보기가 부족한 현실에서 청소년들이 이러한 과정을 되풀이하다 보면 왜곡된 지식을 자기도 모르게 습득할 수 있다.

성은 인격과 인격 사이의 관계를 통해 실현되어야 하는 현상이니만큼 사이버 시대의 청소년들에게는 건전한 성이 많은 노력을 통해 달성되어야 할 과제로 남는다. 관계의 형성이 인간의 기본적인 욕구인 한, 청소년들의 생활을 통해 '성'과 '관계'가 건전하게 통합될 수 있도록 청소년을 지도하고 육성해야 할 것이다.

다음은 2018년도 여성가족부에서 조사한 〈2018년 청소년 매체이용 및 유해환경 실태조사〉 내용을 그대로 옮겨 보고자 한다.

1. 매체 영역

1 청소년의 높은 스마트폰 이용률 대비 낮은 유해매체 차단 프로그램 설치율

[분석결과]

- ○ 기기 이용률: 스마트폰(76.7%) → 집 컴퓨터(56.4%) → 학교 컴퓨터(56.0%) → 태블릿PC(31.0%) → 일반 휴대전화(5.7%)
- ○ 청소년의 스마트폰 이용률 대비 청소년 유해사이트 차단 프로그램 미설치율이 매우 높은 수준임.
  - – 차단 프로그램 미설치율: 스마트폰(39.2%) → 태블릿PC(38.3%) → 집 컴퓨터(33.7%) → 학교 컴퓨터(3.8%)

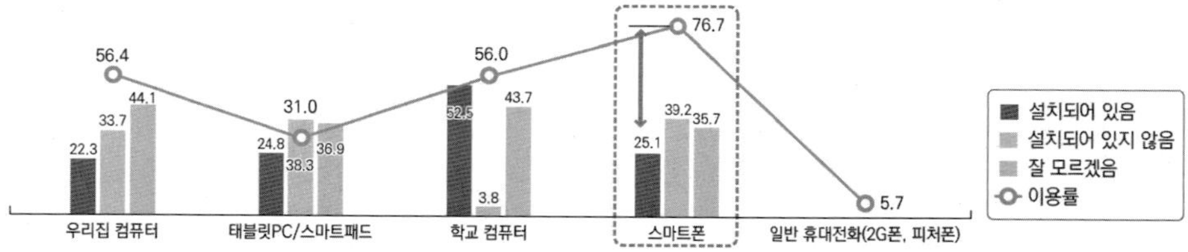

〈그림 1〉 기기별 사용 이용률 및 청소년 유해사이트 차단 프로그램 설치율(2018년)

[함의 및 정책 방향]

- ○ 청소년들이 스마트폰 사용을 통하여 다양한 유형의 매체에 접촉하고 있는 만큼 스마트폰을 통해 유해매체에 접촉하거나 노출될 가능성 높음.
- ○ 이에 따라 스마트폰 이용을 통한 유해매체 접촉 및 노출 차단을 강화하기 위하여 이용률 대비 매우 낮은 스마트폰의 유해사이트 차단 프로그램 설치율 높이는 보다 적극적인 방안 필요

출처 : 여성가족부(2019).

2 인터넷, 모바일 기기를 통해 청소년 접촉 빈도가 높은 매체는 모바일 메신저, 실시간 방송 및 동영상

[분석결과]

○ 주 1회 이상 매체 이용률: 메신저(89.4%) → 실시간 방송 · 동영상(88.2%) → SNS(66.7%) → 웹툰(64.2%)
○ 2016년 대비 2018년 실시간 방송 · 동영상 사이트, 메신저 이용률 증가
 – 실시간 방송 · 동영상 사이트 : ('16)82.8% → ('18)88.2% ⇒ 5.4%p 증가
 – 인터넷/모바일 메신저 : ('16)88.0% → ('18)89.4% ⇒ 1.4%p 증가

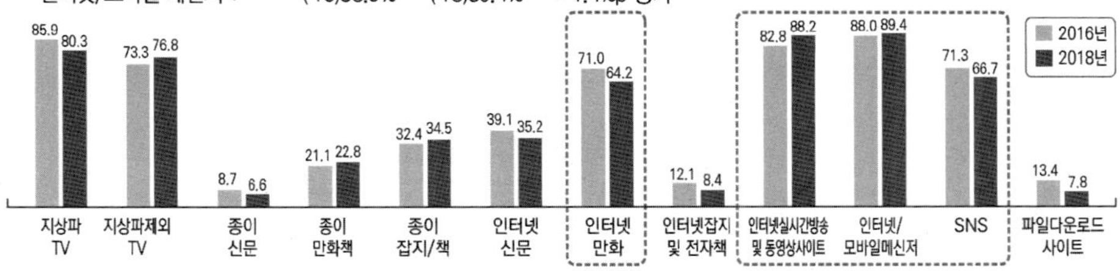

〈그림 2〉 최근 1년 간 매체별 '일주일에 1회 이상' 이용 비율(2016년, 2018년)

[함의 및 정책 방향]

○ 인터넷, 모바일 기기의 이용 환경이 지속적으로 발전함에 따라, 빠르게 다변화하는 매체와 콘텐츠에 대한 청소년의 이용률 또한 높은 수준을 보임.
○ 청소년의 접촉빈도가 높은 매체와 콘텐츠에 대한 전통적 규제 방식은 시간 지연(time lag)이 발생하므로, 실시간 방송동영상 등의 콘텐츠 생산유통자 자율규제 활성화 및 지원 · 관리 강화 필요

3 초등학생의 성인용 영상물 및 간행물 이용률 증가

[분석결과]

○ 2014년 이후, 초등학생의 성인용 영상물 및 간행물 이용률이 지속적으로 증가
 – 초등 5~6학년 성인용 영상물 이용률(%) : ('16)16.1 → ('18)17.7
 – 초등 5~6학년 성인용 간행물 이용률(%) : ('16)9.3 → ('18)10.6

〈표 1〉 학교급별 성인용 영상물 및 간행물 이용률

연도	성인용 영상물 이용률(%)				성인용 간행물 이용률(%)			
	전체	초등학교	중학교	고등학교	전체	초등학교	중학교	고등학교
2016	41.5	**18.6 (5–6학년 16.1)**	42.4	58.0	22.0	**11.8 (5–6학년 9.3)**	22.5	29.1
2018	39.4	**19.6 (5–6학년 17.7)**	41.6	53.3	23.3	**13.2 (5–6학년 10.6)**	25.0	29.8

[함의 및 정책 방향]

○ 인터넷 환경의 발전과 스마트폰 이용률의 증가로 초등학생도 성인용 영상물과 간행물에 쉽게 접촉할 수 있는 환경에 노출되고 있으며, 동시에 성적 성숙과 호기심의 이른 시기 발현도 영향을 미치는 것으로 이해할 수 있음.
○ 이에 따라 초등학생을 위한 유해매체 피해 예방 및 이용 교육의 확대 · 실시와 더불어 성인용 영상물과 간행물에 대한 연령등급제 확대 방안 검토 필요

출처 : 여성가족부(2019).

4 성인용 영상물 이용 유경험 청소년의 61.8%는 매체 이용 및 예방 교육이 도움이 되지 않는다고 응답

[분석결과]

○ 성인용 영상물 경험 유무에 따라 성인용 콘텐츠 피해 예방 교육 도움 정도를 달리 평가
- 성인용 영상물 미경험 청소년은 성인용 콘텐츠 피해 예방 교육 경험을 도움 됨으로 평가: ('16) 64.9% → ('18) 67.9%
- 성인용 영상물 유경험 청소년은 성인용 콘텐츠 피해 예방 교육 경험을 도움 안 됨으로 평가: ('16) 64.3% → ('18) 61.8%

〈표 2〉 매체이용 교육 경험에 따른 유해매체 접촉 경험(2016년, 2018년)

구분				성인용 영상물 이용 경험		성인용 영상물을 보지 않으려고 스스로 노력	
				있음	없음	그렇다	매우 그렇다
성인용 콘텐츠 피해 예방 교육 경험	교육 경험 없음		2016	35.0	65.0	35.5	42.4
			2018	37.0	63.0	34.7	39.5
	교육 경험 있음	도움 안 됨	2016	**64.3**	35.7	46.1	18.8
			2018	**61.8**	38.2	43.7	18.4
		도움 됨	2016	35.1	**64.9**	35.5	50.7
			2018	32.1	**67.9**	32.5	53.5

[함의 및 정책 방향]

○ 성인용 영상물 유경험 청소년은 해당 매체 교육의 효과에 대해 부정적으로 평가한다는 결과는 현행 관련 교육 내용이 성인용 영상물 접촉 유경험 청소년들에게는 효과를 갖기 어렵다는 것을 의미함.

○ 이에 따라 유해매체 접촉 경험 유무에 따라 차별적 교육 콘텐츠가 요구되며, 유해매체관련 예방 교육 콘텐츠에 대한 전반적인 점검과 개선 필요

2. 행위 영역

1 여자청소년과 중학생에서 학교폭력 및 성폭력 피해율 모두 증가

[분석결과]

○ 전체 수준에서는 청소년 폭력 피해율에 큰 변화가 없으나, 여자 청소년과 중학생의 피해율은 증가
- 폭력 피해율: 전체 ('16) 8.6% → ('18) 8.5%, 여자 ('16) 6.9% → ('18) 7.5%, 중학생 ('16) 8.0% → ('18) 9.7%

○ 청소년 성폭력 피해율은 2016년에 비해 전반적으로 증가, 특히 여자 청소년과 중 · 고등학생의 성폭력 피해율이 증가함.
- 성폭력 피해율: 전체 ('16) 2.4% → ('18) 2.8%, 여자 ('16) 2.5% → ('18) 3.1%,
  중학생 ('16) 2.4% → ('18) 3.2%, 고등학생 ('16) 1.8% → ('18) 2.5%

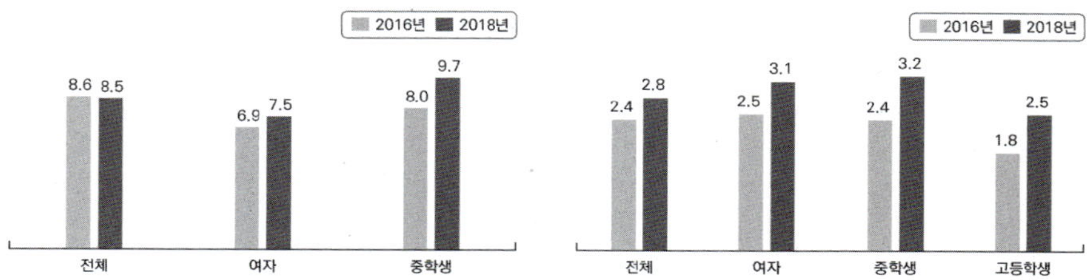

〈그림 1〉 청소년 폭력 및 성폭력 피해율(%)

[함의 및 정책 방향]

○ 실제 폭력 피해가 증가했는지, 기존에는 피해로 응답하지 않았던 감추어진 피해가 변화하는 사회인식에 따라 응답하는 비율이 높아졌는지에 대해서는 명확하게 설명하기는 어려움.

○ 다만, 청소년 폭력 피해의 가장 취약한 집단은 여자 중학생 집단이며, 이들에 대한 예방교육이 강화될 필요가 있음.

출처 : 여성가족부(2019).

2 사이버(인터넷) 따돌림이나 괴롭힘 및 스토킹이나 성희롱 피해율 증가

[분석결과]

○ 사이버 상의 청소년 폭력 및 성폭력 피해율 모두 증가
- 사이버 상의 피해율: 따돌림이나 괴롭힘 ('16) 0.8% → ('18) 0.9%, 스토킹이나 성희롱 ('16) 0.5% → ('18) 0.6%
- 피해 장소 사이버 공간 응답률: 폭력 피해 ('16) 7.7% → ('18) 10.7%, 성폭력 피해 ('16) 13.8% → ('18) 17.1%

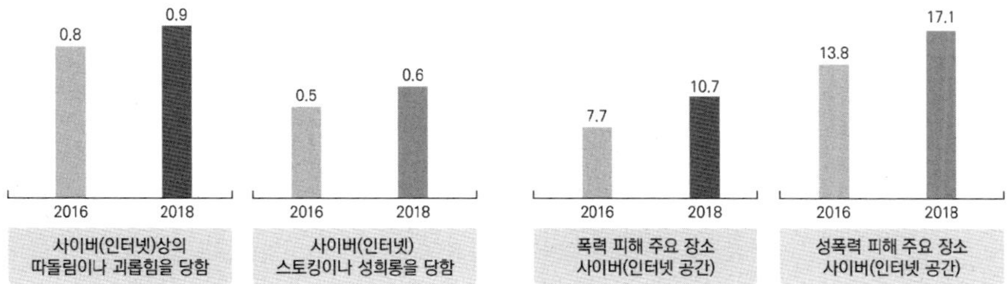

〈그림 2〉 사이버상의 폭력 및 성폭력 경험률(%)

[함의 및 정책 방향]

○ 학교폭력의 주된 공간이 "사이버" 공간, 학교 내 공간의 물리적 폭력에서 사이버(인터넷) 공간의 언어적 폭력으로 변화되고 있음.

○ 실태의 변화를 반영하여 사이버 폭력 대응 기반을 강화하고 피해 예방을 위한 적극적인 노력 대응 방안 필요

3 학교폭력 및 성폭력 피해 사실을 알린 후 '더 피해가 있었다'는 2차 피해 응답률 증가

[분석결과]

○ 성폭력 피해자가 해당 피해 사실을 알린 비율은 2016년에 비해 감소: ('16) 52.2%→ ('18) 49.4%

○ 학교폭력, 성폭력 피해 사실을 알림으로써 오히려 더 피해를 보게 되었다는 2차 피해 응답률은 증가함.
- 최근 온라인 상에서 피해 학생의 신상이나 허위 내용이 확산되는 등 다양한 형태로 2차 피해가 발생하고 있음.

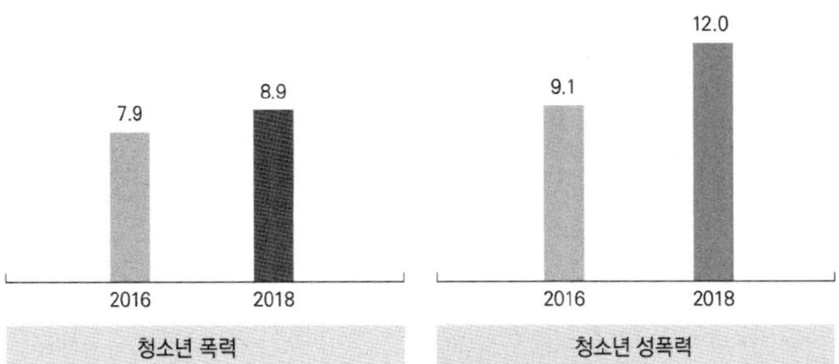

〈그림 3〉 청소년 폭력 및 성폭력 피해자의 2차 피해율(%)

[함의 및 정책 방향]

○ 학교폭력 및 성폭력 피해 청소년들이 '2차 피해'를 당하는 경우가 증가하고 있으며, 이는 성폭력 피해자가 피해 사실을 알리는 비율이 감소한 것과 무관하지 않은 것으로 이해할 수 있음.

○ 학교폭력 및 성폭력 피해자들이 추가적인 피해를 당하지 않도록 제도적인 보완과 적극적인 방지 대책 마련 필요

출처 : 여성가족부(2019).

4 학교폭력 및 성폭력 피해자들이 지원기관 도움을 받은 경험의 낮은 비율

[분석결과]

○ 학교폭력 및 성폭력 피해자를 대상으로 피해를 당한 후에 지원기관(학교 상담실, 전문 상담센터 등)의 도움을 받은 적이 있다는 경험률은 14% 내외로 매우 낮음.
- 지원기관 도움 받은 비율: 폭력 피해자 14.7%, 성폭력 피해자 13.8%
- 지원기관 도움 받지 못한 비율: 폭력 피해자 85.3%, 성폭력 피해자 86.2%

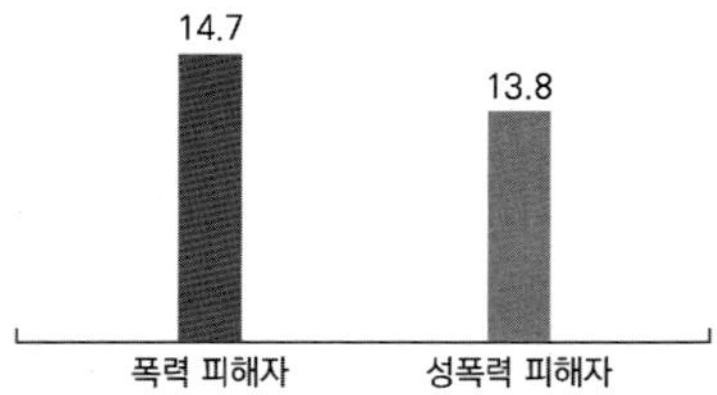

〈그림 4〉 폭력 및 성폭력 피해에 대해 지원기관의 도움을 받은 경험률(%)

[함의 및 정책 방향]

○ 지원기관 도움을 받은 피해 청소년이 적다는 사실은 다른 학생이나 친구, 선후배로부터 폭력 및 성폭력 피해를 당한 청소년들이 대부분이 지원기관의 도움을 받지 못하고 있음을 의미함.

○ 학교폭력 및 성폭력 피해자들이 대한 지원 기관의 도움을 받는데 장애가 되는 요인을 파악하고, 이에 대한 개선 필요

5 폭력 및 성폭력을 알리지 않은 이유는 '별로 심각한 일이 아니라고 생각해서'가 가장 높은 응답률을 보임

[분석결과]

○ 폭력 피해와 성폭력 피해 사실을 다른 사람(또는 기관)에 알리지 않은 이유를 조사한 결과, '별로 심각한 일이 아니라고 생각해서' 알리지 않는다는 응답과 '알려봐야 소용이 없을 것 같아서'의 응답이 높은 비율로 나타남.
- 별로 심각한 일이 아니라고 생각해서: 폭력 45.4%, 성폭력 39.6%
- 알려봐야 소용이 없을 것 같아서: 폭력 25.0%, 성폭력 27.7%

〈표 1〉 폭력 및 성폭력 피해 사실을 알리지 않은 주된 이유(%)

피해 사실을 알리지 않은 주된 이유	폭력	성폭력
별로 심각한 일이 아니라고 생각해서	45.4	39.6
알려봐야 소용이 없을 것 같아서	25.0	27.7
내가 혼자 스스로 해결하고 싶어서	9.4	11.3
알린 후에 보복 당할 것이 두려워서	8.0	6.4
어떻게 해야 할지 몰라서	6.5	4.6
알려지는 것이 창피해서	2.6	9.3
내가 처벌을 받을까 두려워서	–	1.1
기타	3.1	5.5

[함의 및 정책 방향]

○ '별로 심각한 일이 아니라고 생각해서'의 응답 비율이 높은 것은 청소년들이 주변 환경이나 매체를 통해 폭력성에 일상적으로 노출되어 나타나는 결과로 이해할 수 있음.

○ 이에 따라 폭력 및 성폭력에 대한 민감성과 인권의식을 동시에 높일 수 있는 폭력 예방 및 성폭력 예방 교육이 요구됨.

출처 : 여성가족부(2019).

3. 약물 영역

1 중·고등학생의 고카페인 섭취율 증가

[분석결과]

○ 중학생과 고등학생의 고카페인 섭취율 증가
  – 중학생: ('16) 37.9% → ('18) 44.2%, 고등학생: ('16) 46.4% → ('18) 52.6%

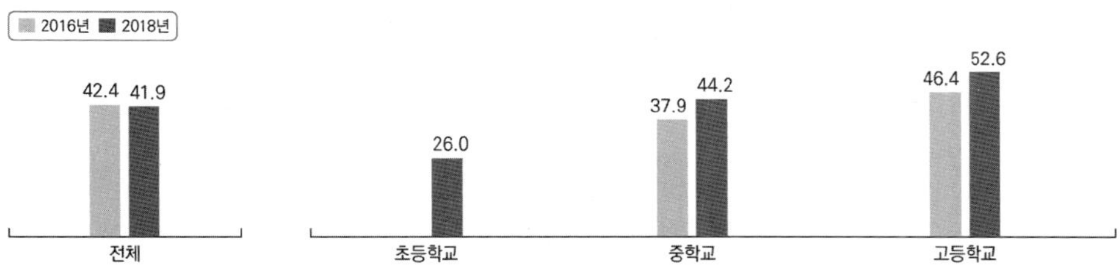

〈그림 1〉 최근 1개월 간 고카페인 음료 섭취율(2016, 2018)

[함의 및 정책 방향]

○ 2013년 「어린이식생활안전관리특별법」 개정 후 고카페인이 함유된 식품은 학교 등지에서 판매가 금지되었고, 2018년 9월부터 교내 커피 판매도 금지됨으로써 학교를 중심으로 한 고카페인 음료 접촉 환경 개선제도는 마련되었으나, 중·고생의 고카페인 음료 섭취율은 오히려 증가
○ 일상에서 청소년들이 고카페인 음료 섭취가 증가하게 되는 원인을 파악하고 이에 대한 대응 방안 마련

2 유해약물의 최근 1개월 간 경험률은 전반적으로 감소, 대리구매 경험률은 증가

[분석결과]

○ 유해약물(술, 담배, 전자담배)의 최근 1개월 간 경험률 감소
  – 술: ('16) 18.0% → ('18) 14.5% / 일반담배: ('16) 5.9% → ('18) 5.5% / 전자담배: ('16) 2.7% → ('18) 2.3%
○ 유해약물 구입사례의 절대 수치 낮고 직접 구매 비율은 전자담배를 제외하고 감소하였으나, "대리 구매" 비율은 전반적으로 증가
  – 술: ('16) 9.1% → ('18) 11.7% / 일반담배: ('16) 17.6% → ('18) 21.0% / 전자담배: ('16) 8.7% → ('18) 11.1%

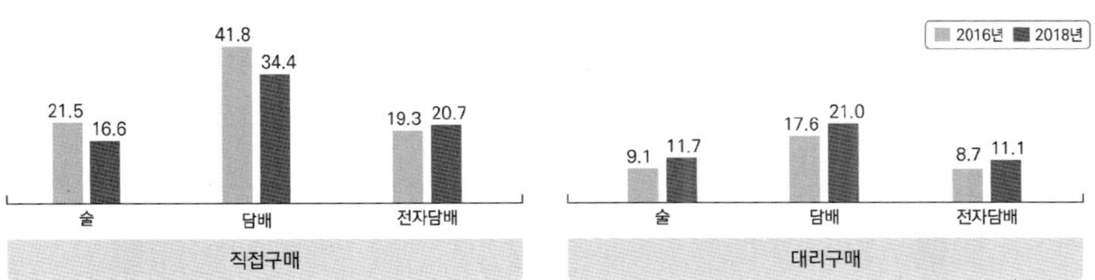

〈그림 2〉 유해약물 획득 경로(2016, 2018)

[함의 및 정책 방향]

○ 술과 일반담배 직접구매율은 낮아졌으나 전자담배 직접 구매율이 증가한 결과는 상대적으로 전자담배 판매 시 나이 및 본인확인이 강화가 될 필요가 있음을 의미함.
○ 술, 담배, 전자담배 전반에서 대리구매가 증가한 결과는 「청소년보호법」 제28조 제3항 개정으로 유해약물 구입 시 나이 및 본인확인 절차가 강화되면서 청소년 본인 구매가 어려워지자 성인을 통한 대리구매가 증가한 것으로 파악됨.
○ 이에 따라 전자담배 판매처의 청소년 나이 및 본인확인 강화와 대리구매 위법성에 대한 청소년 및 성인들의 인식 강화 필요

출처 : 여성가족부(2019).

3 생애 음주경험이 있는 청소년의 45.3%는 가족, 24.6%는 가족 외 성인의 권유, 강요 등으로 음주한 경험이 있음.

[분석결과]

○ 생애 음주경험이 있는 청소년 중 성인의 권유, 강요 등에 따른 음주 경험은 가족에 의해 높게 나타남.
- 가족: 전체 45.3%, 남자 48.3%, 중학생 50.4%
- 가족 외 성인: 전체 24.6%, 남자 27.3%, 고등학생 25.5%

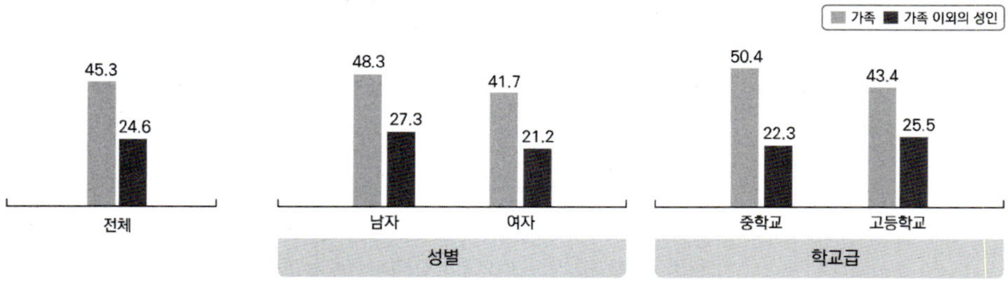

〈그림 3〉 성인의 권유, 강요 등에 따른 음주경험률(%)

[함의 및 정책 방향]

○ 청소년 생애음주 경험에 가족 및 가족 외 성인의 영향이 크며, 이는 음주에 대한 우리사회의 관대한 문화 영향으로 볼 수 있음.

○ 이에 따라 청소년들의 유해약물 접촉을 차단하기 위해서는 일차적으로 부모를 비롯한 성인들의 음주에 대한 인식개선이 요구되며, 청소년에게 유해약물 접촉을 유도하고 권유하는 행위를 유해행위로 규정하는 근거 마련 필요

4 유해약물 예방교육 경험률은 증가, 유해약물 유경험 청소년대상 예방교육 효과는 낮음.

[분석결과]

○ 음주 및 흡연 예방 교육 경험률 증가
- 음주: ('16) 49.3%→ ('18) 57.1%/ 흡연: ('16) 83.8% → ('18) 86.5%

○ 음주 및 흡연 유경험 청소년의 상당비율이 예방교육이 도움이 되지 않는다고 인식
- 예방교육 도움 안된다는 인식 비율: 음주 유경험자 55.2%/ 일반 담배 유경험자 65.1%/ 전자담배 유경험자 74.3%

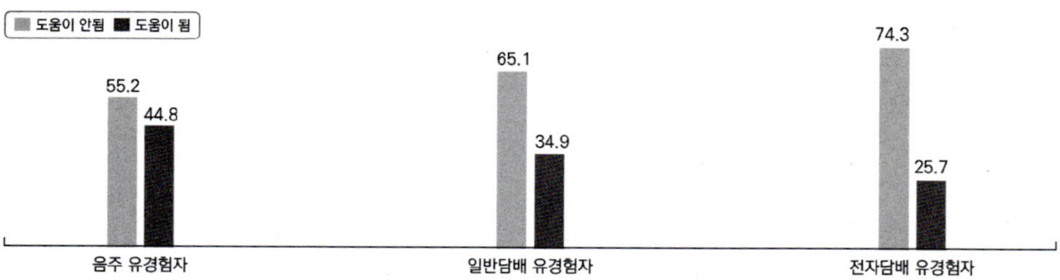

〈그림 4〉 유해약물 유경험 청소년이 인식하는 예방교육의 도움 여부(%)

[함의 및 정책 방향]

○ 음주 및 흡연 예방교육 경험률의 증가는 유해약물 접촉을 예방하는 교육이 양적으로는 증가하였음을 의미함. 그러나 음주나 흡연 경험이 있는 청소년들의 상당비율이 예방교육에 대해 '도움이 되지 않는다' 고 인식하고 있어, 예방교육의 양적인 확대가 질적인 효과를 동반하고 있지 않는 것으로 파악됨.

○ 이에 따라 현행 교육콘텐츠 및 프로그램에 대한 점검 및 검토, 청소년의 유해약물 접촉 경험 여부를 고려한 예방교육 콘텐츠 및 프로그램 개선 필요

출처 : 여성가족부(2019).

5 청소년의 절반 이상이 일상에서 술과 담배를 '쉽게 구할 수 있다' 고 인식

[분석결과]

○ 술이나 담배와 같은 유해약물에 관심이 없는 청소년들의 경우에도, 절반 이상이 일상생활에서 유해약물을 구하려고 하면 쉽게 구할 수 있다고 인식하고 있음.

– '쉽게 구할 수 있다' 는 인식 비율(%): 술 52.0%, 일반담배 53.3%, 전자 담배 41.6%

〈표 1〉 유해약물에 접촉환경에 대한 인식(%) : '일상생활에서 구하려고 하면, 쉽게 구할 수 있다'

구분	전혀 그렇지 않다	그렇지 않다	그렇다	매우 그렇다
술	23.5	24.4	40.1	11.9
담배	23.0	23.6	40.0	13.3
전자담배	26.6	31.8	30.5	11.1

[함의 및 정책 방향]

○ 유해약물에 관심이 없는 청소년의 50% 이상이 술이나 담배를 쉽게 구할 수 있다고 인식한다는 것은 청소년보호를 위해 유해약물의 판매에 대한 규제가 강화되고 있음에도 불구하고, 여전히 청소년의 유해약물 접촉 환경이 크게 달라지지 않았음을 의미함.

○ 이에 따라 청소년 유해약물 접촉 환경 개선을 위한 규제와 관리·감독이 청소년 스스로가 청소년으로서는 유해약물을 쉽게 구입할 수 없다고 인식될 수 있는 수준으로 강화 필요

4. 업소 영역

1 청소년 출입 제한적 허용 업소 이용률은 큰 변화 없음. 단, 새롭게 등장한 코인노래방의 주이용 청소년은 여자 고등학생

[분석결과]

○ 청소년출입 제한 업소(밤10시~오전9시)의 이용률은 2016년도와 유사한 수준이었으며, 최근에는 코인노래방(81.9%)을 많이 이용하는 것으로 나타남.

– 코인 노래방 이용률: 전체 81.9% (여자: 90.2%/ 고등학생 85.8%)

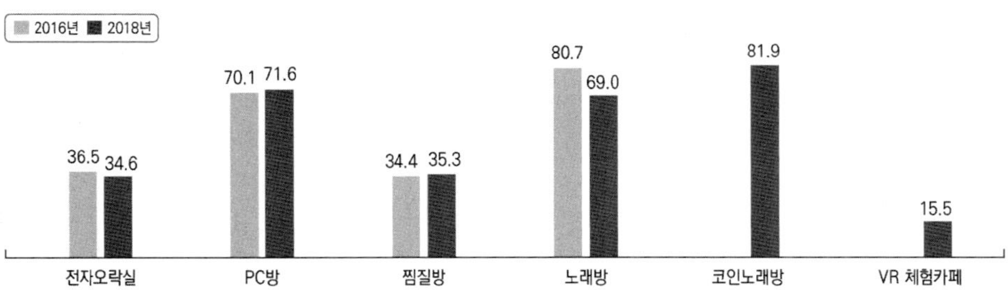

〈그림 1〉 청소년 출입 제한적 허용 업소 이용률(2018)

[함의 및 정책 방향]

○ 업소들의 분화와 변종(VR체험카페, 코인노래방 등)으로 지속적으로 변화하고 있으며, 새로운 업종에 대한 청소년 이용률도 높아 새롭게 등장하는 신·변종 업소에 대한 모니터링 등 지속적인 관리 필요

출처 : 여성가족부(2019).

2 심야시간대 출입 제한적 허용 업소(PC방, 노래방, 찜질방 등) 이용은 전반적으로 감소, 그러나 이용 시도를 한 청소년의 절반 이상이 나이 확인 후 실제 이용함.

[분석결과]

○ 밤 10시 이후 심야시간대 청소년의 PC방, 노래방, 찜질방, VR체험카페의 출입이 제한되어 있음에도 불구하고, 이용하려 했던 청소년의 절반 이상이 실제 이용한 것으로 나타남.

– 심야시간 이용 시도 경험: PC방('16) 15.1%→('18)12.9%, 일반노래방('16)17.9%→('18)10.5%, 찜질방('16)10.2%→('18)9.4%

〈표 1〉 청소년 출입 제한적 허용 업소 이용 시도 및 나이 확인 여부(%)

구분	심야시간 이용 시도	나이 확인 여부		
		확인하고 못 들어가게 함	확인하고 들어가게 함	확인하지 않고 그냥 들어가게 함
PC방	12.9	5.5	2.4	4.9
일반노래방	10.5	3.6	2.7	4.0
코인노래방	18.2	6.0	2.6	9.3
찜질방	9.4	2.2	4.4	2.6
VR체험카페	1.7	0.5	0.5	0.6

주: '나이확인여부' 무응답 비율은 제시되지 않았음(이하 표 동일).

[함의 및 정책 방향]

○ 청소년들의 심야시간 출입 제한 표기 부착과 그간의 계도 및 단속으로 전반적으로 심야시간대 청소년 출입 제한 업소의 이용률은 감소하고 있으나, 일부 업소에서 청소년 나이임을 확인하고도 이용 하도록 하는 실태가 드러남에 따라 이들 업소에 대한 지속적인 계도 및 관리·감독 필요

3 청소년 출입·고용 금지업소에 대한 이용률 감소

[분석결과]

○ 청소년 출입·고용 금지 업소에 대한 이용률은 전반적으로 감소

– 출입·고용금지 업소 이용률: 비디오/DVD방 ('16) 2.7% → ('18) 2.3%, 유흥/단란주점 ('16) 1.1% → ('18) 0.7%,
나이트클럽/음악클럽 ('16) 0.5% → ('18) 0.4%, 멀티방/룸카페 ('16)12.0% → ('18) 14.6%
(*룸카페는 청소년 출입·고용 금지업소에 포함되지 않으나, 멀티방과 유사형태로 운영되어 병기하여 조사)

○ 절대 소수이기는 하나, 청소년 출입·고용 금지 업소 이용한 청소년들의 다수가 출입 시, 나이확인을 하지 않거나 확인하고도 출입 함.

〈표 2〉 청소년 출입·고용 금지 업소 이용 및 이용 시, 나이 확인 여부(%)

구분	사례수 (명)	출입·고용 금지 업소 이용 경험률	나이 확인 여부	
			나이 확인하고 들어가게 함	나이 확인하지 않고 들어가게 함
비디오/DVD방	10,863	2.3	0.7	1.5
유흥/단란주점	10,859	0.7	0.3	0.4
나이트클럽/음악클럽	10,834	0.4	0.2	0.2
멀티방/룸카페*	10,842	14.6	3.0	11.4
(이성 동행) 숙박업소	10,861	1.2	0.5	0.7

주: 룸카페는 청소년 출입·고용 금지업소에 포함되지 않으나, 멀티방과 유사형태로 운영되어 병기하여 조사

[함의 및 정책 방향]

○ 청소년 출입·고용 금지업소에 대한 단속 및 계도에 따라 전반적으로 이들 업소에 대한 청소년의 이용률은 감소하였으나, 일부 업소에서는 여전히 청소년 나이를 확인하고도 이용하도록 하는 등 법규 준수가 제대로 이루어지지 않고 있으므로, 이에 대한 단속 강화 및 업주 대상 지속적인 계도 필요

출처 : 여성가족부(2019).

4 유해업소 출입의 주된 인지 경로는 업소에 부착된 출입금지 표시

[분석결과]

○ 청소년들의 유해업소 출입과 관련한 주된 인지 경로는 업소에 부착된 출입 금지 표시임.
- 청소년 출입 제한적 허용 업소: 업소에 부착된 출입금지 표시 ('16) 48.5% → ('18) 58.2%
- 청소년 출입·고용 금지 업소: 업소에 부착된 출입금지 표시 ('16) 43.4% → ('18) 48.0%

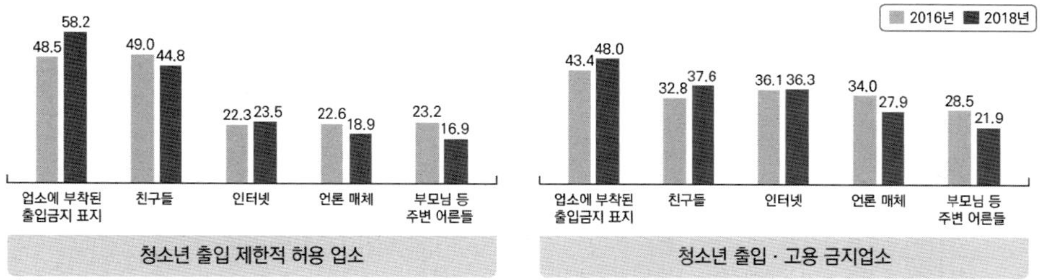

〈그림 2〉 유해업소 출입 인지 경로(%)

주: 유해업소 출입과 관련한 상위 5개 인지 경로(2018년 기준)임.

[함의 및 정책 방향]

○ 유해업소의 출입금지 표시가 출입과 관련한 청소년들의 인지에 가장 효과적인 수단으로 확인됨으로써, 표시 부착 준수에 대한 계도 및 미부착 단속 강화 필요

5. 근로보호 영역

1 청소년 아르바이트 상시적 장기간 근로 증가

[분석결과]

○ 아르바이트 유경험률은 2016년 대비 감소하였으나, 단기 아르바이트 경험률은 감소하고 장기 아르바이트 경험율은 증가
- 아르바이트 경험률: 전체 ('16) 11.3% → ('18) 9.0%
- 일주일 미만 단기 아르바이트 경험율: ('16) 35.6% → ('18) 28.2%
- 6개월 이상 장기 아르바이트 경험율: ('16)14.1% → ('18) 20.6%

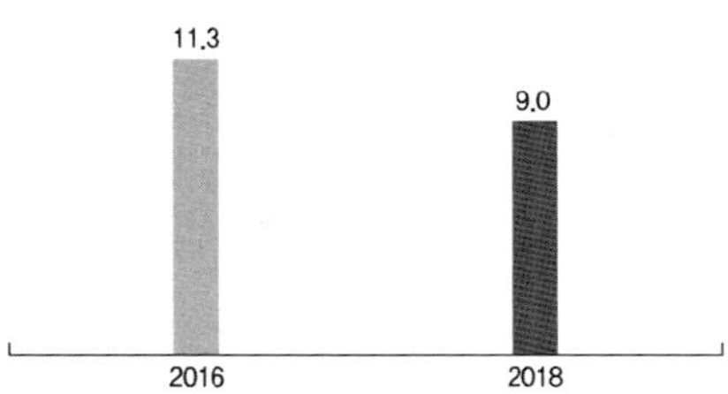

〈그림 1〉 아르바이트 경험률(%)

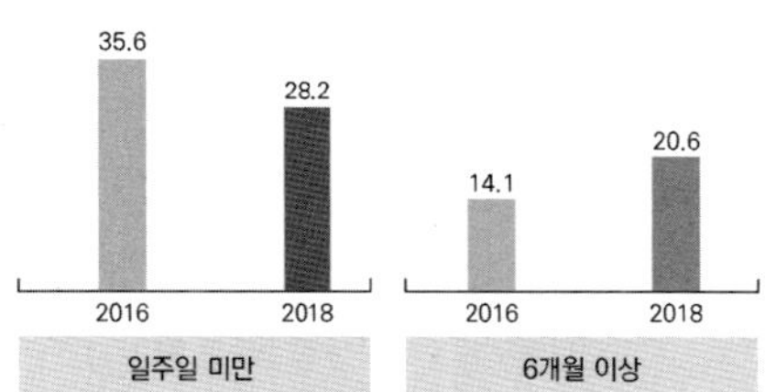

〈그림 2〉 근속기간별 아르바이트 경험률(%)

[함의 및 정책 방향]

○ 아르바이트 경험률이 감소하는 상황에서 6개월 이상 장기 아르바이트 경험률이 같은 기간 증가하였다는 것은 청소년 노동이 일시적 · 단속적 근로가 아닌, 상시적 · 장기간 노동으로 변화하고 있음을 의미함.

○ 청소년들이 일명 '밑바닥 일자리'에서 일한다는 사실에 비추어 볼 때, 밑바닥 일자리에서 장기간 일할 수밖에 없는 근로 청소년에 대한 고려와 적극적 보호 필요

출처 : 여성가족부(2019).

2 아르바이트를 경험한 청소년 10명 중 3.5명은 최저시급보다 낮은 임금 지급 받음

[분석결과]

○ 아르바이트를 경험한 청소년 중, 2018년 최저 시급 7,530원 미만으로 지급 받은 비율은 34.9%로 10명 중 4명에 가까움.
- 2016년 대비 최저시급 보다 낮은 임금 지급 받은 비율 증가: ('16) 25.8% → ('18) 34.9%
- 편의점 아르바이트에서 최저 시급 보다 낮은 임금 받은 비율이 63.8%로 가장 높음.

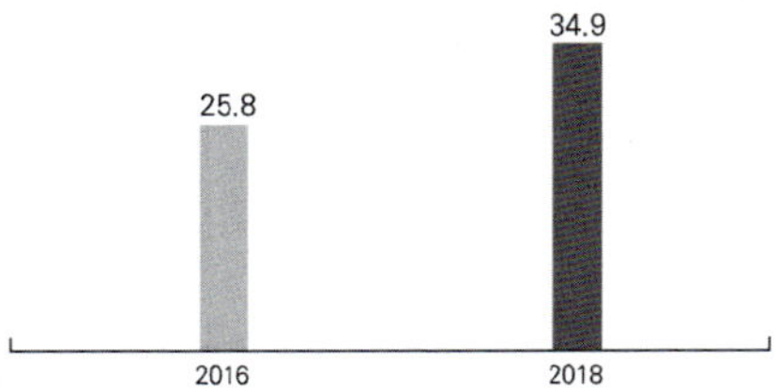

〈그림 3〉 최저 시급 보다 낮은 임금 지급 받은 비율(%)

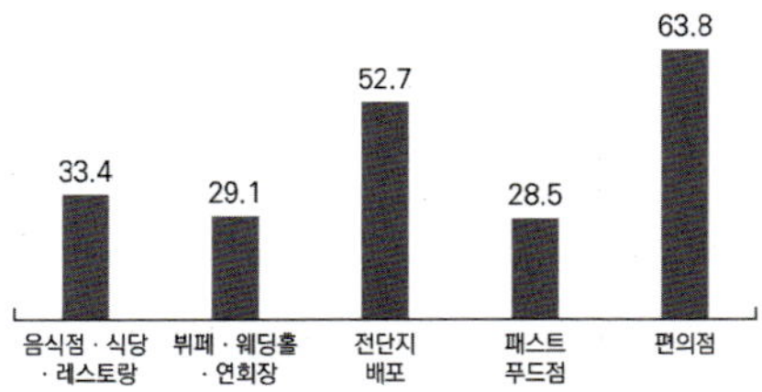

〈그림 4〉 업종별 최저 시급보다 낮은 임금 지급 받은 비율(%)

[함의 및 정책 방향]

○ 최저임금이 인상되었으나 오히려 청소년의 경우 최저 임금을 받지 못한 비율이 증가하고 있음이 포착됨.
○ 이는 노동시장에서 상대적으로 취약한 청소년들이 인상된 임금을 충분히 받지 못하고 있음을 나타내는 결과이며, 청소년 고용 사업장 대상 최저임금 준수에 대한 근로감독 강화 필요

3 높은 비율의 근로계약서 미작성 및 교부 위반

[분석결과]

○ 근로계약서 작성하지 않은 비율 증가: ('16) 59.3% → ('18) 61.6%
- 특히 편의점 근로계약서 미작성 비율 급증: ('16) 50.7% → ('18) 77.3%

○ 근로계약서를 작성한 청소년 중, 근로계약서를 교부받은 비율은 58.0%에 불과함.

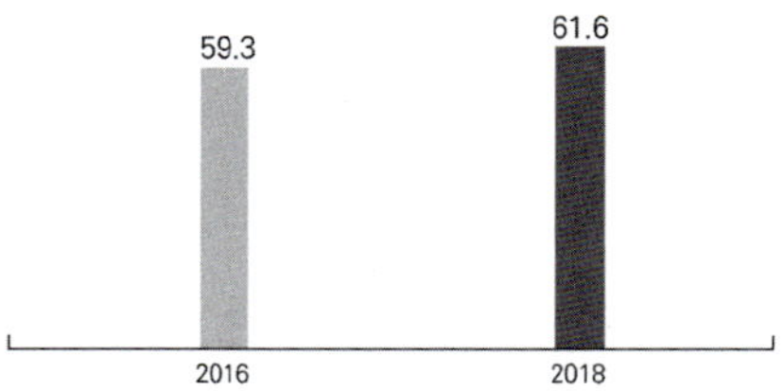

〈그림 5〉 근로계약서 미작성 비율(%)

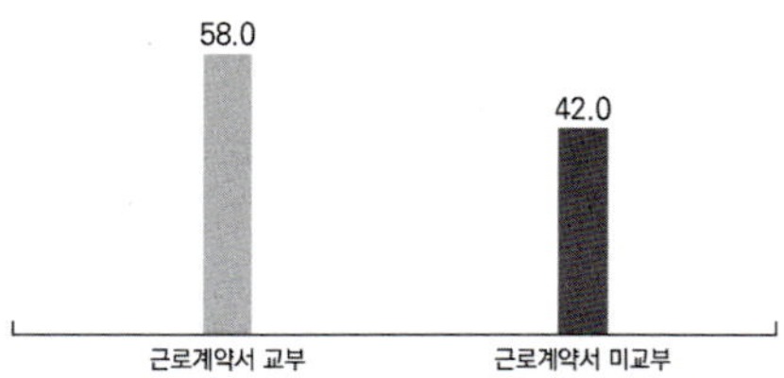

〈그림 6〉 근로계약서 교부/미교부 비율(%)

[함의 및 정책 방향]

○ 청소년 고용 사업장에서 근로계약서 작성 및 교부 준수가 제대로 이루어지지 않은 것으로 파악되며, 가장 기본적인 근로기준법 준수가 지켜지지 않는다는 결과로 이해할 수 있음.
○ 이에 따라 청소년을 고용하는 사업장을 대상으로 근로계약서를 작성하고 교부하도록 상시적인 근로감독 강화가 요구되며, 청소년 대상 근로계약서 작성 및 교부 받을 권리에 대한 교육 강화 필요

출처 : 여성가족부(2019).

4 전반적인 부당행위 및 처우 경험 증가

[분석결과]

○ 전반적으로 부당행위 및 처우 경험 비율 증가
- 초과근무 요구: ('16)16.9% → ('18)17.7%
- 임금 지연 지급 : ('16)13.4% → ('18)16.3%
- 고객의 언어폭력, 성희롱, 폭행: ('16)5.4% → ('18)8.5%

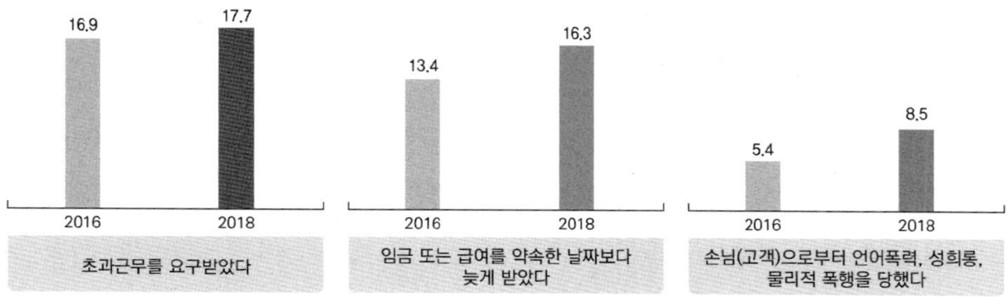

〈그림 7〉 청소년 아르바이트 주요 부당행위 및 처우 경험률(%)

[함의 및 정책 방향]

○ 일하는 청소년들이 노동 현장에서 받는 부당행위 및 처우의 경험이 더 악화된 것으로 나타남.

○ 청소년을 고용한 사업장을 대상으로 근로감독을 강화하고, 청소년 근로환경 개선을 위한 보다 적극적인 근로보호 대책이 요구됨.

5 부당행위 및 처우 경험에 대한 소극적 대처 증가

○ 부당행위 및 처우를 경험한 청소년 중 소극적 대처 증가 및 적극적 대처 감소
- '참고 계속 일했다' 응답 비율: ('16) 65.8% → ('18) 70.9%
- '나 혼자 묻고 따졌다'응답 비율: ('16)11.0% → ('18) 8.4%

○ 특히 여자 청소년의 소극적 대처 증가 및 적극적 대처 감소가 눈에 띄게 증가함.
- 소극적 대처(참고 계속 일했다) 응답 비율: ('16) 65.8% → ('18) 73.6%
- 적극적 대처(나 혼자 묻고 따졌다) 응답 비율: ('16) 10.8% → ('18) 5.6%

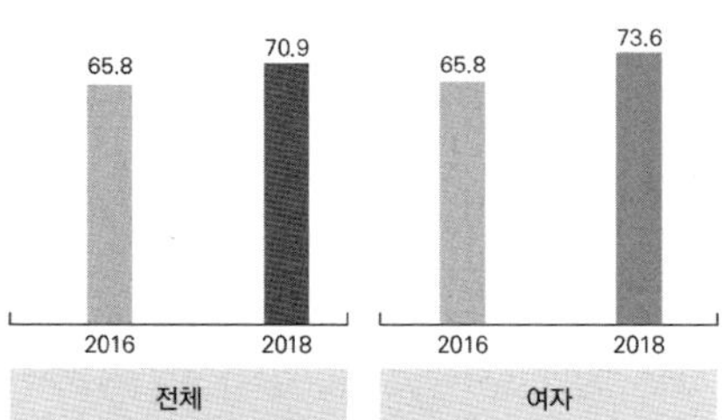

〈그림 8〉 부당행위 및 처우 소극적 대처 응답율(%)

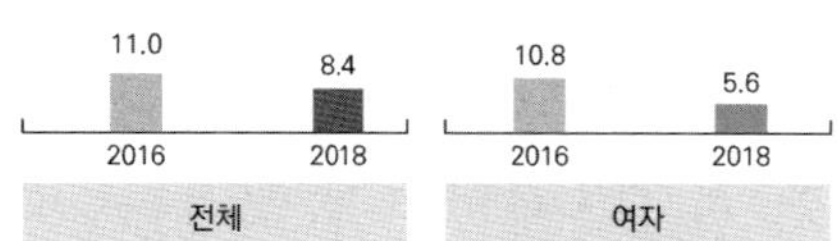

〈그림 9〉 부당행위 및 처우 적극적 대처 응답율(%)

[함의 및 정책 방향]

○ 근로환경의 취약성이 악화되는 가운데 청소년의 부당행위 및 처우에 대한 소극적인 대처는 증가하고, 이는 상시적 장기간 근로를 할 수 밖에 없는 취약 청소년들이 어쩔 수 없이 참고 견디고 있는 것으로 이해할 수 있음.

○ 이에 따라 기존의 청소년 고용 사업장에 대한 근로감독 강화뿐만 아니라 보다 적극적인 근로 청소년 보호를 위하여 취약계층 청소년 대상 복지지원 차원에서의 공공부문의 지원 사업의 검토 필요

출처 : 여성가족부(2019).

청소년
문제
와
보호

제6장 청소년 가출

1. 가출

1) 가출의 정의

아동 · 청소년기의 건강한 성장이 성인으로의 독립에 중요한 역할을 함에도 불구하고 많은 아동 · 청소년들이 다양한 이유로 인해 집을 떠나고 있다. 청소년의 가출이 문제시되는 것은 단순히 집을 뛰쳐나갔기 때문이 아니라, 가출 이후 대부분의 청소년들이 사회적 위험요소, 즉 유해환경과 향락산업, 폭력조직 등에 쉽게 젖어들면서 개인의 정신건강은 물론 사회적 질서와 안녕을 심각하게 위협하기 때문이다. 가출자들은 일차적으로 의식주 문제를 비롯한 생활상의 신체적 고통과 함께 정신적 외로움, 불안감, 우울 등을 겪게 되며 이것은 정신적 장애를 초래하고 자기 성장과 건강한 사회적응을 방해하게 된다(한상철, 1999). 이처럼 청소년의 가출은 청소년의 정신건강과 원만한 성장 발달 과정에 있어서 심각한 저해요인이 아닐 수 없다.

가출이란 주변 환경에 대한 불만 또는 갈등에 대한 항의 또는 해결을 위하여 보호자의 승인 없이 집을 떠나는 것을 말한다. 가출은 가정문제, 파산, 정신건강 문제로 고통 받는 성인들에게도 일어나지만 청소년들에게는 더 빈번한 현상이다. 청소년들이 가출하는 목적은 주로 부모와의 갈등 때문이며, 친구들과의 갈등이나 성적 하락으로 인한 좌절 같은 이유로는 드물다. 이때, 10대들은 그들의 고통을 부모에게 전달하기 위해, 또는 그들의 독립을 확보하기 위해 더 적극적으로 집을 떠난다.

청소년의 가출은 산업화되고 현대화된 사회라면 어디나 사회문제시되고 있는 형편이다. 우리나라의 경우도 예외가 아니어서 2004년 조사(교육인적자원부, 2004)에 따르면, 청소년의 79.2%가 가출 충동을 경험해 보았다고 응답하였으며, 신고된 가출 청소년만도 13,000명에 이르는 것으로 나타났다. 그러나 가출 청소년들 자체가 신분 노출을 꺼려하며 유동적인 경우가 많다 보니 이들의 규모에 대한 정확한 파악은 현실적으로 불가능에 가깝다. 게다가 가출의 범위를 어디까지로 볼 것인가에 대해서도 전문가들마다 다소 다른 견해를 내놓고 있어 가출 청소년들의 실태 파악을 더욱 어렵게 만들고 있다. 그럼에도 불구하고 학계에서는 중 · 고등학교에 재학 중인 청소년들을 대상으로 가출 경험을 조사한 자료들에서 제시하는 수치를 근거로 매년 약 7만 명 정도의 가출 청소년이 발생하는 것으로 추정하고 있다(김향초, 2009).

다음은 2014년 〈청소년 유해환경접촉 종합실태조사〉, 2016년, 2018년 〈청소년 매체이용 및 유해환경 실태조사〉를 통해서 본 조사 결과를 그래프로 나타내 보았다. 본 조사는 전국 초등학교 4학년~고등학교 3학년 아이들 15,657명(응답수 : 15,452명)을 통해 최근 1년 동안 가출을 해 본 적이 있다고 응답한 청소년의 가출 경험 여부에 대한 단순 통계로 2014년 4.0%에서 2016년 2.7%, 2018년 2.6%로 줄어들고 있었다.

〈표 6-1〉 최근 1년간 가출 경험률

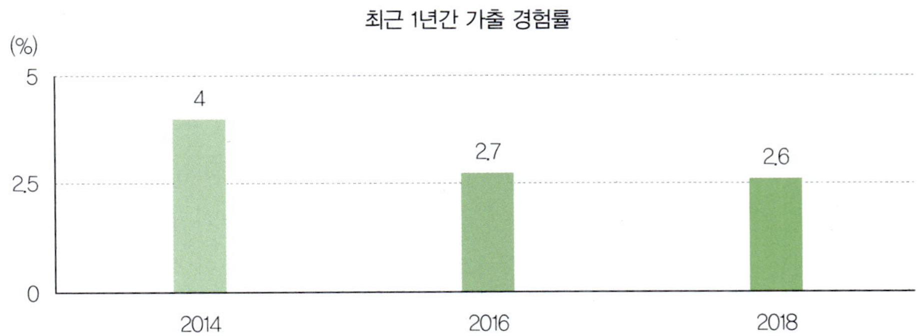

출처: 여성가족부(2014, 2016, 2018).

이상과 같은 규모의 추정치는 청소년의 가출이 단지 청소년 중 극히 일부분의 개인적 문제로 보기보다는 보다 광범위한 집단에서 발생하는 사회적 문제로 정부가 나서서 해결해야 할 과제 중 하나임을 시사한다.

2) 가출의 원인

청소년들의 가출 원인은 다양하지만, 공통적으로 가정, 학교, 교우관계 등 자신을 둘러싸고 있는 환경에 적응을 잘하지 못하는 청소년들이 자신에게 닥친 문제를 해결하기 위한 방법으로, 또는 그 문제상황으로부터 회피하기 위한 방법으로 가출을 선택한다.

2007년 〈가출 청소년 및 청소년 쉼터 실태조사(국가청소년위원회 · (사)한국청소년쉼터협의회, 2007)〉에 따르면 가출 충동을 느꼈던 청소년들 역시 이러한 예상과 크게 다르지 않게 가족, 학교, 친구, 새로운 도전, 심리적 요인, 비행 등 다양한 요인을 가출 충동 요인으로 꼽았다. 특히 이 중에서도 가족요인은 청소년 가출 문제와 따로 떼어 놓고 보기가 어렵다. 쉼터 실태조사에서 가족을 가출 충동의 제1요인으로 꼽은 경우는 전체 응답자의 63%에 달했으며, 제2요인으로 꼽은 경우도 36.9%로 나타났기 때문이다.

이와 같이 가족문제를 비롯하여 다양한 이유로 시작된 가출은 청소년들의 문제를 해결하기는커녕 이들이 직면한 문제를 더욱 심화시키거나 또 다른 문제를 발생시킴으로써 이들의 상황을 악화시키는 경우가 많다. 예를 들어 가출 청소년들은 일시적으로 해방감 및 자유, 모험심, 또래와의 깊은 유대관계를 느끼기기도 하지만(Raleigh-Duroff, 2004; Wingert, Higgitt, & Ristock, 2005), 시간이 지날수록 의식주를 해결해 나가기 어렵고, 그에 따라 건강 악화, 폭력, 범죄, 약물 남용, 성 관련 문제 등 다양한 문제행동에 빠지기가 쉬우며 사회적인 냉대를 경험하는 경우도 많다(김향초, 2009).

이러한 경험은 개인들의 신체적, 정서적 발달에 매우 부정적인 영향을 미칠 뿐 아니라, 더 나아가 건전한 사회를 형성 · 유지하는 데 있어서도 위기를 초래할 수 있다. 또한 반복적이고 장기화된 가출로 인해 가출이 습관화된 청소년은 건강한 사회구성원으로 자리매김하여 생산활동에 적극적으로 동참하는 데 어려움을 느끼며, 이는 청소년 자신뿐 아니라 사회적으로도 큰 손실을 가져오게 한다.

이처럼 다양한 요인으로 인해 가출을 하게 된 많은 가출 청소년들은 부모 혹은 보호자와의 정서적 유대관계가 해체된 상태일 뿐만 아니라 많은 경우에 있어서 신체적, 성적 학대를 겪음으로써 자기비하, 소외감, 우울증, 그리고 자살에 대한 생각을 지닌 채 보호기관에 들어오게 된다

지금까지 가출 연구의 대부분은 궁극적으로 가출 위험의 가능성이 높은 청소년들의 가출을 막고, 이미 가출한 청소년들 대상으로는 가정으로의 복귀를 목적으로 한다. 물론 청소년들의 가출을 억제하고 이미 가출한 청소년들을 가정으로 복귀시키는 것이 바람직한 대응책이 될 수 있으나, 이들이 처한 상황과 원인에 대한 충분한 고려

없이 무조건적인 가출 억제와 가정으로의 복귀를 강요할 수는 없다.

가정복귀가 현실적으로 어려운 이들에게는 자립의 기반을 마련할 수 있도록 지원하는 것이 오히려 더 나은 해결책이 될 수 있다. 이렇듯 청소년들의 가출 원인과 특성에 따라 이들에 대한 대책이 달라져야 할 것이다.

2. 가출 청소년

1) 가출 청소년의 정의

가출 청소년에 대한 정의는 학자나 시대에 따라 다소 다르게 나타났으며 현재까지도 이러한 견해상의 차이는 여전하다. 가출 청소년에 대한 보다 보편적인 몇몇 정의들을 살펴보면 다음과 같다. 우선 Welsh(1995)는 가출 청소년에 대해 "부모 허락 없이 집을 떠난 지 48시간 이상이 되어 가족에 의해 신고된 18세 미만의 청소년"이라고 정의 내리고 있다. 또한 Baker(2003)는 『사회사업사전』에서 "자신들의 요구나 희망과는 반대로 부모나 법적 보호자의 가정을 떠났거나 혹은 그들의 통제에서 벗어나 독립적인 생활을 유지하고자 하는 미성년자"로 규정하였다.

「청소년 기본법」에 따르면 청소년의 연령은 24세까지이며, 또한 청소년들의 부모로부터의 독립 시기가 점차 늦춰지고 있는 사회현상을 감안한다면, 가출 청소년에 포함되는 연령대가 좀 더 상향조정될 수도 있을 것이다. 또한 가출 기간 역시 최소 하룻밤에서 48시간까지 학자에 따라 다소 정의가 다르다.

'부모나 법적 보호자의 허락이 없는' 경우만을 가출이라고 규정한다면 상대적으로 더 심각한 문제를 지녔다고 할 수도 있는, 돌아갈 집이 없는(homeless) 청소년들은 가출 청소년 대상에서 제외되어야 한다. 따라서 하나의 정의로 다양한 원인과 유형을 가진 가출 청소년들을 포괄하기에는 어려움이 따른다.

(1) 청소년 가출행위에 대한 시대별 인식

가출 청소년에 대한 정의는 가출 문제 해결책과 대안을 세우는 데 중대한 의미가 있기에 올바른 정의를 내릴 필요가 있다. 선행연구들을 통해 청소년 가출행위에 대한 시대별 인식 등을 정리하면 다음과 같다.

〈표 6-2〉 청소년 가출행위에 대한 시대별 인식(1960-1970년대)

학자명	정의
최재석(1965)	가정의 찬바람 부는 생활의 불안정을 인내하지 못하고 자신의 꿈과 생활목표를 이루거나 또는 자신이 직면하고 있는 정신적 갈등을 해결하기 위해 가족을 떠나 안주의 장소를 구하려는 도피행위이다.
이정자(1973)	가출 청소년이란, 「민법」에서 미성년자로 정해져 있는 7세-20세 미만의 남녀로 부모 또는 보호자의 통제에서 벗어나 불량한 환경에서 독자적인 생활을 하고 있는 비행 가능성이 있는 청소년
김영한, 방승규(1976)	현실적 성취지향적인 과제를 수행하기 위해 무계획적으로 자신의 거주지와 부모를 떠나는 합목적성이 결여된 행동

출처: 유명재(2017).

이때까지 가출 청소년의 정의는 가출과 부랑의 의미를 혼용해 사용하였으며 가출 청소년이 불량청소년화하는 경향이 많았다. 이후 1980년대 들어와서는 가출이 가출 청소년 개인 요인보다는 가정환경요인으로 초점이 바뀌었으며 1990년대는 가출이 개인, 가정, 사회의 역동적 상호작용으로 정의되었다.

〈표 6-3〉 청소년 가출행위에 대한 시대별 인식(1980-1990년대)

학자명	정의
나철(1992)	청소년들의 가출은 집에서 떠나는 역동과 집에서 밀어내는 역동과 청소년 문화권에서 끌어당기는 힘의 세 가지 역동들의 합작품이다.
안창규 등 (1995)	가출 청소년이란 자신 및 주변의 문제에 직면하여 이의 해결 혹은 대안을 추구하고자 (비)의도적으로 가정에서 (떠밀려) 나온 '도움을 요청하는' 18세 미만의 청소년이라 주장함.
형사정책 연구원	가출이란 자신 및 자신을 둘러싼 주위 환경에 대한 불만이나 갈등에서 비롯된 문제점에 대한 반발이나 해결을 위해 보호자의 승인 없이 최소한 하룻밤 이상 무단으로 집을 나가 돌아오지 않는 충동적 혹은 계획적 행위.

출처: 유명재(2017).

2) 가출 청소년의 유형

가출의 유형을 가출의 원인과 형태, 횟수와 집단의 크기 등에 따라 다양하게 구분할 수 있다.

〈표 6-4〉 가출의 유형

학자명	구분	내용
Homer의 모델	탈출형 (running from)	가정의 문제로 인해 더 이상 머무를 수 없어 어쩔 수 없이 집을 떠나는 유형
	추구형 (running to)	쾌락과 모험을 즐기기 위해 집을 떠나는 유형
다양한 가출 동기와 특성을 종합적으로 고려하지 않은 채 가출유형을 단순히 양분화하였다는 점에서 비판을 받기도 하였다(Sharlin & Mor-Barak, 1992).		

학자명	구분	내용
(Miller, Miller, Hoffman, & Duggan, 1980)	가출의 원인이 자녀에게	도망자
		떠난자
		이민자
	가출의 원인이 부모에게	희생자
		추방자
		반항자

학자명	구분	유형	내용
홍봉선, 남미애 (2007)	가출의 목적에 따라	시위성 가출	가족이나 주변 환경을 변화시키기거나 그들로부터 관심을 끌기 위해 가출하는 것
		유희성 가출	또래들과 어울려 놀고 싶은 충동에 따른 가출을 의미
		방랑성 가출	밖에서 생활하는 것이 좋아 떠돌며 살기 위한 가출
		추방성 가출	가족들의 무관심과 방임 등에 의해 가정으로부터 떠밀려 나온 경우
		생존형 가출	가족으로부터 학대를 받고 생존을 위해 도망쳐 나온 경우

이용교, 홍봉선, 윤현영 (2005)	노숙형	장기 가출로 거리에서 생활하는 것이 익숙하며 보호시설에 대한 지식이나 이용동기가 떨어지는 유형
	거부형	구속을 거부하고 자유를 추구하여 가출한 경우로 보호시설의 규칙에 대해 거부감을 가지고 있다.
	탐색형	자립과 재활에 대한 의지가 있고 규칙적인 생활에 대한 이해도 있지만 귀가에 대한 확신이 없어 쉼터 등 보호시설에서 자신의 태도를 정립할 기회가 필요한 유형
	전환형	가출과 귀가를 반복하는 청소년으로 언제든 집에 들어갈 수 있는 여건이 되기 때문에 보호시설의 필요성이 낮다.
	안정형	비교적 안정된 가정에서 생활하다 갑작스런 위기상황으로 인해 집을 떠나게 된 경우로 안정적인 거주지와 보호가 제공된다면 큰 문제가 없는 유형
	치료형	정신적인 문제나 약물 남용이나 인터넷 중독, 성격장애, 행동장애, 우울증 등 특수치료가 필요한 심각한 문제를 안고 있는 유형이다.

가출 청소년(runaway youth)은 하룻밤 이상 집을 나와 지낸 18세 이하의 청소년을 의미하며, 집 없는 청소년(homeless youth)은 말 그대로 집 없이 길거리에서 지내는 청소년들을 의미한다. 버려진 청소년(throwaway youth)은 다양한 이유로 부모나 보호자로부터 집에서 쫓겨나다시피 하여 집에 다시 들어가기 어려운 처지의 청소년을 말하며, 길거리 청소년(street youth)은 장기간의 가출 이후 거리에서 스스로 먹을 것을 해결하며 살아가는 데 익숙해진 청소년을 말한다.

또한 보호체계 청소년(system youth)은 가정으로부터 보호받지 못하여 주정부의 보호관리하에 있는 청소년들을 의미한다. 그 외에 집에 들어가지 않고 친구나 친지의 집을 전전하며 생활하는 집 밖의(out-of-home) 청소년과 집에서 살긴 하되 부모의 감독이 전혀 이루어지지 않고 있는 감독되지 않는(unsupervised) 청소년도 있다. 그러나 이러한 유형의 구분은 이들에게 서비스를 제공할 목적으로 이루어진 구분으로 유형 간에 서로 배타적이지 않아 가출 청소년 중에는 이 중 여러 유형에 속하는 경우도 있다.

〈표 6-5〉 가출 청소년 유형 구분

구분	유형	내용
지원서비스를 제공하려는 목적	시위성 가출	가족이나 주변 환경을 변화시키기거나 그들로부터 관심을 끌기 위해 가출하는 것
	유희성 가출	또래들과 어울려 놀고 싶은 충동에 따른 가출을 의미
	방랑성 가출	밖에서 생활하는 것이 좋아 떠돌며 살기 위한 가출
	추방성 가출	가족들의 무관심과 방임 등에 의해 가정으로부터 떠밀려 나온 경우
	생존형 가출	가족으로부터 학대를 받고 생존을 위해 도망쳐 나온 경우

이상과 같이 볼 때, 가출 청소년의 유형을 다양하게 구분할 수 있으며, 이러한 유형 구분은 각 유형마다 필요한 지원이 다를 수 있다. 예를 들어 해체가정 청소년으로 가족과의 관계가 단절되어 있는 경우는 가정으로의 복귀를 위한 지원보다 자립을 위한 지원이 더욱 절실하며, 갈등가정 청소년으로 일시적인 가출인 경우에는 가족 간의 관계 개선과 함께 가정으로의 복귀 지원이 우선시된다. 또한 장기가출로 인하여 거리생활에 익숙해져 있는 청소년들에게는 무조건적인 가정으로의 복귀나 장기 시설로의 입소 정책을 실시하기보다는 일시 또는 단기 쉼터 등을 통해 먹거리와 잠자리, 응급치료 등 기본적인 생활에 필요한 서비스를 제공하는 것이 우선시되어야 할 것이다.

3) 가정의 구조적 환경과 청소년 가출 충동

(1) 가정의 구조적 환경의 정의

가정환경이란 자녀에게 영향을 미치는 가정의 모든 조건과 자극과 그 작용을 말하는 것으로 여기에는 가족의 구조적인 환경을 가족원의 구성, 가족관계, 가정의 사회·경제적 지위, 위치한 지역 등은 물론, 이들 요소의 상호작용에 의한 자녀의 양육방식, 부모 자녀와의 대인관계, 가치관 등도 포함된다(강기정 외, 2010).

가정은 인간에게 있어서 가장 기초적인 집단으로 가정환경은 신체적으로나 정신적으로 발달이 가장 현저한 시기에 있는 청소년의 생활공간을 이루고, 또한 청소년에게 중요한 영향을 미친다.

가정의 구조적인 요인이 청소년 가출과 관련이 있는 것으로 예상된다. 이는 급속한 산업화와 근대화 과정 속에서 가족구조와 형태의 변화를 겪어, 한부모가족, 노인단독가구, 독신가구, 소년소녀가장 가족 등 다양한 가족형태의 비율이 증가하고 있기 때문이다. 즉 산업화와 도시화에 따라서 여성의 역할이 가정 내에만 제한되지 않고 가정 밖의 사회활동까지 확대되었고 그 결과 점점 더 많은 기혼 여성들이 직업을 갖게 됨에 따라서 맞벌이 부부가 증가 하고 있는 실정에서 자녀를 돌보는 일에 점점 소홀해질 수 밖에 없기 때문이다.

특히 한부모가족이 되는 원인은 과거에는 주로 배우자의 사별에 의한 것이었으나, 오늘날에는 이혼에 의해 한부모가 형성되는 비율이 점차 증가하고 있어, 이혼이 한부모가족 형성의 주 요인이 되어가고 있다.

본 저자는 산업화로 인한 오늘날의 소가족제도는 대가족사회에 많은 변화를 미쳐 자녀 수가 적어 어린 시절 형제관계의 경험이 부족해지고, 아동의 사회화, 인성, 사회인지 발달 및 적응의 인간관계의 폭이 축소되는 만큼 상대적으로 형제간의 상호중요성이 커지게 될 것으로 예상한다. 형제는 날마다 만나므로 많은 대화를 하고, 서로 가르치며 배우는 역할을 하며 형이나 누나는 동생에게 유능한 모델로서 동생의 인지발달에 영향을 미치는 존재이기 때문이다. 그 중요성을 부연 설명하면 형제관계를 통해 대인관계에 상호 긍정적인 영향을 미치고 또래 관계에도 긍정적인 사회적 행동을 강화시켜 어려운 문제를 해결하는 데 있어 협동적이고, 우호적이며 친사회적일 뿐만 아니라 보다 긍정적인 방법으로 문제를 이해할 수 있는 힘을 키워 나갈 수 있기 때문이다.

가출과 가족관계에 대한 많은 연구 문헌 중에서 가출 원인으로 가정적 원인이 많다는 연구가 다수를 차지하고 있는데, 이것은 청소년 가출의 초점을 청소년 자신에게서 가족으로 옮겨 필요한 대책을 마련해야 한다는 것을 시사하고 있는 것이다.

(2) 가정의 기능적 환경의 정의

가족은 인간에게 있어 가장 중요하고, 밀접한 사회적 환경이다. 인간은 출생과 동시에 가족에 소속되며, 가족 간의 상호작용 속에서 한 개인으로 성장해 간다. 일반적으로 가족은 성적, 경제적, 생식적 교육의 기능을 하지만, 가족구성원은 가족체제를 구성하며 직 · 간접으로 상호관련을 맺고 서로 영향을 주고받는다.

가족은 그 구성원의 심리적 요구를 이해하고, 애정, 행복의 요구를 충족시키는 전문가가 되어야 하며, 가족구성원의 요구를 만족시키기 위해 도우며, 관계가 사랑, 보호, 애정과 성실로 가득하고 분위기가 양육적이어야 하겠다.

또한 가족은 사회의 근본 단위이며 재생산과 안식처의 기능을 담당하며 자녀에게 사회화와 안정을 줌으로써 가족구성원에게 신체적 보호와 정서적 보호를 할 책임이 있다. 그리고 가족은 의사소통을 통해 대인관계에서 상호 간에 영향을 주고받는 기능을 훈련시켜야 하며 다른 사람들과 지식, 정보. 의견. 감정 등을 공유하는 능력을 성장시키도록 하여야 하겠다.

현대의 가족은 핵가족으로 변해가는 현상이 두드러지고 있다. 이러한 현상이 심화될수록 가족들은 의사소통에 의하여 상호연결됨으로써 가족구성원의 정서적 안정을 위한 가족기능이 강조되어 의사소통의 필요는 큰 의의를 지니게 될 것으로 예측된다.

결론적으로 자녀와 부모 특히 어머니와의 관계가 밀접하고 서로 신뢰하고 있을 때 자녀들의 적응이 원만해질 것이며, 그렇지 못할 경우 부모와의 관계가 신뢰를 가져오지 못할 것이다. 또한 부부관계가 원만하지 못할 때, 또는 부모의 자녀 교육이 자녀에 대한 지나친 간섭으로 돌변할 때는 부적응을 초래할 수 있다.

부부관계는 서로 다른 성장배경을 가진 남녀가 결혼함으로써 한 가족이 되어 다른 모든 가족관계 형성에 기초를 이루며, 부부관계를 중심으로 지속적인 상호작용을 통해 계속적으로 변화와 성장을 거듭하는 역동적인 관계라고 말할 수 있다.

오늘날 가족구조는 수직적인 부부관계로부터 평등한 동반적 부부관계를 지향하는 부부중심 가족으로 변화하였는데, 부부중심의 가족은 남편과 아내의 긴밀한 애정을 바탕으로 행복한 가정을 형성함으로써 가정의 정서적 분위기, 가족원 간의 애정적 상호작용, 부모-자녀간의 정서적 친밀감과 같은 기능적 환경 등 가족 내에서의 모든 관계의 중심이 되므로, 부부관계에 문제가 발생할 경우 가족문제의 모체가 되며, 자녀의 인성형성에도 커다란 영향을 미치게 된다(권정연, 2006).

인간은 사회생활의 최소 단위인 가정에서 태어나 부모와 최초의 인간관계를 맺으면서 성장 · 발달하게 된다. 개인이 어린 시절 어떤 경험을 했느냐는 것은 그의 행동을 결정하는 데 크게 영향을 미친다. 특히 청소년은 주로 부모를 통하여 환경에 적응하는 것을 학습하며, 부모와의 관계를 중심으로 자기의 역할을 인식하고 어른들의 생활양식 및 행동 양식을 모방함으로서 사회규범에 맞는 행동을 학습하기 때문에 성장과정에서 이루어지는 가족들과의 상호작용, 그중에서도 부모-자녀관계는 아동의 성격형성이나 지적발달에 직접적으로 작용하는 중요한 변인이라 하겠다(오성심, 이종승, 1982).

(3) 부모의 양육 태도와 가출 충동

인간이 출생하여 최초로 사회적 접촉을 하면서 기본적인 행동 양식을 배워 나가는 곳은 가정이다. 각 가정이 제공하는 외형적인 물리적 환경보다 가족구성원간의 접촉으로 이루어지는 기능적 환경이 인간의 발달에 중요한 역할을 한다고 볼 수 있다. 가정은 자녀의 지적, 정의적 발달 특성에 영향을 주어 행동, 가치관, 지식, 태도 등을 습득하는 중요한 교육의 장이며 가족의 구성원 중 부모가 이 역할을 직접 담당하는 존재라 할 수 있다. 또한 부모는 자녀를 보호하는 기능을 담당하는 동시에 자녀의 심리적 상태에 영향을 주어 자녀의 정의적 성격 형성의 주요 결정요인으로 작용하고 있다.

자녀의 심리적 특성은 자녀의 성장기에 부모가 어떤 방식으로 키웠느냐에 좌우된다고 볼 수 있다. 이때 부모의 양육 태도를 자녀가 어떻게 느끼고 받아들이는가 또는 부모의 양육 태도를 자녀가 어떻게 지각하느냐가 실제 양육 태도보다 더욱 중요한 의미를 가지는 것이다. 이는 부모가 자녀에게 잘 대해주어도 자녀가 부정적으로 지각할 수도 있으며, 반대로 그렇지 않을 경우라도 자녀가 긍정적으로 받아들일 수 있고 그에 따라 자녀의 정의적 특성이 달라질 수 있기 때문이다(권정연, 2006).

3. 청소년쉼터

1) 개념

2012년 여성가족부 청소년 정책연구에 따르면 청소년 가출의 가장 큰 원인은 가족과의 갈등이다. 가정의 문제로 인해 청소년들은 가출을 한다. 가정문제는 부모님과의 갈등, 부모님과의 싸움, 부모 중 한 분의 알코올중독으로 인한 가정폭력 등 다양한 이유로 인해 가출을 결심한다. 이런 청소년 가출의 문제로 가정에 문제가 있어 집에 돌아갈 수 없는 청소년들에게 국가에서 지원해 주는 심리적으로 안정감을 주고 편안한 장소가 청소년쉼터이다.

즉 청소년쉼터는 다양한 원인으로 인해 가출하였거나, 가정에서 보호를 받을 수 없게 되어 위험한 환경으로부터 보호가 필요한 청소년들을 일정 기간 보호하며 이들이 겪고 있는 문제의 해결을 위해 전문적인 원조를 제공하는 공간이다(유명재, 2017).

이와 비슷하게 국가청소년위원회(2007)에서는 가출 청소년들에게 지원서비스를 제공하려는 목적을 바탕으로 가출 청소년 및 쉼터의 특성에 따라 네 가지 유형으로 구분하였다.

〈표 6-6〉 지원서비스를 제공하려는 목적에 따른 유형 구분

구분	유형	내용
단기, 중장기 쉼터를 이용	갈등가정 청소년	가족과의 갈등으로 인해 일시적으로 집을 나온 청소년을 의미
	해체가정 청소년	가정이 보호기능을 상실하여 집에서 내몰린 청소년을 의미
일시쉼터를 이용하는 청소년	노숙 청소년	장기간의 가출 후 가족과의 관계가 단절되어 있고 거리 생활에 익숙해져 있으며 보호시설 등 사회적 서비스에 대한 거부감을 가지고 있는 집단을 의미
	배회성 청소년	가족과의 관계가 약화되어 있기는 하지만 단절되지는 않았고, 거리 생활에 익숙하지 않으며, 사회서비스에 대한 이용 욕구가 있는 집단으로 포괄적으로는 일반 청소년 집단을 포함할 수도 있다.

여성가족부에서 운영 · 지원하는 쉼터는 일시쉼터 · 단기쉼터 · 중장기쉼터이며 일시쉼터와 단기쉼터는 입소를 원하는 청소년이면 이용가능하다. 아웃리치 프로그램을 통해 가출하여 거리를 배회하는 청소년들 중에서 짧은 기간 동안 휴식이나 안정을 취해야 할 장소가 필요하거나 긴급한 의료지원 등이 필요하게 되면 입소를 하게 된다. 반면 중장기쉼터는 일시쉼터나 단기쉼터에서 연계되어 가정으로 복귀할 가능성이 없는 청소년들이 생활하는 시설이다.

이를 표로 다시 정리하면 다음과 같다.

〈표 6-7〉 청소년 쉼터의 유형

구분	일시쉼터	단기쉼터	중장기쉼터
기간	24시간 이내 일시보호	3개월 내외 단기보호	2년 내외의 중장기보호
이용대상	가출 · 거리 배회 청소년	가출 청소년	자립의지가 있는 가출 청소년
핵심기능	일시보호 및 거리 상담	사례관리를 통한 연계	사회복귀를 위한 자립
기능	– 위기개입상담, 진로 지도, 적성검사 등 상담서비스 제공 – 가출 청소년 구조 · 발견, 청소년쉼터와 연결 – 먹을거리, 음료수 등 기본적인 서비스 제공	– 가출 청소년 문제해결을 위한 상담 · 치료 및 예방 활동 – 의식주 · 의료 등 보호 서비스 제공 – 가정 및 사회복귀를 위한 가출청소년 분류, 연계 · 의뢰 서비스 제공	– 가정복귀가 어렵거나 특별히 보호가 필요한 위기 청소년을 대상으로 전환형, 가족형, 자립형, 치료형 등 특화된 서비스 제공
위치	이동형(차량)	고정형(청소년 유동지역) 주요도심별	주택가
지향점	가출예방, 조기발견, 조기개입	보호, 가정 및 사회복귀	자립지원
비고		1회에 한하여 기간 연장 가능	1회 1년에 한하여 연장 가능

출처: 유명재(2017).

2) 필요성

상담, 치료 서비스 및 예방교육, 의식주 등 보호 서비스를 제공하기 위한 시설을 길거리에 내놓아진 청소년들이 이용해야 한다.

가출 청소년의 일시보호를 통해 청소년이 비행이나 범죄의 가해자, 혹은 피해자가 되는 것을 조기에 막아야 한다. 이는 특히 여자 청소년의 경우 가출 상태에서 성이나, 매춘 관련 산업의 인력으로 이용될 가능성이 높다는 점에서 더욱 강조되는 부분이다. 이에 가출 청소년 쉼터의 필요성이 제기되는 것이다.

첫째, 가출 청소년에 대한 구체적인 서비스 제공을 통해 반복되는 가출을 막아야 한다. 경찰의 단속에 의해 귀가 조치되는 청소년들은 일정한 대책 없이 가정이나 학교 등 기존의 갈등적 환경으로 되돌아가게 됨으로써 가출 상황이 반복된다. 따라서 가출한 청소년문제만을 전담하는 청소년쉼터는 이들에게 보다 실용적인 서비스를 제공하여 줌으로서 반복적 가출을 막을 수 있을 것이다.

둘째, 사회보호의 차원에서 필요하다. 가출 청소년 문제가 비행과 밀접한 연관을 가지므로 청소년 비행은 결국 전체 범죄율 증가로 이어질 것이고, 이는 사회불안 요소로 작용하게 되는 것이다.

셋째, 청소년들은 가정과 학교 이외의 쉴 곳이 필요하다. 청소년쉼터는 가출 청소년이 비행에 연루되는 것을 막고, 반복되는 가출을 방지하며, 비행으로부터 사회를 보호하고, 청소년에게 휴식의 장소를 제공한다는 점에 그 의의가 있다고 볼 수 있다.

청소년
문제
와
보호

제7장 청소년 폭력의 이해

가장 놀라운 사실은 많은 공동체와 학교에서 폭력이 너무 흔하기 때문에 그것을 예외가 아닌 정상적인 것으로 생각하고 있다는 점일 것이다.

1. 청소년 폭력의 원인

청소년의 폭력은 그 정도나 양상에 있어서 갈수록 다양해지고 예측할 수 없는 상황에서 돌발적으로 발생하는 경우가 많아 정확한 원인을 밝혀내기란 그리 쉬운 일이 아니다. 폭력의 원인은 우선 인간의 잘못된 사회화 과정의 결과이다. 사회학 과정에서 자기 억제가 잘 형성되지 못한 결과이다. 그런데 현대사회에서 청소년의 폭력기술은 질적, 양적으로 매우 발달하여 계속 새롭고 지능적인 방법이 생겨나고 있는 반면에 이에 대응하는 자기 억제 교육은 매우 미흡한 상태에 있다. 다음으로는 산업화와 공업화 및 사회의 급변화로 인한 인구 급증과 이동, 기계화, 환경오염 등 사회구조의 파괴에서 오는 요인을 들 수 있다,

가치 구조의 혼란 및 파괴, 인간관계 파괴, 물질만능주의, 사회질서 규범의 파괴 등은 청소년들에게 가치관의 갈등과 혼란을 가져왔고 나아가 인간 생활의 기본이라고 할 수 있는 더불어 사는 공동체 의식의 결여와 정서 생활의 불안을 초래하게 되었다(청소년폭력예방재단, 1996).

1) 개인 심리적인 원인

청소년기는 발달 과정에 있어서 가장 큰 변화를 경험하는 시기로 정신적, 신체적으로 새롭고 다양한 변화를 경험하게 된다. 청소년들은 자아에 대한 확고한 의식이 부족하기 때문에 주위 환경이나 자극에 의해 감정의 변화가 쉽게 일어나며 각종 스트레스나 부담감을 자연스럽게 조정할 수 있는 능력이 부족하여 과하게 표현하거나 극단적인 행동을 서슴없이 행하기도 한다.

정서불안은 정서장애로 이어져 반항적 · 충동적 · 파괴적 행동을 하고 다른 사람들

을 괴롭히며, 감수성이 예민하고 열등감과 적개심이 강하다. 이러한 심리적 발달은 폭력행위를 가중시키며, 청소년들은 타인을 의식하지 않고 자기중심적이며 이기적인 행동을 하며 지적 판단력이나 표현력도 부족하여 폭력을 휘두른다(청소년폭력예방재단, 1996).

결론적으로 이러한 청소년들은 부정적인 자아개념이 형성되어 자기 자신을 필요 없는 존재, 무능한 존재, 약한 존재로 규정하며, 그러한 방향으로 삶을 이끌어 간다. 이들은 아주 작은 문제를 해결하고자 하는 노력도 시도하지 않고 쉽게 폭력을 선택하여 자신의 인생을 내던진다. 이러한 행동이 결국에는 공격행동과 폭력행동으로 이어진다.

2) 가정적인 원인

과거에 비해 오늘날의 아이들은 부모, 확대가족 구성원, 다른 성인들로부터 훨씬 더 고립되어 있다. 부모들의 직장은 집에서 멀리 떨어진 곳에 있으므로 아이들은 대부분 일하는 어른들을 볼 수 없다. 올바른 양육을 방해하는 이혼, 학대, 가난, 마약을 비롯해 다른 요인들도 가정을 파괴하고 있다. 고립과 더불어 별거와 학대는 사회화의 부족을 초래하고 있다. 한때 젊은이들을 사회의 규범 안에서 사회화시켰던 이웃 공동체의 힘은 점차 사라지고 있다. 아이들에게 도덕규범과 삶의 유형 같은 간접적인 방법이나 사례를 통하여 갈등을 건설적으로 다루는 법을 아무도 가르치지 않고 있다(추병완, 김영은 역, 2000).

가정은 사회화의 주관자로서의 역할을 수행하는 중요한 준거집단이기 때문에 청소년의 성장 발달 과정에 절대적인 영향을 미칠 뿐 아니라 사회의 문화 전달 기능, 가족 보호 기능, 교육 기능 등을 수행하기도 한다. 이러한 중요한 역할과 기능을 가진 가정이 핵가족화, 결손가정 및 이혼율의 증가, 여성의 사회적 진출, 가족생활 공간의 협소화 등으로 인해 사실상 집은 있으나 가정은 없는 경우가 되고 말았다. 따라서 과거 전통사회에서의 가정이 담당하던 예절이나 도덕교육은 기대하기 어렵게 되었으며 특히 대가족 사회에서의 가족구성원 간의 역할 분담에 의해 학습되어 오던 사회성이나 대인관계에 대한 교육은 거의 불가능한 실정이라 할 수 있다(한국청소년개발원, 1993).

그리고 아무리 좋은 사람이라고 하더라도 가장 나쁜 부모를 대리할 가정교육자가 없고 세상에서 가장 좋은 보호시설이 있다 할지라도 부모가 있는 가정보다 좋은 시설이 있을 수 없다. 한 연구 논문에 의하면 부모가 직장에 나가 열쇠를 가지고 다니는 아이들이 많은 나라에서의 청소년 비행률이 부모가 직장에 적게 나가는 나라보다 월등히 높다고 한다(학교폭력의 예방과 지도, 1996).

3) 학교적 원인

청소년 폭력에 대한 일차적인 원인은 청소년 자신의 가정 문제를 지적할 수 있지만 오늘날의 학교교육이 갖고 있는 여러 가지 역기능적 요소들 또한 청소년 폭력의 직접적인 원인이 되고 있다(한국청소년개발원, 1993).

먼저 제도적인 메커니즘을 살펴보면, 오늘날 학교라는 곳은 엄청난 수의 청소년들이 생활하고 수많은 일들이 일어나고 있는 장소이다. 청소년이 학교에서 요구하는 질서에 순응하든 안 하든 그것은 상관없다. 교실의 학생들은 시간, 공간, 그리고 여러 학교 활동의 조직에 대해 어떤 영향력도 가질 수 없으며 또 이것은 상상조차 못할 일이다. 시간, 장소, 해야 할 일들을 재단하듯 계획하는 것은 위에서, 그러니까 교사와 여러 분야의 교수들에 의해서 결정된다. 이런 제도적 조건에서 어떻게 자율성이 습득될 수 있다고 하겠는가? 엄밀히 말해서 자율성은 이와 같은 학교 체계에서는 근본 목표가 될 수 없는 것 같다(전준호, 2000).

결국 이러한 제도적 구조는 분열을 생기게 한다. 학생들과 교사들은 이 수동적 상황을 받아들이거나 이를 거부하는 쪽으로 나누어진다.

오늘날 우리의 교육체계에서는 성인이 된 18세의 학생이 교육시간, 공간, 활동 수단에 대해 아무런 영향력을 갖지 못한다는 점에서 유치원 어린이와 별반 차이가 없다. 물론 나이가 들면 영악해져서 선생을 골릴 만한 능력은 발달한다. 그런 경우에도 엄밀히 말해서 선생에 대한 폭력은 자제되고 다른 방향으로 해소된다. 특히 이러한 폭력이 같은 학교 학생들에게로 향하는 경우가 허다하다(전준호, 2000).

청소년기는 자신의 정체감을 형성해 나가는 시기로 이 시기에 있는 청소년들은 다른 사람을 통해 자신의 능력을 인정받고 싶어하는 욕구가 강하기 때문에 사소한 일로도 자존심을 침해받기가 쉽다. 그러나 현재의 학교교육은 소수의 우수 학생들을 대상으로 운영되고 있는 실정이어서 대다수의 청소년들은 선별적인 사회화 과정을 통해 소외됨으로써 심한 열등의식을 갖게 된다.

4) 사회적인 원인

최근 현대사회의 도시화로 인한 자연적 놀이공간의 상대적인 축소와 성인들의 향락산업 팽창에 따른 청소년 출입금지 구역의 증가는 청소년의 활동을 크게 위축시켜 청소년 놀이 문화를 음성적으로 조장함으로써 청소년의 비행과 일탈을 유도하는 요인이 되기도 한다. 엄밀한 의미에서 사회는 학교의 교육적 기능 중 일부를 수행해야 함에도 불구하고 퇴폐 · 폭력문화를 조장하는 각종 잡지, 만화, 광고, 불법 비디오 등의 범람과 유흥업소, 전자오락실, 심야다방, 카페, TV 등의 증가로 사회 곳곳에 청소년을 유혹하는 유해환경이 판을 치고 있어 사회교육을 통한 청소년의 건전성 확보는 거의 기대를 못하고 있는 실정이다.

오늘날의 사회에서는 폭력과 대중매체 속에 폭력이 연계되어 있다. 특히 각종 매스컴들이 앞다투어 폭력 장면이나 선정적인 내용들을 보도한다. 청소년들이 이러한 것들을 무비판적으로 받아들일 때 문제가 크다. 폭력 장면을 많이 접하게 되면 정서적 동일시와 공감을 얻게 되어 공격행동의 경향이 높아진다(학교폭력의 예방과 지도, 1996).

우리나라의 대학입시에 대한 과잉열은 청소년들을 더 열심히 공부할 수 있도록 장려하는 등 긍정적인 면도 찾아볼 수 있는 반면, 학교나 부의 기대에 부응하지 못하는 청소년들에게는 부담과 패배감을 안겨줌으로써 그들을 나쁜 길로 빠지게 하는 부정적인 측면도 무시할 수 없다. 청소년들에게 주어지는 이러한 압박이 구체적인 행동으로 나타나는 한 가지 형태가 바로 청소년비행이라고 할 수 있다(한국형사정책연구원, 1993).

계속해서 한국형사정책연구원의 연구 결과에 따르면 공부를 잘하는 학생 흔히 범생이라 불리는 학생들과 여유 있게 사는 가정에서 자라난 학생들도 부모와 자신의 내 · 외적인 압력에 의해서 비행을 저지르는 경우가 많이 있음을 보여 준다. 그러므로 학교와 가정이 청소년들에게 미치는 부정적인 영향들이 일부 비행집단의 청소년들에게만 해당하는 일로 치부해 버려서는 안 된다.

2. 청소년 폭력의 실태

오늘 날 대중매체의 범람과 급진적인 서구 사조로 청소년 범죄가 매년 급히 증가하며 그 특징도 조직화, 집단화, 소년화되고 있다. 살인, 폭행, 강도, 강간 등의 강력범죄가 증가하고 음주, 흡연, 가출 등의 불량 행위가 계속 증가하며, 학생 비행도 급격히 증가하고 있다. 급격한 산업화의 진전에 다른 비행 문화의 전파, 물질만능주의의 팽배 등과 더불어 심각한 사회문제로 대두되고 있다(권순웅, 1999).

청소년 범죄자 수가 매년 증가하여 오다가 1998년을 기점으로 감소추세에 있으나 2002년도 총 범죄(2,416,711명)의 5.1%(123,921명)가 학생범죄이고, 그중에 청소년 범죄가 61.7%(76,489명)를 차지하고 있어 학교 자체에서 징계 받은 학생 수 등을 고려하면 청소년 범죄가 학생에 의해 일어나고 있음을 볼 수 있다(국무총리 청소년보호위원회, 2003).

1) 청소년 유해환경 접촉에 대한 현주소

2021년 3월 23일 여성가족부는 전국 초등학교 4학년부터 고등학교 3학년까지 청소년 1만 4,536명을 대상으로 진행한 〈2020 청소년 매체 이용 및 유해환경 실태조사〉 결과를 공개했다. 지난해 7월부터 10월까지 한국청소년정책연구원과 한국리서치가 조사를 진행했다. 특히 온라인 폭력 피해가 2배 이상 급증했으며 청소년 대상 성폭력 피해도 '온라인'이 가장 많았다. 특히 여자 청소년들의 온라인 성폭력 피해 경험률은 50%를 넘어섰다.

실태조사 결과 초등학생 세 명 중 한 명이 성인용 영상물을 이용한 것으로 나타났다. 청소년의 성인물 이용률은 37.4%로 2018년(39.4%)보다 감소했으나, 같은 기간 초등학생은 19.6%에서 33.8%로 증가했다. 성인용 영상물 이용 경로는 포털(23.9%), 실시간 방송 · 동영상(17.3%) 등이다.

지난 1년간 폭력 피해를 입었다고 응답한 청소년은 전체의 5.9%로 2년 전(8.5%)보다 줄었다. 언어폭력(4.1%), 신체폭력(1.6%), 왕따(1.3%), 폭력 위협(1.1%)과 온라인 폭력(1.1%)이 같은 비율이었다.

온라인 폭력을 경험했다고 답한 청소년의 비율도 두 배로 늘었다. 폭력 피해 장소는 교실 안 31.4%, 사이버공간 26.7%, 교실 외 교내공간 14.5%였다. 교내 폭력 피해는 꾸준히 감소해 왔으나 온라인 폭력 경험 비율은 2018년 10.7%에서 26.7%로 증가했다.

성폭력 피해를 겪은 청소년은 1.8%로 지난 조사(2.8%)보다 감소했다. 피해 유형은 '말이나 눈짓, 몸짓으로 성적 모욕감을 주거나 괴롭힘을 당했다'고 답한 비율이 0.9%로 가장 많고 '인터넷 채팅 앱에서 스토킹 · 성희롱'(0.6%)이 두 번째로 많았다. 여자 청소년의 피해율(2.5%)이 남자 청소년(1.2%)보다 높았다.

청소년들이 성적 모욕감이나 성관계 시도, 스토킹 등 성폭력 피해를 당한 장소는 '온라인'(44.7%)이 가장 많았으며 학교(32.5%), 공터나 놀이터 등 동네(10.7%)였다. 온라인 성폭력 피해를 경험했다고 응답한 비율은 남자 청소년 19.8%, 여자 청소년은 58.4%였다. 2018년 조사 당시 남자 청소년 8.3%, 여자 청소년은 24.2%였으나 두 배 이상 증가한 것이다.

성폭력 가해자는 같은 학교에 다니는 사람(47.4%), 잘 모르는 사람(33.3%), 온라인에서 새로 알게 된 사람(9.9%), 같은 동네에 사는 사람(9.1%) 순이었다. 모르는 사람에게 성폭력을 당했다고 응답한 남자 청소년의 비율이 2018년 4.3%에서 23.3%로 늘었고, 여자 청소년은 16.1%에서 38.8%로 증가했다.

성폭력 피해자의 65.3%는 피해 사실을 주변에 알린 것으로 나타났다. 가족(62.4%), 친구나 선후배(44.6%), 선생님(28.1%), 신고 · 상담센터 등 지원기관(8.2%), 경찰(5.6%) 순이었다. 알리지 않은 이유로 '소용 없을 것 같아서'(32.3%)라는 답변이 가장 많았고 '심각한 일이 아니라고 생각해서'(25.5%), '보복이 두려워서'(13.3%)라는 답변이 뒤를 이었다.

여성가족부는 이번 실태조사 결과를 바탕으로 올해 추경 13억 원을 배정해 '청소년 유해매체 모니터링단' 200명을 운영할 계획이다. 2023년까지 위기청소년 조기 발견과 정보 공유, 서비스 신속 연계를 위한 '위기청소년 통합지원정보시스템'을 구축하기로 했다. 디지털 성범죄 피해자 지원센터를 통해 아동 · 청소년 성착취물 사전 모니터링을 강화하고, 디지털 성범죄 예방교육 콘텐츠 15종도 개발할 계획이다.

여성가족부는 "실태조사 결과를 올해 마련하는 제4차 청소년 보호 종합대책에 반영해 청소년이 건강하게 성장할 수 있는 사회환경을 조성해 나갈 예정"이라고 설명했다.

2) 학교폭력의 현주소

지난 2021년 1월 21일 교육부는 17개 시도교육감이 초 · 중 · 고등학교(초4~고2) 학생들을 대상으로 실시한 〈2020년 학교폭력 실태조사(전수조사)〉 결과를 발표했다. 이 조사는 매년 두 번 실시(4월 전수조사, 9월 표본조사)하여 왔으나, 2020년에는 코로나19 확산 상황을 고려하고 학교 현장의 업무 부담을 경감하기 위해 한 번으로 축소하여 9월에 시행하였다. 조사결과, 전체 피해 응답률은 0.9%로, 2019년 1차 조사(2019.4.1.~2019.4.30.) 대비 0.7%p 감소했다. 그리고 학교급별로는 초 1.8%, 중 0.5%, 고 0.2%로 조사되어, 2019년 1차 조사 대비 각각 초 1.8%p, 중 0.3%p, 고 0.2%p 감소하였다.

집단따돌림은 초 〉 중 〉 고 순으로 비중이 높았고, 언어폭력은 초등학교에서, 사이버폭력은 중학교에서 비중이 가장 높았다.

〈표 7-1〉 학교급별 피해유형 비율

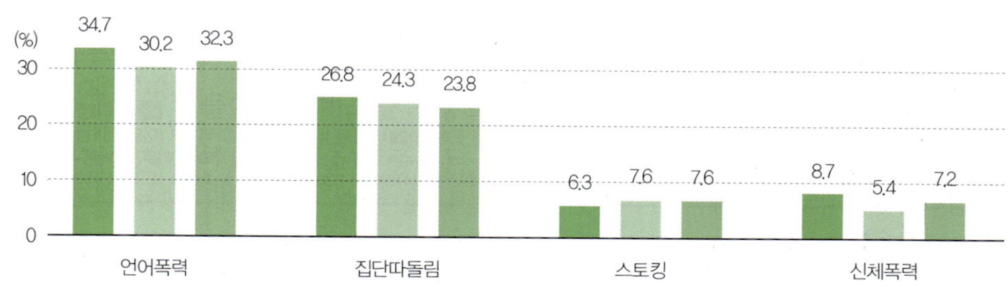

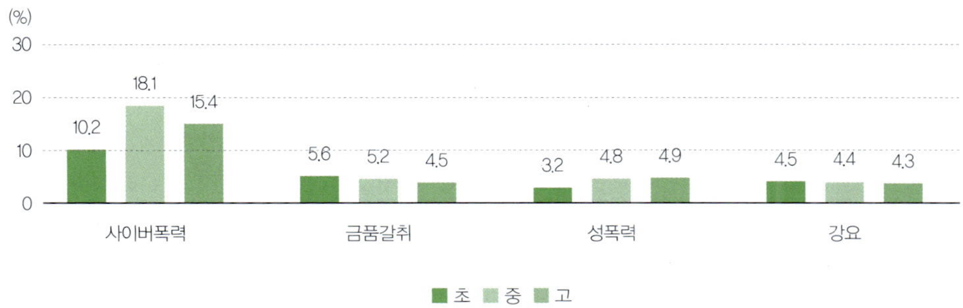

출처: 교육부(2020).

그리고 전체 가해 응답률은 0.3%로, 2019년 1차 조사 대비 0.3%p 감소했다. 학교급별로 초 0.7%, 중 0.2%, 고 0.05%로 조사되어, 2019년 1차조사 대비 각각 초 0.7%p, 중 0.1%p, 고 0.05%p 감소하였다.

〈표 7-2〉 가해 응답률

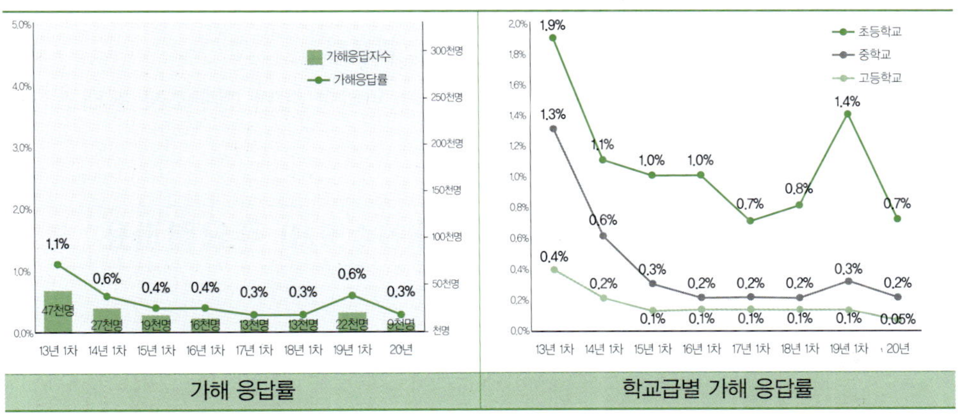

출처: 교육부(2020).

또한 전체 목격 응답률은 2.3%로, 2019년 1차 조사 대비 1.7%p 감소했다. 학교급별로 초 4.0%, 중 1.6%, 고 0.8%로 조사되어, 2019년 1차 조사 대비 각각 초 3.9%p, 중 1.1%p, 고 0.6%p 감소하였다.

〈표 7-3〉 목격 응답률

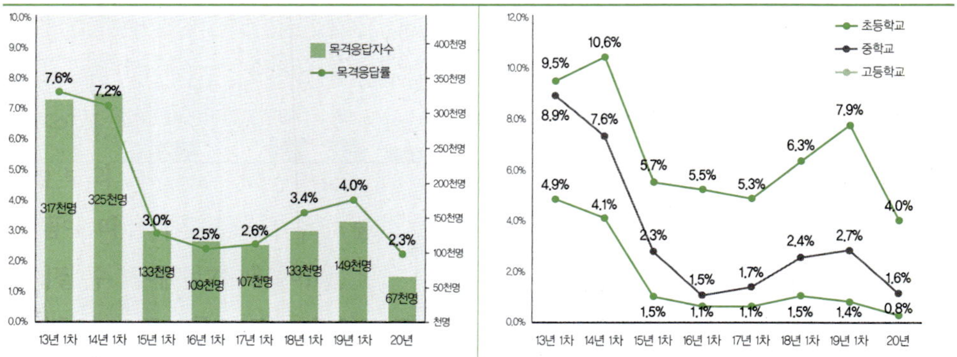

목격 응답률	학교급별 목격 응답률

출처: 교육부(2020).

이번 조사결과에 대하여, 한효정 한국교육개발원 교육지표연구실 실장은 "2019년 1차 조사결과와 비교하여 학교폭력 피해 · 가해 · 목격 응답률은 모두 감소한 것으로 나타났지만, 사이버폭력, 집단따돌림의 비중이 증가한 점을 고려하여 정부 차원에서 적절한 대책 마련이 필요할 것으로 보인다."라고 밝혔다.

본 조사결과에 대한 결과를 상세하게 이해하기 위하여 이번 전수조사 실태조사표를 붙임과 같이 첨부하여 이해를 돕고자 하였다.

붙임1 2020년 학교폭력 실태조사(전수조사) 주요결과표

□ 피해 경험

조사 내용	주요 결과표

피해 응답율

구분	전체	초	중	고
비율(%)	0.9	1.8	0.5	0.2
명수(천명)	26.9	19.2	5.8	1.8

피해 유형별 비율(%) (복수응답, 건수기준)

구분	언어 폭력	집단 따돌림	스토킹	신체 폭력	사이버 폭력	금품 갈취	성폭력	강요
전체	33.6	26.0	6.7	7.9	12.3	5.4	3.7	4.4
초	34.7	26.8	6.3	8.7	10.2	5.6	3.2	4.5
중	30.2	24.3	7.6	5.4	18.1	5.2	4.8	4.4
고	32.3	23.8	7.6	7.2	15.4	4.5	4.9	4.3

가해자 유형(%)

구분	같은 학교 같은 반	같은 학교 같은 학년	같은 학교 다른 학년	다른 학교 학생	잘 모르는 사람	기타
전체	50.9	26.1	6.6	4.1	2.0	10.3
초	52.7	24.3	7.3	3.3	2.0	10.4
중	46.8	30.5	4.5	6.0	2.0	10.2
고	45.5	30.6	4.8	6.7	2.0	10.4

피해 장소 (%) (복수응답, 건수기준)

구분	학교 안 (64.2)							학교 밖 (28.3)						기타
	교실안	복도	운동장	화장실	특별실	기숙사	급식실, 매점등	놀이터	사이버 공간	학원 주변	학교밖 체험	집, 집근처	PC 노래방	
전체	32.5	11.5	7.4	3.4	1.6	0.5	7.3	6.6	9.2	3.7	4.1	3.9	0.8	7.4
초	32.1	11.0	8.9	3.4	1.4	0.2	6.2	8.3	6.6	4.4	4.5	4.6	0.4	8.0
중	33.0	12.9	4.2	3.3	1.7	0.4	9.8	2.7	16.5	2.1	3.1	2.4	1.9	6.0
고	35.4	12.2	2.7	3.3	2.6	3.5	11.1	2.5	13.1	1.4	2.7	2.0	1.3	6.0

피해 시간 (%) (복수응답, 건수기준)

구분	쉬는 시간	점심 시간	하교 이후	수업 시간	하교 시간	학교밖 체험	등교 시간	방과후 수업	기타
전체	36.0	15.1	16.0	7.3	5.3	4.4	3.2	2.4	10.3
초	36.5	13.4	17.5	5.6	6.0	4.5	3.2	3.0	10.3
중	35.1	18.5	12.9	9.9	3.9	4.4	3.1	1.2	11.0
고	34.5	20.0	11.3	14.1	3.3	3.2	3.3	1.7	8.6

피해사실을 알린 사람 (%)

구분	보호자나 친척	학교 선생님	친구 선·후배	117 신고센터	학교상담실 선생님	학교전담 경찰관	학교폭력 신고함	학교밖 기관	미신고
전체	주위에 알리거나 신고 (82.4)								17.6
	45.3	23.0	9.3	1.4	1.6	0.5	0.3	1.0	
초	48.8	20.7	7.4	1.6	1.0	0.3	0.1	1.2	18.9
중	38.2	27.4	13.3	1.2	3.1	0.6	0.6	0.4	15.2
고	31.3	33.1	16.4	1.1	3.8	1.2	0.5	0.6	12.0

피해 미신고 이유 (%)

구분	별일이 아니라고 생각해서	더 괴롭힘을 당할 것 같아서	스스로 해결하려고	이야기해도 소용이 없을 것 같아서	선생님이나 부모님의 야단/걱정 때문에	어디에 도움을 요청할지 몰라서
전체	28.5	14.8	23.8	18.6	11.4	2.9
초	29.8	15.6	24.6	15.9	11.1	3.0
중	25.8	12.9	21.3	25.3	12.4	2.3
고	20.7	8.9	21.1	35.2	11.3	2.8

□ 가해 경험

조사 내용	주요 결과표

가해 응답률

구분	전체	초	중	고
비율(%)	0.3	0.7	0.2	0.05
명수(천명)	9.3	7.1	1.8	0.3

가해 이유 (%) (복수응답, 건수기준)

구분	전체	초	중	고
상대방이 먼저 괴롭혀서	17.5	19.3	12.6	8.7
장난이나 특별한 이유 없이	28.1	27.9	28.6	29.1
오해와 갈등으로	13.9	12.2	19.4	20.6
상대방의 행동이 마음에 안 들어서	12.7	12.0	15.2	15.0
다른 친구가 하니까	10.1	10.1	10.8	6.5
화풀이 또는 스트레스 때문에	8.3	8.7	6.4	9.0
강해 보이려고	5.0	5.3	3.5	6.1
나의 보호자나 선생님의 관심을 받고 싶어서	1.5	1.5	1.3	2.4
선배나 친구가 시켜서	2.9	3.0	2.3	2.5

가해 방법 (%)

구분	단독	집단
전체	45.3	54.7
초	46.1	53.9
중	40.1	59.9
고	51.3	48.7

□ 목격 경험

조사 내용	주요 결과표
목격 응답률	(see table below)

구분	전체	초	중	고
비율(%)	2.3	4.0	1.6	0.8
명수(천명)	67.2	43.4	17.9	5.6

목격 후 행동 (%)

구분	전체	초	중	고
때리거나 괴롭히는 친구를 말렸다.	15.9	18.8	11.2	8.9
가족, 선생님, 학교전담경찰관 등 주위에 알리거나 신고했다.	11.2	11.9	9.9	10.0
피해를 받은 친구를 위로하고, 도와주었다.	36.4	34.1	38.3	47.8
나도 같이 피해 학생을 괴롭혔다.	1.9	2.0	1.7	1.1
아무것도 하지 못했다.	34.6	33.2	38.8	32.2

□ 예방 교육

조사 내용	주요 결과표
학교폭력 발생 시 대처행동 (%) (복수응답, 건수기준)	(see table below)

구분	전체	초	중	고
학교선생님이나 신고함에 알리겠다	32.6	32.3	33.8	31.0
117신고센터・경찰관에게 알리겠다	22.2	19.4	23.8	24.3
가족이나 보호자에게 도움을 요청하겠다	12.8	14.4	11.2	12.8
피해를 받은 친구를 위로하고 도와주겠다	18.0	19.2	17.7	16.5
때리거나 괴롭히는 친구를 말리겠다	9.4	10.5	8.4	9.2
친구나 선배(후배)에게 도움을 요청하겠다	5.0	4.1	5.1	6.2

구분	기본프로그램 (역량 중심)	심층프로그램 (문제유형 중심)	교과연계 프로그램	자유학기(학년) 연계 프로그램
어울림 프로그램 (86종)	• (6대 역량) 공감, 의사소통, 감정조절, 자기존중감, 갈등해결, 학교폭력 인식 및 대처 • (학교급) 초저(1-2), 초중(3-4), 초고(5-6), 중, 고	• (4개 유형) 신체·물리, 언어폭력, 따돌림, 사이버폭력 • (학교급) 초저(1-3), 초고(4-6), 중등용	• (중학교) 국어, 도덕, 사회, 체육, 영어, 기술·가정 • (고등학교) 국어, 통합사회, 체육, 영어, 기술·가정	• 주제 선택 활동형 – 주제형, 교과연계형(국어, 사회, 도덕 교과) • 동아리 활동 연계형 • (학교급) 중학교
사이버 어울림 프로그램 (48종)	• (8대 역량) 사이버 공감, 사이버 의사소통, 사이버 자기존중감, 인터넷 윤리의식, 사이버 자기조절, 사이버 감정조절, 사이버상 갈등관리, 사이버 폭력인식대처 • (학교급) 초저(1-3), 초고(4-6), 중, 고	• (6개 유형) 사이버 언어폭력, 사이버 명예훼손, 사이버 따돌림, 사이버 갈취, 사이버 스토킹, 사이버 영상 유포 • (학교급) 초등, 중등	• (중학교) 국어, 도덕, 사회, 체육, 영어, 기술·가정 • (고등학교) 국어, 윤리, 통합사회, 체육, 영어, 기술·가정	

3. 청소년 폭력에 대한 윤리적 가치

청소년 폭력, 학교폭력을 보면서 어떻게 대처하고 무엇을 어떻게 하여야 청소년 폭력을 미연에 예방할 수 있을지 살펴볼 필요가 있다. 또한 가해 청소년도 피해 청소년도 어떻게 보면 잘못된 제도와 사회환경에 대한 피해자들이라 할 수 있는데 이러한 현실 속에서 가정과 학교의 역할에 대해서 살펴보고 그 대처 방안들을 제시해 보자.

1) 폭력 가해자에 대해

가해자는 피해자의 아픔을 모르기 때문에 쉽게 장난이라고 말하면서 폭력을 가한다. 그러면서 피해자의 부모와 선생님 앞에서 은근히 피해 학생에게 압력을 가하기도 한다. 가해자는 괴롭히고 있다는 의식 없이 일종의 게임을 즐기고 있다는 듯이 폭력을 일삼는다. 가해학생에 대해서는 처벌보다 전문적 개입이 필요하다. 일반 성인에 대해서는 비교적 간단한 해법인 경찰에 알리는 등 법에 의한 처벌이 하나의 방법이 될 수 있다. 그러나 자라나는 청소년에 대해서는 역효과가 우려된다. 사실 현실적으로 가해학생을 선도할 만한 마땅한 방법이 잘 정립되어 있지 않은 것이 현실이다.

현재 학교에서의 문제 학생 선도는 주로 학생부에서 맡고 있는데 처벌 위주이기 때문에 학교에서 폭력 사건이 일어나면, 그 주범인 학생들을 전학, 또는 퇴학시키는 점에서 보듯이 일종의 경찰 노릇을 할 뿐이다. 또한 교정기관인 소년원에서의 교정교육에도 불구하고 재범하는 청소년, 이러한 통제기관을 한 번 거친 청소년이 받은 낙인이 사회에 대한 반감을 심화시켜 폭력의 악순환을 만든다.

가해자도 일종의 피해자이다. 하지만 가해자는 자신의 폭력에 대해 책임을 져야 한다. 폭력적인 행동은 자존감 저하와 무력감에서 유발된다. 자신의 위치에 대한 도피와 자신의 환경에 대한 반항으로 나타나기도 한다. 학급 내에서 폭력이 있음을 알거나 의심이 될 때에는 가해학생, 피해학생 모두와 신속하게 대화를 개시하는 것이 중요하다. 다수의 폭력 학생은 대단히 거칠고 자신감이 넘칠 뿐 아니라 교묘한 변명으로 난처한 상황에서도 잘 벗어난다. 폭력 학생은 무엇보다 자기 역할을 축소하고 다른 학생들의 역할을 과장할 것이다. 그리고 폭력의 원인이 피해자의 태도에 있다고 말할 것이다. 이럴 때 지도자는 개별 대화를 마친 뒤 전원을 한 자리에 모으고 폭력은 허용되지 않을 것이고 앞으로 또 폭력을 행사하면 제재를 받을 것임을 다시 한번 분명히 말해 주어야 한다. 이런 조치를 취했음에도 불구하고 폭력 학생들의 행동이 변화하지 않는다면 사태의 심각성을 강조하기 위해서 해당 학부와 대화를 나누는 방법을 선택할 필요가 있다(이동진, 1996).

학교폭력 가해자 중 피해학생의 동급생이나 잘 아는 선후배가 가장 많은 빈도를 차지한다. 교사가 피해학생 뿐만 아니라 가해학생을 위해서도 처벌 이전에 분명한 배려와 지도를 해야 하는 이유가 여기에 있다. 그러나 교사는 학교의 명예를 위하여 학교폭력을 축소하거나 덮어두려 해서는 안 된다. 학교폭력은 반드시 해결해야 하며 자신의 행위가 타인에게 얼마나 큰 피해를 주는 것인지를 명확히 주지시킬 필요가 있는 것이다. 그러나 단순히 처벌만으로 문제를 해결할 때는 차후 더 심각한 문제를 야기시킬 수 있고, 교육의 대상인 학생을 방임하는 것이 되므로, 교사는 다음과 같은 기준을 통해 가해학생을 지도하도록 해야 한다(학교폭력의 예방과 지도, 1996).

첫째, 교사는 가해학생의 폭력행위 유발 원인이 무엇인가를 파악해야 한다. 많은 경우 가해학생은 스스로의 가치를 인정받지 못하는 데서 오는 욕구불만이나 애정결핍, 열등감 등을 반항적으로 표출하는 것을 인식해야 한다. 교사는 가해행위 이전에 학생이 가지고 있는 가능성과 인간적 측면을 부각시켜 많은 대화와 배려를 통해 분명한 이해와 사랑의 표현을 전달하여 근본적인 폭력행위의 원인을 제거하는 데 주의를 기울여야 한다.

둘째, 폭력행동에 대한 가해학생의 변명을 들어보면서 방법상의 불의한 점과 피해학생의 괴로움에 대해 객관적인 증거와 함께 설득한다. 또한 주위의 다른 학생들의 바람직한 의견이나 비난을 조심스럽게 전달하여 가해행위의 부당성을 조심스럽게 호소할 수 있다.

셋째, 역할 연극을 실시하는 방법도 있다. 흥미 있어 하며 지켜보는 학생, 보고도 못 본 척하는 학생의 역할을 설정하고 실제로 각각의 역할을 연기하고 나서 각자의 생각을 말하게 하는 방법이다. 역할 연기는 입장을 바꿔 생각할 수 있는 기회를 제공해 상대방의 기분을 조금씩 이해시키는 것이 목적이다.

학교폭력은 상대방의 기분을 알지 못해 일어나는 문제행동이라고 할 수 있기 때문이다. 공적인 학생의 태도를 변화시키는 데는 교사가 자상하게 이해해주고 칭찬을 많이 하는 것만 가지고는 부족한 경우가 대부분이다. 바람직하지 않은 태도에 대해서는 어느 정도의 제재가 필요하다. 시행할 제재는 적대감을 일으키지 않으면서 불편을 주는 것이어야 한다(학교폭력의 예방과 지도, 1996).

제재할 때는 그 이유를 분명히 설명해 주어야 하고, 숙제와 같은 일상적인 활동을 더 부과하는 것은 옳지 못하다. 제재를 통해 공적 학생이 규칙체계에 대한 순응을 점차적으로 배우게 하는 것이 중요하다.

2) 폭력 피해자에 대해

어떤 통로를 통해서건 학교폭력 문제상황을 접한 교사는 사실을 객관적으로 파악하고 이해하여 방향을 설정하는 해결사로서의 역할과 불안한 피해학생의 마음을 정서적으로 지지하는 따뜻한 상담자로서의 역할을 동시에 해야 한다. 피해학생의 주관적인 진술에만 근거해 문제를 이야기하거나 피해학생에게 별것도 아닌 것을 어린애처럼 그러느냐는 식의 야단을 친다거나 이와 비슷한 반응을 보이면 오히려 역효과를 낳게 된다. 교사는 상담에 임할 때 학생들의 말에 곧 답하여 일반적인 지도방법을 가하려 하지 말고 그 학생이 무엇을 말하고 싶어 하는지에 진심으로 귀를 기울이고 관찰해야 한다.

전형적인 피해자는 불안하고 불안정한 학생으로 대개는 주변의 초점이 되기를 원치 않는다. 이런 학생은 가해자들의 폭력이 알려져 그들이 곤경에 빠지는 것을 두려워한다. 그리고 고자질을 하면 폭력의 강도가 더 심해질 것이라는 위협도 느끼게 된다. 이러한 위협 때문에 피해자들은 그냥 조용히 견디겠다는 결심을 자주 한다. 이러한 위기 속에서 피해자가 폭력을 제기했을 때 피해자가 상당한 보호를 보장받지 못하고 만다면 사태는 악화될 수밖에 없다. 이 때문에 문제를 추적하기 전에 피해자 학생의 보호와 조치에 특별한 의무를 가져야 한다.

3) 가정의 대처 방안

청소년 폭력의 문제에서 가정의 중요성이 대두되는 시점은 바로 청소년의 가정환경이 청소년 폭력의 발생 가해자와 피해자에게 미치는 영향이라고 생각된다. 부모의 관심사가 자녀의 학교 성적에만 집중되어 자녀의 생각이나 의견, 자녀의 관심사 등 청소년의 욕구를 배제하는 행동을 보이면 이런 가정에서 자란 청소년은 억압된 감정이 폭력성 혹은 공격성과 대인관계의 결여 등으로 나타나며 특히 비행 청소년뿐만 아니라 일반 청소년으로 분류될 수 있는 청소년들 사이에서도 청소년 폭력이 빈번하게 발생하는 것들을 볼 때, 가정에서의 부모와 청소년의 관계가 중요하다는 것을 알 수 있다.

첫째, 부모와 자녀의 대화 부족은 바로 청소년의 표현과 욕구 표출의 통로를 감소시키는 결과를 낳고 입시 위주의 교육제도와 병행하여 전문화된 사회 속에서 맞벌이 부부가 증가하면서 가족 간의 유대관계가 약화되어 형식적인 관계로만 지속된다는 것이다.

둘째, 이런 관계 속에서 부모의 부적절한 교육, 즉 자녀에 대한 지나친 간섭과 사고는 청소년에게 개인 중심적 사고와 공동체 의식의 부족을 야기시킬 수 있고 반대로 자녀에 대한 무관심은 청소년의 일탈행위를 방치하기 위한 가정의 역할을 수행하지 못하는 것이다.

4) 학교의 대처 방안

학교 폭력의 구체적인 현장이 되고 있는 학교의 중요성이 부각됨에 따라 학교폭력 문제해결의 가장 큰 역할을 부모와 함께 일선 교사들이 담당해야 할 필요성이 입증되고 있다. 실례로 청소년폭력예방재단이 1996년 7월까지 접수된 상담 1,000건을 대상으로 분석한 결과에 따르면 피해 학생의 70.6%가 학교 등하굣길에서 학교폭력을 당했다고 밝혔다. 교내와 주변에서의 폭력이 상당히 높은 비율을 차지하고 있고 교내와 등하굣길에서 발생하는 폭력은 지속적이고 피해 정도도 심한 경우가 많아 피해학생들의 고통도 심한 것으로 나타났다.

일선 교사에게만 국한하여 학교폭력을 지도하고 대처하는 것에는 한계가 있지만 학교폭력이 발생하거나 그것의 예방을 위해서 일선 교사들이 해야 할 기본적인 일들은 먼저 피해학생이나 가해학생 모두에게 항상 관심을 두는 것이며 상담이나 면담을 통해서도 폭력 상황이나 상태를 알 수 있어야 한다. 먼저 피해학생을 위해서 할 수 있는 일은 어떤 통로를 통해서건 학교폭력 문제상황에 접한 교사는 사실을 객관적으로 파악하고 이해하여 방향을 설정하는 해결자로서의 역할과 불안한 피해학생의 마음을 정서적으로 지지하는 따뜻한 상담자로서의 역할을 동시에 해야 한다.

피해학생의 주관적인 진술에만 근거해 학급 전체 더 나아가 학교 전체에 문제를 이야기하거나 피해학생 본인에게 별것도 아닌 것을 가지고 어린애처럼 그러느냐는 식의 야단을 친다거나 하는 반응을 보이면 더 큰 역효과를 낳을 수도 있다. 그리고 가해학생에 대해서 교사는 가해학생의 폭력행위 유발 원인이 무엇인가를 파악해야 한다. 더불어 폭력행동에 대한 가해학생의 변명을 들어주면서 방법상의 불의한 점과 피해학생의 괴로움에 대해 객관적인 증거와 함께 설득한다. 또한 역할연극을 실시하는 방법도 있다 .그리고 가해학생의 개인적 사안인 진로의 문제는 형식적인 담당자 배치와 지도가 아니라 체계적인 연구를 통해 전문적인 지도를 할 수 있어야 한다.

이런 교사의 노력과 함께 실시되어야 할 학교를 통한 학교폭력 예방안에는 학교 내에서 유기적인 협력을 통해 대처하고 열린 교육방침으로 체벌 지도가 아닌 수용과 격려의 자세로 학생들을 대하고 체계적인 학교 상담체계를 통해 학생 생활 전반을 지도해야 한다.

또한 외부의 각 기관과의 연대를 통해서 문제점과 해결 방안에 대한 지속적인 연구와 방법 모색에 주력해야 한다.

학교폭력을 척결하는 것은 아주 복잡한 일이다. 학교폭력을 성공적으로 종식시키기 위한 프로그램들은 폭력행위를 비폭력적이고 긍정적 행위로 바꾸어 주는 요소들을 포함하고 있어야 한다. 그러한 과정에서 학생들은 자신들의 습관, 태도, 가치, 관점을 변화시킬 수 있어야 한다. 포괄적인 프로그램들은 그러한 변화가 일어날 수 있도록 도움을 주는 구성(comprehensive program)요소들을 지니고 있다.

학교는 학생들 사이, 그리고 학생들과 교직원들 사이에 긍정적이고 지속적인 유대를 형성할 수 있다. 폭력, 학업 실패, 마약 복용 등으로 학교에서 낙오할 위험성이 높은 아이들은 종종 가족, 동료 집단, 교회와 같은 긍정적 사회단체와의 유대가 부족하다. 학교는 그들에게 믿을 수 있고 지원할 수 있는 관계를 제공함으로써 그들의 소외감과 절망감을 줄여 줄 수 있다. 긍정적인 동료관계는 심리적 건강, 인지적 · 사회적 발달, 친사회적 태도와 가치 발달을 위해 꼭 필요하다.

급우, 교사, 직원은 학생들이 인간적 · 학문적 욕구를 만족시키는 데 도움을 줄 수 있는 원천이다. 장기간의 구조화된 관계가 이런 지원을 위한 틀을 만들어 낸다. 그러한 방법에는 수년간 지속되는 협동 학습 집단을 형성하는 것, 몇 년 동안 같은 교사들 밑에서 공부하도록 하는 것 등이 있다.

학교는 아이들이 학교 밖에서 보내는 시간을 제한할 수 있다. 그들은 오후, 저녁, 주말, 방학 동안 과외 활동을 할 수 있다. 방과 후 몇 시간 동안이라도 학생들을 폭력, 집단, 마약, 권태로움에서 떼어놓을 수 있다면 부정적 영향을 줄일 수 있다. 학교가 폭력을 줄이고자 한다면 친구와 개인적 정체성뿐만 아니라 학생들이 머무를 수 있는 다른 장소를 제공해야 한다.

학교는 모든 학생들을 위해 장기간의 갈등 해결, 동료 중재 훈련을 실행할 수 있다. 선택된 소수가 아닌 모든 학생들이 갈등을 다루는 방법을 배울 필요가 있다. 학생들과 교직원 모두가 갈등 해결 방법을 사용해야 한다. 학교는 자신의 문화를 창조하고 학생들에게 그 문화에서 적절히 행동할 수 있도록 하는 방법을 가르친다. 학생과 교직원은 학교에 들어서면 그들에게는 살아 있는 학습 공동체로서의 학교를 유지하는 데 필수적인 협상과 중재 절차를 수행하여야 할 것이다(추병완, 김영은 역, 2000).

5) 사회적 대처 방안

현재 각급 학교에서는 교육인적자원부의 행정지침에 따라 학교폭력 업무를 총괄할 수 있도록 하기 위하여 학교별로 학교폭력추방대책반 위원회를 구성하여 운영하고 있으나 법정 기구가 아니기 때문에 그 효율성과 실효성이 미약한 상태이다.

청소년
문제
와
보호

제8장 청소년 자살

1. 청소년 자살 이해

최근 OECD 국가들의 자살률이 감소하는 반면 OECD 회원국 가운데 10년째 '자살률 1위'라는 불명예스러운 자리를 여전히 지키고 있는 대한민국의 현실 속에서 본 장에서는 청소년 자살 문제를 제대로 이해하고 생물학적 · 병리적 · 심리학적 · 사회적 원인과 더불어 청소년 자살을 예방하는 방법들을 기술해 보고자 한다.

이제 자살은 더 이상 한 개인이 자신의 고통스러운 현실을 끝내는 개인적인 죽음의 형태가 아니라 사회 공동체의 문제임을 깨닫고, 주위에서 도움을 필요로 하는 청소년에게 위로의 한 마디, 작은 손길을 건넬 수 있고 따뜻하고 인정 넘치게 서로를 지지하는 사회가 되길 바라는 마음을 갖기를 소망해 보는 것이 크다고 하겠다.

한국은 OECD 국가 중 자살률 1위를 차지하며 평균 자살률의 거의 3배에 가까울 정도로 자살률이 치솟고 있다고 하는데(OECD, 2011), 우연히 인터넷의 한 『시사저널』 기자의 기사가 나의 눈을 사로잡았다.그 기사의 전문을 거의 그대로 옮겨보면서 청소년 자살 문제의 통계나 실태 등등의 문제를 생략하고 자살 방지의 실천적 측면을 이야기해 나가고자 한다.

2018년 듀오 '미미시스터즈'가 발표한 노래 《우리, 자연사하자》. 곡은 계속 '죽음'을 말한다. 다만 '자연스러운 죽음'을 권한다. 노래를 만든 가수 '큰 미미'는 한 언론사와의 인터뷰에서 노랫말을 쓴 이유를 이렇게 설명했다. "죽자는 얘기가 아니라 지금 당장 죽지는 말자는 거예요. 자살하지 말고 같이 살아내 보자. '멋진 인생을 살자'가 아니라 그냥 살아 있다는 것만으로 충분히 의미가 있으니까."

자연사를 권하는 시대, 역설적으로 대한민국에서 '부자연스러운 죽음'은 뿌리 깊은 사회문제다. 정권마다 자살률 감소를 공약으로 내걸고 있지만, '자살공화국'이란 오명은 2020년에도 유효하다. 더 우려스러운 점은 10대 청소년의 높은 자살률이다. 사회가 '나이 든 세대'의 자살만을 논하는 사이, 청소년의 극단적 선택은 계속되고 방치되고 있다. 무엇이 문제일까. 과연 누가, 왜, 대한민국 청소년들을 낭떠러지로 내몰고 있는 것일까.

자살은 우리나라의 오랜 난제다. 역대 정권 그 누구도 자살 문제를 풀지 못했다. 문재인 정권에서도 자살의 악몽은 되풀이되고 있다. 지난해 9월 통계청이 발표한 '사망원인통계'에 따르면 2018년 우리나라 자살 사망률은 5년 만에 상승했다. 상승폭은 글로벌 금융위기 이후 최대였다. 2018년 자살률(인구 10만 명당 자살 사망자 수)은 26.6명으로 전년 대비 2.3명(9.5%) 증가했다. 하루 평균 자살 사망자만 37.5명에 달했다. OECD(경제협력개발기구) 국가 중 단연 1위다.

정부는 애써 침착한 모습이다. 먹고살기 어렵던 과거보다는 나아졌다는 게 정부의 판단이다. 그러면서도 정확한 원인은 짚지 못하고 있다. 김진 통계청 인구동향과장은 "글로벌 금융위기 때나 국제통화기금(IMF) 외환위기 때는 자살률 증가폭이 각각 20%, 40%대로 굉장히 높았다"면서 "그 정도 수준이 아니어서 경제적 원인과 연결해 말할 수 없다. 이번 통계는 사망신고서를 바탕으로 작성되는 거여서 사망 원인을 자세히 알기 어렵다"고 밝혔다.

정부의 해석처럼 최근 자살 문제는 과거처럼 '경제난' 하나에서 기인하지 않는다. 특히 노인이나 중장년층의 경우 각종 만성질환부터 은퇴 후 불안감, 가족 간 갈등, 실직 등 각종 문제가 얽히고설켜 자살을 낳는다는 게 전문가들의 중론이다. 다만 이 같은 해석의 대부분은 기성세대가 처한 환경에 국한돼 있다. 문제는 자라나는 10대다. 사회로 미처 나오기도 전, 삶을 버거워하는 10대들이 크게 늘어나고 있다.

실제 우리나라 청소년(9~24세)의 사망 원인 1위는 8년째 '극단적 선택'이다. 2018년 자살로 세상을 떠난 청소년은 10만 명당 9.1명이었다. 같은 기간 안전사고와 암으로 사망한 청소년은 각각 10만 명당 4.6명, 2.9명인 것을 고려하면 압도적인 수치다. 우울감을 호소해 자살위험군에 속한 학생 수를 살펴보면 문제는 더 심각하다. 박찬대 더불어민주당 의원이 지난해 9월 교육부로부터 제출받은 〈최근 4년간 학생정서행동 특성검사 결과 및 조치현황〉을 분석한 결과 2018년 자살위험 학생은 2만 3,324명으로 나타났다. 이는 2015년과 비교했을 때 270%가량 폭증한 수치다. 자살위험 학생 수는 △2015년 8,613명 △2016년 9,624명 △2017년 1만 8,732명 △2018년 2만 3,324명으로 계속 증가세를 보이고 있다.

상황이 이렇다 보니 자살을 시도하는 학생 수도 줄어들지 않는 모양새다. 보건복지부가 발표한 청소년 자살 시도율은 △2015년 2.4% △2016년 2.4% △2017년 2.6% △2018년 3.1% △2019년 3.0%로 나타났다. 구체적으로 살펴보면 10대 남학생보다는 10대 여학생이 극단적 선택을 시도하는 경우가 더 잦아지고 있다. 10대 남자 청소년 자살 시도율은 △2015년 2.0% △2016년 2.0% △2017년 2.0% △2018년 2.2% △2019년 1.9%로 조사됐다. 같은 기간 10대 여자 청소년의 자살 시도율은 △2015년 3.0% △2016년 2.7% △2017년 3.2% △2018년 4.1% △2019년 4.0%로 남학생보다 높았다.

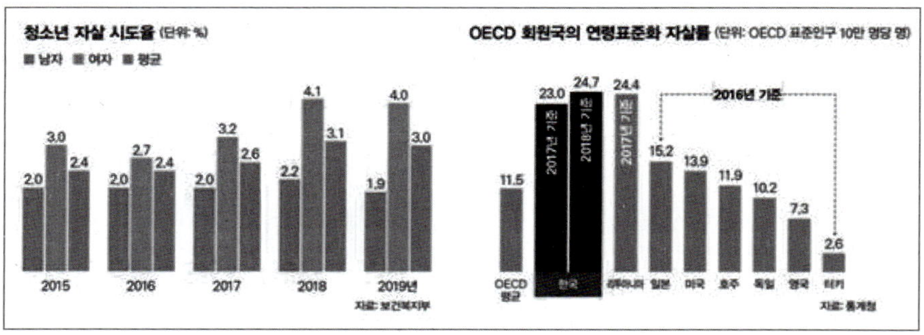

몸에 상처를 내고, 극단적 선택을 시도하는 10대들. 『시사저널』은 심리상담센터와 병원, 종교시설 등을 통해 10대들의 이야기를 취합할 수 있었다. 이 과정에서 우울증을 앓고 있는 10대들을 만났다. 이들의 사연은 제각기 달랐다. 자살·자해의 원인을 하나로 단정할 수는 없었고, 그런 '범주화'는 오히려 10대들의 특정 상황에 대한 편견을 낳을 수 있다는 게 전문가들의 말이다. 실제 가정이 화목해도, 불화해도, 부유해도, 가난해도 우울증을 경험하는 10대가 나왔다. 그렇다면 왜 10대는 희망이 아닌 절망을 말할까. 『시사저널』은 서면과 대면 인터뷰를 토대로 가상의 청소년 박영훈 군(가명 · 19)과 김지연 양(가명 · 18)을 설정했다. 이들의 고민과 분노 안에서, 10대들의 우울감을 분노와 좌절로 전환시킨 '계기'가 무엇인지에 대한 작은 단서를 얻을 수 있었다.

영훈 군은 학교를 가면 자꾸 싸움을 벌였다. '일진'이어서가 아니다. 친구의 말 한마디, 작은 접촉에도 쉽게 화가 났다. 그러나 분노가 어디서 오는지 몰랐다. 다만 자살을 생각한 적은 없었다고 했다. 그가 어느 날 '극단적 선택'을 시도한 건 영훈 군에게 해법을 제시한 선생님의 상담 때문이었다.

"담임 선생님이 나쁜 사람은 아니었어요. 상담을 한다고 저를 불렀는데, '뭐가 요즘 힘드니'라고 물으시더라고요. 제가 알면 말했겠죠. 정말 몰라서 '모르겠는데요'라고 대답했더니, 한숨을 쉬시더라고요. 그러더니 '학교에 있을 때가 좋을 때'라면서 '정신과 상담도 방법이긴 한데 그러면 괜히 소문나고 안 좋다. 밖에 나가 볼(공)이나 차면서 풀어'라며 웃으시더라고요. 그날 너무 힘들었어요. 너무 쉽게 답을 말하시는 것 같아서…. 저에게 답을 듣고 싶으면 저를 뭐 하러 불렀나라는 생각이 들고, 그 순간 화가 너무 나더라고요."

지연 양은 스트레스가 쌓이면 자해를 했다. 처음엔 호기심에서였다. 우연히 SNS에서 본 한 자해 사진이 계기가 됐다. 물론 아팠다. 자해가 고민을 해결해 주는 것도 아니었다. 그러나 그렇게라도 하지 않으면 어디서 오는지 모를 '막막함'을 표현할 방법이 없었다고 했다. 조심스럽게 이유를 묻자 지연 양은 '사람들'을 가해자로 짚었다. 그는 '그냥'과 '같아요'라는 말을 계속 섞으며, 대수롭지 않다는 듯 답을 이었다.

"그냥 '비교'가 너무 힘들었던 거 같아요. 그냥 일상이 비교의 연속이잖아요. 성적도, 외모도, 아빠 직업도. 우리나라 사람들은 쓸데없는 궁금증이 너무 많은 것 같아요. 내가 입술에 틴트를 바르면 친구가 물어봐요. 어떤 브랜드냐, 얼마냐. 그럼 그게 또 괜히 스트레스죠. 얼평(얼굴 평가)도 심하니까 꾸며야 하는데 엄마는 또 간섭하고. 스트레스를 받는 게 스트레스가 되니까… 그냥 '나 좀 내버려둬'라는 걸 알리고 싶었던 거 같아요."

그렇다면 영훈 군과 지연 양은 이제 나아진 걸까. 그들을 괴롭게 했던 '어른들' 또 '사람들'은 어떻게 바뀌길 원할까. 영훈 군은 "정답을 말해 줄 것도 아니면서, 저를 단정하지 않았으면 좋겠어요. 사실 그렇게 상담하려면 누구나 할 수 있잖아요"라고 말했다. 지연 양은 "선생님한테 이 얘기를 털어놓는 순간, 아싸(아웃사이더) 인증하는 거 같아서 싫어요. '꼰대' 같은 말을 할 거면 무시하는 게 차라리 도와주는 거 같아요"라고 했다.

가상의 인물로 풀어냈지만, 실제 상담 및 인터뷰 답변이다. 이들의 행동은 분명 '경보음'이 됐다. 그러나 학교도, 주변 어른도 이를 효과적으로 막아내지 못했다. 되레 상담이 청소년들의 우울감과 분노를 더 심화시키는 단초 역할을 하기도 했다.

현재 정부가 청소년 자살 문제를 다루는 주요 방법은 '상담의 활성화'다. 매년 '학생자살예방대책 시행계획'을 수립, 상담 중 자살 및 자해 감지 시 유관기관에 연계하는 24시간 청소년 위기문자 상담망을 운영 중이다. 보건복지부가 추진 중인 자살예방도우미 육성사업, 이른바 '생명지킴이' 역시 상담 서비스의 일환이다. 생명지킴이란 자살 위험에 처한 주변인의 '신호'를 인식해 지속적 관심을 가지고, 그들이 적절한 도움을 받을 수 있는 자원(기관, 전문가)에 연계하는 사람을 일컫는다. 생명지킴이가 되기 위해서는 한국자살예방협회와 중앙자살예방센터가 개발한 '한국형 표준자살예방교육 프로그램'을 이수해야 한다. 복지부는 생명지킴이를 매년 100만 명 이상씩 양성하겠다는 계획으로, 현재 군인과 교사 등 231만 명이 생명지킴이로 활동하고 있다.

출처: 시사저널(2020. 5. 25).

2. 청소년 자살의 원인

위의 기사를 읽으면서 저자는 청소년 자살의 원인을 생각해 보기 시작했다.

자살은 어제 오늘의 일이 아니지만, 청소년의 자살률이 이렇게 치솟고 있는 것은 유례 없는 현상이다.

청소년기의 자살은 다양하고 복잡한 원인들이 작용한다. 청소년기는 신체적, 인지적, 정서적으로 급격한 변화를 겪으면서 많은 혼란을 경험하게 되는 시기이다. 특히 오늘날의 청소년은 과거의 청소년들에 비해 훨씬 더 많은 기대와 요구를 받고 있다. 당연히 과거에 비해 더욱 많은 스트레스를 받을 수밖에 없다. 청소년들의 자살이 급격하게 늘어난 기저에는 청소년들이 과중한 스트레스를 감당하고 있는 현실이 존재한다.

무엇이 미래의 주역인 우리 청소년들을 자살로 내몰고 있는 것일까? 정말 본인이 자라오던 시대와 지금의 우리 청소년들이 성장해 가는 시기의 환경은 너무나 급격히 변해 있어 저자 역시 오늘을 사는 청소년들의 문제를 감당하기는 어려운 것이 현실이다.

1) 자살의 원인 요인

(1) 우울, 충동성

많이는 아니지만 그래도 저자는 상당수 청소년들을 자주 접하는 편인데, 아이들 얼굴을 보면 어디인지 모르게 어둠이 참 많이 내재하고 있다는 생각이 든다. 웃음을 찾아보기 어렵다는 말이다,

웃음의 반대는 슬픔, 우울이란 단어로 표현될까? 청소년들의 마음이 우울하고 기쁨이 없기에 많은 신경학, 정신의학, 심리학 교수님들 연구를 보면 우울증을 포함한 정신병리가 청소년 자살 행동에 영향을 미칠 수 있는 위험요인으로 알려져 있다. 특히 우울증의 경우 청소년 자살의 강력한 요인으로 언급하고 있기 때문에 이에 대한

면밀한 평가 및 치료가 필요하다. 특히 우울증과 약물 남용은 청소년의 자살 행동과 가장 높은 공존율을 보이는 질환으로 알려져 있으며(Ganz, Sher, 2009), 이 중에서 남자 청소년 자살자가 알코올 남용과 깊은 연관이 있는 것으로 알려졌고(Henriksson, Aro, 1993), 청소년 자살의 약 90%에서 적어도 한 가지 이상의 정신과적 질환을 가지고 있으며 이 중 가장 중요한 위험요인이 우울증이라고 지적하였다(Gould, Greenberg, Velting, Shaffer, 2003).

특히 우울감을 가지고 있는 청소년의 경우, 또래들의 지지가 부족하며 또래들과의 갈등을 해결하는 것에 어려움이 있을 수 있다. 일이 잘못된 것도 자기 탓으로 생각하고 매사에 부정적인 경우가 많다. 이 때문에 우울증 증상으로 극단적인 결정을 하는 것이 아닌가 생각된다. 이를 뒷받침하는 자료가 심리학적 부검연구에서 청소년 자살자의 약 60%가량이 사망 당시 우울증을 앓고 있었으며 우울증은 자살사고를 갖게 되는 주요 위험요인으로 알려졌다(Gould, King, 1998).

그리고 중 · 고등학생의 자살 생각의 예측요인을 분석한 연구에서 중 · 고등학생 모두 우울이 가장 유의미한 예측요인으로 확인되었으며 우울 관련 증상 중 절망감(Hopelessness)이 국내외 연구를 통해 자살과 연관성이 높은 것으로 알려져 있다(이창식, 정미나, 김윤정, 2012).

충동성은 성인기에 비해 충동적으로 이루어지는 청소년 자살 행동의 주요 원인으로 고려되어 왔는데 특히 공격성은 충동성에 의해 표출된 것으로 자살 생각을 촉진시키는 유발요인이 되는 것으로 알려졌다. 특히 청소년들이 계획된 자살 시도를 하기보다는 충동적으로 자살시도를 선택하며 공격적 행동을 보이는 고등학생들이 그렇지 않은 학생들에 비해 자살 시도율이 높고, 자살을 시도하는 청소년들이 그렇지 않은 청소년들보다 충동성이 더 높다고 하였다(신민섭, 박광배, 1991).

(2) 가족요인

가족요인은 부모의 정신병리, 자살 행동의 가족력, 가족 내 불화, 부모의 죽음이나 이혼으로 인한 상실, 부모-자녀관계의 문제, 부모의 학대 등이 청소년의 자살 행동을 증가시키는 요인으로 알려져 있다(Bridge, Goldstein, Brent, 2006).

학대 경험이나 아동학대의 정서적 후유증의 일환으로 자해 및 자살시도를 보이는데, 아동기 학대 경험이 청소년기 자살 생각에 미치는 영향을 살펴본 연구에서 아동학대 경험이 많을수록 자아존중감이 낮고 정서적 학대와 방임이 심할수록 자살 생각에 영향을 미치는 것으로 나타났다(장용환, 송지혜, 2011).

그러나 더 큰 문제는 요즘 청소년들의 음주, 흡연문제가 심각하다는 것이다. 특히 알코올 남용의 문제가 청소년 자살의 위험성과 연관이 있는데, 특히 청소년기 남학생에게 기분장애나 파괴적 행동장애가 동반될 경우 위험성을 높이는 것으로 알려져 있다(Shaffer, Gould, 1996).

왜 아이들은 쉽게 음주와 흡연을 배울 수 있었을까? 그것은 아마도 가정에서 부모의 지도와 관심이 부족했던 것은 아닌가 생각한다. 청소년 시기의 자녀에 대한 무관심, 가족 내 불화, 부모의 죽음이나 이혼으로 인한 상실, 부모-자녀관계의 문제, 부모의 학대 등이 청소년의 자살 행동을 증가시키는 요인으로 알려져 있다(Bridge, Goldstein, Brent, 2006).

자살 행동이 가족 내에서 유전되고 정신과 질환과 무관하게 독립적으로 가족 내에서 전달된다는 일관된 증거들이 제시되었으며(Brent, Mann, 2005), 가족 내 신체학대 및 성적 학대, 아동기 신체적 학대와 성적 학대 경험은 자살 행동을 포함한 다양한 정신건강 문제의 발생을 증가시키는 등 매우 부정적인 영향을 미치는 것으로 알려져 있다(Fergusson, Boden, Horwood, 2008).

특히 성적 학대는 신체학대만 있는 경우보다 더 심각한 자살 위험성을 갖는 것으로 나타났으며 여성 자살 시도자의 약 50%와 남성 자살 시도자의 약 33%에서 자살시도가 아동기 부정적 경험(신체적 성적학대, 가정폭력)에서 기인하는 것으로 나타나, 아동기에 발생하는 부정적 경험을 줄이려는 노력이 성인기 자살 시도의 유병률을 현저하게 감소시킬 수 있는 효과를 가져올 수 있다는 가능성을 시사한다(Afifi, Enns, Cox, Asmundson, Stein, Sareen, 2008).

다음으로는 부모와의 관계에서 오는 문제를 언급하고자 한다. 특히 부모와의 관계에 기인한 문제로 인하여 자살 생각을 경험하고 있는 청소년은 일반 청소년에 비해 더 많은 가족관계의 스트레스를 경험하고, 청소년이 부모로부터 부정적인 양육을 경험하고, 부모와의 의사소통이 원활하게 이루어지지 않는 갈등 상황이 우울로 이어지면서 자살 생각을 하게 된다고 하였다(우채영, 박아청, 정현희, 2010).

청소년이 부모 간 갈등으로 인해 가정에 적응하지 못하면 자아존중감과 자아정체감 확립이 어려워 결국 자살에 이르게 될 수 있으며(황영순, 2003), 부모 간의 애정이 높을수록 청소년 자녀들의 자살 충동이 낮아지며(문경숙, 2006), 자살 생각을 하는 자녀들은 부모 간의 갈등이 더 심하고 부모와의 의사소통에 문제가 있고, 부모의 양육태도가 비난적, 적대적, 전제적, 부모 중심적이라는 주장이 있다(이정윤, 허재홍, 2003).

(3) 학업 성적 스트레스

우리나라 청소년들은 스트레스의 대부분이 학업문제에서 비롯되는 경향이 있다. 학창시절에 각기 다른 재능과 적성이 인정되고 개발되는 것이 아니라 이른바 S.K.Y 명문대를 향한 무한경쟁 속에서 살아남기만을 강조하는 사회가 되었기 때문이다.

부모와 아이들도 이런 문제를 인식하고는 있지만, 어쩔 수 없이 서열은 매겨지게 되고 좋은 대학을 가는 아이들과 그렇지 않은 아이들로 나뉘게 된다. 다람쥐 쳇바퀴처럼 빠르게 돌아가는 일상 속에서 나 스스로가 어떤 사람인지, 무엇을 하고 싶은지 찬찬히 생각해 볼 수 있는 겨를이 없다. 하물며 자신을 이해하고 자신의 문제를 스스로 해결하려고 노력하기에는 남아 있는 에너지도, 시간도 부족하다.

입시 위주의 교육환경에 처해 있는 우리나라 청소년들은 지나친 학업성취의 강조로 인해 높은 스트레스에 노출되며 이는 청소년의 정신건강에 유해한 요소가 되고 있다. 한국과 미국의 청소년을 비교한 연구에 의하면, 여가에 많은 시간을 투자하는 미국 청소년들에 비해 학업에 가장 많은 시간을 투자하는 한국 청소년의 우울증이 2배 이상 높다고 보고하였다(Lee. Larson, 2000).

저자는 머리를 하러 갈 때 정해진 단골집을 가기보다는 밖에서 볼일을 보고 길을 지나가다 한적한 곳이 있으면 그곳에 들어가서 이발을 하곤 한다. 그런데 학기가 시작되고 너무 분주해서 이발을 하지 못한 오늘 아침, 5층 창문 너머로 보이는 집 앞에 있는 미용실에 손님이 없는 모습을 보고 다녀왔다. 거기서 미용사 분과 담소를 나누던 중 남편은 모 대학 법대를 나와 어느 곳에 계시고 본인은 고등학교를 졸업하고 미용기술을 배워 살아가던 중 지금의 남편이 가족의 반대를 무릅쓰고 자신을 선택하여 결혼, 그것이 고맙고 감사하여 지난달에 남편에게 1억 원 상당의 자동차를 선물하였다고 한다. 지난주에는 해외에서 뛰던 어느 운동 선수가 자신이 원하는 등 번호를 양보한 후배에게 2천만 원 상당의 시계를 선물한 기사를 보면서 우리 청소년들이 학교 성적이 높고, 좋은 대학에 입학해야만 성공한다는 생각을 버리고 진취적이고 적극적이고 용기 있는 삶을 살아가기를 희망해 본다.

(4) 학교폭력과 왕따

2021년 1월부터 스포츠 분야는 학교폭력 문제로 시끌벅적했다. 인터넷을 검색해서 학교폭력과 왕따 경험의 피해학생 동영상을 볼 기회가 있었는데 눈물이 났다. 그리고 내가 살아가고 있는 인천 지역에서 한 친구를 동네 체육관으로 끌고 가서 스파링 상대로 가상하고 폭력을 행사하여 아직까지 의식이 없다고 하는 기사도 있었다. 저자가 어릴 적에도, 그 이전에도 학교폭력은 존재했다. 그러나 최근 들어 학교폭력의 양상이 점점 조직폭력화, 저연령화 되어 가면서, 학교폭력으로 자살하는 청소년의 비율도 증가하고 있는 현실에 안타까움은 더해만 간다. 이러한 폭력의 내용을 보면, 남학생들은 신체 폭력, 금품 갈취 등 겉으로 드러나는 사례가 많고, 여학생들의 경우는 따돌림이나 욕설, 눈총 주기, 뒷담화, 여성 특유의 시샘과 같은 사례가 많다.

이렇게 학교폭력의 피해를 경험한 청소년들은 학교 성적도 좋지 못해 성적이 낮은 군이 높은 군에 비해 자살 위험성이 높으며 특히 자신이 학업에서 실패했다고 지각하는 경우 3배 이상의 자살 사고를 보인다(김은정, 2002).

그리고 학교에서 또래집단 내의 갈등은 청소년의 자존감을 저하시키고 비행행동, 자살 생각 및 자살 행동으로 연결되기도 하며(이경진, 2003), 특히 학교에서 따돌림을 당한 청소년의 경우, 우울과 함께 자살 가능성이 높아지는 것으로 나타났다(이정숙, 권란, 김수진, 2007).

우리나라의 왕따 현상은 다수의 가해자가 소수의 피해자를 대상으로 지속적으로 괴롭히며 시 · 공간의 제약 없이 교실뿐 아니라 인터넷, SNS 등을 통해서까지 집요하게 지속적으로 괴롭히며 그 수법도 너무 잔인해지고 있는 경향이다.

가해자들은 피해 받는 아이들에게 '왕따', '은따(한 집단 안에서 특정의 사람을 따로 은근히 떼어 멀리함)', '찐따[22)]' 등 낙인의 과정을 겪게 하며, 그 과정을 지켜보는 아이들 역시 피해 아이들과 어울리게 되었을 때 왕따를 당할 수 있다고 협박한다. 이 때문에 왕따나 학교 폭력의 피해자가 된 청소년들은 학교 가는 것에 극도의 공포를 갖게 되고, 더 이상 해결방법이 없다고 생각하면서 극단적인 방법을 선택하는 경우도 있다.

따돌림은 피해자와 가해자 모두의 자살 위험을 높이는 것으로 알려져 있다. 클로멕(Klomek) 등은 피-가해자이던 남학생들에서 피해자나 가해자이던 남학생들에 비해 더 높은 자살 행동을 보이는 것을 발견하였으며. 여학생의 경우 피해 경험을 가진 경우에 피해나 가해 경험이 없는 또래보다 자살 행동을 더 많이 보이는 것으로 나타났다. 그리고 바커(Barker) 등은 청소년기 따돌림과 피해 경험이 이후 비행행동과 자해 행동의 발생에 미치는 발달학적 영향력을 평가하였다. 남녀 모두에서 따돌림 피해와 가해 경험이 있을 때 자해 행동이 증가되는 것으로 나타났으며 특히 여학생이 남학생보다 자해 행동의 발생률이 더 높은 것으로 나타났다(Barker, 2008).

---

22) '어수룩한 사람', '찌질한 사람', '어울리지 못하는 사람'을 뜻하는 비속어이다. '짝짝이'를 이르는 일본어 '찐빠(跛)'에서 기원했다고 알려져 있으나, 명확히 밝혀진 어원은 없고, '절름발이'의 전북 방언이라는 것만 알려져 있다. 집단이 제시한 평범함에서 벗어나거나 경쟁에서 뒤처진 소수자를 찐따라 부르고, 그런 소수자로 내몰리지 않기 위해 다수에 편승하여 일진이 되어야 하는, 한국 사회의 어두운 면을 보여 준다는 비판이 있다(위키백과).

(5) 불건전한 사람들과의 대인관계

핵가족화되기 이전에 우리 가정은 전통적인 가치가 더 강하고, 공동체적인 삶의 방식이 남아 자녀들을 지지해 주고, 롤 모델이 될 수 있는 가족을 통해 성장해 왔다. 그러나 오늘날 개인화된 지금의 청소년들은 그런 롤 모델을 또래집단이나 TV에 나오는 연예인 등에서 찾고 있어서 자기 스스로 건강하게 생활하고 문제를 해결하는 능력을 함양하는 데 부족함이 많다.

특히 신문이나 TV를 통해 자살 기사에 과도하게 노출될 경우 자살률이 증가하는 것으로 알려져 있다(Metha, Weber, & Webb, 1998). 청소년층은 미디어의 영향을 강하게 받는 세대이며 동시에 자살의 전염성에 취약한 세대이므로 또래의 자살 사건을 다룬 상세한 기사를 접했을 때 자살의 전염력이 높아질 위험성이 있다.

자살에 대한 인터넷의 영향은 상반된다. 자살 방법이나 동반 자살자를 찾는 등 자살을 부추기는 정보들을 담고 있는 반면, 자살을 예방하는 내용과 활동을 담고 있기도 하다.

결론적으로 청소년기의 자살은 위와 같은 원인의 영향을 받아 충동적으로 행해지는 경우가 많다. 어른들의 자살이 삶에 대한 포기의 한 표현이라면, 청소년들의 자살은 가정이나 사회에 도움을 요청하기 위한 절절한 몸부림인 것이다. 즉 자아의 조절 기능이 약한 청소년기에 사회적 · 심리적 갈등 상황이 생기거나, 과도한 스트레스 상황에 직면할 때 자살이 극단적, 충동적, 현실 도피적인 문제해결의 한 수단으로 작용한다.

이에 청소년의 자살 행동은 관심과 존중을 받고 관계 속에 머물고 싶은 의사표현이며 절망감과 무력감이 폭력적 행동으로 대체된 것으로 해석해야 하며, 자살 행동의 이면에 있는 이러한 관계적 의미를 파악하고자 하는 예방적 접근이 필요하다.

3. 청소년 자살예방대책

1) 청소년 자살의 두드러진 특성

국내외에서 청소년 자살예방을 위한 프로그램들이 개발되어 사용되고 있지만 과학적인 효과 검증이 이루어진 경우는 매우 드물다. 특히 국내에서는 청소년 자살예방 프로그램 개발과 학교 중심 예방교육이 이루어지기 시작한 것이 2000년대 중반부터이며 과학적인 효과 검증은 거의 이루어지지 않고 있다. 향후 자살예방 대책을 수립할 때 이러한 부분을 고려하여 국내외에서 효과가 입증된 프로그램을 활용하고 이에 대해 적절한 평가를 시행하는 것이 필요할 것이다.

청소년 자살의 두드러진 특성은 '자살 생각'과 '자살 행동' 사이에 격차가 매우 크다는 것이다. 청소년의 경우에는 많은 청소년들이 자살 생각을 하지만, 실제 이들의 자살 행동으로 이어지는 경우는 상대적으로 낮다. 다수의 청소년이 자살을 생각하지만 실제적으로 자살을 시도하는 청소년은 적다고 생각한다.

이 같은 관점에서 자살예방 프로그램은 바로 이러한 징후를 포착함으로써 그 효과를 나타내야 하는 것이다. 앞에서 언급했듯이 청소년의 자살 생각과 자살 행동의 연관성이 적다는 것은 청소년의 자살 생각이 자살 행동을 목적으로 한 것은 아니라는 것이다. 즉 자살 생각과 자살 행동에 차이가 크다는 것이 청소년 자살예방 프로그램의 구축에 있어서 어려움을 초래하고 있는 부분이다.

청소년들은 비록 '일상적으로' 자살을 생각할 수 있지만, 자살 생각을 하는 청소년은 정작 자신이 자살과 무관하다고 생각하는 경향이 강하다. 이러한 생각은 여러 자살예방 프로그램이 사회적으로 준비되어도, 청소년은 이러한 프로그램이 자신과 무관하다는 인식을 가지게 되는 것이다. 결과적으로 사회적으로 준비된 자살예방 프로그램이 청소년에게 적용되기 어려운 것이다.

청소년 자살을 예방하기 위해 정부 차원에서 다양한 방법을 전개해 왔다. 지금까지 국가적인 자살예방정책으로는 보건복지부 주도의 '자살예방 5개년 기본계획(2004-2008)', '제2차 자살예방 종합대책(2009-2013)', 「자살예방 및 생명존중문화 조성을 위한 법률(이하 자살예방법)」을 들 수 있다(박민서 외, 2013).

그럼에도 불구하고 그동안의 청소년 자살 문제는 그 심각성에 비해 정책적 대응은 매우 부족한 상황이다. 특히 청소년 자살예방과 관련된 정책은 청소년 세대 특유의 복합성과 더불어 다양한 부처에 분산되어 있기 때문에 관련 인프라가 미비한 것으로 알려져 있다(김기헌 외, 2013).

또한 그동안의 보건복지부 사업은 청소년뿐만 아니라 성인까지 대상으로 하고 있으며 여성가족부와 교육부 사업은 자살예방뿐만 아니라 학생 및 청소년 건강을 전반적으로 다루고 있어 '청소년 자살예방'이라는 목적에 완전히 부합한다고 볼 수 없다.

청소년 자살예방을 위한 접근은 국내외에서 주로 학교를 중심으로 이루어진다. 예방 교육의 대상과 방법에 따라 다르게 구분되는데, 교육대상에 따른 접근방법으로 다음의 세 가지로 구분될 수 있다.

첫 번째는 모든 학생을 대상으로 예방 교육적 목적, 주로 교육 커리큘럼을 중심으로 이루어진다.

두 번째는 자살 위험도가 높은 청소년을 선별하여 필요한 도움을 제공하는 것이며, 이를 위해 또래와 교사들을 교육하고 활용하는 방법이 포함된다.

세 번째는 우울증을 앓고 있거나 이미 자살을 시도했던 청소년과 같이 알려진 자살의 위험요인을 가진 고위험군 청소년을 대상으로 위험요인을 줄이고 보호요인을 증가시킬 수 있는 예방 프로그램을 제공하는 것이다.

청소년
문제
와
보호

제9장 청소년과 가족

1. 부모와의 인식의 차이

1) 현대사회와 가족생활의 변화

현대는 다양한 문화가 공존하고 다원성을 가지고 있으며, 개인의 선택의 폭이 넓고 개성과 자율성이 강조되는 시대이다. 가족 내에서도 개인의 개성과 자율성을 최대한 확보하려는 개인주의가 발달하면서 세대 차이에 대한 인식이 심해지는 부모와 청소년 자녀 간의 단절과 갈등을 가중시키게 된다. 청소년 자녀는 사회의 변화를 빠르게 수용하면서 미래지향적인 가치관을 바탕으로 생활하는 반면, 부모는 사회변화에 대한 대처보다 기존의 가족 중심적 사고를 고수함으로써 청소년 자녀와 부모 간에는 과거보다 더 큰 세대 차이가 생기게 되고 그로 인해 갈등이 증가하게 된다.

청소년 자녀들에게 가족은 더 이상 부모가 생각하는 것만큼 중요한 관심 대상이 아니며, 가족 전체보다 개인주의를 바탕으로 자신이 중심이 되어 생활하게 된다. 이러한 부모-자녀 관계는 부모-자녀 간의 유대감 약화와 부모세대의 권위 감소로 압축될 수 있다. 부모세대와 자녀세대 간의 세대 차이는 어느 시대에나 존재해 왔다. 세대 차이란 가치나 규범의 차이가 아닌 동일한 행동이나 사건에 대해 각 집단이 정보를 선택하고 판단하는 유형이나 양식에서의 차이를 말하며(순낙용, 2007), 이러한 세대 차이는 주로 연령 차이와 그에 따른 상이한 경험에서 기인한다. 그러나 오늘날 사회변화를 빠르게 수용하고 있는 자녀세대와 사회변화에 대한 대처보다 가족주의적 가치관을 고수하고 있는 부모세대의 차이는 과거보다 현격하게 나타나고 있다.

오늘날 청소년 자녀는 네트세대로 불리고 있다. 이들의 모든 생활은 네트워크와 연결되어 있고 이들은 컴퓨터를 매개로 개방된 상태에서 다른 많은 사람들과 동시에 의사소통을 하면서 안정감을 느끼게 된다. 자신의 생각을 표현하는 방식이 면대면 방식에서 보이지 않는 일대 다수의 방식으로 변화함에 따라 자신의 생각을 이야기하는 것이 손쉬워진다. 청소년 자녀는 새로운 돌파구인 이곳에 더욱 집착하게 되며, 그로 인해 부모와의 대화단절은 더욱 심해지게 된다[23].

이것은 자아정체성이 확립되지 않은 청소년 자녀의 사회성 발달을 저해하는 요인이 될 수 있다. 자녀세대는 이미 사회의 변화에 동참하고 있고, 가족보다는 또래집단에 더 관심이 많으며, 세대 간의 차이에 대해 별로 심각하게 느끼지 못하고 있어 이러한 부모와 청소년 자녀 세대 간의 인식 차이가 현대 정보화 사회에서 더욱 두드러지게 나타나고 있고 이것은 앞으로 계속 가족원 간의 갈등, 청소년문제의 증가 등으로 이어져서 청소년 발달을 저해시키는 중요한 요인이 될 것이다.

2) 가족 응집성(family cohesion)

올슨(Olson, 1986) 등은 체계이론을 바탕으로 하여 가족 응집성과 가족 적응성 및 의사소통을 통해 가족의 기능성을 설명하였는데 가족 응집성(family cohesion)은 가족 상호 간에 지니는 정서적 유대감이며, 가족 적응력(family adaptability)은 가족체계가 상황적·발달적 요구에 반응하여 권력, 역할구조, 관계성과 규칙을 변화시키는 능력으로 정의된다. 그리고 응집성과 적응력이 모두 중간수준인 균형가족에서 청소년 자녀의 심리적 복지수준이 높고 문제행동이 없으며, 응집성과 적응력이 모두 높거나 낮은 극단가족 유형에서는 청소년 자녀의 심리적 복지수준이 낮고 문제행동이 발생한다고 하였다(순낙용, 2007).

그리고 부모와 청소년 자녀와의 개방적 의사소통이 잘 이루어질수록 가족 응집성 및 적응성이 높게 나타나고 부모와의 문제형 의사소통이 이루어질수록 가족 응집성 및 적응성이 낮게 나타나며 성별, 연령, 가족형태 등 사회 인구학적 변인보다 의사소통 변인이 더 중요한 관계가 있다고 하였다(정연호, 2004). 즉 부모와 청소년 자녀의 관계를 측정할 수 있는 지표가 되는 의사소통은 가족의 응집성·적응력과 긴밀한 관계

23) 최근 네트세대에 대한 조사에 의하면 네트세대의 3명 중 한 명 꼴인 32%가 '혼자 PC를 조작하는 시간이 가장 즐겁다'고 응답했다(중앙일보, 2000. 1. 3).

를 가지며, 역기능적 수준에서 기능적 수준으로의 변화를 돕는 중요한 촉매역할을 담당한다. 개방적인 의사소통은 정서적 결속과 변화에 대한 적응능력을 향상시키며, 이러한 가족의 기능성 향상이 청소년의 적응을 촉진시킨다.

부모와 청소년 자녀 모두 변화를 겪는 현실에서 부모와 자녀 간 신뢰성을 바탕으로 한 개방적 대화가 무엇보다도 중요하다. 이러한 부모와 청소년 자녀의 개방적인 의사소통은 어느 한 사람만의 책임이 아니라 부모와 청소년 모두의 노력으로 이루어질 수 있다. 이는 두 세대 간의 이해가 개방적 의사소통을 가능하게 하는 중요한 바탕이 됨을 알 수 있다. 특히 정보화 시대에 부족하기 쉬운 자녀의 사회성 발달에도 긍정적인 영향을 미치게 되어 이를 통하여 청소년 자녀의 자아와 사회에 대한 가치관이 발달하고 건강한 사회화를 이루게 된다. 부모와 청소년 사이의 개방적이고 효과적인 의사소통은 연령과 가치관 차이에서 오는 세대 차이와 갈등을 해소시키는 방법이 될 수 있으며, 그 결과 바람직한 부모-자녀 관계를 이루는 데 도움을 줄 수 있을 것이다.

3) 부모와 청소년 자녀의 견해 차이

부모와 청소년 자녀의 견해 차이는 청소년 자녀가 부모보다 더욱 민감하게 느끼며, 부모가 자녀에 대한 그들의 태도를 자녀에게 잘 전달하지 못했거나 자녀가 부모의 태도를 오해할 여지가 많기에 부모와 자녀 간의 인식 차이, 의사소통이 매우 중요한 문제임을 인식하여야 할 것이다.

부모의 기대에 부응하지 못한 경우, 자녀는 자신감을 상실하게 되고 자아긍정성이 낮아지게 된다. 부모의 자녀에 대한 견해는 자녀의 성별에 따른 역할과 관련이 있는데, 특히 남아선호사상이 뿌리 깊은 한국가족의 경우 자녀의 성별에 따라 부모의 기대수준이 상이한 것으로 나타났다. 부모는 아들에게 자녀로서 책임감이나 학업성취적인 면을 기대하는 반면 딸에게는 가정 내 역할과 여성적 행동을 기대한다. 최근 들어 가족 내 아들과 딸에 대한 기대 차이가 좁혀졌다 하더라도 아직도 한국 가족 내부에는 성별에 따른 차이가 엄연히 존재하고 있는 실정이다(여성한국사회연구회, 2002).

그리고 청소년 자녀는 사회화의 일차적 책임자인 부모의 태도에 따라 직 · 간접적으로 영향을 받게 되며, 특히 일상생활과 밀접한 관련이 있는 어머니의 태도에 많은 영향을 받게 된다. 그리고 청소년 자녀가 느끼는 어머니에 대한 견해는 아버지보다 더 긍정적이었으며(강해구,1987), 어머니에 대해 부정적으로 인지할수록 청소년 자녀는 우울 성향이 높아졌다.

2. 가족의 개요

1) 가족의 정의

가족은 우리에게 가장 원초적이고 친밀한 집단이다. 그럼에도 불구하고 가족이 무엇인지 한마디로 표현하기는 매우 어렵다. 그것은 가족이 상당히 추상적 · 포괄적 개념일 뿐만 아니라, 각 문화마다 고유한 가족제도를 갖고 있기 때문이다(조정문, 장상희, 2001). 가족은 여러 국가, 지역사회 및 문화, 민족 사이의 차이로 다양성을 나타낼 뿐만 아니라 한 국가 사회 속에서도 역사적 가정으로서 변화하며 종교, 계급 그리고 직업과 같은 사회경제적 요인에 따라 다양한 양상으로 나타나는 것이다. 이러한 다양성이나 가변성 때문에 가족에 대한 정의는 가족을 연구하는 각 전문 분야의 이론가들의 관점이나 접근방법의 차이로 쉽사리 합의를 보지 못하는 어려움이 있다(이효재, 1976).

흔히 가족을 결혼과 혈연에 기반하여 부부와 그 자녀들 또는 그들의 근친들이 함께 생활하는 공동체로 정의하고 있다. 이것은 가장 상식적인 가족공동체의 정의로 가족의 관계를 혈연과 결혼으로 한정한 것이다. 그러나 이것은 여러 인간사회에 나타난 다양한 가족을 비교 연구하는 데 극히 제한된 정의가 되고 있다.

가족이란 개념이 가지고 있는 뜻의 주요 요소와 측면을 알아보기 위해 우리말에 가족과 관련된 낱말들을 살펴보면 첫째 가정은 "부부중심으로 어버이와 자녀 등 근친자들이 한데 모여 의 · 식 · 주 따위의 생활을 공동으로 하는 집단–생활공동체로서–을 가족이라 한다.

두 번째로 집안 또는 가문의 개념은 혈통에 기반한 신분제도가 존재했던 봉건사회에서 나타난 가족제도에 기인한 것으로 상부상조의 의무와 연대의식을 가진다.

마지막으로 가족은 결혼 후 분가하여 부부 중심으로 독립된 가계를 영위하는 핵가족의 범위로 노부모와의 가족관계를 배제하지 않는다. 가족으로 의식하는 관계의 범위는 개별 집안에 따라 다르고 세대에 따라 큰 차이를 나타내고 있어 가족관계에서 나타나는 갈등의 한 요인이 되고 있다(이효재, 1976).

인류학자인 머독(Murdock)은 가족을 부부와 자녀들로 구성된 공주집단으로 사회적으로 용인된 성생활, 자녀출산과 양육, 경제협력 등의 기능을 하는 집단으로 일컫고 있음을 알 수 있다. 이는 구조기능론의 입장에서 가족을 정의한 것으로, 가족을 공동생활을 하는 주거단위와 일치하는 것으로 취급하였다. 이러한 가족의 기능은 시대에 따라 다양하게 변화되고 있으며, 사회변화에 따라 다양한 가족이 증가함에 따라 인간관계에서의 질로 가족을 정의하기도 한다.

2) 가족의 실태

사회의 산업화의 진행으로 확대가족제도나 친족제도는 파괴되고 핵가족이 되어 간다는 것이 일반화된 사실로 받아들여지고 있다. 그러나 가족에 대한 연구들을 보면 전(前) 산업화 사회에서도 지역별, 계층별로 다양한 형태의 가족이 존재했으며, 산업화된 사회에서도 전형적인 핵가족으로 볼 수 있는 가족의 숫자는 극히 제한되고 있다는 것이 경험적으로 밝혀지고 있다. 따라서 특정 시대의 '전형적인 가족 유형'을 설정하기보다는 다양한 가족의 형태들에 관심을 기울여야 한다는 문제 제기도 일고 있다(이정숙, 2006).

그리고 전형적인 가족 유형을 설정하는 것은 실제 다양한 형태의 가족생활을 하고 있는 많은 가족들을 '비정상적 가족'으로 보는 관점으로 이어지기 때문에 문제가 되기도 한다.

그동안 우리 사회는 직업과 결혼에 대한 의식의 변화, 개인주의 의식의 성장 등의 요인으로 3세대 직계가족의 감소와 노인가족, 맞벌이가족, 이혼 · 재혼가족의 증가 등 많은 변화가 있었다. 한국사회에서의 가족형태의 변화 양상을 살펴보면 3세대 이상 가구의 비율 감소와 핵가족 비율의 증가, 노인가구가 증가하고 있으며, 직장으로 인한 분가가족이나 노인 단독가구, 미혼 독신가구 등 단독가구의 증가를 보이며 이혼 · 사별가족의 증가로 편부모가구의 증가를 나타내고 있다. 또한 이혼의 증가와 함께 재혼의 비율이 높아져 재혼가구가 증가하고 재혼가족의 가족구성 역시 다양해지고 있으며, 여성의 경제활동 증가로 맞벌이가족이 증가하고 있다(박민선,1995).

3) 가족가치관의 변화

가족가치관은 과거로부터 전해오는 가풍, 가훈과도 연결되며 사회변화에 영향을 받고 미래의 생활철학과 관련되어 가족을 통합하며, 가족원의 의식 등에 기여하고 다음 세대가 자신의 가족을 설립하는 기본적 태도를 형성해 주는 개념이다(강숙경, 고정자,1996). 아울러 가족에 관하여 바람직성 여부를 판단하는 일반화되고 조직화된 관념 체계로서, 가족에 관한 포괄적인 태도이다(박혜인,1990).

가족가치관의 영향을 주는 변수는 매우 다양한데, 가족가치관의 세대별 비교 연구에서 노년세대와 중년세대, 청소년 세대 간에 '효 의식'을 제외한 모든 영역에서 큰 차이를 보이고 있음을 알 수 있다. 또한 노년과 중년세대 간의 차이보다는 중년과 청소년 세대 간의 차이가 더 크게 나타나고 있어 젊은 세대의 가치변화가 커지고 있음을 언급하였다(김경신,1998).

가족가치관에 영향을 미치는 또 다른 주요 변수로 연령을 들 수 있는데 박재간, 임춘식(1983)의 연구에서는 연령이 높을수록, 경제적 자립도가 낮을수록 전통적인 태도를 보이는 것으로 나타나고 있고, 연령이 높은 집단일수록 가족 중심의 가치관을 가지고 있다고 한다(옥선화, 1989, 이은경, 1999).

유교에 바탕을 둔 우리나라의 전통적 가족가치관은 1960~70년대 산업화에 따른 사회변화와 더불어 변화하기 시작하여 남녀 평등이나 개인주의 사상 등 서구적인 가족 원리가 많은 영향을 미치게 되었다(유영주 외, 2000).

오늘날의 가족가치관은 전통적 부계 혈연가족 중심의 가치관이 점차 약화되면서 결혼, 부모, 자녀, 여성 등에 대한 태도에서도 변화가 나타나고 있으며, 산업화 및 도시화의 영향으로 한국가족은 형태적으로는 소규모의 부부가족화가 되어 가고 있으며, 가족가치관에 있어서도 다양한 변화가 나타나고 있다.

오늘날 우리의 가족가치관은 전통적 요소와 근대적 요소, 그리고 탈근대적 요소가 공존하는 것으로 이야기되고 있다. 오늘날 우리의 가족가치관을 둘러싸고 진행되는 변화의 가장 두드러진 특징은 이혼율이 급증하면서 이를 가족의 위기 · 해체로 보는 경향이다. 그러나 부부간의 사랑과 정서적 친숙 및 만족스런 성생활의 기대가 높아지면서 새로운 배우자를 찾아 나서는 것이 하나의 대안으로 등장하면서 이혼율이 증가한 측면이 더 강하다. 따라서 오늘날 이혼율의 증가를 가족의 위기 징후로 보면서 과거 전통가족의 안정성을 찾기보다는 오늘날의 가족과 과거 가족의 사회구조적 틀의 차이를 인정하고, 사회구조적 틀의 변화에 따라 역할이 재구성된 가족의 적응이라 보는 것이 현실성이 높다(이동원 외, 2001).

특히 초고속 경제성장을 한 한국사회의 경우 가족의 붕괴는 서구사회에 비해 더욱 심각한 양상을 보이는데, 경제발전을 위해 가족에게 많은 역할이 주어지는 반면 적절한 교육제도나 사회제도가 정착하지 못한 상황에서 많은 문제들이 나타나고 있다. 이런 의미에서 재직면한 한국가족의 문제를 해결하기 위해서는 지금의 시대적 흐름에 적합한 가족제도를 만들어 가는 것이 필요하다.

3. 청소년이 지각하는 가족가치관, 결혼, 성역할

1) 청소년이 지각하는 가족가치관

가족이란 한 남성과 한 여성이 혼인에 의해 결합한 후 이들이 출산한 자녀로 이루어진 집단이다(송성자, 1996). 가족은 사회구조의 가장 기본단위로 인간이 가장 먼저 접하는 사회환경이라는 점에서 가족에 관련된 가치관은 여러 가치관 중에서 가장 기본적이라 할 수 있다(조소연, 2001).

가족생활은 부부 또는 부모와 자녀, 형제자매의 관계를 통하여 심리적 유대감을 형성하며, 개인의 인격형성에 기초적이며 중요한 영향을 미친다. 즉 인간은 자기가 속한 1차 집단의 특성에 의하여 가치, 태도, 습관 등을 습득하는 사회화 과정을 거치게 된다. 그러나 현대사회에서 자녀는 부모와 다른 가치관을 형성할 가능성이 커지고 있는데, 이는 우리 사회의 가족가치관이 유교사상에 바탕을 둔 전통적 가족가치관에서 근대적 가치관으로 전환되는 과도기적 시기에 있기 때문이다.

한국 사회에서 아직까지는 자녀교육에 관하여 어머니의 영향을 자녀들이 받아온 것이 사실이다. 이에 청소년 자녀의 가족가치관에 어머니의 가족가치관의 영향력이 크다고 할 수 있겠다.

가족가치관에 영향을 주는 변수는 매우 다양하겠지만 유교의 영향을 받은 한국사회에서는 아직까지 전통적인 가족주의 가치관을 가지고 있다고 말하고 싶다. 자녀의 가족가치관에 영향을 미치는 변수를 생각해 보면, 자녀의 성별, 어머니의 가족가치관, 아버지의 가족가치관이 영향을 미칠 것이라는 예측을 해 본다.

오랜 부계사회의 역사를 통해 사회 문화적 지지를 받아온 남성우위의 성차별적인 구조와 생활환경 속에서 자라난 각각의 독특한 특성도 무시할 수는 없지만 행복한 가정과 부모에게서 자란 청소년일수록 자신의 성장과정에서 행복감을 더 경험하기 쉽고 성공적으로 적응할 가능성이 높다 하겠다.

2) 청소년이 지각하는 결혼관

현대적 의미에서 결혼이란 적절한 연령에 도달한 남녀가 자유로운 이성교제를 통해 애정과 신뢰를 확인하고 자유의사에 의하여 정신적, 육체적으로 결합하는 것을 의미한다. 이 결혼은 가족을 형성하는 주체가 되며, 가족과는 불가분의 관계가 있다고 할 것이다(신복기 외, 1997).

결혼이 모든 인간이 경험하는 보편적인 사회현상이라 할지라도 시대에 따라 결혼하려는 목적은 다르게 나타난다. 또한 청소년 자녀의 결혼에 관한 태도 형성의 배경에 대해서는 연구가 거의 없는 실정인데, 자녀가 습득하는 결혼에 관한 태도는 결혼에 대한 심상으로서 결혼에 관한 동기부여에 영향을 줄 결혼이미지에 따라 좌우된다고 한다(유가효, 1989).

두 딸을 둔 저자는 행복한 가정과 부모에게서 자란 사람일수록 자신의 결혼에서 행복감을 더 경험하기가 쉽고 성공적으로 적응할 가능성이 높을 것으로 예상한다. 이는 부모의 결혼생활에 대한 자녀들의 경험은 의식적으로나 무의식적으로 결혼에 대한 자신의 역할을 느끼게 하기 때문이 아닌가 생각한다.

이는 결혼생활에서 행복한 결혼생활을 하는 부모를 보고 자란 자녀들은 결혼이라는 것이 즐거움을 주는 것이라 생각하게 되고 부모 관찰을 통하여 배우자와의 관계 맺기를 배운다고 생각하기 때문이다. 그리고 이렇게 학습된 성역할 및 결혼 역할들의 적절성은 이후 개인의 결혼 성공 여부를 결정하게 될 것이다(유가효, 1989 재인용).

한편 결혼과 관련되어 나타나는 이혼과 재혼에 대한 아동과 청소년의 지각에 대한 전숙영(1996)의 연구에 의하면, 10세 아동은 이혼이라는 사건을 부정적으로 지각하는 경향을 보이는 반면, 16세 청소년은 단지 6.5%만이 이혼을 부정적으로 지각하고 있으며, 67.1%가 이혼이라는 사건을 받아들일 수 있는 사건으로 지각하는 경향을 보이고 있다. 이러한 경향은 19~20세 청소년의 경우 더욱 두드러지는데, 단 3.3%만이 이혼을 부정적인 사건으로 지각하고 있고, 75.7%가 허용적인 지각경향을 보이고 있어 연령이 증가할수록 이혼에 대해 수용적인 것으로 나타나고 있다.

3) 청소년이 지각하는 성역할 의식

한 개인의 성역할은 사회로부터 기대되는 일련의 행동규범으로 사회적 동물인 인간이 끝없이 변화하는 외적 상황에서 인간으로서의 존엄성을 상실하지 않고 적응할 수 있는 힘을 생성하므로 인간관계 정립을 위한 기초가 된다(염순교, 2003). 그러나 초기 청소년기에는 정체성의 혼미에 빠지기 쉽고 이성과의 관계 형성을 열망하는 일방향의 이성지향적 성향이 강한 시기이므로, 이 시기를 가정, 학교 및 사회에서 적절히 지도한다면 청소년 자신의 성적 모호성이 감소되면서 사회지향적인 성역할 정체성을 형성할 수 있다.

우리나라 청소년들은 아직까지 가부장적인 유교문화로 인해서, 성차별화된 가정과 학교환경에서 학습되고 사회화되고 있어서 이들의 성정체성은 정형화되어 있거나 미성숙한 정체성으로 귀결되는 경향이 있을 수 있다고 생각된다(권혜진 외, 2005).

청소년은 사회와 부모가 요구하는 성역할을, 부모의 행동을 동일시하면서 행동하게 된다고 하며(홍경자 외, 2000 재인용), 그리고 인간이 사회구성원으로서 성장과 발달을 시작하는 최초의 생활환경인 가정에서 자녀의 성장과 발달에 중요한 인적 환경인 부모의 양육 태도와 부모-자녀 간의 의사소통 양상은 청소년들의 성역할 형성에 절대적인 영향을 준다고 한다(최인경, 2001). 또한 자녀 양육 시에 가지는 부모의 성역할 유형이 자녀의 성역할 유형의 형성과 발달에 절대적인 영향을 준다고 하여(신현아, 1992), 청소년의 성역할에는 부모의 양육 태도가 매우 중요하다고 할 수 있다.

마지막으로 성역할 정체성은 부모의 양육 태도, 의사소통 양상과 관련된 변수이고 이러한 연구 변수들은 학년, 성적, 경제상태, 동거 가족원 등의 인구사회학적 특성과 성, 흡연 및 음주 경험 등의 행동적 특성과도 관련됨을 알 수 있다(권혜진 외, 2005 재인용).

청소년
문제
와
보호

제10장 레질리언스

건강한 가족을 유지하기 위해서는 레질리언스의 개념을 이해하는 데서 출발하는 것이 바람직할 것이다. 레질리언스는 상황적 요구에 알맞은 융통성과 문제해결 책략을 동원할 수 있는 능력일 뿐만 아니라 자신이 처한 어려운 상황이나 위기를 성공적으로 극복하는 개인의 과정과 능력을 의미한다. 또한 자아 탄력성은 환경에 따른 스트레스, 역경 혹은 위험에도 불구하고 행동적, 정서적 문제를 보이지 않고 건강하게 적응해 가는 아동들을 설명하기 위해 구성된 심리학적 개념이다.

탄력성의 사전적 의미는 '다시 되돌아오는 경향', '회복력', '탄성'이며 역경이나 어려움 속에서도 그 기능을 수행하며 이전의 적응수준으로 돌아오고 회복할 수 있는 능력을 의미한다.

1. 레질리언스(resilence)의 개념

레질리언스는 존재하는(Being)것과 되어가는(Becoming) 과정을 의미하며 당사자 본인의 경험이라는 점이며 자신이 삶을 능동적으로 가꾸어 나갈 수 있는 능력이 있는 존재라고 여긴다(전수미, 2014). 회복의 원칙은 자기-지시적이며 당사자 스스로에게 역량을 부여하고 회복을 위한 계획과 실행 평가를 통해 회복해 나가는 것이다.

회복의 목표는 정상적인 사회구성원으로 활동하는 것이라 할 수 있다. 삶 속에서 끊임없이 스트레스 상황에 노출되더라도 모든 사람들이 부정적 생활사건이나 일상적 스트레스를 견디지 못하고 심각한 부적응 상태에 빠지는 것은 아니다. 레질리언스는 그 어려움을 견디어 내고 새로운 삶을 살아가게 하는 원동력의 개념이다(김수안 외, 2001).

이 개념은 자신이 당면한 역경과 어려움을 도약의 발판으로 삼는 힘으로, 학문적으로는 '정신적 저항력'을 의미하고(신우열, 2009) 앞으로 닥칠 어려운 역경을 예방하는 데 긍정적인 영향을 미치는 것이다. 즉 개인이 어려운 역경에 직면해서도 극복 가능하고 적응적인 기능을 수행할 수 있다는 관점으로 보는 것이다(김희경, 2010).

2. 레질리언스의 기본요인

레질리언스가 낮은 사람은 스트레스 상황에서 경직되고 고집을 부리거나 혼란스러워하며 산만해져 적응을 하지 못하고 자신의 실수나 역경을 회피하려는 성향이 매우 높다. 하지만 레질리언스가 높은 사람은 설령 실수를 하더라도 그로부터 피드백을 적극 받아들이는 습관이 들어 있다(이명훈, 2016).

알코올중독자의 예를 들면, 스트레스에 대해 일반인들보다 더 민감하게 반응하고, 영향도 많이 받기 때문에 더 쉽게 다시 음주를 하게 된다(박병선, 2011).

음주만이 유일한 취미이며 그렇지 않은 사람에 비해서 인지, 행동, 정서 면에서 많은 문제를 가지므로 회복에 있어 사회적 지지가 중요한 요소가 된다(한미영, 2003).

자아 탄력성에 영향을 미치는 보호요인들을 규명하면 다음과 같다.

첫째, 개인적 수준에 해당하는 보호요인들은 활동적인 기질, 성별, 연령, 사회적 기술, 지능, 자기효율성, 유머, 타인에 대한 매력, 공감 능력 등이다.

둘째, 따뜻하고 지지적인 부모, 좋은 부모 자녀 관계, 부모의 화합 등이다.

셋째, 가족 외의 사회적 관계망에 해당되는 보호요인들로 가족 이외의 사회적 지지는 개인의 대처 능력에 영향을 미치는 중요한 변수가 된다.

넷째, 자신들에게 닥친 사건들에 대해 긍정적이면서도 개관적이고 정확한 스토리텔링을 할 수 있는 능력이다. 부정적인 스토리텔링은 '나에게만 일어난 일인가? 아니면 이번에만 어쩌다 그런 것인지, 나만, 언제나, 항상 다 그런가?'라는 식으로 생각하고 그 의미를 축소해서 받아들인다. 회복탄력성이 높은 사람은 이와 반대로 나쁜 일은 덤덤하게 그 의미를 축소하고, 좋은 일은 일반화해서 받아들인다.

다섯째, 대인관계 능력이다. 자기 자신과 타인을 얼마나 동일시하는가? 하는 태도에 달려 있는 관계성은 긍정적 지지를 해 주면, 긍정적 정서가 높아지고 자아 확장력이 높아져 관계 맺기에 적극적이 된다(김주환, 2001).

3. 레질리언스의 구성

레질리언스는 위험에 직면하였을 때 이를 극복할 수 있는 가족의 회복력을 강조하며 구성요인은 학자마다 다양하게 제시하고 있다.

코웬(Cowen) & 헤더링턴(Hetherington)은 응집력, 유연성, 공개적 의사소통, 문제해결과 신념체계 확신으로, 맥커빈(McCubbin)은 가족형태, 가족쉐마, 가족자원, 가족기능, 사회적 지지, 문제해결과 대처로 싱어(Singer) & 파워(Power)는 유연한 의미 해석, 균형 잡힌 대처, 유연한 상호 의존으로, 월시(Walsh)는 신념체계, 가족 응집력, 의사소통 과정으로 제시하였다(신준옥, 2013).

1) 신념체계

신념체계는 가족기능의 핵심이며 레질리언스의 강력한 힘으로, 위기를 당한 당사자에게 응집력을 제공하고 당면한 문제에 대처하는 행동에 영향을 미친다. 그리고 당면한 역경에 의미를 부여하는 것은 위기극복 후의 삶을 어떻게 살 것인가에 대해 새로운 비전과 목적을 가지고 변화할 수 있도록 돕는다.

역경을 잘 이겨내면 가족구성원과 주위 사람 사이에 믿음과 신뢰가 생기고, 과거에 어려운 역경을 극복한 경험 또한 현재 당면한 역경을 견디어 내는 데 큰 자신감을 줄 것이다. 역경에 대한 긍정적 시각은 인내, 격려와 용기, 소망을 주며 위기나 실패를 도전으로 보고 더 강해지는 데 도움을 준다.

2) 조직유형

가족의 조직유형은 가족 단위의 통합을 지지하고 관계를 정의하고, 행동을 규제하는 신념체계에 의해 강화된다. 이에 조직유형이 어떻게 가족체계에 영향을 미치는가를 각각의 하부개념을 통해 이해하는 것이 중요하다.

첫째, 역할 안정성 및 융통성은 가족생활주기의 주요한 전환점이나 경제적 어려움, 가족갈등, 기타 어려움 등 혼란의 시기에 중요하며, 위기상황에 대해 대처하기 위한 역할 변화에도 필요하다. 레질리언스가 있는 가족은 가족 간의 역할 분담을 통해 위기나 스트레스 상황에서 기능적으로 대처할 수 있다.

둘째, 연결성은 가족 간의 역할과 지지, 협력하는 능력을 말하며 지지적인 가족은 함께 시간을 공유하고 의사결정하며 서로 지지한다.

셋째, 사회 · 경제적 자원은 가족 외부의 자원을 동원하고 활용하는 것으로 확대가족, 친척의 지지를 포함하여 지역사회 지지망을 확립한다(홍정애 외, 2016).

3) 의사소통 과정

의사소통은 사회경제적, 실질적, 도구적, 문제해결과 관련한 모두를 포함하는 정보의 교환으로 가족기능에 필요하고 명료성, 개방적, 정서표현, 상호협력, 문제해결 등 세 개의 하위 요인으로 구성되며 이러한 필요성은 역경의 시기 동안 더욱 확대된다.

첫째, 의사소통의 과정은 정보의 교환이라고 정의할 수 있으며(Walsh, 1998), 명료성(명확화)은 명확하고 일관성 있는 언행을 뜻하며 가족구성원이 침묵하거나 왜곡된 해석을 통하여 견디기 힘든 정보들을 감추고 보호하려고 한다면, 의사결정에 대한 장벽을 만들기 때문에 스트레스 상황에 대한 명료화는 중요하다.

둘째, 개방된 정서표현(감정표현)은 가족구성원들과의 관계에서 다양한 감정을 표현하게 하고, 자연스러운 감정과 욕구에 대해 서로를 존중하는 사려 깊은 방식으로 표현한다. 이러한 개방적 의사소통을 위해서는 즐거움, 희망, 고통, 공포 등의 광범위한 감정을 공유할 수 있어야 한다.

셋째, 의사소통 과정의 마지막 구성 요소인 상호협력적 문제해결에 대해서 기능적인 가족은 문제가 없는 가족이 아니라 갈등을 잘 조정하고 문제를 함께 잘 다루어 나가는 가족이다. 가족은 이러한 관용을 바탕으로 갈등회피가 아닌 직면을 통해 갈등과 문제를 다루고 해결하는 기술을 향상시킬 수 있다.

청소년
문제
와
보호

부 록

활동과제 – 청소년을 위한 프로그램 기획서

다음에 소개할 프로그램들은 지난 학기 수업 시간에 학생들과 주제별로 나누어 조별로 가상의 문제를 가지고 있는 청소년들을 위해 본인들이 현장에서 근무하고 있는 사회복지사라고 가정하여 프로그램을 직접 기획, 실시하도록 하였다. 이때 학생들이 기획한 프로그램 사례 3가지를 소개하려고 한다. 순수하게 학생들이 수업 시간에 기획한 프로그램이다.

1. 가출 청소년들이 모여 함께하는 '사회적 인간관계 훈련과 자기발견'을 위한 심리치유 프로그램
2. 조손가정, 한부모가정 청소년의 리더십
3. 학업과 아르바이트 병행 청소년을 위한 힐링 프로그램

1. 가출 청소년들이 모여 함께하는 '사회적 인간관계 훈련과 자기발견'을 위한 심리치유 프로그램

1) 프로그램명 및 필요성

(1) 프로그램명

가출 청소년들이 모여 함께하는 '사회적 인간관계 훈련과 자기발견'을 통한 심리치유 프로그램(1박 2일)

(2) 필요성

① 가출 청소년 정의

청소년 가출 현상 그 자체에 대한 정의로 형사정책 연구원은 **"자신 및 자신을 둘러싼 주위환경에 대한 불만이나 갈등에서 비롯된 문제점에 대한 반발이나 해결을 위해 보호자의 승인 없이 최소한 하룻밤 이상 무단으로 집을 나가 돌아오지 않는 충동적 혹은 계획적 행위"**라고 규정한다(김준호, 1993).

청소년의 가출에 대한 시각은 청소년기가 지니는 하나의 특성으로 변화의 시기에 일어나는 정상과정의 일부이다. 현대사회에서 청소년의 가출은 파멸이나 위기보다는 대처와 발전이 동반되는 것으로 보는 관점에서부터, 가출을 문제로 보고 가출한 청소년을 사회적 안정을 위협하는 위험한 존재이며 비행 청소년이라고 보는 시각까지 병존하고 있으나, 우리 사회의 인식은 가출 청소년이란 자신에게는 물론, 사회에도 문제라는 인식이 가장 많이 팽배해 있는 실정이다(한국여성개발원, 1997).

② 청소년 가출의 원인

개인의 기대목표와 이를 성취할 수 있는 능력 및 수단 간의 괴리가 클 때 가출 유발 요인이 되기도 하지만 가정에 대한 불만, 학교생활 부적응, 또래 관계 문제, 유해환경 문제 등과의 복합적인 작용으로 인해 가출하는 경우가 많다. 한국교육개발원의 「교육기본통계조사」에 따르면, 2020년 청소년 인구는 854만 2천 명으로 총 인구의 16.5%를 차지하며, **2019년 기준 초 · 중 · 고등학생 100명 중 4명은 최근 1년 내 가출 경험이 3.5%**로 가출 경험 비율이 높게 나왔다.

가출 이유로는 부모님과의 문제(61.7%)가 가장 많았고, 다음으로 학업문제(15.9%), 친구들과 함께 하기 위해서 (9.6%) 순으로 부모님과의 문제가 주된 가출 이유라고 한다. 이처럼 **해를 거듭할수록 증가 추세를 보이고 있으며, 이제 더 이상 청소년 가출은 극소수의 청소년들 사이에서만 나타나는 충격적인 이슈가 아님을 알 수 있다.** 청소년 가출은 청소년 개인의 충동 통제력 부족, 학습 장애 등이 원인이 되기도 하며, 가족 간의 구심력을 약화시키게 되고, 가족으로부터 벗어나고 싶을 때 이를 통제할 수 있는 애착의 끈이 형성되어 있지 못해 가출을 하게 된다고 본다.

③ 가출 청소년의 특징

청소년기의 가장 두드러진 사회, 심리적 특징은 **자아정체성의 확립과 독립의 요구에 따른 '심리적 이유기'의 현상**이다. 청소년기에 자아정체감을 형성하지 못하면 자신의 역할에 대한 혼란이 일어나 비합리적 집단행동을 하게 된다. 또한 청소년 자신의 극단적 이상주의와 현실부정, 현실도피 경향 간에 아무런 타협점을 찾지 못하면, 자기부정 혹은 사회부정을 선택하게 된다(권이종, 1996). 이러한 청소년기를 잘 보내기 위해서는 성장기에 필요한 적절한 보호와 성숙을 위한 학습의 기회, 정서적인 애정과 신뢰감이 주어지는 환경이 필요하게 되며, 이를 기본적으로 제공해 주는 것이 가정인데 가출 청소년들의 경우 이런 가정으로부터 이탈을 하게 되기 때문에 여러 가지 문제가 생기게 되는 것이다. 가출 청소년들의 특징을 살펴보면 부모의 무관심으로 인한 심리, 정서적 방임으로 청소년들은 낮은 자아존중감, 부정적인 자아상, 자신감의 부족, 열등감, 비판적인 태도, 쉽게 좌절하고 실망하며 포기하는 태도, 인간관계에서의 근본적인 신뢰를 형성하지 못함, 자기 파괴적인 행동, 좌절과 분노 처리 미흡, 스트레스를 상대적으로 잘 받지만 건전하게 처리하지 못함 등의 특징을 가진다(표갑수, 1996).

가출 청소년들은 일반 청소년들에 비해 스트레스, 학업 부진, 우울 등의 문제에 많이 노출되며, 가출 이후 생활의 불안정과 고통으로 인하여 심리적 불안과 정신적 장애는 더욱 심해진다.

→ 따라서 **청소년이 더 긍정적으로 성장 · 발달하고 능동적으로 자신의 삶을 둘러싸고 있는 환경을 개선하는데 참여함**으로써 지역사회 구성원의 한 위치를 차지하는 청소년들이 지역사회 전체를 활성화하는 촉매가 될 수 있다는 점에 주목하여 청소년들이 많은 시간과 경험을 공유하는 또래로부터 가치관이나 태도, 행동의 변화와 행동장애, 자신감, 심리적 적응 등 많은 영향을 받게 되므로, 또래 친구들과 함께 하는 프로그램으로 '사회적 인간관계 훈련'을 통해서 자아존중감과 대인관계 기술을 습득시킬 것이다.

2) 목적 및 목표

가. 목적 → 천안시에 거주하고 있는 가출 청소년을 대상으로 심리치유 집단 프로그램을 통하여 대인관계능력 및 자아존중감을 향상한다.
- 심리치유 집단 프로그램의 '꿈 그림' 프로그램 참여를 통해 진로결정, 자기효능감이 향상한다.
- 심리치유 집단 프로그램의 '같이의 가치' 프로그램 참여를 통해 대인관계능력을 향상한다.
- 심리치유 집단 프로그램의 산림치유 프로그램 및 속마음 프로그램 참여를 통해 심리적 안정을 도모한다.

3) 프로그램 개요

(1) 내용

단위프로그램	일시	장소	참석자(인원)	예산
심리치유 프로그램	2021.11.06. ~ 2021.11.07	도시산장	12명	총 1,550,350 (원)

(2) 업무 분장

성명	직위	담당역할	투입시간 단위: 1주일 (사업진행기간 반영)
000	사회복지사 (전담직원)	프로그램 전체 기획 및 진행을 함.	2021년 8월 6일 ~ 2021년 11월 7일 AM9:00~PM6:00
000	사회복지사 (운전기사)	전담직원과 함께 프로그램 진행 및 이동 시 운전을 한다.	2021년 11월 6일 ~ 2021년 11월 7일 AM9:00~PM6:00
000	산림치유사	산림치유 프로그램 진행함. (자격요건: 산림치유지도사 자격증)	2021년 11월 6일 AM9:00 ~ PM6:00
000	주제별 시간강사 (가출상담)	대인관계 향상 프로그램 강사로 참여한다.	2021년 11월 6일 AM9:00 ~ PM6:00
000	자원봉사자	가출 청소년과 함께 등산과 복장미션 프로그램에 참여하여 프로그램 진행과 위험상황에 상시적으로 관찰함.	2021년 11월 6일 ~ 2021년 11월 7일 AM9:00 ~ PM6:00

※ 외부 자원 활용 시 소속, 경력, 자격증 사항 기재

4) 세부 프로그램 내용

단위프로그램	수행방법	준비물	담당자
'산림치유' 프로그램	– 천연재료를 활용해서 자연친화적인 화장품을 만들 수 있다. – 계곡의 물소리와 새소리 같은 자연의 소리를 눈을 감으면서 자연 속에서 얻을 수 있는 힐링을 느낄 수 있다. – 장소 : 남산 둘레길	– 수제 립밤 만들기 키트(세트) 2개 – 솔향 아로마오일 6개 – 요가매트 13개 – 다과비 16명분	산림치유사, 자원봉사자, 사회복지사
'나의 가출 이야기' 프로그램	– 청소년 시절에 가출한 사람의 경험담을 경청 후, 이에 대한 자신만의 진솔한 생각을 하는 시간을 갖을 수 있다. – 장소 : 도시산장	– 마이크 1개	주제별 시간강사, 사회복지사
'꿈 그림' 프로그램	– 자신의 장점과 장래희망을 탐색하고 타인에게 소개할 수 있다. (이때, 꿈과 관련된 사진과 자료 등을 활용한다.) – 꿈이 없는 학생들의 경우, 자신의 관심사와 잘하는 것에 대해 발표한다. – 장소 : 도시산장	– 드림픽쳐 12개	사회복지사
'속마음' 프로그램	– 여러 개의 카드들 중 과거에 가장 상처 받았던 카드 3개를 선택한 후, 그 이유에 대해 발표한다. 발표 후, 구기거나 찢은 후 쓰레기통에 버린다. – 장소 : 도시산장	– 부정카드 13개 – 상자 – 마이크 2개	사회복지사
'같이의 가치' 프로그램	– 주어진 분야들 중 선택한 후, 그에 해당하는 준비물과 옷들을 기획하여 분야와 잘 어울리는 미션 사진을 찍는 프로그램. * 분야 : 복고, 전통, 중세시대, 미래에 유행할 것 같은 룩, 인싸룩 등. – 장소 : 외부	– 옷 대여비 – 다과비 16명분 – 핸드폰 사진인화 1개	사회복지사, 자원봉사자 (3명)

5) 수행시기(예시)

	8월	9월	10월	11월 6일 ~ 11월 7일	11월 7일	11월 중반
계획서 작성	→					
장소 섭외 및 예약		→				
물품 준비			→			
프로그램 진행				→		
평가					→	
결과보고서 작성						→

6) 예산

관	항	목	내 용	산출내역(근거)	금액(원)
사업비	사업비	인건비	①산림치유사 ②주제별 시간강사 (가출상담)	산림치유사: 10,000×2(시간) 주제별 시간강사(가출상담): 8,350×2(시간)	36,700 (원)
		재료비	산림프로그램	수제 립밤 만들기 키트(세트): 14,900×2(개) 솔향 아로마오일: 7,700×6(개) 요가매트: 8,700×13(개) 다과비: 3,000×16(개)	237,100 (원)
			청소년 시절에 가출한 사람의 이야기	마이크: 14,850×1(개)	14,850 (원)
			꿈 그림 프로그램	드림픽쳐: 7,000×12(개)	84,000 (원)
			상처치유 프로그램	부정카드: 6,500×13(개) 상자: 2,500×1(개) 마이크: 14,850×2(개)	116,700 (원)
			옷미션 프로그램	옷 대여비: 25,000×12(개) 핸드폰 사진인화: 161,000×1(개) 다과비: 3,000×16(개)	509,000 (원)
		식사비	1일차 프로그램	점심값: 7,000×15(개) 저녁값: 7,000×16(개)	217,000 (원)
			2일차 프로그램	아침값: 7,000×17(개)	119,000 (원)
		장소비	도시산장	장소대여비 (P.M 5:00–11:00)	216,000 (원)
합 계				총 1,550,350 (원)	

7) 평가

(1) 목표평가(성과목표/ 산출목표)

평가내용	목표에 대한 평가 방법		
	평가도구	평가방법	평가시기
– '꿈 그림' 프로그램 참여를 통해 가출 청소년들이 진로 결정, 자기효능감 향상에 효과가 있는가?	– 진로결정 자기 효능감 검사	• 테일러(Taylor)와 베츠(Betz, 1983)의 진로결정 자기효능감 척도 – 목표선택, 직업정보, 문제해결, 미래계획의 4개의 하위요인의 총 25문항으로 구성되어 있고, 리커트(Likert) 5점 척도로 '전혀 아니다(1점)'부터 '아주 그렇다(5점)'까지 되어 있으며 점수가 높을수록 그 변인의 성향이 높다.	꿈 그림 프로그램 사전 검사
– '꿈 그림' 프로그램 참여를 통해 가출 청소년들이 진로자립 준비도 향상에 효과가 있는가?	– 진로자립 준비도 검사	• 조규필(2013)의 진로자립준비도 검사 – 총 54문항으로 구성되어 있으며, 모두 7가지의 영역의 하위척도인 자립의지, 진로직업역량, 경제적 관리, 사회적 기술 등으로 구성되어 있다.	꿈 그림 프로그램 사후 검사
– '같이의 가치' 프로그램 참여를 통해 대인관계 능력을 향상한다.	– 대인관계 검사	• 슐라인(Schlein)과 거니(Guerney)의 대인관계변화 척도 – 총 25문항으로 이루어져 있으며, 하위요인으로 만족감, 의사소통, 신뢰감, 친근감, 민감성, 개방성, 이해성으로 구성. 리커트(Likert) 5점 척도로 '대단히 불만족스럽다(1점)'에서 '대단이 만족스럽다(5점)까지 점수가 높을수록 대인관계 변화가 높음을 의미	'같이의 가치' 프로그램 사후 검사
– '산림치유' 프로그램 참여를 통해 심리적 안녕을 도모한다.	– 심리적 안녕감 검사	• 키스(keyes)의 심리적 안녕감 척도(the Psychological well being scale) – 총 18문항으로 이루어져 있으며, 자율성, 환경통제력, 개인적 성장, 타인과의 긍정적 관계, 삶의 목적, 자기 수용도의 6개 범주로 구분되어 있다. 리커트(Likert)식 선택형으로 '전혀 동의하지 않는다'의 1점부터 '매우 동의한다'의 5점까지로 구성되며 최소 18점에서 최고 90점으로 점수가 높을수록 해당 영역의 안녕감이 높음을 의미한다.	'산림치유' 프로그램 사후 검사

(2) 형성평가(과정, 진행평가 등)

학생의 성취수준을 파악하고, 이에 맞는 피드백을 제공하여 학업성취를 극대화하려는 것(특정 학습과제의 성취 여부를 파악하기 위해 고안된 평가로 목표지향평가 성격).

<table>
<tr><th rowspan="2">평가내용</th><th colspan="3">목표에 대한 평가 방법</th></tr>
<tr><th>평가도구</th><th>평가방법</th><th>평가시기</th></tr>
<tr><td>가출 청소년 프로그램: 가출 청소년에 대한 강사의 경험담을 듣고 이에 관한 소주제를 정한다. 그 소주제에 대해서 학생들이 자신의 경험담과 강사의 경험담을 토대로 작성한다.</td><td rowspan="3">– 마이크
– 펜
– 종이</td><td>– 1분 스피치
(프로그램을 통해 배운 내용을 짝에게 1분 동안 이야기하고, 짝은 들어주는 활동이다)</td><td rowspan="3">2021. 11. 06.
~ 2021. 11. 07</td></tr>
<tr><td>상처치유 프로그램: 서로에게 칭찬과 장점을 '돌아가며 말하기' 방법을 통해 상처치유 프로그램에 대한 성취를 확인한다.</td><td>– 마인드맵
(사회복지사가 소주제를 제시하고 학생들은 배운 내용을 토대로 작성한다)</td></tr>
<tr><td>'같이의 가치' 프로그램: 협동심을 키울 수 있었던 점, 자기발견을 할 수 있었던 점, 프로그램 할 때 아쉬웠던 점에 대해서 1분 스피치를 통해 알아본다.</td><td>– 돌아가면서 말하기
(학습주제에 대해 배운 내용을 돌아가면서 말하는 방식)</td></tr>
</table>

[별첨 1] 테일러와 베츠(Taylor & Betz, 1983)의 진로결정 자기효능감 척도

진로결정 자기효능감 검사

다음의 문항은 여러분의 진로 결정과 관련된 것입니다. 각 문항을 잘 읽고 자신의 생각과 가장 가깝다고 생각되는 곳의 번호에 √표 해 주십시오.

①전혀 아니다 ②아니다 ③그저 그렇다 ④그렇다 ⑤매우 그렇다

1. 내가 관심 있는 작업들에 대한 정보를 도서관이나 인터넷에서 찾을 수 있다.	① ② ③ ④ ⑤
2. 여러 가지 전공들이 나열되어 있는 목록 중에서 내가 원하는 전공을 선택할 수 있다.	① ② ③ ④ ⑤
3. 앞으로 5년간의 계획을 세울 수 있다.	① ② ③ ④ ⑤
4. 만약 내가 선택한 전공을 공부하는데 학업상 어려움이 있을 경우, 어떤 방법들을 취할 것인지 결정할 수 있다.	① ② ③ ④ ⑤
5. 나의 능력을 정확히 평가할 수 있다.	① ② ③ ④ ⑤
6. 마음에 두고 있는 작업목록들 중에서 한 가지 작업을 선택할 수 있다.	① ② ③ ④ ⑤
7. 선택한 전공을 이수하는데 어떤 교과과정이 요구되는지 알 수 있다.	① ② ③ ④ ⑤
8. 힘든 상황에서도 내가 선택한 전공이나 진로목표를 이루기 위한 일들을 지속적으로 수행할 수 있다.	① ② ③ ④ ⑤
9. 나에게 이상적인 직업 고용 경향을 알 수 있다.	① ② ③ ④ ⑤
10. 향후 10년간의 직업 고용 경향을 알 수 있다.	① ② ③ ④ ⑤
11. 내가 선호하는 생활방식에 맞는 진로를 결정할 수 있다.	① ② ③ ④ ⑤
12. 나는 나의 이력서를 멋지게 쓸 수 있다.	① ② ③ ④ ⑤
13. 처음 선택이 만족스럽지 않다면 전공을 바꿀 수 있다.	① ② ③ ④ ⑤
14. 직업 선택과 관련된 여러 가지 가치들에 대해 나는 우선 순위를 결정할 수 있다.	① ② ③ ④ ⑤
15. 생각하고 있는 직업의 평균 수입과 연봉을 알 수 있다.	① ② ③ ④ ⑤
16. 진로 결정을 하고 나면, 그것이 잘한 것인지 못한 것인지 대해 걱정하지 않는다.	① ② ③ ④ ⑤
17. 선택한 진로가 만족스럽지 않으면 바꿀 수 있다.	① ② ③ ④ ⑤
18. 진로 목표를 달성하기 위해 내가 어떤 희생은 감수할 수 있고 어떤 것은 어려운지를 구분해 낼 수 있다.	① ② ③ ④ ⑤
19. 내가 관심 있어 하고 있는 분야에서 현재 일하고 있는 사람들을 만나 이야기할 기회를 가질 수 있다.	① ② ③ ④ ⑤
20. 관심 있는 전공이나 진로를 나는 선택할 수 있다.	① ② ③ ④ ⑤
21. 나의 적성이나 능력에 맞는 직종과 관련된 기관이나 기업에 대해 알아볼 수 있다.	① ② ③ ④ ⑤
22. 내가 원하는 생활방식이 무엇인지 알 수 있다.	① ② ③ ④ ⑤
23. 대학 혹은 대학원에 대한 정보를 찾을 수 있다.	① ② ③ ④ ⑤
24. 취업면접과 관련하여 필요한 절차들을 잘 알 수 있다.	① ② ③ ④ ⑤
25. 처음 선택한 진로나 분야가 불가능하다면 다른 전공이나 진로의 대안들을 생각해 볼 수 있다.	① ② ③ ④ ⑤

[별첨 2] 조규필(2013)의 진로자립준비도 검사

진로자립준비도 검사

다음 질문들은 평소에 자신에 대해서 어떻게 느끼고 생각하고 있는지를 알아보기 위한 것입니다. 각 문항을 읽고 자신의 느낌과 가장 가까운 항목에 V표 해 주시기 바랍니다.

번호	질문	전혀 그렇지 않다	다소 그렇지 않다	보통이다	조금 그렇다	매우 그렇다
1	나는 자립하는 데 있어 어떤 어려움이라도 극복할 자신이 있다.	1	2	3	4	5
2	나는 어떻게든 나에게 닥치는 문제를 해결할 방법이 있다고 생각한다.	1	2	3	4	5
3	나는 혼자의 힘으로 어떤 일이든 해낼 자신이 있다.	1	2	3	4	5
4	나는 앞으로 내가 갖고 있는 목표를 성취하기 위해 최선을 다하려고 한다.	1	2	3	4	5
5	나는 내가 잘 할 수 있는 직업이 무엇인지 알고 있다.	1	2	3	4	5
6	내가 즐겁게 할 수 있는 직업이 무엇인지 알고 있다.	1	2	3	4	5
7	나는 나의 성격이나 적성에 잘 맞는 직업이 무엇인지 알고 있다.	1	2	3	4	5
8	나는 직업이 단지 돈을 벌기 위한 수단만은 아니라고 생각한다.	1	2	3	4	5
9	나는 직업 자체가 내 인생에서 의미 있는 일이 될 수 있다고 생각한다.	1	2	3	4	5
10	나는 직업을 통해 나를 발전시킬 수 있어야 한다고 생각한다.	1	2	3	4	5
11	나는 이력서와 자기소개를 제대로 작성할 수 있다.	1	2	3	4	5
12	나는 입사 면접에 임하는 요령을 알고 있다.	1	2	3	4	5
13	나는 일터에서 부당한 대우를 당하지 않도록 근로자의 권리를 알고 있다.	1	2	3	4	5
14	나는 관심 있는 직업을 준비하기 위해 전문가와 상담을 받아 본 적 있다.	1	2	3	4	5
15	나는 관심 있는 직업분야의 직업인을 직접 만나 궁금한 점들을 알아본 적이 있다.	1	2	3	4	5
16	나는 관심 있는 직업현장을 방문해서 둘러보거나 직업체험을 해본 적 있다.	1	2	3	4	5

번호	질문	전혀 그렇지 않다	다소 그렇지 않다	보통이다	조금 그렇다	매우 그렇다
17	나는 신용관리의 중요성을 알고 있다.	1	2	3	4	5
18	나는 어떤 경우에 신용등급이 떨어지는지 알고 있다.	1	2	3	4	5
19	나는 신용불량자가 되면 어떤 제한이 있는지 알고 있다.	1	2	3	4	5
20	나는 자립을 위해 저축이 꼭 필요하다고 생각한다.	1	2	3	4	5
21	나는 돈을 모으기 위해 저축을 하고 있거나 앞으로 할 생각이다.	1	2	3	4	5
22	돈을 버는 것보다 제대로 관리하는 것이 더 중요하다.	1	2	3	4	5
23	나는 마음에 드는 상품을 구입하기 위해 품질과 가격을 비교할 수 있다.	1	2	3	4	5
24	나는 광고나 주변사람들의 유혹에도 쉽게 충동구매 하지 않을 자신이 있다.	1	2	3	4	5
25	나는 물건을 구입하기 전에 할인 여부를 확인할 생각이다.	1	2	3	4	5
26	나는 주거마련 비용을 대략 알고 있다.	1	2	3	4	5
27	나는 정부의 주거지원에 관한 정보를 알고 있다.	1	2	3	4	5
28	나는 주택 임대 계약 시 주의사항을 알고 있다.	1	2	3	4	5
29	나는 전세계약 후, 임대보증금 보호를 위해 제일 처음 해야 하는 신고절차를 알고 있다.	1	2	3	4	5
30	나는 기본적인 식탁예절을 알고 있다.	1	2	3	4	5
31	나는 위생적인 설거지를 할 수 있다.	1	2	3	4	5
32	나는 음식물 쓰레기 처리방법을 알고 있다.	1	2	3	4	5
33	나는 고른 영양섭취를 위한 식단을 짤 수 있다.	1	2	3	4	5
34	나는 밥이나 찌개 등 기본 음식을 조리할 수 있다.	1	2	3	4	5
35	나는 인터넷이나 요리책 등의 레시피(조리방법)를 활용하여 음식을 만들 수 있다.	1	2	3	4	5

[별첨 3] 슐라인(Schlein)과 거니(Guerney)의 대인관계변화 척도

대인관계 척도

본 설문지는 여러분의 대인관계를 알아보기 위한 것입니다.
각 문항에 대해 솔직하게 해당란에 √표기해 주십시오.

[이름 :]

번호	내용	1	2	3	4	5
1	나는 인간으로서, 나 자신에 대해서	대단히 불만족 스럽다	다소 불만족 스럽다	그저 그렇다	다소 만족 스럽다	대단히 만족 스럽다
2	나는 인간으로서 다른 사람에 대하여	대단히 불만족 스럽다	다소 불만족 스럽다	그저 그렇다	다소 만족 스럽다	대단히 만족 스럽다
3	다른 사람들은 나를, 인간으로서 ( )사람으로 볼 것이라고 생각한다.	대단히 불만족 스러운	다소 불만족 스러운	그저 그런	다소 만족 스러운	대단히 만족 스러운
4	다른 사람들은 자기 자신을 인간으로서 ( )사람으로 본다.	대단히 불만족 스러운	다소 불만족 스러운	그저 그런	다소 만족 스러운	대단히 만족 스러운
5	다른 사람들과 나의 관계는	대단히 원만하지 못하다	다소 원만하지 못하다	그저 그렇다	다소 원만하다	대단히 원만하다
6	나는 다른 사람의 바라는 것이나 욕구를	거의 깨닫지 못한다	다소 깨닫지 못한다	그저 그렇다	다소 깨닫는다	매우 잘 깨닫는다
7	나는 나 자신의 감정을	거의 이해하지 못한다	다소 이해하지 못한다	그저 그렇다	다소 이해한다	잘 이해한다
8	나는 다른 사람의 감정을	거의 이해하지 못한다	다소 이해하지 못한다	그저 그렇다	다소 이해한다	잘 이해한다
9	나는 다른 사람과 의사소통을 하는 것에	매우 어려움을 느낀다	다소 어려움을 느낀다	그저 그렇다	다소 쉽게 느낀다	매우 쉽게 느낀다
10	다른 사람에 대한 나의 민감성(감수성)은	매우 둔하다	다소 둔하다	그저 그렇다	다소 예민하다	매우 예민하다

번호	내용	1	2	3	4	5
11	나는 다른 사람의 과실(잘못)에 대해	매우 온정적이지 못하다	다소 온정적이지 못하다	그저 그렇다	다소 온정적이다	대단히 온정적이다
12	다른 사람에 대한 나의 표현이나 개방성은	매우 적다	다소 적다	그저 그렇다	다소 많다	매우 많다
13	나는 다른 사람의 느낌을 이해하는 것이	매우 어렵다	다소 어렵다	그저 그렇다	다소 쉽다	매우 쉽다
14	나는 다른 사람의 이야기를 듣는 것이	매우 어렵다	다소 어렵다	그저 그렇다	다소 쉽다	매우 쉽다
15	나는 다른 사람을	거의 신뢰하지 않는다	다소 신뢰하지 않는다	그저 그렇다	다소 신뢰한다	매우 신뢰한다
16	나는 다른 사람에 대하여	매우 거리감을 느낀다	다소 거리감을 느낀다	그저 그렇다	다소 친근함을 느낀다	대단히 친근함을 느낀다
17	인간관계에 있어서 나는 자신감이	매우 적다	다소 적다	그저 그렇다	다소 많다	매우 많다
18	나는 의견의 불일치가 있을 때, 그것을 (건설적으로)	매우 못 다룬다	다소 못 다룬다	그저 그렇다	다소 잘 다룬다	매우 잘 다룬다
19	나는 다른 사람과 대화 시에 어려움을	매우 많이 느낀다	다소 느낀다	그저 그렇다	별로 느끼지 않는다	거의 느끼지 않는다
20	나는 다른 삶에 대한 긍정적인 느낌을	거의 표현하지 못한다	다소 표현하지 못한다	그저 그렇다	다소 표현한다	많이 표현한다
21	나는 다른 사람에 대한 부정적인 느낌을 (건설적으로)하여	거의 표현하지 못한다	다소 표현하지 못한다	그저 그렇다	다소 표현한다	많이 표현한다
22	나는 개인적인 관심사를 다른 사람과	전혀 나누지 않는다	별로 나누지 않는다	그저 그렇다	다소 나눈다	많이 나눈다
23	다른 사람이 나에 대한 긍정적인 느낌을 표현할 때, 그것을 믿고 받아들이는 경우가	매우 적다	다소 적다	그저 그렇다	다소 많다	매우 많다
24	다른 사람이 나에 대해 부정적인 느낌을 표현할 때, 그것을 건설적으로 받아들이는 경우가	매우 적다	다소 적다	그저 그렇다	다소 많다	매우 많다
25	나는 다른 사람과 앞으로 대인관계를 어떻게 해야할지를	거의 이해하지 못한다	다소 이해하지 못한다	그저 그렇다	다소 잘 이해한다	매우 잘 이해한다

[별첨 4] 키스(keyes)의 심리적 안녕감 척도(the Psychological well being scale)

설문지4 (심리적안녕감 척도)

다음 문항들을 주의 깊게 읽으시고 자신의 생각과 가장 가까운 곳에 ○표 해 주세요.

번호	문 항	전혀 그렇지 않다	그렇지 않은 편이다	반반 이다	그런편 이다	매우 그렇다
1	다른 사람이 중요하다고 보는 것에 의해서가 아니라, 내가 중요하게 생각하는 것을 기준으로 나 자신을 평가한다.					
2	나는 여러 가지 일상적인 일들을 꽤 잘 수행해 나간다.					
3	나는 내 삶에서 변화나 향상을 꾀하려고 애쓰지 않는다.					
4	사람들과의 관계에서 따뜻함이나 신뢰감을 별로 경험하지 못했다.					
5	때때로 내 인생에서 내가 해야만 할 일들을 다 했다고 느낀다.					
6	내 삶에서 이루어놓은 일들에 대해 실망감을 느낄 때가 있다.					
7	비록 다른 사람들이 일반적으로 생각하는 것과 반대되더라도 나는 내 의견에 대해 자신감을 가진다.					
8	나는 일상적인 여러 가지 요구들로 종종 피곤해 한다.					
9	나에게 삶은 배우고, 변화하고, 성장하는 연속적인 과정이다.					
10	사람들은 나를 베푸는 사람, 다른 사람들을 위해 배려해주는 사람으로 묘사한다.					
11	어떤 사람들은 삶의 목적이 없이 방황하지만 나는 그렇지 않다.					
12	나는 내 성격 대부분을 좋아한다.					
13	나는 강한 의견을 가진 사람들에 의해 영향을 받는 편이다.					
14	일반적으로 나는 내가 처한 상황에 책임을 지고 있다고 본다.					
15	나는 자신이나 세상에 대한 내 생각에 도전하는 새로운 경험을 가지는 것이 중요하다고 생각한다.					
16	나로서는 친밀한 관계를 유지하는 것이 어렵고 힘들다.					
17	나는 그날그날을 살며 미래에 대해 진지하게 생각하지 않는다.					
18	내 삶을 돌아볼 때 지나온 결과들에 대해 만족한다.					

[출처]

이래영(2019). 쉼터청소년을 위한 진로탐색 집단상담 프로그램이 진로결정 자기효능감과 진로자립준비도에 미치는 효과. 목포대학교 대학원 석사학위논문.

이미진(2018). 사티어 이론에 근거한 의사소통훈련 프로그램이 가출청소년의 자아존중감, 부모-자녀 간 의사소통 및 대인관계에 미치는 효과. 경성대학교 대학원 석사학위논문.

정아영(2020). 청소년 수련시설에 적용을 위한 산림치유 프로그램 선호도 연구. 충북대학교 대학원 석사학위논문.

우영재(2016). 숲이미지산책이 여자소년원생과 인문계 고등학생의 정신건강에 미치는 영향 : 공격성, 자아존중감, 스트레스, 심리적 안녕감을 중심으로. 충북대학교 대학원 석사학위논문.

2. 조손가정, 한부모가정 청소년의 리더십

1) 프로그램명

요즘 세대 청소년이 예전 세대 어른들에게 직접 알려 주는 요즘 세상 "라떼"

2) 필요성

현 시대의 청소년 문화 및 유튜브 미디어 컨텐츠 제작방법을 청소년이 직접 부모, 조손 세대에게 교육하여 조손, 한부모가정 청소년의 강점인 높은 공감 능력을 이끌어 내어 참여 청소년의 리더십과 자아존중감, 의사소통능력, 문제해결능력을 높이고 청소년과 부모, 혹은 조손 세대 간의 소통의 부재 및 의사소통의 어려움을 줄인다.

3) 목적 및 목표

(1) 목적

가. 참여 조손가정, 한부모가정 청소년의 리더십 성장과 올바른 자아존중감 확립, 의 사소통능력 향상, 문제해결능력 향상 등 청소년의 균형있는 정서 성장 도모

나. 청소년과 부모, 조손 세대 간의 올바른 의사소통 도모 및 세대 갈등 해결

(2) 목표

가. 참여 청소년의 자아존중감 척도, 사회적지지 척도, 대인관계문제검사 전-후 측정 후 15명 중 7명 이상 청소년에게 유의미한 결과 도출

나. 부모애착 척도(The Inventory of Parent and Peer Attachment-Revised: IPPA-R) 전-후 검사 후 15명 중 7명 이상 청소년에게 유의미한 결과 도출

4) 프로그램 개요

(1) 내용

단위프로그램	일시	장소	참석자(인원)	예산
"우리 가족을 소개합니다" (우가소)	2021.03.10	수련관 내 동아리실	참여 청소년(15)	
"내 꿈은 유튜브 선생님"	2021.03.17 ~	수련관 내 미디어실	참여청소년(15)	
"우리 가족은 유튜버"	2021.04 ~ 05	수련관 내 미디어실, 동아리실, 소강당	참여 청소년 및 참여 청소년 부모, 조부모(32)	

※ 단회기 프로그램의 경우 단위프로그램은 생략

(2) 업무 분장

성명	직위	담당역할	투입시간 단위: 1주일 (사업진행기간 반영)
	청소년지도사(사원)	"라떼" 프로그램 운영 진행 담당 청소년지도사	8주일
	청소년지도사(팀장)	"라떼" 프로그램 운영총괄 및 슈퍼바이저, 예산관리	8주일
	외부강사	"샌드박스" 소속 유튜브 크리에이터 (부모와의 유튜브 컨텐츠 제작 중), 유튜브 콘텐츠 교육 및 제작 교육	6주일
	외부강사	"다이아" 소속 유튜브 크리에이터 (조부모와의 유튜브 콘텐츠 제작 중), 유튜브 콘텐츠 교육 및 제작 교육, 특강	1주일

※ 외부 자원 활용 시 소속, 경력, 자격증 사항 기재

5) 세부 프로그램 내용

단위프로그램	수행방법	준비물	담당자
"우리 가족을 소개합니다" (우가소)	참여 청소년에게 프로그램의 전반적인 내용과 진행 방법을 설명하고 청소년지도사와 참여 청소년, 참여 청소년과 참여 청소년 간의 소통 도모. 가족을 그림으로 표현하고 소개하며 한부모, 조손가정 내의 공감대를 형성하고 문제 욕구를 발산하도록 함.	활동지, 색연필, 간식 등	
"내 꿈은 유튜브 선생님"	참여 청소년과 유튜브 크리에이터의 만남을 통해 청소년의 흥미를 이끌고 유튜브 미디어 제작 과정을 배우고 청소년 개인의 부모, 조부모에게 교육하는 방법을 터득하도록 함.	미디어실, 동영상 제작 프로그램, 활동지, 간식 등	
"우리 가족은 유튜버"	참여 청소년의 리더를 따라 참여 청소년의 부모, 조부모와 참여 청소년이 유튜브 콘텐츠를 제작하고 직접 홍보함으로서 참여 청소년과 부모, 조부모 간의 원활한 소통을 일으키도록 함.	미디어실, 동영상 제작 프로그램, 활동지, 간식 등	

※ 내용은 자세히 기재

6) 수행시기(예시)

	1주차	2주차	3주차	4주차	5주차	6주차	7주차	8주차
계획서 작성	→							
장소 섭외 및 예약	→	→						
물품 준비	→	→						
프로그램 진행			→	→	→	→	→	
평가								→
결과보고서 작성								→

7) 예산

관	항	목	내 용	산출내역(근거)	금액(원)
합 계					

※ 목이 하나 이상의 경우 목별로 소계 작성.

8) 평가

(1) 목표평가(성과목표/ 산출목표)

평가내용	목표에 대한 평가 방법		
	평가도구	평가방법	평가시기
참여 청소년의 자아존중감 성장	자아존중감 척도	검사지 작성, 심리상담	프로그램 참여 전, 8주차 이후 프로그램 종료시
참여 청소년의 리더십 성장	청소년 리더십 생활기술 척도	검사지 작성, 심리상담	프로그램 참여 전, 8주차 이후 프로그램 종료시
참여 청소년과 부모, 조부모 간의 관계 향상	부모애착 척도	검사지 작성, 심리상담	프로그램 참여 전, 8주차 이후 프로그램 종료시

(2) 형성평가(과정, 진행평가 등)

평가내용	목표에 대한 평가 방법		
	평가도구	평가방법	평가시기
프로그램 만족도 조사	만족도 조사 (기관 내 만족도 조사지)	설문지 작성, 개인상담	3주차, 5주차, 7주차, 프로그램 종료 후
청소년의 개인 목표 달성	주차별 활동지	활동지 작성, 개인상담	매 주차

3. 학업과 아르바이트 병행 청소년을 위한 힐링 프로그램

1) 프로그램명

학업과 아르바이트 병행 청소년을 위한 힐링 프로그램 '리틀 포레스트'

2) 필요성

청소년기는 신체가 급격하게 발달하고 성장하며 정서와 사고, 잠재력과 창의력 등 생애에서 중요한 능력을 개발하고 신체적 · 정서적 · 사회적으로 건전한 성장 및 발달이 요구되는 과도적 시기이다. 청소년들의 여가활동에 대한 욕구는 성인에 비해 훨씬 강하지만 현재 학업과 아르바이트를 병행하는 청소년들은 학업 시간도 부족할 뿐만 아니라 수면 시간, 여가 시간도 매우 부족하다. 따라서 본 프로그램에서는 학업과 아르바이트를 병행하는 청소년에게 건전한 여가활동의 기회를 부여하여 신체적 피로를 회복시키고 정신적 스트레스를 해소시키고자 하며 취미활동을 통해 취미를 계발할 수 있도록 하고 또래와의 활동을 통해 사회성 기술 습득과 대인관계능력을 향상시키는 데 목적을 두고 프로그램을 진행하고자 한다.

3) 목적 및 목표

목적	학업과 아르바이트를 병행하는 청소년들이 딸기농장체험과 디저트 만들기 활동을 통한 여가활동의 중요성을 알고 문화체험의 기회를 제공하여 취미를 계발할 수 있도록 돕고 MBTI 검사를 통해 긍정적인 자아정체성 형성과 사회성 기술을 습득하고 레크리에이션을 통해 협동심과 대인관계능력을 향상시키는 것이다.
목표	딸기농장체험을 통해 자연 속에서 신체적 피로를 회복하고 정신적 스트레스를 완화한다.
	디저트 만들기 활동을 통해 취미계발의 기회를 제공하고 여가활동에 대한 중요성을 안다.
	MBTI 검사를 통해 자신에 대한 이해를 바탕으로 긍정적인 자아정체성을 확립하고 타인의 심리적인 선호 유형을 이해함으로써 사회성 기술을 습득한다.
	레크리에이션의 활동을 통해서 또래들과 긍정적 상호작용을 하고 대인관계능력을 향상한다.

4) 프로그램 개요

(1) 내용

일 시	장 소	참석자 (인원)	예 산
2021년 10월 31일	복지관 프로그램실, 딸기체험농장(남관농장), 청소년수련관	서북구 지역 내 현재 학업과 아르바이트를 병행하고 있는 청소년 20명	867,800원 (자세한 내용은 예산항목 참조)

※ 단회기 프로그램의 경우 단위프로그램은 생략

(2) 업무 분장

성명	직위	담당역할	투입시간 단위 : 1주일 (사업 진행 기간 반영)
	사회복지사	프로그램 담당 및 진행 (전체 일정 소개, 딸기를 활용한 디저트 만들기, 레크리에이션 담당)	1일
	사회복지사	프로그램 담당 및 진행 (안전교육, 마음열기, MBTI, 감정 알아주기 담당)	1일
	자원봉사자	대상자 인솔 및 프로그램 보조 (4명)	1일

※ 외부 자원 활용 시 소속, 경력, 자격증 사항 기재

5) 세부 프로그램 내용

시간	수행방법	준비물	담당자
9:00 ~ 9:10	• 집합(복지관 프로그램실) • 프로그램 담당자 및 자원봉사자 소개, 전체 일정 소개	명찰 26개 참여자 명단 참가비 납부자 명단	
9:10 ~ 10:00	• 안전교육 프로그램 '하루 동안 이것만은 꼭 지켜요!' • 마음열기 프로그램 '좋은 사람 있으면 소개시켜줘 ♬'	안전교육 PPT 마음열기 PPT 자기소개 문장 종이 24장 볼펜 24개	

10:00 ~ 10:30	• 딸기농장체험 이동(버스 이용) • 딸기농장체험(농장) 도착		사회복지사 자원봉사자
10:30 ~ 11:30	• 딸기농장체험 '딸기가 좋아! 딸기가 좋아!'	목장갑 24세트 응급키트 ***주의사항 설명하기 안전, 무단이탈 관련	사회복지사 자원봉사자
11:30 ~ 12:00	• 청소년수련관 이동(버스 이용) • 점심 식사 준비		사회복지사 자원봉사자
12:00 ~ 13:00	• 점심 식사(밥버거)	밥버거 26개 물 26개 숟가락, 젓가락 26개 쓰레기봉투(팀당 1개)	사회복지사 자원봉사자
13:00 ~ 16:10	• 딸기를 활용한 디저트 만들기 대회 * 주의사항 –한 팀당 재료비용 10,000원 –불을 사용하지 않아야 함 –재료는 팀별로 근처 마트에서 구매 ▸ 13시 ~ 14시 팀별 회의 ▸ 14시 ~ 15시 재료 구매 (근처 마트로 이동 : 도보로 11분 소요) ▸ 15시 ~ 16시 디저트 만들기 대회 ▸ 16시 ~ 16시 10분 시상식 진행	접시(팀당 1세트) 가위(팀당 1개) 집게(팀당 1개) 긴 종이컵(팀당 5개) 젓가락, 숟가락 26개 응급키트 시상식 상품 (그립톡, 키링, 충전기 보호캡)	
16:10 ~ 17:00	• 휴식 학생 : 휴식 시간 담당자 : 프로그램 준비 시간	***주의사항 설명하기 안전, 무단이탈 관련	사회복지사 자원봉사자
17:00 ~ 18:00	• 저녁 식사(본 도시락)	도시락 26개 음료수 26개 숟가락, 젓가락 26개 쓰레기봉투(팀당 1개)	사회복지사 자원봉사자
18:00 ~ 20:00	▸ 18시 ~ 18시 30분 • 내가 MBTI 검사할게, 같이 노는 건 누가 할래?' – MBTI 검사 및 간단한 설명 – 검사 결과 비슷한 유형끼리 팀 재배치	MBTI검사 PPT 검사지 20장 볼펜 20개 마이크 1개 음악 & 음악 연결선	

18:00 ~ 20:00	▸ 18시 30분 ~ 20시 ● '우리 팀으로 가자' 1. 속담 이어 말하기 – 제한 시간 3분 안에 가장 많은 속담을 이어 말한 팀이 승리 2. 풍선 미션 게임 – 미션이 들어 있는 종이를 불지 않은 풍선 안에 넣어 각 팀 첫 번째 사람에게 배부(일렬로 앉아 있어야 함) – 음악이 나오면 풍선을 받은 첫 번째 사람이 풍선을 불어서 묶어 던지거나 쳐서 팀원들에게 패스를 해야 함 – 호루라기를 불면 그 때 풍선을 가지고 있던 사람이 풍선을 터트려 풍선 안에 있던 미션을 수행해야 함(미수행의 경우 점수 없음) 3. 털 UP!(포스트잇 떼기 게임) – 자신들의 학업/ 아르바이트를 병행하면서 힘들었던 경험이나 감정을 포스트잇에 작성 – 각 팀의 대표 주자 2명이 나와 팀원의 포스트잇들을 몸에 붙임(팀원이 붙여 주어야 함) – 유행하는 노래 1절(1분 내외)에 맞춰 포스트잇을 가장 많이 떼는 팀이 승리 4. 고깔! 고깔! 고깔!(고깔 게임) – 각 팀의 대표 주자 2명 출전 – 고깔을 눈에 쓰고 제한 시간 내에 물건을 찾아야 함 – 미참여 팀원은 대표 주자에게 말로 물건의 위치를 설명할 수 있음 – 참여자가 고깔을 쓰면 담당자가 물건을 강당 안에 무작위로 배치 후 게임 시작 – 먼저 물건을 찾는 팀이 승리 5. 릴레이 게임 – 고요속의 외침/ 공기놀이/ 2인 줄넘기/ 너의 허밍이 들려(허밍으로 노래 맞추기 게임)/ 2인 3각(2인 3각 하는 친구들은 반환점을 찍고 돌아서 통과해야 함) 6. 시상식 – 1, 2등 과자박스 크기 차등 지급	풍선 1세트 호루라기 1개 포스트잇 세트 고깔 4개 이어폰 2개 공기놀이 2세트 줄넘기 2개 끈 2개 바통 2개 응급키트 음악 & 음악 연결선 시상식 상품	

20:00 ~ 21:00	▸ 20시 ~ 21시 • 감정 알아주기 – '토닥토닥 노트 : 수고했어, 오늘도' – 1인당 작은 메모장을 배부한 후 각자의 이름과 '토닥토닥 노트 : 수고했어, 오늘도'를 써서 위로가 되는 한마디를 메모장에 작성하기(학업과 아르바이트를 병행하면서 힘들었던 점을 함께 나누고 함께 위로 받기) ② 만족도 검사 진행 – 만족도 검사지 작성		
21:00 ~	마무리 후 귀가 (복지관 도착)		

※ 내용은 자세히 기재

[첨부] MBTI 검사지(2장)

MBTI 성격유형 간이 검사지

실시 요령

1. 다음 각 번호별로 제시되어 있는 두 개의 문장을 읽고 나에게 보다 많이 해당되는 것에 ○표 합니다.
2. ○표 개수를 세어 합계란에 쓰고 점수가 큰 쪽의 유형을 □ 안에 씁니다.
3. □안에 쓴 영어 알파벳을 맨 나중에 차례대로 4가지를 붙여 씁니다.

예) E N T P or E N F P … 등

번호	E type	표시	I type	표시
1	나는 여러친구들과 많이 사귀는 편이다		나는 몇 명의 친구들과 깊이 사귀는 편이다	
2	새로운 특활반에 갈 때 새로운 친구들을 만나는 것이 신난다.		새로운 특활반에 갈 때 처음보는 친구들과 앞으로 어떻게 지낼까 걱정이 된다.	
3	처음보는 친구들을 만나면 내가 먼저 말을 건낸다.		처음 보는 친구들을 만나면 다른 친구가 나에게 먼저 말을 건낸다.	
4	나의 생각이나 느낌을 다른 사람에게 얘기하는 편이다.		나의 생각이나 느낌을 내 마음속에 간직하는 편이다.	
5	나는 친구들과 함께 즐기는 놀이가 좋다.		나는 나혼자 재미있게 하는 놀이가 좋다.	
6	나는 많은 친구들에게 얘기하길 좋아한다.		나는 친한 친구들에게 얘기하길 좋아한다.	
7	친구들과 함께 공부하면 잘 된다.		나 혼자 공부하면 더 잘 된다.	
8	나는 나의 생각과 느낌을 말로 표현하는 것이 편하다.		나는 나의 생각과 느낌을 글로 표현하는 것이 편하다.	
9	주위 사람들은 내가 활발하다고 말한다.		주위 사람들은 내가 얌전하다고 말한다.	
	합 계		합 계	
	나의 에너지 방향은?			

번호	S type	표시	N type	표시
1	나는 친구들에게 내가 직접 보고 들은 것에 대 해 애기하는 것을 좋아한다.		난 친구들에게 내가 상상한 것을 이야기하는 것을 좋아한다.	
2	나는 실제로 있었던 사람이나 사실에 대한 책을 좋아한다.		나는 상상으로 지어낸 이야기를 좋아한다.	
3	어려운 일에 부딪히면 하던 일을 잘못 한다.		어려운 일에 부딪히면 도전하고 싶은 마음이 생긴다.	
4	나는 무엇을 할 때 전에 배웠던 대로 하는 것이 편하다.		나는 무엇을 할 때 새로운 방법을 생각해서 해 볼 때 더 재미있다.	
5	나는 그려진 그림에 색칠하기를 좋아한다.		나는 이야기 지어내기를 좋아한다.	
6	나는 현재에 최선을 다하는 것이 중요하다고 생 각한다.		나는 미래에 대한 꿈을 갖는 것이 중요하다고 생각한다.	
7	나는 선생님이 가르쳐 주신 방법대로 하는 편이다.		나는 나 스스로 나만의 방법을 만들어서 하는 편이다.	
8	내가 좋아하는 책은 읽은 것이라도 또 읽는다.		나는 새로운 다른 책을 읽는 것이 좋다.	
9	나는 부지런하고 성실하다는 얘기를 듣는 편이다		나는 기발하고 엉뚱하다는 얘기를 듣는 편이다	
	합 계		합 계	
	나의 인식기능은?			

번호	T type	표시	F type	표시
1	나는 불공평한 것이 가장 나쁘다고 생각한다.		나는 다른 사람의 마음에 상처를 주는 것이 가장 나쁘다고 생각한다.	
2	나는 공부 잘 하는 실력있는 학생으로 인정받고 싶다.		나는 친구들 사이에서 인기가 좋은 학생으로 인정받고 싶다.	
3	우리편이 지면 다음 번에는 이기도록 계획을 짠다.		우리편이 지면 '다음에 이기면 되지'하면서친구들의 기분을 좋게 해준다.	
4	친구의 잘못된 점은 지적해 주는 편이다.		친구의 잘못된 점을 지적해 주면 친구가 어떻게 생각할까 걱정이 되어서 말하지 않는 편이다.	
5	나는 공평한 사람이 되고 싶다.		나는 친절한 사람으로 인정받고 싶다.	
6	달리기에서 이기면 기분이 아주 좋다.		달리기에서 이기면 기분은 좋지만 진 사람은 기분이 어떨까 생각한다.	
7	나는 똑똑한 사람으로 인정받고 싶다.		나는 따뜻한 사람으로 인정받고 싶다.	
8	도둑질을 하는 학생은 벌을 받아야 한다고 생각한다.		도둑질을 하는 학생은 도둑질을 하지 않도록 도움을 받아야 한다고 생각한다.	
9	벌금을 받을 때는 규칙대로 정확하게 받아야 한다.		벌금을 받을 때는 상황에 따라 그 사람의 사정을 고려해서 받아야 한다.	
	합 계		합 계	
	나의 판단 기능은?			

번호	J type	표시	P type	표시
1	내가 해야 할 일을 먼저 하고 논다.		내가 할 수 있는 일이라면 먼저 재미있게 놀고 난 후에 해도 괜찮다.	
2	수업계획에 따라 차근 차근 가르쳐 주시는 선생님이 좋다.		그때 그때 마다 우리가 좋아하는 것에 맞추어 수업내용을 바꿔서 가르치는 선생님이 좋다.	
3	나는 정리정돈되 깨끗한 방이 좋다.		나는 내 마음대로 흩어놓을 수 있는 방이 좋다.	
4	하기 쉽게 잘 짜여진 숙제를 나는 좋아한다.		새로운 방법으로 하는 숙제를 나는 좋아한다.	
5	자전거를 탈 때 어디로 갈지 미리 생각하고 탄다.		자전거를 탈 때 그냥 달리고 나서 어디로 갈지 생각하낟.	
6	나는 일기장이나 과제물을 잘 챙기는 편이다.		나는 일기장이나 과제물을 잘 잊어먹는 편이다.	
7	무엇을 공부해야 할지 자세하게 가르쳐 주시는 선생님이 좋다.		우리들 스스로 공부할 것을 선택하도록 맡기시는 선생님이 좋다.	
8	게임의 규칙은 절대로 바뀌어서는 안된다.		게임의 규칙은 경우에 따라 바뀔 수 있다.	
9	나는 일을 계획적으로 해내는 편이다.		나는 일을 그때 그때 해내는 편이다.	
	합 계		합 계	
나의 생활양식은?				

성격과 직업

성격유형과 특성	표 현	관련 직업
1. 실제 사실에 대하여 정확하고 체계적으로 기억하며 일처리에 신중하며 책임감이 강하다	ISTJ	회계, 법률, 생산, 건축, 의료, 사무직, 관리직
2. 말이 없으며 객관적으로 인생을 관찰하는 편이며, 필요이상으로 자신을 발휘하지 않는다	ISTP	법률, 경제, 마켓팅, 판매통계분야
3. 사실적이고 관대하며, 개방적이고 사람이나 일에 대한 선입관이 별로 없다.	ESTP	의사, 군인, 검사, 경찰관, 운동가
4. 실질적이고 현실감이 뛰어나며 일을 조직하고 계획하여 추진시키는 능력이 있다.	ESTJ	사업가, 행정관리, 생산건축 등의 분야
5. 책임감이 강하고 온정적이며, 헌신적이고, 침착하며, 인내력이 강하다	ISFJ	의료, 간호, 교직, 사무직, 사회사업
6. 말없이 다정하고 양털안감을 넣은 코트처럼 속마음이 따뜻하고 친절하다	ISFP	농장경영, 서비스업, 교직, 사회사업
7. 현실적이고 실제적이며 친절하다. 어떤 상황이든 잘 적응하며 수용력이 강하고 사교적이다.	ESFP	의료판매, 교통, 유흥업, 간호직, 비서직
8. 동정심이 많고 다른사람에게 관심을 쏟고 인화를 중시한다. 동료애가 많고 친절하다	ESFJ	교직, 성직, 판매, 간호, 의료분야
9. 창의력 통찰력이 뛰어나며, 강한 직관력으로 말없이 타인에게 영향력을 미친다	INFJ	성직, 심리치료와 상담, 예술과 문학분야
10. 마음이 따뜻하고 조용하며 자신이 관계하는 일에 대하여 책임감이 강하고 성실하다.	INFP	언어, 학문, 문학, 상담
11. 온정적이고 창의적이며 항상 새로운 가능성을 찾고 시도하는 형이다.	ENFP	상담, 교유, 저널리스트, 광고 판매, 작가
12. 민첩하고 동정심이 많고 사교적이며 인화를 중요시하고 참을성이 많다.	ENFJ	교직, 성직, 심리상담, 예술, 문학 등
13. 행동과 사고에 있어서 독창적이며 강한 직관력과 의지와 결단력, 인내심이 있다.	INTJ	과학, 엔지니어링, 발명, 정치, 철학분야
14. 과묵하나, 관심이 있는 분야에 대해서는 말을 잘하며 이해가 빠르고 높은 직관력으로 통찰하는 재능과 지적호기심이 많다.	INTP	순수과학, 연구, 수학, 엔지니어링, 경제, 철학, 심리학 등의 학문
15. 독창적이며 창의력이 풍부하고 넓은 안목을 갖고 있으며 다방면에 재능이 많다.	ENTP	발명가, 과학자, 언론, 마켓팅, 컴퓨터분석
16. 활동적이고, 솔직하며, 결정력과 통솔력이 있고 장기적 계획과 거시적 안목을 선호한다.	ENTJ	판매업, 건축업, 선장, 군인, 경찰관

MBTI 4가지 대표적인 표현들

외향	E	폭넓은 대인관계를 유지하며 사교적이고 정열적이고 활동적이다.	내향	I	깊이 있는 대인관계를 유지하며 조용하고 신중하며 이해한 다음에 경험한다.
감각	S	오감에 의존하며 실제의 경험을 중시하며 지금, 현재에 초점을 맞추고 정확, 철저히 일처리한다.	직관	N	육감 내지 영감에 의존하며 미래지향적이고 가능성과 의미를 추구하며 신속, 비약적으로 일처리한다.
사고	T	진실과 사실에 주관심을 갖고 논리적이고 분석적이며 객관적으로 판단한다.	감정	F	사람과 관계에 주관심을 갖고 상황적이며 정상을 참작한 설명을 한다.
판단	J	분명한 목적과 방향이 있으며 기한을 엄수하고 철저히 사진계획하고 체계적이다.	인식	P	목적과 방향은 변화가능하고 상황에 따라 일정이 달라지며 자율적이고 융통성이 있다.

6) 예산

내용		산출내역(근거)	금액(원)
수입	참가비	1인 5,000원 x 20명	100,000원
지출	딸기체험 (남관농장)	청소년(1인) 12,000원 x 20명 성인(1인) 15,000원 x 4명	300,000원
	버스 대절	45인승 버스(1일 대절)	150,000원
	점심 식사	밥버거 2,300원 x 26	59,800원
	저녁 식사	본도시락 8,000원 x 26	208,000원
	디저트 만들기 대회	재료비 10,000원 x 5(4인 1조)	50,000원
	대관비	청소년수련관 강당 대관비 20,000원 x 2(오후, 야간)	40,000원
	상품비	디저트 만들기 대회 30,000원 (1등 : 그립톡, 2등 : 키링, 3등 : 충전기 보호캡)	60,000원 60,000원
		레크리에이션 30,000원 (1, 2등 과자박스 크기 차등 지급)	
	그 외	프로그램별 준비물 물, 음료수, 응급약품 구입	100,000원
합계		지출 합계 : 967,800원 수입 합계 : 100,000원	867,800원

※ 항목이 하나 이상의 경우 목별로 소계 작성

7) 평가 계획

프로그램의 목적과 목표가 얼마나 잘 달성되었는지 프로그램 종료 후 대상자들이 작성한 만족도 조사 결과를 통계를 내서 평가할 것이며 평가에 필요한 사진, 대상자들의 프로그램 활동 결과물을 첨부할 계획이다.

첨부 : 만족도 조사 양식

'리틀 포레스트' 프로그램 만족도 조사

1. 다음은 프로그램을 평가하는 문항으로 항목별로 "V"표시를 해주시기 바랍니다.

번호	평 가 내 용	매우 만족	만족	보통	불만족	매우 불만족
< 일정 관련 >						
1	프로그램 일정 및 시간은 적절하였습니까?					
2	프로그램 환경(장소)은 적합하였습니까?					
3	식사는 만족하셨습니까?					
< 프로그램 관련 >						
4	딸기농장체험					
5	딸기가 좋아! 딸기가 좋아!					
6	MBTI 검사는 내가 할게, 노는 건 누가 할래?					
7	우리 팀으로 가자 ♬					
8	토닥토닥 노트 : 수고했어, 오늘도					

2. 자유롭게 작성하여 주시기 바랍니다.

1) 프로그램을 통해 느낀 점은 무엇인가요?

2) 프로그램의 좋았던 점은 무엇인가요?

3) 다음에도 '리틀 포레스트' 프로그램이 진행된다면, 참여할 의향이 있으신가요?
참여한다면, 어떤 프로그램이 진행되면 좋을지에 대해 의견을 자유롭게 서술해주세요.

참고문헌

강기정, 김연화, 박미금, 송말희, 이미선(2010). 건강가정론. 서울: 양서원.
곽대경 외(2007). 현대사회와 범죄. 서울: 청목출판사.
권구영(2007), 사회복지 조사방법. 서울: 한국사회조사연구소.
권이종(2000), 청소년 교육개론. 서울: 교육과학사.
권건일(2000). 교육학개론. 서울: 양서원.
구광현, 이희경(2002). 유아사회교육. 서울: 동문사.
김경식, 안상헌, 윤주국, 이병환, 장홍재(2002). 교육사회학. 서울: 교육과학사,
김광웅, 장대운, 남상인, 이호준, 노상덕(1998). 성 교육학; 한국부모교육학회 편. 서울: 교육과학사, 413.
김용섭(1988). 교육심리. 부산: 고신출판사.
김정률(1982). 아동발달과 교육. 서울: 학문사.
김제한, 공석영, 김충기(1981). 청년발달심리학. 서울: 세광공사.
김주환(2001). 회복탄력성. 서울: 위즈덤하우스.
김진화, 송병국, 고운미, 이채식, 최창욱, 임형백, 이창식, 김경준, 김진호, 권일남, 양승춘(2002). 청소년 문제행동론. 서울: 학지사.
김창남(1995). 대중문화와 문화실천. 서울: 한울 아카데미.
김향초(2009). 가출청소년의 이해와 상담. 서울: 학지사.
김형곤(1994). 소녀들 꿈, 환상 그리고 저항. 서울: 현실 문화연구.
김형태(1983). 기독교 교육의 기초. 서울: 총회교육부.
라병술(1982). 교육심리학. 서울: 대방출판사.
맹용길(1982). 한국교회와 교육. 서울: 대한예수교장로회교육국.
민영순(1984). 발달심리학. 서울: 교육출판사.
박재복, 김정옥(2001). 청소년 성교육. 서울: 양서원.
방현덕(1985). 기독교 가정교육론. 서울: 바울 서신사.
손승영 외 5인 공저(2002). 오늘, 청소년의 성을 읽다. 서울: 지식마당.
신경희, 조상윤(2013). 스트레스의 통합 치유. 서울: 영림 미디어.
오만록(2012). 생활지도 및 상담. 경기: 정민사.
오세원(1997). 십대들의 성교육. 서울: 한글.
오치선 외(1999). 청소년지도학. 서울: 학지사.
유영주, 김순옥, 김경신 공역(2001). 가족관계학. 경기: 교문사.
윤종모(1993). 여성문제와 목회상담. 서울: 한성공회 출판부.
이돈희 외(1996). 고등학교 교육학. 서울: 교학사.
이동원 외(2001). 변화하는 사회 다양한 가족. 서울: 양서원.
이상오(2014). 정신심리상담 매뉴얼. 서울 : 양서원.
이소희 외(1997). 가족복지. 서울: 형설출판사.
이윤호(2007). 범죄학. 서울: 박영사.

이창무(2009). 패러독스 범죄학. 서울: 메디치.
이화연(1991). 우리 아이들의 성교육 어떻게 할까. 서울: 돌베개.
이효재(1976). 가족과 사회. 서울: 경문사.
장병림(1984). 아동심리학. 서울: 법문사.
정태기(1992). 위기목회상담. 서울: 대한기독교출판사.
조복희, 정옥분, 유가효(1996). 인간발달 - 발달심리적접근. 서울: 교문사.
조정문, 장상희(2001). 가족사회학. 대우학술총서.
진교훈(2007). 오늘의 철학적 인간학. 서울: 경문사.
최영민(2011). 대상관계 이론을 중심으로 쉽게 쓴 정신분석 이론. 서울: 학지사.
한국여성복지연구회(2005). 가족복지론. 서울: 청목.
한국청소년개발원(1993). 청소년 문제론. 서울: 도서출판 서원.
하타노 이소코(1989). 부모와 자녀가 함께 보는 성교육지침서 중학생심리. 이영숙 역. 서울: 태양사.
청소년폭력예방재단(1996). 폭력은 싫어요 - 학교폭력의 예방과 지도. 서울: 청소년폭력예방재단.
한국청소년정책연구원(2007). 청소년학개론. 서울: 교육과학사.
한상철, 조아미, 박성희(1997). 청소년 심리학. 서울: 양서원, 451-452.
홍봉선, 남미애(2007). 청소년복지론. 서울: 공동체.
캘빈 S. 홀(1986). 프로이트 심리학 입문. 황문수 역(원저는 1999년에 출판). 서울: 범우사.
황상민(2000). 사이버 공간에 또 다른 내가 있다. 서울: 김영사.

강해구(1987). 청소년의 학교생활, 여가생활 및 비행에 관한 연구. 한양대학교 교육대학원 석사학위논문.
고순생(2001). 저소득 부자가정의 아동양육의 실태와 정책과제. 신라대학교 사회정책대학원 석사학위논문
권정연(2006). 부모-자녀 의사소통 유형 및 정서 상태와 청소년 문제행동 간의 관계 연구. 서울여자대학교 석사학위논문.
김사랑(2011). 청소년 수련관 프로그램 및 공간구성 변화에 관한 연구: 청소년 기본법 재정 이전과 이후. 숙명여자대학교 석사학위논문.
김선남(1994). 청소년 비행 관련 변인간의 인과적 분석. 전남대학교 박사학위논문.
김순애(1987). 결손가정 아동의 성격 형성에 관한 연구. 성신여자대학교 대학원 석사학위 논문.
김순자(2008). 청소년 범죄의 예방 및 재범 방지에 관한 연구. 강원대학교 석사학위논문.
김영희(1996). 빈곤층 편모의 스트레스, 사회적 지원 및 심리적 디스트레스가 부모역할 수행에 미치는 영향. 서울대학교 대학원 박사학위논문.
김윤화(2005). 피아제의 인지발달 이론에 의한 조작놀이의 교육적 효과에 관한 연구. 한서대학교 예

술대학원 석사학위논문.

김은정(2002). 청소년의 자살생각에 영향을 주는 요인연구: 대전광역시 고등학생들을 중심으로. 목원대학교 대학원 석사학위논문.

김인수(2003). 청소년비행의 환경적 요인에 관한 연구. 부산외국어대학교 석사학위논문.

김정희(2019). 학교부적응 청소년의 학업중단숙려제 재적응에 관한 현상학적 연구. 중앙신학대학원대학교 박사학위논문.

김혜경(2008). 학교부적응 청소년을 위한 이야기치료 프로그램개발. 서울여자대학교 박사학위논문.

김희경, (2010), 알코올중독자 성인자녀인 대학생의 극복력. 인하대학교 석사학위논문.

민가영(2004). 저소득 한부모가정 자녀가 지각한 사회적 지지가 적응행동에 미치는 영향. 숭실대학교 대학원 석사학위논문.

민원홍(2013). 보호관찰대상 비행청소년의 재비행에 대한 위험요인과 보호요인의 기능에 관한 연구. 서울대학교 대학원 박사학위논문

박미영(2014). 고등학생의 학교 부적응에 영향을 미치는 요인 분석. 이화여자대학교 교육대학원 석사학위논문.

박석정(2002). 청소년 대상 범죄에 관한 연구 : 청소년 성매매를 중심으로. 한양대학교 대학원 박사학위청구논문.

박승의(2007). 학교적응력 향상 프로그램 개발 및 효과 연구: 학교부적응 청소년을 대상으로. 성신여자대학교 대학원 석사학위논문.

박완선(2010). 하인즈 코핫(Heinz Kohut)의 공감(Empathy)을 통한 십자가 신학의 목회적 연구: 하인즈 코핫의 자기대상을 중심으로. 호서대학교 대학원 박사학위논문.

박진숙(2013). 청소년 비행충동의 창조적 변화에 대한 정신분석학적 연구. 호서대학교 대학원 박사학위논문.

박창기(2002). 농촌지역 조부모-손자녀가족의 가족기능에 관한 연구. 대구가톨릭대학교 사회복지대학원 석사학위논문.

박태경(2009). 청소년 비행에 대한 유형별 원인분석. 성균관대학교 대학원 석사학위논문.

박현선(1998). 빈곤청소년의 학교 적응유연성. 서울대학교 대학원 박사학위논문.

박혜인(1988). 한국농촌여성의 가족주의 가치관 분석. 효성여자대학교 석사학위논문.

성지혜(2001). 빈곤한 조부모손자녀세대 아동의 우울 및 불안에 관한 연구: 지역사회복지관 서비스 대상자를 중심으로. 이화여자대학교 사회복지대학원 석사학위논문.

손윤정(2004). 청소년 범죄의 원인과 대책. 동아대학교 교육대학원 석사학위논문.

송성자(1985). 한국부부간의 의사소통의 유형과 가족문제에 관한 연구. 숭실대학교 박사학위논문.

송정화(2004). 집단미술치료가 학교부적응 청소년의 자아존중감과 학교생활에 미치는 효과. 가톨릭대학교 석사학위논문.

순낙용(2007). 부모 자녀 의사소통과 청소년 문제행동 관계 및 관련정책 연구. 한국외국어대학교 정책과학대학원 석사학위논문.

신미옥(2015). 학교스트레스 및 자기통제력이 청소년의 자살생각 및 자해시도에 미치는 영향. 단국대학교 대학원 석사학위논문.

신수자(1995). 부자가정의 특성과 대책. 대구효성가톨릭대학교 석사학위논문.

신의정(1999). 중학생이 지각한 어머니-자녀간 의사소통유형 및 성별이 중학생의 갈등표출과 문제행동에 미치는 영향. 전남대학교 대학원 석사학위논문.

신은정(2004). 조부모손자녀세대의 가족기능과 손자녀의 심리적 특성과의 관계-자아 존중감, 우울, 불안을 중심으로. 경북대학교 대학원 석사학위논문.

신인순(2012). 빈곤가구 아동 건강의 위험요인과 보호요인: 빈곤가구 아동의 BMI, 질병, 정서 문제를 중심으로. 가톨릭대학교 대학원 박사학위논문.

신준옥(2013). 장애인 활동지원 서비스가 가족 부양부담에 미치는 영향. 성결대학교 대학원 박사학위논문.

신현아(1992). 고등학생의 성역할 유형과 그에 대한 어머니의 양육태도. 이화여자대학교 교육대학원 석사학위논문.

심혜원(1999). 청소년기 반발심과 문제행동 및 우울에 대한 연구. 서강대학교 석사학위논문.

안진희(2005). 한부모가정 자녀양육 지원정책에 관한 연구. 영남대학교 행정대학원 석사 학위논문.

양돈규(1998). 부모갈등과 사회적 지지가 청소년 우울과 비행에 미치는 경향. 중앙대학교 대학원 박사학위논문.

심혜원(1999). 청소년기 반발심과 문제행동 및 우울에 대한 연구. 서강대학교 석사학위논문.

안진희(2005). 한부모가정 자녀양육 지원정책에 관한 연구. 영남대학교 행정대학원 석사학위논문.

양돈규(1998). 부모갈등과 사회적 지지가 청소년 우울과 비행에 미치는 경향. 중앙대학교 대학원 박사학위논문.

우윤미(1997). 청소년의 성문제에 관한 연구. 성신여자대학교 교육대학원 석사학위논문.

유가효(1989). 청소년 자녀가 지각한 부모의 부부 상호작용과 자녀의 부모에 대한 동일시 및 자녀의 결혼태도간의 관계. 고려대학교 대학원 석사학위논문.

유명재(2017). 단기 청소년쉼터 입소 가출청소년의 불안 체험에 대한 현상학적 연구. 경기대학교 대학원 박사학위논문.

유재선(1989). 결손 및 정상가정 학생의 성격비교. 연세대학교 대학원 석사학위논문.

윤근효(2010). 청소년 비행의 원인과 그 대책. 원광대학교 대학원 석사학위논문.

윤미숙(1999). 고등학생이 지각한 사회적 지지와 자기존중감과의 관계. 명지대학교 석사학위논문

윤수연(2005). 청소년의 분노 표현방식에 영향을 미치는 요인에 관한 연구. 숭실대학교 석사학위논문

이경진(2003). 청소년 자살의 고위험 집단과 저위험 집단의 가족환경특성. 가톨릭대학교 대학원 석사학위논문.

이문희(1993). 도시청소년의 성 의식 및 성 문제와 성교육에 관한 조사 연구. 고려대학교 교육대학원

석사학위논문.
이영주(1999). 부자가정자녀의 스트레스와 대처방식연구. 가톨릭대학교 사회복지대학원 석사학위논문.
이은영(1998). 성교육 프로그램이 비행 청소년의 성 지식과 성에 대한 태도에 미치는 효과. 부산대학교 석사학위논문.
이은진(2006). 청소년기의 심리사회적 적응과 위험요인 및 보호요인에 관한 연구. 진주산업대학교 벤처창업대학원 석사학위논문.
이재창(1982), 한국 청소년을 위한 정책과제의 방향, 청소년연구 제 5집 이전과 이후, 숙명여자대학교 대학원 박사학위논문.
이정숙(2006). 청소년의 가족 정의 및 가치관, 결혼, 성역할 의식에 대한 인식 조사. 신라대학교 사회복지대학원 석사학위논문.
이찬석(1984). 가정환경이 청소년 비행에 미치는 영향. 경성대학교 석사학위논문
이채영(2007). 국민기초생활수급자 가족의 형태가 자녀의 학교생활적응에 미치는 영향. 경운대학교 산업정보대학원 석사학위논문.
이천영(2009). 에너지 역학을 통한 정신분석의 치료적 연구. 호서대학교 대학원 박사학위논문.
이화진(2004). 조손세대 조부모의 양육스트레스가 조부모의 정신건강에 미치는 영향 - 사회적지지 효과를 중심으로. 이화여자대학교 대학원 석사학위논문.
전미진(2003). 학교부적응 학생의 적응력 향상을 위한 멘토링 프로그램 효과성 연구. 부산대학교 석사학위논문.
전수미(2014). 회복패러다임에 근거한 알코올 의존 회복척도 개발. 가톨릭대학교 대학원 박사학위논문.
전숙영(1996). 이혼과 재혼에 대한 아동과 청소년의 지각. 서울대학교 대학원 석사학위논문.
정기배(1996). 청소년 비행의 특성과 사회 환경적 요인에 관한 연구. 수원대학교 석사학위논문.
정병수(2007). 청소년 범죄 실태연구. 성균관대학교 석사학위논문.
정연호(2004). 부모-청소년 자녀간의 의사소통과 가족의 응집성 및 적응성: 전남지역 고등학생을 중심으로. 전남대학교 교육대학원 석사학위논문.
정영화(2003). 집단상담이 학교부적응 중학생의 대인관계 및 부모-자녀간 의사소통에 미치는 효과. 인제대학교 석사학위논문.
정용철(2001). 가정환경과 청소년의 우울성향과의 관계. 강릉대학교 석사학위논문.
정윤남(2002). 부자가정 자녀의 생활상태 및 복지욕구에 관한 연구: 광주광역시 저소득 부자가정 청소년 중심으로. 광주산업대학원 석사학위논문.
정은경(2012). 생애목표 의미와 추구과정. 서울대학교 대학원 석사학위논문.
정효미(2006). 손자녀 양육에 대한 조부모의 역할조사. 중앙대학교 교육대학원 석사학위논문.
최미영(2006). 위니캇(D. W. Winnicott)의 '모성적 돌봄'에 기초한 유아정서발달 연구. 호남신학대학교 기독교상담대학원 석사학위논문.
최영자(1999). 아버지-자녀간 의사소통이 청소년 폭력비행에 미치는 영향. 경기대학교 교육대학원

석사학위논문.
최인경(2001). 부모자녀간 의사소통에 따른 청소년의 자아존중감. 전남대학교 대학원 석사학위논문.
한미라(1997). 아동의 자기존중감과 대인관계 스트레스 및 학교생활 부적응간의 관계. 연세대학교 석사학위논문.
한미영(2003). 단주자조모임에 참여하는 알코올중독자의 지각된 가족지지와 희망과의 관계연구. 이화여자대학교 석사학위논문.
한유진(1993). 아동과 청소년의 우울성향 및 귀인양식과 학업성취. 서울대학교 석사학위논문.
황영순(2003). 청소년의 자살생각에 영향을 미치는 변인에 관한 연구: 가족과 학교환경 요인을 중심으로. 경상대학교 대학원 석사학위논문.

강세현(1994). 낙인과 친구 관계. 제주도연구, 11(1).
강숙경, 고정자(1996). 가정의 심리적 과정환경과 대학생의 가족가치관에 관한 연구. 한국가정관리학회지, 29(1).
강유선(2013). 청소년의 또래관계 질에 미치는 공감과 정서표현성의 영향에 대한 고찰. 심리치료, 13(1).
강현주, 노충래(2012). 청소년 자아개념에 대한 지역효과연구. 한국청소년연구, 23(4), 101-129.
강희경, 김영미, 이은주(2009). 이웃환경 무질서와 청소년 우울간의 관계: 일상생활 스트레스 부정적 가족사건의 매개효과 연구. 청소년학연구, 16(10).
곽형식(1999). 아동 · 청소년 學校暴力 원인과 예방대책. 학생생활연구, 4(1).
구인회, 박현선, 정익중, 김광혁(2009). 빈곤과 아동발달의 관계에 관한 종단 분석. 한국사회복지학, 61(1), 57-79.
국가청소년위원회(2007). 청소년쉼터 운영지침. 국가청소년위원회 · 한국청소년쉼터협의회. 가출청소년 및 청소년 쉼터 실태조사.
청소년보호위원회 보호지원과(2003). 폭력분과위원회 정책보고서. 서울: 국무총리 청소년보호위원회.
권혜진, 김경희, 염순교, 조주연, 함미영(2005). 남자청소년이 인지하는 부모의 양육태도 의사소통 양상과 성역할 정체성 관계. 청소년학연구, 12(4).
김경신(1998). 가족가치관의 세대별 비교연구: 노년, 중년, 청소년세대를 중심으로. 대한가정학회지, 36(10), 145-160.
김경은, 윤혜미(2012), 청소년의 폭력피해경험, 폭력용인태도와 사이버폭력가해행동의 관련성. 한국아동복지학, 39.
김광혁, 김예성(2008). 가족빈곤이 아동학대 및 방임에 영향을 미치는 경로: 부모의 우울 및 가족관계의 매개효과를 중심으로. 한국생활과학회지, 17(5), 847-859.

김광혁(2009). 아동학대 및 방임이 아동발달에 미치는 영향. 전주대학교 사회과학연구소, 24(2).

김기헌, 오병돈, 이경숙(2013). 청소년 자살예방 정책 연구. 한국청소년정책연구원 연구보고서.

김기환(1999). 청소년의 성 행위에 대한 고찰. 한국아동복지학, 8.

김병훈(2009). 현대정신분석의 임상기법-하인즈 코핫의 자기치료해설. 경기: 한국정신 역동치료학회.

김붕년, 조수철(2000). 소아 · 청소년기의 우울증의 치료전략. Clinical psychopharmacology and neuroscience, 11(3).

국회의원 김상희, 국회의원 금태섭, 국회의원 김병욱(2018). 청소년 비행 대응 과정 무엇이 문제인가? 수사과정 및 학폭위 절차, 소년법 개정을 중심으로. 주관: 부천시 청소년법률지원센터, 인구정책과 생활정치를 위한 의원모임. 대한민국국회.

김상희 외(1991). 청소년 약물과정 관한연구. 한국형사정책연구원, 90(11).

김성경(2006). 누적적 위험요인과 학교청소년비행의 관련성 연구. 한국아동복지학, 22, 9-30.

김소연, 전종설(2015). 아동학대 경험이 아동의 학교생활적응에 미치는 영향: 내재화 문제와 외현화 문제의 매개효과. 청소년복지연구, 17(4), 387-410.

김수안, 민경환(2001). 탄력성 척도의 비교 및 탄력성과 정서적 특성의 관계탐색. 한국심리학회지, 25(2), 223-224.

김수정, 정익중(2013). 아동학대가 우울 · 불안과 공격성에 미치는 지속효과와 최신효과에 대한 종단연구. 한국아동복지학, 43, 1-28.

김숙향, 김형모(2018). 부모의 양육태도가 청소년의 공격성에 미치는 영향: 또래애착의 매개효과. 한국콘텐츠학회논문지, 18(2), 642-651.

김순규(2009). 빈곤청소년의 학교적응유연성에 대한 보호요인의 조절효과. 청소년학연구, 16(1), 103-123.

김승연, 김세림, 이진석(2013). 주거환경이 건강수준에 미치는 영향. 보건과 사회과학, 34.

김아영, 이명희(2008). 청소년의 심리적 욕구만족, 우울 경향, 학교생활적응간의 관계 구조와 학교급간 차이. 교육심리연구, 22(2), 423-442.

김영미(2010). 이웃환경과 청소년의 가족환경스트레스, 학습된 무력감의 관계. 정신보건과 사회사업, 36.

김영한, 이명진, 이승현 공저(2005). 청소년 문제행동 종합대책 연구Ⅲ: 청소년유해업소, 유해매체, 유해행위, 법 · 행정제도 환경, 외국정책사례를 중심으로. 서울: 한국청소년개발원.

김영희, 안상미(2008). 가족의 응집성과 적응성, 부모-자녀간 의사소통, 가족갈등과 청소년의 우울 및 비행. 청소년학연구, 15(2).

김정민, 송수지(2014). 중학생의 주의집중 문제와 학교생활적응의 관계에서 우울의 매개효과. 한국청소년연구, 25(1), 5-27.

김정민, 유안진(2005). 부모의 이혼과 청소년 우울과 외로움: 부모애착과 또래애착의 매개효과를 중심으로. 인간발달연구, 12(4).

김정자(1984). 偏父母家族의 지원방안에 관한 基礎硏究. 여성연구, 6.

김지선(2000). 청소년비행연구 동향에 대한 수량적 고찰. 청소년학연구, 7(2).

김준호(1994). 청소년비행의 실태와 원인. 형사정책연구, 17.

김준호, 김선애(2000). 학교주변 폭력에 대한 일 연구. 한국청소년연구, (31), 25-50.

김지혜(1996), 청소년을 살리는 성문화 만들기. 한국성폭력상담소.

김진숙, 유영주(1985). 어머니와 靑年期 子女와의 커뮤니케이션에 관한 硏究. 한국가정관리학회지, 3(1).

김진희(2010). 지역사회의 집합적 효능감과 청소년 문제행동의 관계: 학대의 매개효과 분석. 청소년학연구, 17(10).

김혜경 외(1999), 성지식 · 성태도에 관한 우리 나라 연구내용 분석: 중 · 고 · 대학생을 중심으로. 보건교육건강증진학회지, 16(1).

김혜영(2002), 학교중도탈락의 사회적 맥락에 관한 연구. 청소년학연구, 9(3), 213-242.

김희수(2005). 청소년이 지각한 가정폭력 수준이 청소년의 불안과 학교적응에 미치는 영향. 한국청소년연구, 16(1), 109-132.

남상인, 권남희(2013). 청소년 사이버 불링 가해에 영향을 미치는 변인 연구. 미래청소년학회지, 10(3).

남재봉(1990). 청소년비행의 원인에 관한 경험적 연구; 원인변인간의 상대적 중요성을 중심으로. 형사정책연구, 1(3 · 4).

대한가족계획협회(1991). 산업체 가족계획 및 성교육 프로그램 효과 및 전략개발 연구. 서울: 대한가족계획협회.

문경숙(2006). 학업스트레스가 청소년의 자살충동에 미치는 영향: 부모와 친구에 대한 애착의 매개효과. 아동학회지, 27(5), 1-15.

문은식, 김충희(2002). 청소년의 학교생활 적응행동에 영향을 미치는 사회 · 심리적 변인들의 구조적 분석. 교육심리연구, 16(2), 219-241.

박광원, 강현옥(2016). 스포츠클럽 활동 청소년의 공격성이 사회적지지, 자기효능감 및 학교생활적응간의 구조적 관계 검증. 한국체육과학회지, 25(4), 397-411.

박민서, 유영직(2013). 자살예방정책의 형성과 과제. 지역발전연구, 12(2), 77-102.

여성한국사회연구회(1995). 가족과 한국사회. 서울: 경문사.

박병선 외(2011). 남성알코올중독자의 우울과 삶의 만족도의 관계 가족기능과 가족지지의 역할을 중심으로. 정신보건과 사회사업, 38.

박성훈, 심현정(2015). SNS에서 청소년 사이버불링의 특징 및 위험요인에 관한 연구. 한국공안행정학회보, 24(1), 156-185.

박연재, 김현경, 이주영(2018). 양육환경이 보호관찰 청소년의 문제행동에 미치는 영향: 비행또래의 매개효과 검증. 청소년학연구, 25(10), 225-251.

박영신, 김의철(2001), 학교폭력과 인간관계 및 청소년의 심리 행동특성: 폭력가해, 폭력피해, 폭력무경험 집단의 비교를 중심으로. 한국심리학회지: 문화 및 사회문제, 7(1), 63-89.

박영신, 김의철, 탁수연(2002). IMF 시대 이후 한국 학생과 성인의 성공에 대한 의식: 토착심리학적 분석. 한국심리학회지: 문화 및 사회문제, 8(1).

박재연(2009). 청소년 자살에 영향을 미치는 위험요인과 보호요인의 구조적 관계 검증: 보호요인으로서 자아존중감과 사회적 지지를 중심으로. 청소년학연구, 16(10), 249-272.

박현동(1997). 청소년기 성에 대한 올바른 이해. 교회와 청소년, 1월호.

박현동(1997). 청소년기 성에 대한 올바른 이해(3). 교회와 청소년, 4월호.

박현선(1998) 빈곤 청소년의 학교 적응유연성(Resilience) 발달메커니즘. 청소년학연구, 5(3), 147-165.

박현선(1998). 빈곤청소년의 위험 및 보호요소가 학교 적응유연성에 미치는 영향. 사회복지연구, 11(1), 23-52.

부산광역시 교육청(1993). 성교육지도자료. 부산: 부산광역시교육청.

손병덕(2005). 일반 청소년 학습장애 청소년의 우울 및 자살충동에 미치는 다변적 요인예측, 청소년학연구, 12(1).

송예리아, 김진영(2013). 경제적 곤란 및 부모의 소통과 청소년기 우울의 관계에 대한 종단적 연구, 청소년학연구, 20(5).

박광배, 신민섭(1991). 고등학생의 지각된 스트레스와 자살생각. 한국심리학회지: 임상, 10(1), 298-314.

신복기 외(1997). 결혼과 가족문제해결에 대한 태도 연구. 한국가족복지학, 1.

신우열, 최민아, 김주환(2009). 회복탄력성의 세 가지 요인이 청소년의 온라인게임 중독성향에 미치는 영향. 사이버커뮤니케이션 학보, 26(3).

신현숙(2009). 아동의 주의집중 문제와 우울의 관계: 사회적 유능성의 매개효과. 청소년학연구, 16(8), 27-47.

신혜섭(2005). 중학생의 학교폭력 유형에 영향을 미치는 변인: 가해경험, 피해경험, 가해 · 피해 중복경험에 대한분석. 청소년학연구, 12(4), 123-149.

여성의 전화(1991). 성폭력 관련법 입법을 위한 공청회 자료집. 서울: 여성의 전화.

여성가족부(2019). 2018년 청소년 매체이용 및 유해환경 실태조사.

염순교(2003). 성역할 정체성과 성경험. 여성건강간호학회지, 9(3).

오경자, 김은이, 도례미, 어유경(2005). 빈곤가정 청소년 심리사회적 적응: 위험요인과 보호요인의 탐색. 한국심리학회지: 임상, 24(1).

오성심 · 이종승(1982). 부모의 양육방식에 대한 아동의 지각과 정의적 특성의 관계. 연구노우트(한국행동과학연구소), 11(1), 1-15.

오승환(2002). 저소득 편부모가족의 가족기능과 자녀의 심리사회적 특성 비교연구: 양친

가족, 편부가족, 편모가족의 비교를 중심으로. 한국아동복지학, (12), 77-107.
우채영, 박아청, 정현희(2010). 성별 및 학교 급별에 따른 청소년의 인간관계, 스트레스, 우울과 자살생각 간의 구조적 관계. 교육심리연구, 24(1), 19-38.
유경애(1985). 부친부재가 자녀발달에 미치는 영향에 관한 연구. 오산공업전문대학 논문집 5, 359-383.
이건만(1999). 학교교육과 청소년 저항문화에 관한 연구: 청주지역의 고등학생을 중심으로. 敎育學硏究, 37(2).
이동원(2004). 非行靑少年의 自我槪念과 再犯可能性. 矯正硏究, (24), 39-68.
이명훈(2016). 공업계 고등학생들의 회복탄력성, 전공만족도, 취업준비도간의 구조적 관계, 대한공업교육학회지, 41(1), 44-45.
이문수(2010). 소아 청소년 우울증에서의 환경적 위험 인자들과 임상적 의미. 소아청소년정신의학, 21(3).
이성대, 황순금, 염동문(2013). 사이버불링의 인식 및 실태에 관한 탐색적 연구: 의령군 중학생을 중심으로. 청소년문화포럼, (33).
이성식(2004). 청소년들의 긴장, 부정적 감정의 경험과 사이버공간에서의 비행. 한국공안행정학회보, 18, 273-299.
이수연, 김수아(2014). 제89차 여성정책포럼 여성의 온라인 인권피해 현황과 개선방안. 여성가족부 · 한국여성정책연구원.
이영애, 정현희(2017). 아동학대경험이 학교적응에 미치는 영향: 사회적 위축, 우울 및 공격성의 다중매개효과. 청소년학연구, 24(6), 53-79.
청소년위원회 활동복지단 복지자활팀(2005). 청소년보호시설 설치 및 운영기준 마련을 위한 연구. 청소년위원회.
이은아(2008), 청소년 자아개념에 관한 국가별 비교: 한국, 일본, 미국, 독일, 스웨덴을 중심으로. 한국청소년연구, (51), 81-113.
이의빈, 한창근(2017), 청소년의 교사와의 관계가 내재적 삶의 목표에 미치는 영향: 자아존중감의 매개효과를 중심으로. 한국아동복지학, 59, 87-114.
이정숙, 권영란, 김수진(2007). 청소년의 집단따돌림 피해와 우울이 자살사고에 미치는 영향, 정신간호학회지, 16(1), 9-32.
이정윤, 허재홍(2003). 아동의 자살생각에 영향을 미치는 가족 위험요인. 청소년상담연구, 11(2), 85-95.
도널드 위니캇(2000). 성숙과정과 촉진적 환경: 정서발달 이론에 대한 연구. 이재훈 역. 서울: 한국심리치료연구소.
도널드 위니캇(2001). 박탈과 비행. 이재훈, 박경애, 고승자 역. 서울: 한국심리치료연구소.
하인즈 코헛(1999). 자기의 분석. 이재훈 역. 서울: 한국심리치료연구소.
이정우, 김규원(1989). 청소년기 자녀가 지각한 어머니와의 커뮤니케이션 유형 및 만족도 연구. Family and Environment Research, 27(3).

이지웅(2015. 9. 26). 얼굴까지 드러난 성행위 동영상유포...2년 새 3배. 헤럴드경제. http://news.heraldcorp.com/view.php?ud=20150925000301&md=20150927003521_BL

이창식, 정미나, 김윤정(2012). 중, 고등학생 학교급에 따른 청소년 자살생각의 예측요인: 의사결정나무분석의 적용. 한국청소년연구, 23(1), 31-55.

이창무(2011). 청소년 범죄 원인의 통합이론 모형에 대한 탐색적 고찰. 범죄예방 정책연구, (23).

이창호, 이경상(2013). 소셜미디어 이용시간이 청소년의 사이버불링에 미치는 영향탐구: 네트워크 특성을 중심으로. 한국청소년연구, 24(3), 259-285.

이현주, 권수정(2013). 청소년의 자아탄력성과 또래애착이 자기조절학습능력에 미치는 영향: 삶의 만족도의 매개효과를 중심으로. 한국콘텐츠학회논문지, 13(10), 347-355.

이혜연, 이용교, 이향란 공저(2009). 위기가정 아동 · 청소년의 문제와 복지지원방안 연구: 빈곤한 한부모가정 · 조손가정의 아동 · 청소년을 중심으로. 서울: 한국청소년정책연구원.

Richard D. Chessick(2008). 자기심리학과 나르시시즘의 치료. 임말희 역(원저는 1995년에 출판). 충남: NUN.

임상록(2002). 한국 청소년 문화의 현상적(現象的) 특성에 대한 고찰. 학생생활연구, (7), 63-80.

장신재, 양혜원(2007). 부모-자녀 관계, 아동의 우울 및 공격성과 학교적응 간의 구조 모형 검증. 한국청소년연구, 18(2), 5-29.

장용환, 송지혜(2011). 아동기의 학대경험이 청소년 자아존중감 및 자살생각에 미치는 영향. 정책과학연구, 20(2), 80-104.

장은진, 서민정, 정철호(2001). 아동 우울에 관련된 요인 및 부모 우울과의 관계 연구. 소아청소년정신의학, 12(2).

전재일, 이성희, 남연희(2000). 부자가정의 실태와 복지정책. 대구: 사회복지개발연구원.

전학열, 최중진, 김청송(2015). 청소년 위험행동에 대한 취약성과 탄력성의 영향. 청소년학연구, 22(1).

전효관(2000). 10대의 놀이 문화; 차이와 다양성의 문화?. 2000년도 연구학술대회. 청소년의 일상과 가족 주최 미태인력연구센터.

정유성(1999). 청소년문화의 교육적 의미: 상실과 왜곡에서 수용과 창조로. 교육철학, 21, 143-170.

정준교(2001). 학교문화유형, 학교조직몰입 및 학교중퇴의도의 관계: 고등학생들의 인식을 중심으로. 연세경영연구, 38(1), 133-168.

조광환(1997). 학교에서의 낙인이 청소년비행에 미치는 영향. 중앙승가대학논문집, 6, 233-258.

조용환(2000). '교실붕괴'의 교육인류학적분석: 학교문화와 청소년문화의 갈등을 중심으로. 교육인류학연구, 3(2), 43-66.

조윤오(2013). 청소년의 사이버불링 피해 실태 및 피해 유발요인 연구. 한국공안행정학회보, 22(4).

조소연, 오윤자(2001). 부모의 가족가치관 및 관련변수가 미혼성인자녀의 가족가치관에 미치는 영향. Family and Environment Research, 39(12).

조정아(2012). 청소년의 학교적응 잠재유형 분류와 생태체계적 영향요인 검증. 한국청소년연구, 23(1).

조한익(2011). 초등학생의 심리적 안녕감에 영향을 미치는 사회적 지지, 희망, 우울증 및 학업성취도의 구조적 관계 분석. 교육심리연구, 25(1).

중앙아동보호전문기관 외(2013). 2012년 전국아동학대 현황보고서.

차경수 외(1996). 오늘의 청소년과 청소년문화; 청소년 범죄와 학교 폭력을 중심으로. 서울교육, 144.

차타순(2002). 자기애적 성격성향과 청소년 비행성향간의 관계. 청소년상담 연구, 10(1).

이은주, 정익중(2009). 청소년 비행과 일탈적 자아개념의 상호적 인과관계. 한국청소년연구, 20(2).

최명관(1997). 성폭력에 대한 이해와 교회적응에 관한 연구. 한국여성 신학, 30.

최미혜(2016). 부모의 방임 · 학대 양육방식이 청소년기 자녀의 학교적응과 공동체의식에 미치는 영향 연구: 자아인식의 매개효과를 중심으로. 한국청소년연구, 27(2), 59-62.

최영애(1993). 성폭력과 교회의 과제. 기독교사상, 10월호.

최영애(1996). 청소년 성폭력 실태와 대책. 기독교사상, 3월호.

최윤진(1992). 청소년을 바라보는 시각. 서울: 한국청소년연구원.

최은희(2006). 노인가구의 손자녀 양육지원 방안 연구. 충청남도여성정책개발원.

최재락(1996). 성(Sexuality)의 인격화. 기독교사상, 3월호.

최재락(1996). 현대 성문화의 허구와 실체. 기독교사상, 5월호.

이민희 외(1998). 청소년폭력 대책 모델 개발: 청소년폭력예방 지역사회 네트워크 개발을 중심으로. 서울: 한국청소년개발원.

청소년폭력예방재단(1996). 폭력은 싫어요: 학교폭력의 예방과 지도. 서울: 청소년폭력예방재단.

한국형사정책연구원(1993). 학교가 청소년 비행에 미치는 영향에 관한 연구. 서울: 한국형사정책연구원, 131-132.

한상철(1999). 가출 청소년의 위험행동과 대처방안에 관한 탐색적 연구. 청소년행동연구, 4, 113-134.

해남교육청(2004). 효과적인 의사소통, 부모교사 역할 잘 할 수 있다. 해남교육청 장학자료, 4, 25-28.

허경미(2006). 사회유대론적 관점에서의 청소년비행 통제모형에 관한 연구. 한국공안행정학회보, 15(4), 142-73.

홍강의(1992). 성개념의 형성과정 Ⅰ · Ⅱ. 성교육상담교실자료집. 서울: 서울YMCA 청소년상담실.

홍경자 외(2000). *청소년가족 부모상담*. 한국청소년상담원.

홍성훈, 김희수(2007). 청소년의 비행행동에 관한 연구: 대인관계의 매개효과를 중심으로. *한국청소년연구, 18*(3).

홍정애, 추진아, 김혜진, 박수연, 양화미, 유지현, 권오영(2016). *한국간호과학회 학술대회*. 서울: 한국간호과학회, 228.

Abela, J. R. Z., & Sullivan, C. (2003). A test of Beck's cognitive dia thesis stress theory of depression in early adolescents. *The Journal of Early Adolescence*.

Afifi T. O., Enns M. W., Cox B. J., Asmundson G. J., Stein M. B., Sareen J. (2008). Population attributable fractions of psychiatric disorders and suicide ideation and attempts associated with adverse childhood experiences. *Am J Public Health, 98*(5), 946–952.

Akers, Ronald L. and Christine S. Sellers. (2004). *Criminological Theories: Introduction, Evaluation, and Application. 4th ed*. 민수홍, 박기석, 박강우, 기도, 실, 최병각 공역(2005). *범죄학 이론*. 서울: 나남출판사.

Allen M. Siegel(2002). *하인즈 코헛과 자기심리학*, 이재훈 역(원저는 1996년에 출판). 서울: 한국심리치료연구소.

Allgood Merten, B, Lewinsohn, P. M., & Hops, H. (1990). Sex differences and adolescent depression. *Journal of Abnormal Psychology*.

A. Stephen. Mitchell, Margaret J. Black. (1995). *Freud And Beyond: a History of Modern Psychoanalytic Thought*. New York: Basic Books.

Baker, R. W., and Siryk, B. (1984). Measuring adjustment to college. *Journal of Counselling Psychology, 31*, 179–189.

Baker, R. L. (2003). *The Social Work Dictionary(4th ed.)*. New York: NASW Press.

Barker, E. D, Arseneault L, Brendgen M, Fontaine N, Maughan B. (2008). Joint development of bullying and victimization in adolescence: relations to delinquency and self-harm. *J Am Acad Child Adolesc Psychiatry, 47*(9), 1030–1038.

Baumeister, R. F., Campbell, J., Krueger, J., & Vohs, K. (2005). Exploding the self-esteem myth. *Scientific American, 292*, 84–92.

Beaubien, C. O. (1970). *Parent-Adolescent Communication Style*. The Pennsylvania State Univ. Ph.D.

Bernard. Defrance(2000). *학교에서의 폭력*. 전주호 역(원저는 1988년에 출판). 서울: 백의.

Birch, S. H., and Ladd, G. W. (1997). The teacher-child relationship and children's early school adjustment. *Journal of School Psychology, 35*, 61–79.

Bowman & Spanier(1978). *Modem marriage*. McGraw-Hill Book Company, 32.

Brent D. A, Mann J. J. (2005). Family genetic studies, suicide, and suicidal behavior. *American Journal of Medical Genetics Part C(Semin Med Gen), 133*, 13—24.

Bridge J. A, Goldstein T. R, Brent D. A. (2006). Adolescent suicide and suicidal behavior. *J Child Psychol Psychiatry, 47*, 372—394.

Brown, L. B. (2003). *Grandparents Raising Grand children: An In-depth phenomenological study*.

Park J. (2006). Aggressor/Victim subtypes and teacher factors in first grade as risk factors for later mental health symptoms and school functioning. *Asm Pacific Educational Review, 7*, 108-119.

Brooks-Gunn(1993). *Why do young adolescents have difficulty adhering to health regimes?* In N. Krasnegor, L. Epstein, S. B. Johnson & S. J. Yaffe(Eds.).

Caps. D. (2001). *인간의 발달과 목회적 돌봄*. 문희경 역. 서울: 이레서원.

Clark, R. (1983). *Family life and school achievement: Why poor Black Children suceed or fail*. Chicago: University Chicago Press.

Burke, P. J. (2006). Identity change. *Social Psychology Quarterly, 69*(1), 81-96.

Chubb, N., Fertman, C_, & Ross, J. (1997). Adolescent self-esteem and locus of control: A longitudinal study of gender and age differences. *Adolescence, 32*(1257), 113-129.

Cohn, D. A., Patteson, D. J., and Christopoulos, C.(1991). The family and children's relations. *Journal of Social and Personal Relationships, 8*, 313-346.

Compas, B. E., & Wagner, B. M. (1991). *Psychological stress during adole scence : Intra personal and interpersonal processes*. In M.E. Colten & S. Gore(Eds.), Adole scent stress : Causes and consequences. New York : Aldine de Gruyte.

Cyranowsky, J. M. Frank, E. Young, E. & Shear, M. K. (2000). *Adolescentonset of the g ender differences in life time prevalencerates of major depression*. Archives of Genera l Psychiatry.

Dan Olveus(1996). *학교에서 일어나는 폭력문제*. 이동진 역. 서울: 도서출판 삼신각.

Dewit, D. J. (2000). The effect of school culture on adolescent behavior problems: self-esteem, attachment to learning, and peer approval of deviance as mediating mechanism. *Canadian Journal of School Psychology, 16*(1), 15-38.

Ebel, R. L. (1969). *Encyclopedia of education research*. The MacMillan Company.

Edwin J. Tomas. (1977). *Marital Communication and Decision Making*. New York: The Free Press.

Evans, G.W., Saltzman, H., & Cooperman, J. L.(2001). *Housing quality and children's s ocio emotional health*. Environmental and Behaviour.

Fergusson D. M., Boden J. M., Horwood L. J. (2008). Exposure to childhood sexual and physical abuse and adjustment in early adulthood. *Child Abuse Negl, 32*(6), 607–619.

Fordhand, R., Middleton, R. & Longo, N. (1987). Adolescent Functioning and consequence of recent parent divorce and the parent–adolescent relationship. *Journal of Applied development Psychology, 8*, 305–315.

Freud(2003). 정신분석학의 근본개념. 윤희기, 박찬부 역(원저는 2015년에 출판). 서울: 열린책들.

Ganz D., Sher L. (2009). Suicidal behavior in adolescents with comorbid depression and alcohol abuse. *Minerva Pediatr, 61*(3), 333~347.

Gould M. S., King R., Greenwald S., Fisher P., Schwab–Stone M., Kramer R., Flisher A. J., Goodman S., Canino G., Shaffer D. (1998). Psychopathology associated with Suicidal ideation and attempts among children and adolescents. *J Am Acad Child Adolescent Psychiatry, 37*(9), 915–923.

Gould M. S., Greenberg T., Velting D. M., Shaffer D. (2003) Youth suicide risk and preventive interventions: a review of the past 10 years. *J Am Acad Child Adolescent Psychiatry, 42*(4), 386–405.

Gerard, J. M. & Buehler C. (1999). Multiful risk factore in the family environment and youth problem behaviors. *Journal of Marriage and Family, 61*, 343–361.

Gilman, S. E., Kawachi, I., Fitzmaurice, G. M., & Buka, S. L. (2003). *Socio economic Stat us, Family Disruption and Residential Stability in Childhood: Elationto Onset, Recurrence and Remission of Major Depression*. Psychological Medicine.

Gordon, T. (1975). *P.E.T(Parent Effectiveness Training): The tested new way to raise responsible children*. New York: New American Library.

Gouze, K. R. (1987). Attention and social problem solving as correlates of aggression in preschool males. *Journal of Alnormal Psychology, 15*, 181–197.

Guy Durand(1989). 청소년을 위한 성교육. 편집부 역(원저는 1985년에 출판). 서울: 안암문화사.

Hanna Segal(1999). 멜라니 클라인: 멜라니 클라인의 정신분석학. 이재훈 역(원저는 1988년에 출판). 서울: 한국심리치료연구소.

Henriksson M., Aro H., Martunnen M., Heikinnen M., Isometsa E., Kuoppasalmi K., Lonnqvist J. (1993). Mental disorders and comorbidity in suicide. *Am J Psychiatry, 150*, 935–940

Hinduja, S. & Patchin, J. W. (2009). *Bullying beyond the schoolyard. Corwin Press*. 조아미, 박선영, 한영희, 이진숙, 김범구, 진영선, 이정민, 이원희 역(2012). 사이버 폭력. 정민사.

Jaret, C., Reitzes, D. C., & Shapkina, N. (2005). Reflected appraisals and self-esteem. *Sociological Perspectives, 48*(3), 403–419.

J. David, J. Loger(2000). *갈등해결을 통한 학교 폭력 예방*. 추병완, 김영은 역(원저는 1995년에 출판). 서울: 백의.

Jean E. Dumas, Wendy J. Nilsen(2006). *청소년 이상심리학*. 임영식 외 역(원저는 2002년에 출판). 서울: 시그마프레스.

Jay R. Greenberg & S. Mitchell(1983). *Object Relations in Psychoanalytic Theory*. Massachusetts: Harvard University Press.

Kaplan, H. B. (1980). *Deviant Behavior in defense of self*. New York: Academic Press.

Kauffman, J. M. (1993). *Characteristics of emotional and behavioral disorders of children and youth(5th ed.)*. New York: Macmillan.

Kirby L. D. & Fraser, M. W. (1997). *Risk and resilience in childhood*. In M. W. Fraser(Eds.), Risk and resilience in childhood. Washington, DC: NASW Press.

Kirkpatrick, L. A. & Ellis, B. (2001). *Evolutionary perspectives on self-evaluation and self-esteem*. In G. Fletcher & M. Clark(Eds.), The blackwell handbook of social psychology, 2, Interpersonal processes, 411–436. Oxford, England: Blackwell.

Lee M. Larson R. (2000). The Korean examination hell: Long hours of studying, distress, and depression. *Journal of Youth and Adolescence, 29*(2), 249–271.

Lenhart, A. (2010). *Cyberbullying: What the research is telling us*. Retrieved from http://www.pewinternet.org/2009/05/13/cyberbullying-what-the-research-is-telling-us

Madelene Davis & Wallvridge, David(1997). *울타리와 공간*. 이재훈 역(원저는 1991년에 출판). 서울: 한국심리치료연구소.

Metha A., Weber B., & Webb D. (1998). Youth suicide prevention: A survey and analysis of policies and efforts in the 50 states. *Suicide and Life-Threatening Behavior, 28*(2), 150–164

Miller, G. A. (1951). *Language and communication*. New York: McGraw-Hill.

Miller, D., Miller, O., Hoffman, F., & Duggan, R. (1980). *Runaways illegal aliens in their own land*. NY: Praeger publishers.

Mishna, F., Khoury-Kassabri, M., Gadalla, T., & Daciuk., J. (2012). Risk factors for involvement in cyber bullying: victims, bullies, and bully-victims. *Children and Youth Service Review, 34*, 63–70.

Missall, K. N. (2002). *Reconceptualizing early school adjustment: a search for intervening variable*. Unpublished Doctorial Dissertation. University of Minnesota.

Nolen Hoeksema, S. (2001). *Gender Differences in Depression*. Current directions in psychological science.

OECD(2011). *Health at a Glance 2011: OECD Indicators*. OECD Publishing.

Peterson, J. L., & Zill, N. (1986). Marital disruption parent−child relationship and behavior problems in children. *Journal of Marriage and the Family, 49*, 295−307.

Patterson, G. R. & Bank, L. (1989). Some amplifying mechanisms for pathologic processes in families. In M. R. Gunnar & E. Thelen(Eds.), Systems and development: *The Minnesota symposia on child psychology, 22*, 167−209.

Raleigh−Duroff, C. (2004). Factors that influence homeless adolescents to leave or stay living on the street. *Child and Adolescent Social Work Journal, 21*(6), 561−572.

Rogers, A., & Henkin, N. (2000). *School-based interventions for children in kinship care*. In B. Hayslip, Jr., and R. Goldberg−Glen(Eds.) Grandparents raising grand−children. Theoretical, empirical, and clinical perspectives. 221−238, N. Y. Springer. 265

Ross, A. O. (1974). *Psychological disorders of children: A behavioral approach to theory, research and therapy*. New York: McGraw−Hill.

Sellman, E. (2002). Peer mediation, school culture and substantiality. *Pastoral Care in Education, 20*(2), 7−11.

Shaffer D., Gould M.S., Fisher P., Trautman P., Moreau D., Kleinman M., Flory M. (1996). Psychiatric diagnosis in child and adolescent suicide. *Arch Gen Psychiatry, 53*, 339−348.

Stryker, S. & Serpe, R. T.(1994). Identity salience and psychological central−ity: Equivalent? Overlapping, or Complementary conecepts? *Social Psychology Quarterly, 57*(1), 16−35.

Tokunaga, R. (2010.). Following you home from school: A critical review and synthesis of research on cyberbullying victimization. *Computers in Human Behavior, 26*, 277−287.

Void, G. B., Bernard, T. J., and Snipes, J. B. (1998). *Theoretical Criminology*. New York: Oxford University Press.

Walsh, F. (1998). *Strengthening family resilience*. New York: Guilford.

Warren, Dick, Harlan(1988). *The Russian verbal prefix po-as an invariant cognitive structure*. The Ohio State University.

Welsh, L. A. (1995). *Running for their lives*. New York: Gerland Publishing.

Willard, N. (2006). *Cyber bullying and cyberthreats: Responding to the challenge of online social cru-*

elty, threats, and distress. Eugene, OR: Center for Safe and Responsible Internet Use.

Winnicott, D. (1971). *Playing and Reality*. Tavistock: Routledge Publication.

국가청소년위원회 http://www.youth.go.kr/
대한가정학회 www.khea.or.kr/
통계청 www.kostat.go.kr/
한국가정관리학회 http://society.kisti.re.kr/
한국교육개발원 http://www.kedi.re.kr/
한국청소년정책연구원 http://www.nypi.re.kr/
시사저널 http://www.sisajournal.com/
동아닷컴 https://www.donga.com/

저 자 소 개

윤명길

서울 신학대학교 사회복지학과 졸업
숭실 대학교 일반대학원 사회복지학과 졸업
America Evangelical University a doctor of counseling 졸업

■ 약력

前 서부재가노인복지센터 시설장 역임
前 한국가출청소년쉼터협의회 사무국장 역임
前 가출청소년쉼터 '우리들' 부소장 역임
前 한국요양보호사중앙회 기획본부장 역임
現 행복을 만드는 아카데미 연구소장
現 학대피해자 권익문제연구소 해피캠프 연구소장
現 사) 해피캠프 대표이사
現 행복한 쉴터선교회 대표
現 열린 사이버대학교 사회복지학과 겸임교수
現 글로벌 사이버대학교 사회복지학과 겸임교수
現 나사렛대학교 사회복지학과 출강
現 동원대학교 사회복지학과 출강
現 극동대학교 사회복지학과 출강
現 명지전문대학교 사회복지학과 출강
現 청운대학교 사회복지학과 출강
現 영남사이버 대학교 사회복지학과 실습지도교수
現 성산대학원 대학교 사회복지학과 실습지도교수
現 인천대학교 기초교양학과 출강
現 경기과학기술대학교 기초교양학과 출강

■ 저서

빈곤의 이해의 기초(양성원, 2021)
결혼과 가족(양성원, 2021)
신용불량자가 사회복지학박사가 되다(북트리, 2020)
학대와 방임(창지사, 2020)
사회복지기초(법학원, 2018)
백세시대 부모교육(북트리, 2017)
인성아이(북트리, 2017)
사회복지사 1급수기출문제집(서원각, 2017)
사회복지사 1급수험서(서원각, 2016)

바람직한 재가복지서비스개선방안에 관한 연구(석사학위논문)
신용불량자의 신용회복 경험에 관한 질적 연구(박사학위논문)

청소년문제와 보호

초 판 1쇄 인쇄 2021년 8월 9일
초 판 1쇄 발행 2021년 8월 13일

지 은 이 | 윤명길
펴 낸 이 | 김기섭
편 집 인 | 김도언, 조진주
펴 낸 곳 | 창지사 www.changjisa.com
08589 서울시 금천구 가산디지털 1로 83 파트너스타워 1차 9층
전화 (02)719-2211~3
팩스 (02)701-9386
등 록 | 1977년 4월 28일 · 제1-421호

ISBN 978-89-426-1460-8 (93330)

값 20,000원